개정 3판

스포츠윤리학

저자 김정효

SPORT ETHICS

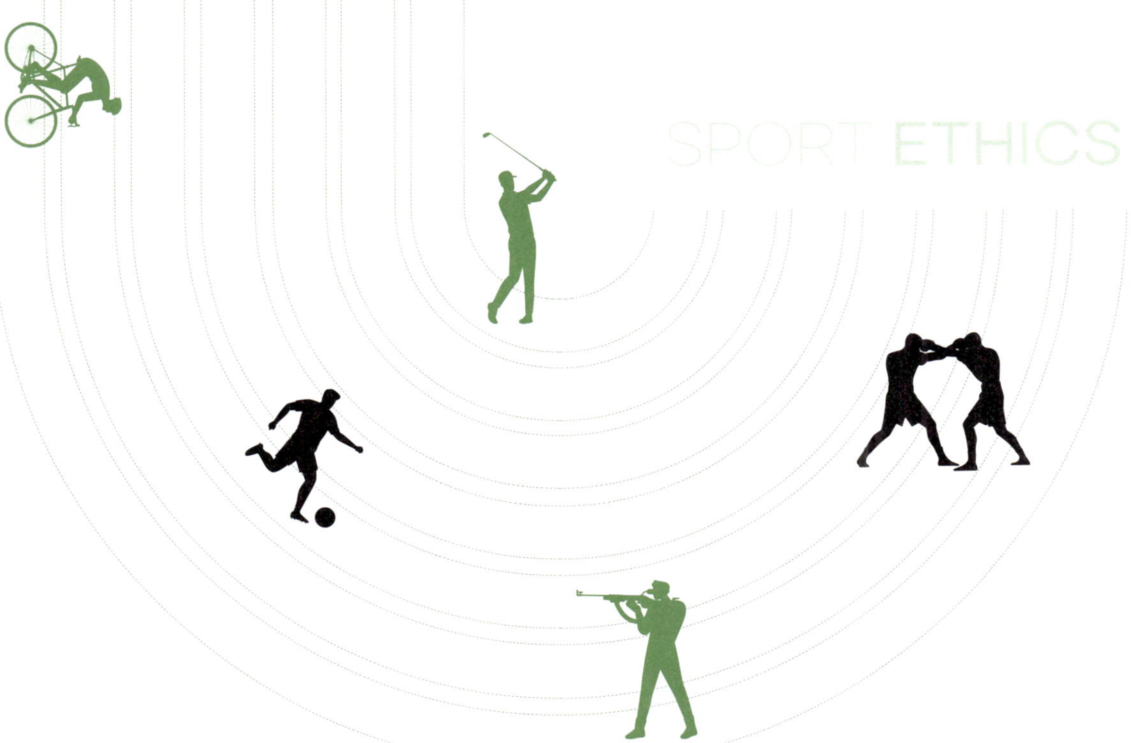

Rainbow BOOKS

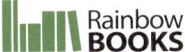

스포츠 윤리학
Sport Ethics

김정효 저

서문을 쓰는 날이 하필 생일이다. 팔굽혀펴기를 이 나이만큼 할 수 있으면 좋으련만 세월은 속절없이 힘줄을 앗아 간다. 근육뿐인가, 감수성도 총기도 팔팔할 때에 비하면 애처로울 정도다. 나이와 함께 세상을 보는 안목이 깊어진다는 말은 허튼소리다. 더 자주 섭섭하고 쓴소리에 쉽게 발끈한다. 그래도 건진 게 있다면 세상일에 장담할 건 없다는 깨우침이다.

두 번째 서문을 쓰면서 마지막이라 생각했었다. 더 채울 내용이 없다고 내심 장담했는데, 채 2년이 되지 않아 새로운 판의 서문을 쓰고 있다. 그 짧은 동안에도 세상은 벼락처럼 바뀌었다. 빙하기 같았던 팬데믹이 지나자 AI가 본격적으로 인간을 대신하기 시작했다. 이제 AI에게 야구의 스트라이크와 볼 판정은 허드렛일이다. 일부 종목은 AI가 경기를 해설한다. 스포츠 판에서 사람이 점점 사라지고 있다.

사람(人) 사는 모양(文)이 인문(人文)이라면 스포츠는 인문학이다. 승리에 웃고 패배에 울고, 땀을 숭상하고 자만을 꾸짖는 스포츠는 인간적인 너무나 인간적인 일이다. 거기에 행위의 시시비비까지 가리니 스포츠 윤리학은 인문의 속살이라 해도 좋다. 하지만 이런 자부심에도 스포츠 윤리학은 지금껏 낯설고 생경하다. 여전히 학문의 시민권을 얻지 못한 채 홀로 야위고 처량하다.

그래서 이번 판에서는 사람의 무늬와 속살을 더 많이 채워 넣었다. '선수 인권'을 새로운 장으로 구성하고, 스포츠 현상을 설명하는 이론을 크게 보강하였다. 이 정도 라인업이면 어디에 내놓아도 꿀리지 않는다. 복화술처럼 윤리학을 말하되 스포츠를 이야기하고, 그리하여 스포츠가 깊이 있는 인간 활동임을 전하고 싶었던 초심도 유지했다고 자부한다.

· PROLOG ·

[개정 3판] 서 문

    그런데도 서문을 궁리하는 내내 헛헛하였다. 내 것인데도 내 것 아닌 책의 생리 때문인지 모른다. 홀가분하면서 자꾸 뒤돌아보는 별리(別離)가 얄궂다. 지금 읽고 있는 하루키의 소설에 이런 말이 나온다. "머리 위에 접시를 이고 있을 때는 하늘을 쳐다보지 않는 게 좋다." 그런데 나는 "머리 위에 접시를 얹고 있으면 하늘을 쳐다볼 수 없다."로 읽힌다. 오랫동안 내 머리 위에 얹혀 있던 접시를 이윽고 내려놓는다. 목을 풀고 이제 하늘의 별을 보고 싶다.

2025년 11월

저자 **김 정 효**

초판의 서문 이후 10년이 지났다. 그 사이 세상은 많이 변하였다. 팬데믹이 전 지구를 휩쓸고 지나갔고, AI가 사람의 자리를 대신하기 시작했다. 개인적으로는 환력(還曆)을 맞이한다. 그러나 스포츠 윤리학은 10년 전 모습 그대로 낯설고 생경하다. 여전히 학문의 시민권을 얻지 못한 채 스포츠 종사자의 비리와 부도덕을 꾸짖는 단체의 이름으로 쓰이거나 자격시험의 암기 과목으로 소비되고 있다.

이처럼 스포츠윤리가 학學으로 존재하지 않고 캠페인이나 못된 행동의 비난 정도에 머무는 이유는 아무래도 시름시름 앓고 있는 인문학의 병증 탓일 거다. 기대고 있던 언덕이 무너져 내리니 견뎌낼 재간이 없다. 성급한 사람은 이미 인문학의 죽음을 애도하기도 한다. 부활의 기미도 없어 인문학을 전공하는 사람의 목소리는 들판의 승냥이처럼 저 혼자 슬프다.

모든 것이 경제법칙에서 연역되는 이 부박한 시대에 돈도 되지 않는 책을 3쇄에 걸쳐 고쳐 발간한 이유는 천착(穿鑿)의 흔적을 남겨야 한다는 오기 때문이었다. 아직 샘을 보지 못하였으나 자신이 판 우물의 흔적은 남겨야 면이 설 것 같았다. 그래 봐야 미상불 스포츠윤리의 입문서에 지나지 않을 터이지만 독자에 대한 예의로 서문을 썼던 10년 전과 지금의 심정은 다르다.

입문서조차 부재했던 당시 나는 상재된 내 책이 학문적 체계를 재촉하는 마중물이기를 기대했다. 그리하여 먼저 맞는 '매'이기를 바랐고 새로운 담론이 시비를 걸어오기 기다렸다. 그러나 불행하게도 아직 때가 되지 않았거나 그런 순간은 영원히 오지 않을지 모르겠다. 이런 진단과 자기변명은 어쩌면 인문학자의 두 번째 천성인 페시미즘의 발로이리라. 세상을 긍정하지 못하는 불만에 찬 인문학자. 나야말로 덕의 윤리가 필요한 부류가 아니었던가.

· PROLOG ·

[개정 2판] 서 문

　솔직히 고백하자면 2020년의 2쇄 서문은 필요를 느끼지 못했다. 서두르는 바람에 생긴 엉성한 부분을 메우는 작업이어서 변명으로만 채워질 것을 두려워한 까닭이었다. 그러나 이번 3쇄를 마치면서 비로소 구색을 갖춘 상점 같다는 생각이 든다. 상품上品은 아닐지언정 가져다 쓰기에 부족하지 않은 면면들이 부끄럽지 않다.

　생각해 보면 인문학에 대해, 그리고 스포츠 윤리학이라는 일천한 인문학에 대해 지나치게 엄숙하거나 염세적일 필요도 없지 싶다. 비록 소수이기는 하여도 스포츠에서 인문학이 소비되고 유통되는 것만으로 안도해야 하지 않을까. 그래서 이 책이 노포(老鋪)가 될 때까지 지식으로 소비되고 그 프리즘으로 실제의 스포츠를 간간이 들여다봐 주는 것으로 만족해야 하겠다. 안빈낙도(安貧樂道)가 장땡이라는 걸 환력이 되어서야 비로소 안다. 소년이로학난성(少年易老學難成)이다. 소년에서 환력까지 내 모든 인연에 감사한다.

2024년 2월
저자 **김정효**

SPORT ETHICS

서문을 궁리하던 며칠 동안 입맛이 달아났다. 품안에 있던 놈을 세상 속으로 보내는 일이 생각보다 쉽지 않다. 주례사 같은 장황설은 질색이다. '산고의 고통'은 너무 뻔한 수사이고, '학자로서의 의무'는 내 깜냥이 허락하지 않는다. 선학에 비하면 나의 글은 메모이거나 잘 해야 스케치에 불과하다. 입맛이 달아난 이유도 이런 자격지심 때문일 터이다.

그래도 구색을 위해 몇 글자 정도는 서문에 채워 넣어야 한다. 그건 이 책을 펼친 독자에 대한 예의이기도 하다. 선물상자를 보내면서 달랑 내용물만 채울 수 없는 까닭이다. 서문이란 이를테면 내용물에 대한 자기변명, 혹은 사용설명서인 셈이다. 그러나 이 책의 용도는 지극히 제한되어 있어 사용설명서 또한 사족에 불과하다. 이래저래 마음이 불편하고 불안하다.

불안의 근원은 아무래도 나의 얕은 지식과 편협한 사고에서 비롯되었을 것이다. 이 책은 그 전말의 기록인지 모른다. 그래서 부끄럽고 두렵다. 그럼에도 불구하고 상재(上梓)의 만용을 부린 이유는 순전히 입문서의 부재 탓이다. 지적인 수요에 비해 턱없이 부족한 학문의 공급이 이 책의 직접적인 동기였다. 스포츠를 윤리적으로 바라보고자 하는 노력에 비해 그것을 설명하는 학문적 체계의 빈곤은 스포츠철학을 업으로 삼는 사람의 공동 책임임에 틀림없다. 나의 만용은 '먼저 맞는 매'라고 해도 좋다.

윤리학은 난세의 학문이다. 도덕적인 사회에서 윤리는 생활의 기록에 지나지 않는다. 이런 까닭에 스포츠가 윤리학의 대상이 되었다는 사실은 반갑지 않은 현상이다. 그러나 난세 아닌 세상은 없었고, 도덕적 위기 없는 사회는 존재하지 않았다.

PROLOG
서문

세상살이는 언제나 스포츠만큼 치열하고 진지하다. 차라리 스포츠윤리학의 대두는 삶의 일부로 편입된 스포츠의 위상을 웅변하는지 모른다.

이 책은 스포츠를 윤리학적으로 바라본 입문서이다. 스포츠가 윤리로부터 자유롭지 않다면 적어도 학적인 프리즘 정도는 마련되어야 한다. 그래서 책의 구성도 스포츠윤리학에서 반드시 다루어야 할 학문적 기초에 집중하였다. 쉽게 쓰고자 하였던 애초의 의도는 박학(薄學)의 치명적 약점을 드러내었을 것이다. 그런 약점을 덮기 위해 평소의 스포츠에 대한 문제의식을 질문 형식으로 중간 중간 끼워 넣었다. 이해가 어렵다면 전적으로 나의 일천한 학문 탓이다.

윤리학에서 정답을 찾으려는 노력은 허망하다. 다만 그것을 통해 스포츠에 대한 이해의 깊이를 더해 갈 뿐이다. 나는 이 책에서 복화술을 쓰고 싶었다. 윤리학을 말하되 스포츠를 이야기하고, 그리하여 스포츠가 꽤나 깊이 있는 인간 활동임을 전하고 싶었다. 그러나 이런 노력도 결국 나의 것이 되지 못한다. 서문이 문패처럼 걸리고 나면 이 책은 이미 읽는 이의 몫이 되었을 것이므로. 그것이 두렵고 초조하다.

이제야 서문의 아이러니를 조금 이해할 것 같다. 서문이 왜 마지막에 쓰여 지는지를. 시작은 언제나 최후이고, 최후는 늘 새로운 시작이라는 것을 알 것도 같다.

2015년 12월
저자 **김정효**

PART 1
스포츠윤리의 기초

CHAPTER 1 윤리와 스포츠 / 3
1 스포츠의 윤리적 기초	4
2 스포츠윤리학의 성격	8
3 도덕 판단	12

CHAPTER 2 스포츠 경쟁의 윤리 / 19
1 놀이와 스포츠	20
2 아곤(agon)	27
3 탁월성과 승리의 추구	30
4 공격(aggression)의 윤리성	35

CHAPTER 3 스포츠의 규칙과 반칙 / 41
1 스포츠 규칙의 원리	42
2 규칙의 종류	45
3 규칙의 위반: 반칙	49
4 규칙의 개정	56

CHAPTER 4 스포츠윤리 규범 / 59
1 스포츠와 정의(justice)	60
2 페어플레이(fair play)	68
3 스포츠맨십(sportsmanship)	73

[개정 3판]
스포츠윤리학

PART 2
윤리 이론

CHAPTER 5
공리주의 / 83

1 공리주의의 원리	84
2 양적 공리주의와 질적 공리주의	87
3 행위 공리주의와 규칙 공리주의	90
4 공리주의에 대한 비판과 현대 공리주의	92

CHAPTER 6
의무주의 / 99

1 칸트 윤리학의 기초	100
2 의무주의 윤리의 원리	101
3 도덕 법칙과 정언명령	106
4 칸트의 도덕철학과 스포츠 규범	108

CHAPTER 7
덕윤리 / 115

1 덕윤리의 특징	116
2 덕윤리학의 전개	118
3 덕윤리와 스포츠	125

PART 3
스포츠와 불공정

CHAPTER 8 도 핑 / 135

1	도핑의 의미와 종류	136
2	반도핑의 윤리적 근거	138
3	도핑의 새로운 윤리적 근거	143
4	기술 도핑	146
5	유전자 도핑	149

CHAPTER 9 차 별 / 155

1	스포츠의 성차별(sexism)	156
2	스포츠의 인종차별	161
3	스포츠의 장애차별	169

CHAPTER 10 폭 력 / 177

1	폭력에 대한 철학적 성찰	178
2	스포츠와 폭력의 이중성	185
3	스포츠 폭력의 유형	188

· CONTENTS ·
차 례

‖ PART 4 ‖
스포츠와 사회윤리

CHAPTER 11 스포츠와 환경윤리 / 195

1 환경윤리와 스포츠	196
2 스포츠에 적용 가능한 환경윤리학	200
3 스포츠와 환경문제	209

CHAPTER 12 심판의 윤리 / 217

1 스포츠와 심판	218
2 심판의 종류와 전문 자격증 제도	221
3 심판 윤리의 특징	223
4 심판 윤리의 구조	227

CHAPTER 13 선수 인권 / 233

1 인권(Human Rights)의 정의와 이론적 배경	234
2 선수 인권의 개념과 구조	237
3 선수 인권의 내용	239
4 한국의 스포츠 인권 침해 사례와 문제점	242
5 선수 인권을 위한 법률과 제도적 장치	244
6 선수 인권 보호와 정의로운 스포츠	248

SPORT ETHICS

PART 5
스포츠와 학교교육

CHAPTER 14
스포츠와 도덕교육 / 253

1 도덕교육과 스포츠	254
2 도덕교육론	257
3 스포츠 도덕교육의 영역	264
4 통합교육의 이론들	268

REFERENCES	참고문헌	273
INDEX	찾아보기	277

PART 01

스포츠 윤리의 기초

CHAPTER 01 윤리와 스포츠
CHAPTER 02 스포츠 경쟁의 윤리
CHAPTER 03 스포츠의 규칙과 반칙
CHAPTER 04 스포츠윤리 규범

[개정 3판]
스포츠윤리학

SPORT ETHICS

CHAPTER 01

윤리와 스포츠

"인간의 도덕과 의무에 대해 내가 알고 있는 것은
모두 축구에서 배웠다."

『이방인』으로 노벨문학상을 받은 까뮈(A. Camus)는 소년 시절 축구와 권투에 미쳐 있었다. 결핵으로 축구를 포기하기 전까지 그는 골키퍼로 상대의 슛을 막아내고 때로 실점도 하면서 "공은 내가 원하는 대로 오지 않는다"는 사실을 알게 되었다.

만일 건강했다면 축구와 문학 중 어느 길을 선택하였겠냐는 질문에 까뮈는 망설임 없이 '축구'라고 대답했다. 까뮈가 스포츠에서 배운 도덕과 의무는 무엇이었을까? 그리고 그것은 한 개인의 삶에 어떤 의미를 가질까?

학습목표

- 스포츠윤리의 도덕적 원리를 이해한다.
- 스포츠윤리학의 성격과 특징을 이해한다.
- 사실판단과 가치판단을 이해하고 구분한다.
- 윤리적 행위의 정당화를 이해하고 적용한다.

1 스포츠의 윤리적 기초

[1] 윤리(倫理)와 도덕(道德)의 개념

우리는 일상생활과 스포츠 현장에서 윤리(ethics)와 도덕(moral)이라는 말을 자주 사용한다. 이 두 용어는 혼용되면서도 특정한 맥락에서는 다른 뉘앙스를 풍긴다. 예를 들어 '스포츠윤리'라는 말은 익숙하지만, '스포츠 도덕'은 다소 어색하게 느껴진다. 또한 '공중도덕'은 흔히 쓰이지만, '공중윤리'라고 하면 그 의미가 달라지는 인상을 받는다. 이처럼 우리는 일상에서 윤리와 도덕이라는 용어에 내재하는 의미론적 차이를 직관적으로 구분한다.

그러나 어원적으로 윤리와 도덕은 명확히 구분하기 어렵다. 윤리의 어원은 그리스어로 습관, 기질, 인격을 뜻하는 'ethos'에서 유래한다. 이는 단순히 개인의 습관을 넘어 공동체의 관습, 풍습 등 사회적 성격을 의미하는 것으로 이해할 수 있다. 반면 도덕의 어원은 라틴어로 습관, 예절, 품성, 개인의 행동 규범을 뜻하는 'mores'에서 유래한다. 이러한 어원적 차이는 윤리가 사회적, 공동체적 맥락에서 사용되고, 도덕이 개인적, 내면적 맥락에서 사용되는 이유를 설명해 준다. 즉 윤리는 주로 철학적 탐구, 이론적 분석, 전문 직업군의 행위 규범을 지칭하는 경우가 많고, 도덕은 일상적인 개인의 행위, 가치, 규범을 지칭하는 경향이 있다. 이러한 차이가 '스포츠 도덕'이라는 표현을 어색하게 만든다.

이런 이유로 윤리와 도덕은 학문적 의미에서 엄밀하게 구분하여 사용하는 경우가 많다. 윤리는 '더불어 살아가는 인간관계(倫)의 이치(理)'를 뜻하며, 도덕적 현상의 바탕이 되는 원리를 의미한다. 그래서 윤리는 사회규범을 지칭할 때 주로 사용된다. 예를 들어, 환경윤리, 생명윤리, 정보윤리라고 할 때의 윤리는 사회적 성격이 강하다. 이는 사회 공동체가 공유하는 도덕적 합의와 규범의 체계를 의미하며, 에밀 뒤르켐(Émile Durkheim)이 말한 '집합적 양심(collective conscience)'이라는 개념과 연결하여 이해할 수 있다.

이에 반해 도덕은 '사람이 마땅히 해야 할 도리'를 뜻한다. 일반적으로 개인의 심성 또는 덕행을 가리키며, 행위의 기준을 제시하고 옳은 일을 자발적으로 실천하게 만드는 주관적인 '격률(格率)'을 의미한다. 격률은 행위자가 자신의 의지를 규정하는 주관적인 실천 원칙을 말한다. 요컨대 윤리가 사회 존속을 위

집합적 양심

집합적 양심은 특정 사회 구성원들이 공유하는 공통의 신념, 가치, 도덕적 태도, 정서의 총체를 의미한다. 따라서 개개인의 의식의 합을 넘어 사회 자체에 내재하는 독립적 실체이자 강력한 도덕적 권위를 가진다. 예를 들어 스포츠에서 '페어플레이'나 '스포츠맨십'이 보편적으로 통용되는 것은 개인의 의지를 넘어선 스포츠 공동체의 암묵적이고 강력한 도덕적 합의인 집합적 양심의 발현이라 할 수 있다.

해 사회적 양심이라는 거대한 의식적 체계에 걸러진 규범을 의미한다면, 도덕은 개인적 양심이라는 의식적 체계에 걸러진 것을 의미한다고 할 수 있다(김용선, 1993). 다시 말해 도덕은 주로 양심, 자율성, 품성과 관련된 개인의 내면성 문제를 다루며, 윤리는 도덕적 삶의 원리와 법칙 등 도덕 규범을 다룬다(도성달, 2012).

그러나 이러한 의미의 구분이 윤리가 도덕보다 더 근본적이거나 상위의 규범이라는 것을 뜻하지는 않는다. 윤리와 도덕을 구분하여 사용하는 이유는 개념적 명확성을 높이고, 특정 도덕적 문제의 원인을 분석하며, 해결방안을 모색하는 데 유용하기 때문이다. 두 개념은 실천에 있어 타율이 아닌 자율성을 전제로 하며, 자신의 이익보다 타인의 관심과 요구를 바탕으로 한다는 점에서 상호 보완적인 관계에 있다.

[2] 도덕성(道德性)

도덕성은 행위의 도덕적 가치를 지칭하며, 그 본질적 가치는 행위자의 동기(motivation)에 의해 결정된다. 동기란 특정 행위를 유발하는 개인의 내적, 의지적 요소를 의미한다(최용철 역, 1996). 예를 들어 스포츠 경기에서 상대를 의도적으로 무시하거나, 선수가 쓰러져 있음에도 플레이를 이어가는 행위는 규칙에 위배되지 않을 수 있다. 그러나 이러한 행위들은 규칙에 대한 합법칙성(legality)은 갖출지언정, 도덕성(morality)은 결여되어 있다고 판단할 수 있다.

진정한 도덕성은 타인에 대한 배려와 존경의 감정(도덕 감정)을 자연스럽게 내면화하고 실천하는 것을 의미한다. 스포츠 경기는 단순히 규칙 준수만으로 운영될 수 있으나, 스포츠의 도덕성은 이러한 합규칙성을 초월하여 선수 개개인의 도덕적 마음가짐과 태도를 요구한다. 이러한 규범적 지향을 '스포츠맨십(Sportsmanship)'이라고 부른다.

스포츠맨십은 단순한 규칙 준수라는 소극적인 합법칙성을 넘어, 적극적인 의지적 행위이자 도덕적 품성을 의미한다. 이는 특정 행동 지침이 아닌 공정성, 용기, 인내, 겸손, 존중, 성실함과 같은 도덕적 덕목(moral virtues)이 스포츠 상황에서 발현되는 것이라 할 수 있다. 이러한 덕목들은 반복적인 실천과 경험을 통해 내면화되고 습관화되며, 선수 개인의 인격(character)을 형성하는 핵심 요소가 된다. 따라서 스포츠맨십은 단순히 승리나 기록이라는 결과주의적 가치를 넘어서, 행위의 동기와 행위자의 덕성을 통해 스포츠의 본질적 가치를 구현하는 도덕성의 실천이라 할 수 있다.

[3] 선(善)의 개념과 스포츠

우리는 일상생활에서 '좋다'는 말을 다양하게 사용한다. 예를 들어 "오늘 날씨가 좋다"에서 '좋음'은 감정이나 기분 혹은 사실을 나타내는 것으로, '선(善)'이라는 말로 대체할 수 없는 기술적(descriptive) 또는 서술적 '좋음'이다. 하지만 "가난한 사람을 돕는 것은 좋은 일이다"와 같이 쓰일 때의 '좋음'은 '선'으로 대체될 수 있는 규범적(normative) '좋음'으로 윤리적 의미를 내포한다.

윤리학은 바로 이 '선'에 대한 탐구에서 출발한다. 선은 일반적으로 '좋음' 또는 '좋은 것'을 뜻하며, 도덕적 실천의 근본적 가치로 도덕적 행위를 가능하게 하는 근거가 된다. 그래서 일반적 선과 도덕적 선은 명확히 구분될 필요가 있다. 일반적 선이란 앞선 예시처럼 도덕적 평가와 무관하게 사물이나 현상의 효율성, 유용성, 기능성을 묘사하거나 서술할 때 사용된다. 이에 비해 도덕적 선이란 '착하다'로 바꾸어 쓸 수 있는 것으로 도덕적으로 올바름을 말한다.

우리는 간혹 축구에서 득점으로 이어질 수 있는 상대방의 결정적인 공격을 막아내는 의도적 파울에 대해 '좋은 파울'이라고 칭찬한다. 그러나 이때 '좋은 파울'이라는 표현은 경기 내에서의 전략적 유용성을 의미할 뿐, 윤리적인 관점과는 무관하다. 왜냐하면 상대방의 탁월성을 방해한 반칙을 '착하다'고 할 수 없기 때문이다. '좋은 파울'은 '착한 파울'로 바꾸어 쓸 수 없다는 점에서, '둥근 사각형'과 같은 형용모순에 지나지 않는다.

도덕적 선은 특정 개인의 요구와 상관없이 그 자체의 본성이 어떤 보편적인 기준이나 필요를 충족시키는 특성을 갖는다(도성달, 2012). 즉 목적 그 자체로서 추구할 만한 가치가 곧 도덕적 선이 되는 것이다. 이를 흔히 **'내재적 선(intrinsic good)'**이라고 부른다. 내재적 선은 다른 것을 얻기 위한 수단이나 도구(**도구적 선, instrumental good**)로서의 가치가 아니라, 모든 가치의 궁극적인 원천이자 토대가 되는 선을 의미한다. 예를 들어, 사업을 하는 사람에게 돈을 버는 목적을 반복해서 물었을 때, "부자가 되기 위해서"라는 대답에서 다시 "왜 부자가 되려고 하는가?"를 묻다 보면 최종적으로 도달하는 지점이 있을 것이다. 이렇게 더 이상 다른 목적을 위한 수단이 아닌, 그 자체가 목적인 궁극적인 내재적 선을 '**최고선(Summum Bonum)**'이라고 한다.

윤리학은 최고선을 어디에 두느냐에 따라 여러 갈래로 나뉜다. 아리스토텔레스(Aristotle)는 인간이 추구해야 할 최고선을 삶의 목적인 '**행복(eudaimonia)**'이라고 보았다. 그가 말하는 행복은 단순한 감정적 쾌락이 아니라, 인간으로서의 기능을 탁월하게 발휘하는 '잘 사는 것(living well)' 또는 '탁월한 삶(flourishing)'을 의미한다. 여기에는 덕(arete)의 실천을 통해 달성되는 이성적이고 목적론적인 활동이 포함된다. 에피쿠로스(Epicurus)는 마음의 고요하고 평온한 상태인 '**정신적 쾌락(ataraxia)**'과 '**육체적 고통 없음(aponia)**'을 최고의 선으로 보았다. 그의 쾌락주의는 무절제한 감각적 쾌락을 추구하기보다 고통과 불안이 없는 안정된 삶을 강조하는 개인적 쾌락주의로 이해할 수 있다. 한편 칸트(Kant)는 어떤 조건이나 결과에도 구애받지 않고 도덕적 의무를 따르고 실천하려는 '**선의지(good will)**'만이 최고선이라고 주장한다.

그러나 현대 윤리학에서는 이러한 단일한 '최고선' 개념이 현실의 복잡성을 모두 담아내기 어렵다고 본다. 다원주의적 가치관이 지배하는 현대 사회에서는 다양한 '선'들이 상호 충돌하고 조화를 이루는 형태로 이해되어야 한다.

Think Deeply: 스포츠에서 최고선은 무엇인가?

앞에서 설명한 선(善)과 최고선(最高善)의 개념을 바탕으로 우리가 행하는 스포츠에 있어서 최고선은 무엇인지 생각해 보자. 스포츠에서 그 자체로 목적이 되는 궁극적인 행위는 무엇일까? 이를 위해 스포츠에서 추구하는 '좋음' 즉 선이 무엇인지 먼저 나열해 보자. 승리, 명예, 금전적 보상, 쾌락, 건강, 행복 등 개인의 가치관에 따라 스포츠의 내재적 선은 달라진다.

스포츠에서 승리의 추구는 스포츠 선수라면 누구나 가지는 당연한 욕구이자 의지이다. 그러나 승리 그 자체는 아무런 도덕적 가치를 가지지 않는다. 승리의 도덕적인 문제는 그 과정과 절차에 있다. 이는 마치 상인이 추구하는 이윤과 닮아 있다. 이윤 그 자체는 도덕적 가치를 가지고 있지 않으나 이를 획득하는 방법이 비도덕일 때 비난의 대상이 된다.

우리는 종종 '승리지상주의'를 비도덕적인 것으로 간주한다. 그러나 승리를 최고의 가치로 여기는 선수나 팀의 동기는 존중되어야 한다. 오히려 승리지상주의는 장려하고 권장해야 하지 않을까. 문제로 삼아야 할 것은 승리지상주의라는 선수의 동기가 도덕성을 가지고 있지 못한 경우이다.

무엇보다 윤리학적 관점에서 승리는 그 자체로 목적이 되는 최고선으로 보기 어렵다. 승리를 원하는 이유가 금전적 보상에 있다면 승리는 도구적인 것으로 변질되고 만다(이를 수단적 선 또는 도구적 선이라고 한다).

각자가 생각하는 스포츠의 선을 나열해 보고 그것이 그 자체로 궁극적인 목적이 되는 행위인지 생각해 보자.

2 스포츠윤리학의 성격

[1] 일반윤리와 스포츠윤리: 스포츠윤리의 독자성

윤리학은 인간이 추구하는 이상적인 삶은 무엇이며, 최고의 선과 도덕적 옳고 그름, 그리고 도덕적 의무와 책임의 근거로서의 도덕적 진리를 탐구하는 학문이다(도성달 외3인, 2001). 다시 말해 도덕적 행위가 갖추어야 할 조건과 기준을 제시함으로써 다양한 사회의 밑바탕에 흐르는 공통된 윤리 정신 혹은 도덕의 원리(보편성)를 추구하는 것이 윤리학의 본질이라 할 수 있다. 이성적 통찰로 모든 사람이 마땅히 따라야 할 도덕원리를 추구하는 윤리학은 개인의 도덕적 판단과 행동을 반성하고 올바른 삶의 방향을 추구하게 한다. 이런 과정을 통해 개인의 인격 함양과 바람직한 공동체의 실현을 이루게 된다. 또한 예기하지 못한 도덕적 문제가 발생하였을 때 윤리학은 이를 해결하기 위한 최선의 대안을 제시한다.

이에 비해 스포츠윤리학은 스포츠에 종사하는 특정 집단 및 스포츠 활동에서 일어나는 도덕적 행위의 옳고 그름과 스포츠 규범의 도덕적 원리를 밝히는 학문이다. 스포츠윤리는 스포츠 활동이라는 특수한 상황에서 발생한다. 농구의 '의도적 파울'은 일상생활에서 좀처럼 일어나기 어려운 도덕적 논란을 불러일으킨다. 그러나 스포츠윤리는 보편적 윤리의 문제와 별개로 존재하지 않는다. 예를 들어 여성과 장애인의 스포츠 활동을 제한하는 것은 스포츠라는 특수한 상황에 머무르지 않고 '평등권'이라는 보편적인 인간의 권리에 어긋난다.

이처럼 스포츠윤리는 스포츠라는 특수한 장(場)의 윤리가 어떻게 보편성을 획득할 수 있는가 하는 물음과 보편적 윤리의 문제가 어떻게 스포츠라는 특수한 분야에 적용될 수 있는가를 동시에 물을 수 있어야 한다. 그러므로 스포츠윤리학은 스포츠 상황에서 발생하는 도덕적 행위를 일반 윤리학의 원리를 통해 밝혀내고, 스포츠 고유의 도덕적 원리를 정립하는 작업이라 할 수 있다.

또한 스포츠윤리는 스포츠 고유의 윤리적 가치를 통해 일반적 윤리 규범의 근거를 더욱 강화한다. 스포츠윤리의 독자성은 다음의 몇 가지 성격으로 요약할 수 있다.

① 경쟁의 도덕적 조건과 가치 있는 승리의 의미를 밝힌다.
② 비도덕적 행위의 유형과 공정성의 조건을 제시한다.
③ 스포츠를 통한 도덕적 자질과 인격의 함양을 추구한다.
④ 스포츠 행위의 궁극적 목적과 교육적, 문화적 가치를 탐색한다.
⑤ 스포츠의 도덕적 가치를 옹호하고 보편적 윤리로서의 정당성을 확보한다.
⑥ 스포츠맨십, 페어플레이 등 스포츠윤리 규범의 확산을 통해 바람직한 공동체의 모습을 제시한다.
⑦ 기술 발전과 윤리적 딜레마에 선도적으로 대응한다.
⑧ 글로벌 문화 교류와 윤리적 보편성을 모색한다.

[2] 응용윤리학

스포츠윤리학은 일반 윤리학을 스포츠에 적용한 일종의 응용윤리학이다. 응용윤리학은 하나의 독립된 학문체계가 아니라 현실적인 문제에 크게 도움을 주지 못하는 규범윤리학의 한계에 대한 반작용으로 나타난 새로운 윤리학의 영역을 말한다. 이런 까닭에 응용윤리학은 이론이나 원리를 추구하는 대신 당면한 도덕적 문제를 어떻게 해결할 것인가에 더 많은 관심을 기울인다. 스포츠윤리 역시 '유전자 도핑'과 같이 스포츠 현장에서 발생하는 구체적인 윤리적 딜레마에 대한 실질적인 해법을 모색하는 데 집중한다. 이는 추상적인 이론보다는 실제적인 문제 해결을 강조하는 프래그머티즘(Pragmatism) 윤리의 특징과 일치한다. 스포츠윤리는 이론을 현실에 적용하는 것을 넘어, 현실의 문제를 해결하는 과정에서 새로운 윤리적 통찰을 얻는다.

현대 사회는 기존의 도덕법칙이나 원리에 의해 설명되지 않는 다양한 윤리적 문제에 직면해 있다. 낙태와 안락사, 자살과 뇌사, 그리고 인간 복제의 문제 등은 생명윤리의 필요성을 만들고, 정보 통신의 발달로 인한 사이버 공간에서의 표현과 자유의 문제는 정보윤리라는 생소한 영역을 탄생시켰다. AI 기술의 획기적인 발전은 인간과 기계의 공존에 따른 존엄성과 소외의 문제를 일으킨다. 또한 반려동물의 증가는 동물의 기본권에 관심을 가지게 하였고 기후 온난화는 지구 전체의 환경에 대한 인간의 책임을 요구하기 시작했다.

스포츠윤리학도 이러한 시대의 변화에 따라 나타난 새로운 윤리의 영역이라고 할 수 있다. 여기에는 두 가지의 의미가 함축되어 있다. 먼저 스포츠가 인간의 삶에 있어 매우 중요한 사회적 영역으로 자리 잡았음을 뜻한다. 특히 후기 자본주의 사회에서 스포츠의 파급력은 여타의 사회문화적 영역을 능가한다. 이런 변화는 기존의 관습이나 규범으로 설명되지 않는 스포츠의 다양하고 복잡한 도덕적 문제를 드러낸다. 예를 들어 최근에 부상한 '유전자 도핑'은 생명윤리의 문제를 함축하면서 스포츠의 본질을 위협하는 현상으로, 기존 윤리학 이론의 단순한 응용이 아닌 새로운 접근법을 요구한다.

이러한 응용 윤리적 접근은 이론 윤리학의 한계를 보완하고, 나아가 새로운 유형의 윤리적 문제에 대한 논의의 장을 제공함으로써 이론 윤리학의 지평을 확장할 가능성까지 내포한다. 다시 말해 스포츠의 사회적 기능과 영향력의 확대로 인해 발생하는 복합적인 윤리적 책임과, 유전자 도핑과 같이 예기치 못했던 특수한 윤리적 딜레마의 발생이라는 두 가지 이유로 인해 스포츠윤리학이라는 응용윤리학이 필요하게 된 것이다. 스포츠윤리학은 보편적 도덕법칙과 원리를 추구하는 일반 윤리학을 스포츠라는 특수한 장에 응용하면서, 한편으로 스포츠의 특수한 윤리적 상황을 통해 보편적 윤리학의 논의를 더욱 풍성하게 하는 상호 순환적 역할을 수행한다.

[3] 실천윤리학

윤리학은 일반적으로 인간의 올바른 행위와 그 행위의 법칙 및 원리를 밝히는 학문으로 정의된다. 인간이 마땅히 따라야 하는 규범의 총체를 도덕이라고 하는데, 윤리학은 이 도덕의 기원과 원리를 철학적으로 탐구하는 학문이다. 그래서 윤리학을 도덕철학이라 부르기도 한다. 도덕철학은 인간이 추구해야 할 바람직한 삶 혹은 좋은 삶이 무엇인지를 이성적 통찰과 반성에 의해 합리적으로 밝힘으로써 모든 사람이 마땅히 따라야 할 도덕원리를 추구한다.

윤리학을 학문으로 정립한 최초의 사상가인 아리스토텔레스는 진리의 발견과 지식체계의 구축에 관심을 두는 순수이론 학문과 달리 윤리학을 실천을 위한 학문으로 규정하였다. 실천은 윤리학의 전제이자 목적이다. 아리스토텔레스는 그 예를 '덕(德)'을 통해 설명한다. 덕이란 추상적인 설명을 통해 얻어지는 것이 아니라 실천함으로써 비로소 얻게 된다(최명관 역, 1984).

이처럼 윤리학은 개인의 윤리적 판단과 행동을 보편적인 도덕의 원리에 비

> **분석윤리학**
> 분석윤리학은 도덕적 논의에서 사용되는 용어들의 의미를 분석하고, 어떤 행위 혹은 판단이 도덕적으로 참이냐 거짓이냐를 증명할 수 있는 추론의 규칙과 인식의 방법을 연구하는 윤리학의 영역이다. 도덕적 진리는 있는가, 만일 있다면 어떻게 얻을 수 있는가를 묻는다.

추어 반성하고 올바른 삶의 방향을 추구하는 실천의 과정이다. 따라서 윤리학을 통해 전달되는 지식은 실천적인 수행 없이 이론적으로만 머물러 있는 정보여서는 안 되며, 실천 속에서만 진실임이 증명될 수 있는 '행위를 산출하는 지식'이어야 한다(진교훈, 류지한 역, 1999).

스포츠윤리학도 스포츠에 있어서 도덕적 행위가 그 대상인 까닭에 실천 학문으로 분류된다. 스포츠맨십과 페어플레이 등 스포츠의 규범은 실천을 통해 드러날 때 가치를 가진다. 특히 경쟁을 통해 승리를 추구하는 스포츠 행위는 공정성이라는 추상적인 도덕의 원리가 실제로 작용하지 않으면 무의미하다. 스포츠에 있어서 모든 도덕법칙과 원리는 실천을 통해 비로소 윤리적 정당성을 확보하게 된다.

스포츠윤리의 실천적 특징은 스포츠 행위자의 가치 있는 삶과 불가분의 관계에 있다. 스포츠에서 이루어지는 도덕적 실천은 특정 집단과 장소에서만 통용되는 특수한 윤리가 아니라 일상생활의 도덕적 삶과 인격 수양에 도움이 되어야 한다. 스포츠윤리는 일반 윤리학이 제시하는 도덕적 자질과 공동체의 올바른 가치를 스포츠 행위를 통해 내면화할 때 실천윤리학으로서의 진정한 의미를 획득하게 된다.

> **황금율 (GOLDEN RULE)**
> "남에게 대접을 받고자 하는 대로 남을 대접하라." (마태오복음 7:12). '"내가 하고자 하지 않는 바를 남에게 베풀지 말라.(己所不欲 勿施於人)".(논어) 등과 같이 자신이 바라거나, 바라지 않는 것을 상대방에게 하라, 하지 말라는 사고는 도덕의 출발이자 기본이다. 이를 '황금율'이라고 한다.

[4] 윤리적 행위로서의 스포츠

스포츠는 규칙(룰)을 바탕으로 이루어지는 경쟁적인 신체활동이다. 특정 종목의 신체활동은 반드시 일정한 공간과 시간 및 기회의 제약을 받는다. 축구의 경기 시간과 경기장의 규격, 9회까지로 제한된 야구의 공수교대와 마라톤의 코스 등 스포츠는 인간의 신체활동을 일정한 형식에 의해 통제한다. 이처럼 경기 중 허용되는 신체활동의 범위를 정해 놓은 약속의 체계가 곧 규칙(룰)이다. 따라서 스포츠는 그 본질상 형식주의(formalism)적 특성을 가지며, 이는 규칙의 준수가 스포츠 활동의 근본적인 도덕적 기반임을 의미한다.

형식주의는 어떤 활동이나 현상의 본질이 그것을 구성하는 규칙, 절차, 그리고 구조 그 자체에 있다고 보는 관점이다. 결과나 외적인 목적보다는 내재적인 형식과 질서를 중요하게 여기는 형식주의에서 규칙은 단순한 지침이 아니라, 해당 활동의 정체성을 정의하는 핵심 요소이다. 왜냐하면 규칙이 없으면 그 활동은 본래의 의미를 잃거나 아예 존재할 수 없기 때문이다.

축구에서 골키퍼를 제외한 선수가 피치 안에서 손을 사용하는 행위는 금지되어 있으며, 만일 공을 잡고 뛰는 선수가 있다면 경기장 밖으로 추방될 것이다. 스포츠는 규칙을 이해하고 규칙에 맞는 움직임을 몸으로 익힌 선수 간의 신체적 탁월성을 경쟁하는 게임이다. 이때 경쟁의 필요조건은 규칙의 준수에 대한 약속이다. 스포츠 참가자들은 경기에 참여함으로써 암묵적인 사회계약을 맺고 규칙을 따르겠다는 약속에 동의한다. 따라서 규칙 위반은 이 계약을 파기하고 공동체에 대한 신뢰와 공정성이라는 도덕적 규범을 어기는 행위로 간주된다.

또한 스포츠는 경쟁적인 신체활동이므로 필연적으로 승리와 패배라는 불평등한 결과를 낳는다. 한쪽의 승리는 다른 쪽의 패배를 의미하고 그 역도 마찬가지이다. 이처럼 승자와 패자의 구분은 경기의 전 과정이 공정하게 이루어졌을 때 수긍하게 된다. 공정한 시합이란 규칙의 공평한 적용과 정정당당한 경쟁을 말한다. 따라서 '공정성(fairness)'은 승리와 패배라는 불평등한 결과를 도덕적으로 수긍하게 만드는 스포츠의 본질적 조건이 된다. 즉 공정한 규칙과 그 규칙의 공평한 적용이라는 절차가 보장될 때, 스포츠 행위의 정당성이 확보된다.

이처럼 스포츠는 도덕의 기본적인 요소에 의해 구성되어 있다. 스포츠에 있어서 모든 행위는 선수의 기분이나 성격에 따라 마음대로 할 수 있는 것이 아니라, 참여자로서 반드시 갖추어야 할 도덕성의 표현이다. 스포츠윤리도 궁극적으로는 승리의 욕구와 규칙의 준수라는 당위의 일치를 추구하는 것이라고 할 수 있다. 이는 스포츠의 '내재적 가치(intrinsic value)'인 공정한 경쟁, 자기극복 등이 단순히 승리라는 '외재적 가치(extrinsic value)'에 종속되는 것을 넘어, 상호 존중과 협력을 통해 얻어지는 가치 있는 승리를 지향함을 의미한다.

3 도덕 판단

[1] 가치의 개념

윤리학은 인간의 행위를 문제 삼는다. 길을 걷거나 물을 마시는 행위에서 침을 뱉거나 주먹다짐에 이르기까지 인간의 행위는 매우 다양하다. 그중 윤리학의 대상이 되는 것은 '좋음과 나쁨', '옳음과 그름'의 판단이 작용하는 행위이다. 이처럼 '좋음과 나쁨', '옳음과 그름'에 대한 결정을 **도덕 판단**이라고 한다.

도덕 판단이 이루어지기 위해서는 일정한 가치의 기준이 전제되어야 한다. 가치는 인간의 행위에 영향을 미치는 바람직한 것, 또는 인간의 제반 욕구를 만족시키는 대상이나 그 대상이 가지는 성질을 말한다. 가치의 추구는 개인의 욕구 충족과 깊이 관련되어 있다. 예를 들어 좋은 옷과 맛있는 음식을 즐기는 것을 행복이라고 생각하는 사람은 옷과 음식에 더 많은 가치를 부여한다. 그리고 비록 가난하여도 배우고 깨우치는 것을 즐기는 사람은 공부와 지적인 가치를 더 소중히 여길 것이다.

이처럼 가치는 사물을 소유하거나 그 성질을 통해 즐거움을 얻는 '물질적 가치'와 정신적 만족을 주는 '정신적 가치'로 나눌 수 있다. 물질적 가치는 일정한 척도에 의해 교환할 수 있다. 예를 들어 하나의 글러브와 2자루의 배트를 교환하였다면 둘 사이의 가치는 동등하다. 물질의 교환적 가치를 더욱 쉽게 만드는 것이 화폐이다. 프로 경기의 입장료는 게임의 가치를 화폐로 교환한 것이다. 따라서 물질적 가치는 도구적 가치와 불가분의 관계를 갖는다. 도구적 가치란 그 자체가 목적이 아닌 다른 목적을 위한 수단이 되는 가치를 말한다.

이에 반해 정신적 가치는 눈에 보이지 않으나 이성적이고 감성적인 욕구를 충족시킨다. 정신적 가치에는 지적인 가치, 도덕적 가치, 미적 가치 등이 있다. 스포츠에서 정신적 가치는 매우 중요하다. 스포츠를 스포츠답게 만드는 것은 주로 정신적 가치에 의해 이루어진다. 그중 스포츠윤리학은 스포츠의 도덕적 가치를 대상으로 한다.

스포츠에서 도덕적 가치는 본래적 가치의 창조와 깊이 연관되어 있다. 본래적 가치란 다른 것의 수단이 아닌 그 자체로 목적이 되는 것을 말한다. 스포츠에는 도전, 배려, 존중, 인격 등 그 자체로 목적이 되는 본래적 가치를 많이 포함하고 있다. 그리고 이러한 본래적 가치를 규범화한 것이 페어플레이와 스포츠맨십이다.

〈가치의 분류〉

정신적 가치	물질적 가치
본래적 가치	비본래적 가치
목적적 가치	도구적 가치
지적·도덕적·미적 가치	사용·교환 가치

샐러의 가치서열 기준

인간이 추구하는 가치는 매우 다양하다. 명예, 권력, 경제적 부, 사랑 등 각자 소중하게 여기는 것에 따라 삶의 모습은 달라진다. 그렇다면 모든 가치는 동등한 것일까? 여기에 대해 셸러(M. Scheler)는 가치에도 서열이 있다고 말한다. 절대적이고 불변적인 가치의 서열은 다음의 기준에 의해 결정된다.

1. **지속성**: 일시적인 것보다 지속적인 것일수록 서열이 높다.
2. **분할 향유 가능성**: 보다 많은 사람이 가질수록, 그리고 아무리 나누어 누리더라도 그 몫이 감소하지 않는 것일수록 서열이 높다.
3. **근거성**: 어떤 가치의 근거가 되는 것일수록 서열이 높다. 목적이 되는 가치는 수단적 가치보다 서열이 높다. 따라서 본래적 가치가 최고의 가치이다.
4. **만족의 깊이**: 일시적 쾌락보다 만족이 깊을수록 서열이 높다. 만족은 충족의 내면적 체험이며 가치의 깊이에 비례한다. 따라서 정신적 만족이 최고의 가치이다. (이을상, 1996)

[2] 사실판단과 가치판단

어떤 사물이나 현상에 대한 사유 작용을 '판단(judgment)'이라고 한다. 판단은 사유의 대상에 대해 'A는 B이다'와 같은 주어와 술어의 형식을 취한다. 논리학에서는 이를 '명제(proposition)'라고 하는데, 모든 판단은 명제 진술로 표현될 수 있다.

하나의 대상, 사건, 또는 행위의 판단은 크게 '사실 판단(factual judgment)'과 '가치 판단(value judgment)'으로 구분된다. 예를 들어, "손흥민이 골을 넣었다"와 같은 진술은 경험적으로 검증 가능한 사실에 대한 진술이므로 사실 판단에 해당한다. 이에 비해 "손흥민은 존경할만한 훌륭한 선수이다"와 같은 진술은 개인의 주관적인 평가나 규범적인 기준이 개입된 가치 판단에 해당한다. 조금 더 구체적인 예시로, 돈을 빌려 간 친구가 정해진 날짜에 돈을 돌려주지 않았을 때, "친구는 약속을 어겼다"는 진술은 객관적인 사건을 기술하는 사실 판단이다. 반면, "약속을 어기는 것은 나쁘다"는 진술은 도덕적 평가를 담고 있는 가치 판단에 해당한다.

사실 판단은 실제 세계의 사건과 현상에 대한 진술이어서 경험적으로 검증할 수 있다. 예를 들어, "모든 물체는 낙하한다"와 같은 자연과학적 진술도 반복적인 관찰과 실험을 통해 참 또는 거짓을 확인할 수 있는 사실 판단이다. 사실 판단은 진위(眞僞), 즉 참(truth)과 거짓(falsity)을 가릴 수 있다. "서울올림픽이 개최된 해는 1988년이다"와 같이 사실 판단은 실재하는 것에 관여하며, 객관적인 정보를 담고 있다. 이러한 이유로 사실 판단은 있는 것, 즉 존재(is)에 대한 진술이라고도 부른다.

이에 비해 가치 판단은 옳음과 그름, 좋음과 나쁨, 바람직하거나 그렇지 못한 것 등 가치에 대한 평가적인 진술로 이루어진다. 가치 판단은 실제 세계에 대한 객관적인 정보보다는 주관적인 평가나 규범적인 권고를 담고 있다. 예를 들어, "페어플레이는 좋은 행위이다" 혹은 "감독은 선수를 체벌하면 안 된다"에서처럼 가치 판단은 행위나 동기의 '규범적 체계(normative system)'에 관여한다. '규범(norm)'이란 사회생활에서 하도록 권장되거나 금지되는 행동양식을 말한다. 따라서 가치 판단은 '좋다', '옳다', '바르다', '선하다' 등과 같은 긍정적인 유형과 '나쁘다', '그르다', '악하다' 등과 같은 부정적인 유형으로 나누어진다. 이처럼 가치 판단은 사실 판단처럼 참과 거짓을 문제 삼는 것이 아니라, 마땅히 해야 할 '당위(ought)'에 근거한다. 가령 유도 경기에서 부상을 당한 상대 선수의 발목을 공격하는 행위는 스포츠맨십을 당위로 받아들이는 선수에게는 옳지 못한 것으로 여겨질 것이며, 실제로 부상당한 부위를 공격하지 않을 것이다.

이처럼 사실 판단과 가치 판단은 서로 다른 특성을 가지지만, 윤리적 논의에서는 종종 복합적으로 얽혀 나타나기도 한다. 가치 판단이 특정 사실 판단에 기반하여 이루어지기도 하고, 반대로 가치 판단이 어떤 사실을 중요하게 인지하고 해석하는 데 영향을 미치기도 한다. 예를 들어, "그 선수는 반복적으로 시뮬레이션 반칙을 한다"는 사실 판단은 "그 선수의 행동은 스포츠맨십에 어긋나는 나쁜 행위이다"라는 가치 판단의 근거가 될 수 있다.

윤리학은 이러한 사실 판단과 가치 판단의 관계를 명확히 분석함으로써, 우리가 내리는 도덕 판단의 근거와 정당성을 탐구한다. 이는 윤리적 행위의 합리성과 객관성을 확보하려는 노력의 기초가 된다. 특히 응용윤리학은 특정 상황에 대한 정확한 사실 인식을 바탕으로, 어떤 가치 판단이 가장 적절하고 바람직한지를 논의하며 실천적 해결책을 모색한다.

〈사실판단과 가치판단〉

사실판단	가치판단
• 철수가 볼펜을 훔쳤다. • 수아레스가 수비수의 귀를 깨물었다. • 우사인 볼트는 100m 달리기의 세계기록보유자이다.	• 훔치는 것은 나쁜 행동이다. • 시합 중 상대 선수의 귀를 깨물면 안 된다. • 우사인 볼트는 좋은 선수이다.

[3] 윤리적 정당화

윤리적 정당화란 자신의 도덕 판단에 대해 타당한 근거를 제시함으로써 타인을 설득하여 이해와 동의를 얻는 과정을 말한다. 이를 통해 윤리적으로 받아들일 수 있는 행위와 그렇지 못한 행위를 분별할 수 있다. 우리는 흔히 도핑을 나쁜 것이라고 말한다. 그러나 도핑의 비윤리적 이유를 윤리에 저촉되기 때문이라고 주장하는 것은 동어반복에 지나지 않는다. 그것이 왜 윤리적으로 나쁜지를 타당한 근거로 제시해 이해시킬 때 비로소 설득력을 갖게 된다. 따라서 윤리적 정당화는 개인의 고집이나 신념과 무관하다. 예를 들어 "경기 중 적절한 반칙은 승리를 위해 꼭 필요하다"는 감독의 신념은 윤리적으로 정당화될 수 있을까?

어떤 행위가 윤리적으로 정당화되기 위해서는 두 가지의 조건이 필요하다. 그 행위의 원리가 모든 사람에게 보편적으로 적용될 수 있어야 하고, 사회의 통상적인 규범과 일치해야 한다. 앞에서 예로 든 "유도 경기에서 상대 선수의 부상당한 부위를 공격하는 행위는 옳지 않다"는 진술의 윤리적 정당화는 어떻게 가능한지 설명해 보자.

(가) 1. 타인의 약점을 이용하는 행위는 옳지 않다.
2. 부상 부위의 공격은 타인의 약점을 이용하는 행위이다.
3. 따라서 부상 부위의 공격은 옳지 않다.

윤리적 정당화는 우선 사실 판단의 정확성에서 출발해야 한다. 정확하게 사실을 판단한 다음 그것이 도덕원리와 논리적으로 연관성을 가지는지 확인해 나가야 한다. (가)의 논리적 정당화에는 아무런 모순이 발견되지 않는다. 그러나 다음의 예를 살펴보자.

(나) 1. 경기 중 파울은 적당히 해도 좋다.
2. 의도적 파울은 경기 중 파울이다.
3. 따라서 의도적 파울은 적당히 해도 좋다.

위의 정당화 과정은 형식 논리적 측면에서 아무런 모순을 발견할 수 없다. 그러나 기본적인 도덕적 전제의 타당성이 결여되어 있어 윤리적 설득력을 가지지 못한다. 윤리적 정당화는 단순히 논리적 흐름뿐 아니라, 그 바탕이 되는 도덕원리와 가치들이 정당하게 수용될 수 있는지를 중요하게 다룬다. "경기 중 파울은 적당히 해도 좋다"는 명제는 도덕원리와 아무런 연관성을 가지지 않는다. 경기 중 파울이 자주 일어나는 사실로부터 파울을 해도 좋다는 판단을 끌어낼 수 없다. 따라서 (나)의 도덕적 정당화는 설득력을 갖지 못한다.

윤리적 정당화는 스포츠 선수들이 아무런 반성 없이 타율적으로 지켜왔던 스포츠 규범을 자신의 이성적 판단에 따라 내면화할 수 있게 만든다. 특히 스포츠에서 도덕적으로 내면의 갈등을 일으키는 가치들이 서로 충돌하는 상황에서 윤리적 정당화는 도덕적인 행위를 선택하게 한다.

[4] 도덕 판단의 검토 원리

어떤 행위의 옳고 그름을 판단하기 어려운 경우 몇 가지의 도덕원리에 비추어 판단할 수 있다. 도덕원리에 합당한지를 검토하는 방법은 크게 네 가지로 나누어진다. 이들은 단일한 윤리 이론에만 국한되지 않고, 다양한 윤리적 접근 방식의 통찰을 반영하며 도덕적 판단의 정합성(coherence)과 설득력(persuasiveness)을 확보하는 데 기여한다.

검토	내용	예
포섭 검토 (Subsumption Review)	특정 도덕적 규칙이나 행위가 포괄적인 상위의 도덕원리에 논리적으로 포함되는지 여부를 검토한다. 개별적인 도덕적 규범이 더 근본적인 윤리적 원칙과 일관성(consistency)을 가지는지를 확인하는 과정이다.	"상대 선수에게 욕설을 해서는 안 된다"는 특정 규범은 "상대 선수의 인격을 모독해서는 안 된다"는 보다 포괄적인 인격 존중의 원리에 포섭된다. 이는 개인의 행위가 더 큰 도덕적 체계 내에서 정당화됨을 보여준다.
보편화 결과의 검토 (Universalization Test)	모든 사람이 같은 상황에서 그 준칙에 따라 행하였을 때 발생할 수 있는 결과를 가상적으로 검토한다. 이는 행위의 도덕성이 보편적인 원리로서 적용 가능한지를 판단하는 칸트(I. Kant)의 정언 명령적 접근에 해당한다.	"나 혼자만의 의도적 파울 정도는 괜찮겠지"라는 판단은 "모든 선수가 의도적 파울을 한다면"이라는 보편화된 가정을 통해 모순적 결과에 직면함으로써 기각된다. 이는 행위의 도덕적 정당성이 보편적 적용 가능성에 있음을 보여준다.
반증 사례의 검토 (Counter-example Test)	제시된 도덕원리나 규칙이 예외적인 상황에서 비도덕적이거나 비합리적인 결과를 초래하는 특정 사례(counter-example)를 통해 그 원리의 한계나 부적절성을 반박하는 검토 방식이다.	"모든 경기 지연은 나쁘다"는 일반적인 원리는 부상당한 상대 선수의 치료를 위해 의도적으로 경기를 지연시킨 경우에는 도덕적으로 허용될 수 있다는 반증 사례에 의해 그 절대성이 약화되거나 예외가 인정될 수 있음을 보여준다. 이는 규칙의 경직성을 넘어선 윤리적 유연성을 고려하게 한다.

검토	내용	예
역할 교환의 검토 (Role Exchange Test)	특정 행위를 상대방의 입장에서 판단하는 검토 방식이다. 이는 황금률(Golden Rule)과 깊은 연관을 가지며, 타인에 대한 공감과 공정성을 바탕으로 행위의 도덕성을 평가한다.	"부상당한 선수를 무시하고 경기를 계속 진행한다"는 행위는 자신이 부상당한 경우를 가정했을 때 윤리적으로 받아들이기 어렵다. 타인의 고통을 자신의 고통처럼 느끼는 공감적 이해가 도덕적 판단의 중요한 기준임을 보여준다.

나침반으로서의 스포츠윤리

우리는 스포츠윤리학을 스포츠선수가 반드시 지켜야 할 규범을 나열하는 학문으로 생각하기 쉽다. 그러나 바람직한 행동을 권장하고 하지 말아야 할 행동을 금지하는 것과 스포츠윤리학은 거리가 멀다. 스포츠윤리학은 스포츠 상황에서 선수들이 해야 할 구체적인 행위의 내용을 결정하지 못한다. 왜냐하면 모든 윤리적 행위의 수행은 행위자 자신의 자율적인 판단에 의한 자유에 기초하기 때문이다. 스포츠윤리학은 다만 스포츠에서 이루어지는 도덕적 행위의 구조를 분석하고 도덕성의 원리를 밝힘으로써 실천의 방향을 제시하는 데 있다. 스포츠윤리학과 실천의 관계는 아래의 인용을 통해 이해할 수 있다.

목표에 도달하기 위해서 나침반을 사용하고 있는 사람이 자신의 위치와 목표에 이르는 길을 간단히 읽어서 알 수 있다고 생각한다면, 그는 나침반이라는 도구에 대해서 잘못 알고 있는 것이다. 나침반은 전자와 후자 어떤 것에 대해서도 직접적인 정보를 제공하지 않는다. 나침반은 항상 단지 일정한 방향, 즉 북쪽을 가리킬 뿐이다. 그럼에도 불구하고 여행자가 자신이 어디로 가고자 하는지를 알고 있고 또 그의 위치에서 보았을 때 목표가 있는 방위를 알고 있다면, 나침반은 여행자를 목표지로 인도한다. 그러므로 나침반은 올바른 길을 직접적으로 지시하는 것이 아니라 올바른 길을 확인할 수 있는 방법을 제시해 준다(진교훈, 류지한 역, 1999: 115).

Search & Discussion

스포츠에는 윤리적으로 옳고 그름을 판단하기 어려운 경우가 자주 일어난다.

옆의 그림은 야구 경기의 '빈볼'을 나타내고 있다.

빈볼은 도덕적으로 허용 될 수 있는가?

투수 쪽 팀과 타자 쪽 팀에 따라 의견이 나누어질 수 있다.

여기에 대해 찬성과 반대의 입장에서 토론해 보자.

이를 위해서는 먼저 사실에 대한 정확한 판단이 이루어져야 한다.

그 다음 반대와 찬성의 이유를 설득력 있는 근거에 의해 설명할 수 있어야 한다.

이와 유사한 경우를 찾아보고, '윤리적 정당화'와 '도덕 원리의 검토'를 통해 옳고 그름에 대해 토론해 보자.

CHAPTER 02

스포츠 경쟁의 윤리

놀이와 스포츠의 차이는 무엇일까?

어떤 사람은 스포츠를 진지한 놀이라고 말한다. 느슨하고 자유분방한 놀이에 경쟁의 요소를 가미한 것이 스포츠라고 주장한다. 이러한 주장의 근거는 '족구'라는 종목에서 잘 나타난다.

족구는 규칙이 간단하고 적당한 공간만 있으면 어느 때고 쉽게 즐길 수 있는 놀이였다. 한때 심심풀이에 불과했던 놀이가 어느새 대한체육회의 정식 스포츠 종목으로 인정되었다.

족구는 놀이가 어떻게 스포츠로 발전할 수 있는지를 잘 보여준다. 그렇다면 놀이로서의 족구와 스포츠로서의 족구는 어떤 차이가 있을까? 놀이에서 스포츠로 진화한 족구를 통해 스포츠에서의 규칙과 경쟁, 그리고 탁월성의 의미를 생각해 보자. 스포츠를 스포츠답게 만드는 것은 무엇인가?

학습목표

- 놀이와 스포츠의 공통점과 차이점을 이해한다.
- 아곤을 통해 스포츠에 있어서 경쟁의 본질을 이해한다.
- 스포츠에서의 탁월성의 추구가 갖는 의미를 이해한다.
- 스포츠에서 공격의 윤리성이 필요한 이유를 이해하고 적용한다.

1 놀이와 스포츠

[1] 놀이의 개념

스포츠에서 윤리의 문제가 생기는 이유를 알기 위해서는 먼저 스포츠보다 상위의 범주에 속하는 게임과 놀이의 특징을 알아야 한다. 스포츠는 아무리 진화하더라도 근본적으로 놀이와 게임의 성격에서 벗어날 수 없다. 스포츠의 이런 근원적 특징은 경쟁에서 윤리적 쟁점이 발생하는 원인을 밝히는 데 도움을 준다.

스포츠는 놀이(play)에서 출발한다. 놀이는 지능을 가진 일부 영장류뿐 아니라 야생동물, 심지어 조류에서도 나타나는 동물의 본능적 행동이다. 성장기의 동물 개체는 놀이를 통해 생존에 필요한 신체 능력, 사냥기술, 소통의 방법 등을 배우게 된다.

그러나 인간의 놀이는 동물과 달리 일정한 형식을 가지고 문화로 전승되는 특징을 갖는다. 놀이는 무목적성, 자유, 비일상성, 현재성이라는 특징을 갖는다(박남환, 송형석 역, 2004). 놀이 연구의 선구자인 하위징아(J. Huizinga)에 따르면, 놀이는 ① 자발적인 행위이자 ② 일상생활 밖에서 이루어지는 독립적인 시간과 공간(Magic Circle) 안에서 ③ 특정한 규칙에 따라 진행되며 ④ 긴장과 즐거움을 동반하고 ⑤ 그 자체로 목적을 갖는 행위이다. 다시 말해 놀이는 자유 의지적이고 자발적으로 선택된 행위이며, 뚜렷한 목적과 실용적 이익을 추구하지 않는 재현 불가능한 현재성을 갖는다. 그루페(O. Grupe)는 인간의 삶에 있어서 중요한 문화적 기술을 전수해 주는 놀이의 의미를 다음과 같이 설명한다(박남환, 송형석 역, 2004).

> 놀이에서는 독자적인 질서가 지배하고, 개인은 독자적인 놀이의 규칙에 따른다. 그 규칙에는 중요하고 구속력을 갖는 것과 그렇지 않은 것이 있다. 활력을 불어넣어 주고, 새로운 경험과 통찰을 획득시키고, 흥미와 긴장을 부여하고, 싸우는 일을 해결시켜, 문제를 해결하게 하고, 문제를 극복하고 곧이어 생활을 더욱 풍요롭게 한다.

이에 반해 게임(game)은 자유분방한 놀이에 일정한 형식과 목표를 부여하면서 발전한 것이다. 일반적으로 게임은 신체기능, 전술, 확률 등의 요소를 바탕으로 규칙성과 경쟁성을 가미한 놀이로 규정된다(한태룡 외, 2010). 이처럼 게임은 놀이보다 명확하고 구속력 있는 규칙을 가지면서 전략적 사고와 의사결정이 승리에 매우 중요한 요인으로 작용한다. 때로 게임의 형식적 규칙은 참가자 수, 환경, 조건에 따라 활동의 내용이 변화할 수 있는 유연성을 지닌다. 이러한 게임의 특징을 신체활동으로 확대하고, 더욱 엄격한 활동 제약과 표준화된 규칙을 부여하며 발전한 것이 스포츠(sport)이다.

[2] 호모 루덴스(Homo Ludens)

네덜란드의 역사학자 하위징아(J. Huizinga)는 놀이가 인간 활동의 본질이라는 점을 '호모 루덴스(Homo Ludens)'로 정의하고 있다. 그는 인간을 놀이하는 존재로 규정하고, 인간에게 있어 놀이가 '호모 사피엔스(Homo Sapiens: 생각하는 인간)', '호모 파베르(Homo Faber: 만드는 인간)'와 더불어 제3의 기능이라고 말한다. 기존의 관점에 따르면 놀이는 문화의 한 요소에 지나지 않았으나, 하위징아는 이를 뒤집어 문화 자체가 놀이의 성격을 띠고 있으며, 문화를 만드는 근원이라고 보았다. 하위징아는 놀이의 본질을 다음의 6가지로 제시한다.

① **자유로운 활동**: 놀이는 강요받는 순간 그 본질을 상실한다. 이는 놀이가 '자발성(voluntariness)'에 기반함을 의미한다.
② **분리된 활동**: 놀이는 일상생활과 분리되어 일정한 시간과 공간 내에 한정된다. 이를 흔히 '마법의 원(Magic Circle)'이라고 부른다.
③ **불확정적인 활동**: 놀이는 과정과 결과를 미리 알 수 없으며, 예측 불가능성을 내포한다. 이는 긴장감과 흥미를 유발하는 핵심 요소이다.
④ **비생산적인 활동**: 놀이는 어떤 종류의 재화나 물질적 이익을 직접적으로 발생시키지 않는다. 놀이는 무목적성(purposelessness) 또는 비실용성을 본질로 한다.
⑤ **규칙이 있는 활동**: 놀이는 놀이 안에서만 통용되는 특정한 약속이나 규칙에 따른다. 규칙으로 인해 놀이의 질서와 구조가 만들어진다.
⑥ **허구적 활동**: 놀이는 현실 생활과 다른 '제2의 현실' 또는 가상적인 세계를 창조한다. 이는 놀이가 상상력과 상징적 의미를 갖는 공간임을 보여준다.

특히 하위징아의 사유에서 주목해야 할 것이 "놀이는 본질적으로 대립적이며, 긴장과 결과에 대한 불확실성으로 인해, 절대적인 질서가 요구된다."고 지적한 점이다(김윤수 역, 2006). 여기서 절대적 질서는 규칙을 말한다. 따라서 스포츠에서의 규칙은 절대적 준수의 의미를 내포하며, 도덕적 요청을 포함한다고 할 수 있다.

하위징아의 '호모 루덴스'는 인간 본연의 놀이 욕구가 어떻게 문화와 윤리의 토대가 되는지를 보여준다. 특히 놀이의 본질적 특징인 자유로움, 분리성, 불확정성, 비생산성, 규칙성, 허구성은 스포츠가 가진 윤리적 쟁점을 이해하는 데 핵심적인 통찰을 제공한다. 스포츠는 놀이의 특성을 엄격한 규칙과 경쟁의 형태로 발전시킨 것으로, 그 안에서 발생하는 윤리적 문제들은 인간의 놀이 본성과 문화적 발달 과정이 복합적으로 얽힌 결과로 해석할 수 있다.

[3] 파이디아(Paidia)와 루두스(Ludus)

놀이는 전통적으로 일상적인 삶과 분리된 무익한 활동이라는 고정관념에 갇혀 있었다. 이러한 생각에는 놀이가 노동과 반대되는 비생산적이고 소비적인 그 무엇이라는 고정관념이 깔려 있다. 근대의 이성 중심적 사고는 놀이를 인간의 본능 혹은 자연 상태로 환원시키는 감각적 쾌락의 한 형태로 바람직하지 못하거나 권장할만한 것이 아니라는 오해를 불러일으켰다. 때로 놀이를 아동기에 행하여지는 한시적인 활동으로 생각하는 사람조차 있다. 그러나 하위징아는 이러한 편협한 시각을 비판하며, 놀이를 인간의 문화적 표현 행위 전체로 확장하고 세계를 이해하는 근원적 모델로 해석하여 놀이의 본질적 가치를 재정립하였다.

한편 로제 카이요와(R. Caillois)는 하위징아가 놀이와 문화를 지나치게 동일시한다고 비판하며, '놀이의 목적은 놀이 그 자체'라는 입장에서 놀이 고유의 영역과 특수성을 탐구하였다. 카이요와는 모든 놀이가 파이디아(Paidia)와 루두스(Ludus)라는 두 극단 사이의 스펙트럼에 놓일 수 있다고 보았다. 파이디아는 '기분 전환, 소란, 자유로운 즉흥, 대범한 발산이라는 공통원리가 지배'하는 것으로, 통제되지 않은 자발적이고 일시적인 기분의 표출 경향을 의미한다(이상률 역, 2018). 이는 규칙으로부터 자유로운 놀이의 원형에 가까우며, 몸 가는 대로 춤추거나 노래하기, 낙서하기처럼 통지나 규칙 없이 자신의 기분을 표출하며 놀이 자체의 희열을 즐기는 구조화되지 않은 놀이를 뜻한다.

이에 비해 루두스는 라틴어로 게임을 뜻하는 말로 구조화된 놀이를 말한다. 자의적이고 강제적인 규칙과 거추장스러운 장애물을 만들어 원하는 결과에 도달하기 어렵게 한 다음 이를 극복하면서 즐거움을 추구하는 놀이를 루두스라고 한다. 루두스는 파이디아를 길들인 것으로 질서화된 파이디아라고 할 수 있다. 스포츠와 체스 등이 루두스에 해당한다. 일반적으로 아동들은 파이디아 형태의 놀이에서 시작해 발육발달과 더불어 루두스 형태의 놀이로 옮겨가게 된다.

카이요와에 따르면 모든 놀이에는 파이디아와 루두스의 두 가지 요소가 포함되어 있다. 그는 인간이 행하는 놀이를 경쟁, 우연, 모의, 현기증이라는 가장 기본적인 성격으로 나눈 다음 그중에서 어느 것이 더 많이 작용하는가에 따라 아곤(agon), 알레아(alea), 미미크리(mimicry), 일링크스(ilinx)로 구분하였다.

이러한 카이요와의 분류는 놀이의 스펙트럼을 명확히 제시하며, 각 유형이 문화적 맥락에서 어떻게 발현되고 의미를 갖는지를 이해하게 한다. 특히 스포츠는 아곤의 가장 대표적인 형태로, 루두스적 특성(구조화된 규칙과 경쟁)이 강하게 나타나는 놀이라고 할 수 있다.

카이요와의 이론은 놀이가 단순한 여가 활동을 넘어, 인간의 심리적 욕구와 문화적 표현 방식을 이해하는 중요한 도구임을 보여준다. 하위징아가 놀이와 문화의 근원적 연결성을 강조했다면, 카이요와는 놀이의 내적 구조와 심리적 동인(動因)에 더 주목하여 놀이의 복잡성과 다양성을 체계적으로 분석하였다. 이를 통해 스포츠가 놀이의 어떤 본질적인 특성을 계승하고 발전시켰으며, 그 과정에서 어떤 윤리적 의미가 드러나는지를 더 깊이 이해할 수 있게 된다.

〈카이요와의 놀이의 분류〉

명칭	의미	내용	예
아곤 (agon)	경쟁 놀이	일정한 규칙 안에서 경쟁하여 승패를 결정하는 놀이	체스, 바둑, 스포츠 등
미미크리 (mimicry)	역할 놀이	특정한 인물을 따라하거나 모방하는 놀이	소꿉놀이, 가면극, 연극과 영화 등
알레아 (alea)	우연성 놀이	자신의 의지가 아닌 운에 맡기는 놀이	복권, 마작, 화투, 슬롯머신 등
일링크스 (ilinx)	몰입 놀이	일시적인 무아지경과 몰입의 상태를 즐기는 놀이	서커스, 롤러코스터, 번지점프 등

[4] 스위츠(Suits)의 놀이 이론: 전놀이적 목표와 규칙, 능동성

> **유토피아와 메뚜기**
> 이솝 우화는 열심히 일하는 개미와 게으른 베짱이의 대조를 통해 놀이를 부정적으로 묘사하고 있다. 그러나 노동하지 않아도 되는 유토피아에서 인간은 무엇을 하며 살아갈까? 인간은 자발적으로 불필요한 장애물(규칙)을 설정하고 이를 극복하는 활동(게임)을 통해 삶의 의미를 찾지 않을까. 놀이는 단순히 노동의 반대 개념이 아니라 그 자체로 목적이 되는 가장 인간다운 활동이다. 놀이를 알지 못하는 개미는 어쩌면 유토피아와 가장 거리가 먼 존재인지 모른다.
> 스위츠의 놀이철학은 이러한 생각에 기초하고 있다.

버나드 스위츠(Bernard Suits)는 놀이가 그 자체로 목적을 갖는다는 하위징아의 관점을 수용하여 게임의 본질을 더욱 명확하고 구체적으로 정의하고자 했다. 그는 놀이가 가진 목적론적 구조에 주목하며, 놀이를 '전(前)놀이적 목표(Pre-lusory Goal)', '규칙(Lusory Rules)', '능동성(Lusory Attitude)'의 세 가지 핵심 요소로 구성된 활동으로 보았다.

전놀이적 목표는 놀이 자체의 목적이 아닌 놀이를 통해 달성하고자 하는 특정 상태, 혹은 놀이 안에서 설정된 목표를 말한다. 즉 어떤 게임을 하기 전에 이미 설명될 수 있는 목표를 뜻한다. 예를 들어 농구에서 공을 림에 넣는 것, 장기에서 상대방의 왕을 잡는 것 등이 여기에 해당한다. 스위츠는 이 전놀이적 목표가 게임의 목적을 명확히 함으로써, 규칙이 존재하는 이유를 설명해 준다고 보았다.

규칙은 전놀이적 목표를 달성할 수 있는 쉽고 빠른 방법을 금지하여 놀이를 더 어렵게 만들고, 효율적인 수단을 의도적으로 배제함으로써 불필요한 장애물을 설정한 것을 말한다. 예를 들어 장기에서 왕을 잡는 가장 효율적인 방법은 그냥 손으로 왕을 집어 드는 것이겠지만, 장기의 규칙은 말의 움직임을 제한하여 이 목표 달성을 어렵게 만든다. 만약 규칙이 없다면 목표 달성은 너무 쉬워져 놀이로서의 가치를 잃게 된다. 플레이어는 규칙을 통해 장애물을 극복하는 즐거움을 느끼고 도전 의식을 갖게 된다.

플레이어가 규칙이 부여하는 제약을 자발적으로 받아들이는 능동성은 스위츠의 놀이 이론에서 핵심적인 요소이다. 플레이어는 규칙이 만들어낸 어려움을 기꺼이 수용하고, 그 안에서 목표를 달성하려는 의지를 가질 때 비로소 놀이의 본질적인 경험을 하게 된다. 이러한 자발성은 놀이가 외부의 강제로부터 자유로운 활동임을 뜻한다.

스위츠는 이 세 가지 요소를 종합하여 게임을 "규칙이 허용하는 수단만을 사용하여 특정 목표를 달성하려는 자발적인 시도"라고 정의한다(Suits, 2014). 스위츠의 놀이 이론은 놀이가 단순한 여가 활동을 넘어, 인간의 이성적 선택과 규칙 준수, 그리고 목표 지향적 행위가 결합된 복합적인 활동임을 보여준다. 특히 그의 이론은 스포츠의 본질을 이해하는 데 매우 중요한 이론적 틀을 제공한다. 스포츠는 명확한 승패 목표, 엄격한 규칙, 그리고 선수들이 그 규칙을 자발적으로 준수하며 경쟁하는 활동이기 때문이다.

[5] 가다머(H. G. Gadamer)의 놀이 이론: 존재 방식으로서의 놀이

독일의 철학자 한스 게오르그 가다머(Hans-Georg Gadamer)는 놀이를 인간의 근본적인 존재 방식으로 이해한다. 해석학에 뿌리를 둔 그의 놀이 이론은 단순한 여가 활동이나 주관적인 유희가 아닌, 진리가 스스로 드러내는 방식이자 인간이 세계 속에 현존하는 방식과 연결된다. 가다머는 놀이의 본질을 '자기표현(Sich-Darstellung)'이라고 보았다. 인간은 놀이 속에서 본성적인 '생명력'과 '심신 능력'을 발휘한다. 여기서 '자기(Sich)'는 놀이하는 주체뿐만 아니라, 놀이 그 자체의 본질적인 운동성까지 포함한다.

특히 가다머의 놀이 이론에서 '몰입'은 매우 중요한 요소이다. 그는 놀이가 놀이하는 사람과 놀이의 대상을 주체와 객체로 엄격히 구분되지 않고, 그 자체로 '운동성(Bewegtheit)'과 '심미적 질서'를 지닌다고 본다. 놀이가 시작되어 무르익으면 놀이의 내재적인 운동성에 지배당하여 참여자는 마침내 깊이 몰입하게 된다. 이처럼 놀이가 오로지 지금 여기에서 일어나고 있는 압도적인 현상이 될 때, 참여자의 개별적인 주관성은 후퇴하고 움직임만 존재하게 되는데, 이때야말로 놀이다운 놀이가 이루어지는 순간이다. 가다머는 이러한 현상을 '주체 없는 생기(生氣) 현상(seinsförmiges Geschehen)'이라고 한다. 예를 들어 우리가 축구를 할 때 경기는 주체(나)가 조종하는 대상이 될 수 없다. 오히려 경기에의 참여와 몰입을 통해 '경기' 그 자체가 스스로를 전개하고 완성하는 주체적인 사건이 된다.

가다머가 제시한 놀이의 속성에서 두 가지 중요한 점은 첫째, 모든 놀이에는 시작이 있다는 것이다. 경쟁을 통해 긴장된 왕복운동이 일어나는 놀이는 언제나 새롭게 시작한다. 가다머는 "놀이는 운동이며 이 운동은 끝나게 될 어떤 목표가 있는 것이 아니라 끊임없는 반복을 통해 새롭게 시작하는 것"이라고 말한다(임홍배 역, 2012). 놀이는 자연의 한 과정이자 주관적으로 해방되는 경쾌함의 속성을 가지며, "놀이는 그 자체로부터 발생한다"(임홍배 역, 2012)는 의미에서 언제나 새롭게 시작될 수 있다. 놀이는 결과보다는 과정 자체에 의미를 두며, 영원한 현재의 특성을 지닌다.

둘째, 모든 놀이는 총체성의 측면을 가지고 있다. 놀이는 결코 주관적인 의지에 의해 완전히 통제되거나 이해되지 않으며, 놀이에 참여하는 사람의 개인성(지위, 계층, 피부색 등)은 놀이 속에서 전면에 나설 수 없다(신충식, 2016). 모든 경기자가 자신의 개체성을 단념하고 놀이 자체의 질서에 자신을 온전히 내맡길 때 그 놀이는 성공한다. 이러한 특성은 놀이 참여자의 '자기 단념(self-forgetfulness)'과 연결되며, 놀이가 개인의 경계를 넘어선 '개방성'을 본질로 한다는 점을 시사한다. 즉, 놀이는 참여자를 닫힌 존재로 보지 않고, 놀이의 본질적인 운동성이 참여자를 통해 끊임없이 새로운 가능성으로 전개되는 열린 장이다.

가다머는 이러한 놀이의 속성이 언어의 본질과 다르지 않다고 보았다. 인간의 언어 활동 역시 놀이처럼 예측 불가능하다. 규칙(문법)이 있지만 항상 새로운 의미를 생성하며, 참여자(화자와 청자)가 언어의 흐름에 자신을 내맡길 때 진정한 이해가 발생한다. 이처럼 언어는 주체(나)가 통제하는 대상이 아니라, 주체를 통해 스스로 전개되는 '운동'이라는 점에서 놀이와 유사하다. 가다머의 놀이 이론은 놀이가 단순한 유희를 넘어 인간의 존재론적 경험이자 창조적 문화 형성 과정임을 탁월하게 설명하고 있다.

[6] 비트겐슈타인(Wittgenstein)의 가족 유사성(family resemblance)

오스트리아의 철학자 루트비히 비트겐슈타인(Ludwig Wittgenstein)은 우리가 사용하는 개념이나 언어의 의미는 '가족 유사성(family resemblance)'을 통해 이해되어야 한다고 주장한다. 즉 어떤 개념에 속하는 개체들은 불변하는 단일한 공통점이나 본질을 공유하지 않고, 서로 조금씩 다른 차이를 보이면서도 교차하고 중첩되는 속성만 가질 뿐이다. 마치 한 가족 구성원들이 모두 똑같지 않고 각기 다른 특징을 가지고 있지만, 서로 닮은 점들이 겹쳐 보이면서 전체적으로 그 가족을 구성하는 것과 같다. 구성원 개개인은 서로 유사한 특성을 공유하며 닮았지만, 단일한 하나의 특징으로 수렴되지 않는 성질을 가족 유사성이라 하는 것이다.

비트겐슈타인은 우리가 사용하는 언어 역시 일반적인 '놀이(game)'와 마찬가지로 단일한 본질 혹은 추상적인 체계가 아니라, 가족 유사성만을 갖는 다양한 활동들로 이루어져 있다고 말한다(이승종 역, 2016). 이러한 주장은 언어에 어떤 통일적인 이론을 통해 밝혀야 할 단일하고 유일한 본질이 없다는 생각에서 비롯한다. 놀이도 언어와 마찬가지이다. 예를 들어, 축구, 체스, 당구 등 다양한 놀이는 각각 다른 규칙과 특성을 가진다. 그러나 이러한 놀이에 일괄적으로 적용될 수 있는 단일한 본질 혹은 특성 즉, 모든 놀이에 공통적인 하나의 규칙이나 모든 놀이가 반드시 가져야 할 하나의 목적은 찾을 수 없다.

이처럼 놀이는 단일한 본질을 가지지 않으며, 오직 가족 유사성에 의해서만 설명될 수 있다는 것이 비트겐슈타인의 주장이다. 각각의 놀이가 서로 교차하고 중첩되는 속성들을 공유하면서 하나의 가족을 이루고 있을 뿐, 거기에 보편적인 공통성(universal commonality)을 찾을 수 없다.

비트겐슈타인의 가족 유사성 개념은 특히 놀이, 게임, 스포츠가 명확한 경계선을 가지는 것이 아니라 가족 유사성처럼 서로 겹치고 유사한 특성들을 공유하며 연속적인 스펙트럼을 이룬다는 점을 잘 보여준다.

2 아곤(agon)

[1] 아곤의 개념

아곤은 고대 그리스의 올림픽 경기에서 이루어졌던 운동 경기의 경쟁과 대결을 의미한다. 아곤을 인간의 놀이 본능의 하나로 규정하고 철학적 의미를 부여한 학자는 카이요와(R. Caillois)이다. 카이요와는 하위징아의 생각을 비판적으로 계승하여, 놀이의 본질을 자유롭고 자발적인 활동으로 정의하면서, 그 내적 구조와 심리적 동인에 대한 깊은 논의를 전개하였다. 그중에서 아곤에 대한 논의는 스포츠의 본질을 파악하는 매우 중요한 개념이다.

카이요와는 아곤의 본질을 경쟁이라는 형식에서 찾는다. 그에 따르면 경쟁은 객관적인 측정 기준과 공정한 심판, 그리고 명확한 규칙 적용을 통해 승리가 결정되는 순간 그것에 이의를 제기할 수 없는 이상적인 조건 아래에서 이루어져야 한다. 경쟁자들의 투쟁은 인위적으로 설정된 평등한 기회가 주어질 때 비로소 가능하게 된다. 또한 아곤에 있어서 경쟁은 반드시 하나의 자질(스피드,

지구력, 근력, 기억력 등)만을 대상으로 하는 상대적 우월성을 겨루는 관계이며, 경쟁자들은 규칙이라는 분명한 경계의 안에서 밖으로부터 어떠한 원조도 없이 자신의 능력에 의해 경쟁에 임한다. 이를 통해 승자는 일정한 종류의 경기에서 최고임을 드러내는 것이다. 무엇보다 카이요와는 기회의 평등을 경쟁의 본질적 원리로 보았다.

아곤의 원동력은 특정 자질의 경쟁에 있어서 자신의 뛰어남을 인정받으려는 바람이다. 이런 까닭에 아곤의 실천은 지속적 주의, 부단한 연습, 수많은 노력, 승리에의 의지 등이 전제된다. 경쟁에 이기기 위해 훈련의 규율과 인내가 요구되는 이유도 여기에 있다. 아곤의 당사자는 자신의 힘만으로 이겨내야 하는 대결의 상황에 놓이기 때문에 공정하게 정해진 규칙의 범위 안에서 스스로 최고의 힘을 이용하지 않으면 안 된다. 이때 공정하게 정해진 규칙의 범위는 경쟁의 결과를 이의 없게 받아들이게 한다. 그러나 아곤에 있어서 승리의 가치는 게임 자체에 국한되며, 다만 패자보다 특정 능력이 우월하다는 의미에 한정된다(이상률 역, 2018). 예를 들어 포환던지기에서의 승리는 경쟁자와 비교해 포환을 멀리 던진 것이 우월할 뿐 인간적으로 뛰어나다는 의미를 갖지 않는다. 카이요와는 스포츠를 근육적 성격의 아곤이라고 보았다.

[2] 니체의 아곤

니체(F. W. Nietzsche, 1844 ~ 1900)
독일의 철학자. 그는 종래의 철학과 윤리를 부정하는 '힘에의 의지'라는 새로운 가치를 제시하였다. 현재의 삶을 긍정하는 '초인'을 설파하여 실존주의 철학의 선구자로 평가된다.

아곤(Agon)의 의미를 존재의 근본원리로 일반화한 철학자는 프리드리히 니체(Friedrich Nietzsche)이다. 니체는 특히 그의 초기 저작인 『비극의 탄생(Die Geburt der Tragödie aus dem Geiste der Musik)』에서 고대 그리스의 비극과 올림픽 경기에 대한 깊은 통찰을 통해 아곤의 개념을 발전시켰다.

그는 고대 그리스인의 생각과 행위를 지배하는 원칙을 아곤에서 찾는다. 니체에 따르면 인간은 자연과 문화의 양면을 동시에 가지는 존재이다. 자연적 존재로서의 인간은 타자를 정복, 억압, 착취하려는 속성을 가지며, 근본적으로 생성, 파괴, 잔혹함 등이 지배한다. 니체는 이를 디오니소스적 힘이라고 부른다. 그러나 인간은 이러한 무질서와 혼돈을 문화에 의해 승화시키는 존재이기도 하다.

니체는 이 문화의 형태를 시(詩)와 스포츠(Gymnastik)에서 찾는다. 특히 아곤은 디오니소스적 생명력이 아폴론적 형식(질서, 조화, 절제, 이성)을 통해 아름다운 경쟁으로 승화된다. 즉 생존을 위한 투쟁인 디오니소스적인 힘은 예술과 스포츠 속에서 질서와 형식을 갖추며 아름다운 경쟁으로 변모하게 되는 것이다. 그래서 승리와 승리자는 숭배와 찬미의 대상이 되고, 그들의 모습은 조각의 이상화된 모습으로 그려진다. 고대 그리스의 조각에 스포츠의 영웅들이 많이 묘사된 이유도 여기에 있다.

니체는 투쟁과 경쟁에는 커다란 차이가 있다고 보았다. 투쟁이 상대를 완전히 파괴하는 것과 관련되어 있다면, 경쟁은 상대를 없애는 것이 아니라 자신을 더욱 높은 단계로 끌어올리는 승리, 즉 자기 극복과 자기완성을 추구한다(이상엽, 2013). 아곤은 단순히 생존을 위한 투쟁이 아니라, 타인을 통해 자신을 발견하고 삶을 고양하는 창조적인 행위이다. 이는 타인으로부터의 인정(Recogniton)을 통해 자신의 **'권력 의지(Wille zur Macht)'**를 긍정적으로 표현하는 과정으로, 단순히 타인을 지배하려는 욕망이 아니라 자기 자신을 넘어서고 끊임없이 더 높은 가치를 창조하려는 역동적인 의지를 가리킨다. 니체는 아곤의 목적이 승리를 찬양하고 파괴를 규제하는 것에 있으며, 그 자체가 아름다운 것이라고 말한다.

Think Deeply: '햄버거 빨리 먹기'는 스포츠가 될 수 있을까?

우리는 종종 스포츠의 본질을 경쟁에서 찾는다. 경쟁의 사전적 의미는 "같은 목적에 대하여 자신의 우위를 드러내기 위해 상대방과 겨루는 것"으로 되어 있다. 우리는 어릴 적 친구와 함께 누가 종이비행기를 더 멀리 날리는지, 누가 더 오래 물속에서 숨을 참는지 겨룬 기억을 하나쯤 가지고 있을 것이다. 경쟁은 사소한 일상에서부터 국가 간 전략적 무기 개발에 이르기까지 다양한 분야에서 일어난다. 그러나 이런 경쟁이 모두 스포츠가 되지 않는다. 따라서 스포츠의 경쟁은 일반적인 의미와 다르다는 점을 알 수 있다.

스포츠의 경쟁은 상대방에 대한 존중과 선의를 바탕으로 이루어지는 승리와 패배의 확실한 구분이라고 말한다. 그렇다면 '햄버거 빨리 먹기'는 스포츠 종목이 될 수 있을까? 이 대회의 참가자들은 상대방에 대해 악의를 가지거나, 심지어 몸싸움을 벌일 이유도 없이 깨끗한 승부를 펼칠 수 있다. 만일 '햄버거 빨리 먹기'가 스포츠 종목이 될 수 있다면 그 이유는 무엇인가? 반대로 스포츠 종목이 될 수 없는 이유는 무엇인가? 이와 유사한 질문을 우리는 '바둑'과 'e스포츠'에도 적용해 볼 수 있다. 스포츠와 비스포츠를 나누는 기준은 무엇일까?

모든 경쟁이 스포츠가 아니라면 스포츠를 스포츠답게 만드는 본질적인 요소는 경쟁이 아닌 다른 것에서 찾아야 한다. 스포츠를 스포츠답게 만드는 본질적인 요소는 과연 무엇일까?

스포츠에서의 아곤은 상대를 정복하고 억압하는 파괴적 투쟁이 아니라 창조적 경쟁의 좋은 예이다. 승리를 위한 아곤적 경쟁은 인간의 창조성과 위대함의 전제가 된다. 왜냐하면 경쟁 속에서 새로운 가치가 탄생하고 새로운 삶의 에토스(Ethos)가 창조되기 때문이다. 니체는 음악의 경쟁처럼 예술 분야에서의 아곤을 가장 탁월한 사례 중 하나로 보았는데, 이는 아곤이 단순히 신체활동에만 국한되지 않고 정신적, 예술적 영역까지 확장되는 개념임을 보여준다.

아곤의 형태는 음악의 연주 경쟁뿐 아니라 올림픽에서의 스포츠 경쟁, 심지어 법정에서의 논쟁에 이르기까지 인간의 다양한 창조성과 맞닿아 있다. 스포츠의 탁월성은 아곤을 통해 자신의 것이 되고, 그런 경쟁의 과정을 거치면서 더 나은 자신에 이르게 된다. 결국 니체가 말하는 아곤은 타인과의 경쟁을 통해 자신을 발견하고 형성해 나가는 자기 창조성의 표현과 다르지 않다.

3 탁월성과 승리의 추구

[1] 탁월성(arete)의 의미

아레테는 원래 전쟁의 신 아레스(Ares)에서 나온 파생어로 싸움터에서의 용기를 뜻한다. 이것이 사람이나 사물이 가지고 있는 뛰어남, 탁월성 등의 의미로 전용되었다. 아레테란 사람이나 사물이 본래 가지고 있는 것이 좋은 상태에 이르고, 그 기능이 잘 발휘된 것을 말한다. 예를 들어 칼의 탁월함은 잘 자르는 것이고, 눈(目)의 탁월함은 잘 보는 것이며, 제화공의 탁월함은 구두를 잘 만드는 것이다. 이처럼 사람과 사물의 고유한 기능이 가장 좋은 상태에 이른 것을 아레테라고 한다. 따라서 운동선수의 아레테는 운동을 잘 하는 것이다. 탁월한 기량은 운동선수의 매우 중요한 덕목이다.

스포츠는 일정한 규칙에 따라 선수의 신체적 탁월성을 경쟁하는 활동이다. 모든 선수는 타인과의 경쟁에서 자신의 탁월성을 확인하고 인정받고 싶어 한다. 축구선수의 덕목은 당연히 축구를 잘하는 것이다. 공격수는 득점 기회가 왔을 때 득점을 성공시킬 수 있어야 하고, 수비수는 상대의 공격을 차단할 수 있어야 한다. 각자의 포지션에서 최고의 퍼포먼스를 발휘할 때 축구선수의 탁월성은 드러난다.

그러나 탁월성은 단순히 기능, 혹은 운동수행 능력만을 의미하지 않는다. 스포츠에 참여하는 사람은 운동선수이기 이전에 인간으로 존재한다. 홈런을 많이 치는 야구선수, 빠르게 달리는 육상선수는 야구와 육상이라는 특정 시간과 공간에서 그의 탁월성을 충분히 발휘할 수 있으나, 그것이 곧 인간으로서의 탁월성을 의미하지 않는다. 종목과 관계없이 선수는 선수이기 이전에 인간으로서 반드시 가져야 할 태도와 자세를 갖추었을 때 비로소 덕이 있는 인간이 된다. 아레테를 덕(德)이라고 부르는 이유도 여기에 있다.

운동선수로서 아무리 뛰어난 능력을 갖추었더라도 인간으로서의 본질적인 부분인 도덕성(덕)을 결여하고 있다면 훌륭한 선수가 될 수 없다. 이런 까닭에 운동선수에게는 두 가지의 아레테가 동시에 요구된다. 즉 신체적 능력의 탁월성과 도덕적 탁월성이 겸비되었을 때 비로소 훌륭한 선수가 되는 것이다.

[2] 덕(德)으로서의 탁월성: 아리스토텔레스의 윤리학

아리스토텔레스는 탁월성에 도덕적 의미를 부여함으로써 윤리학이라는 새로운 학문 영역을 개척하였다. 그의 윤리학은 덕의 실천을 강조하는 현실적인 내용으로 구성되어 오늘날까지 많은 영향을 미치고 있다. 특히 인간의 고유한 기능(ergon)을 탁월하게 발휘하는 것이 곧 행복(eudaimonia)에 이르는 길이라고 본 그의 관점은, 신체적 탁월성을 발휘하는 스포츠와 스포츠윤리학에 중요한 시사점을 던진다.

아리스토텔레스
(BC 384 ~ BC 322)

'학문의 아버지'로 불리는 고대 그리스의 철학자. 그는 『니코마코스 윤리학』이라는 저서를 통해 인간의 행복과 그것에 도달하는 과정에서 반드시 필요한 앎이 무엇인지를 체계적으로 제시하였다.

우리가 스포츠 선수에게 갈채를 보내는 이유는 무엇일까? 아리스토텔레스는 "강건한 사람이나 잘 뛰는 사람을 찬양하는 이유는 그들의 자질이 어떤 좋고 훌륭한 것과 관계하고 있기 때문"이라고 말한다(최명관 역, 1984). 따라서 스포츠는 일차적으로 신체의 아레테를 발휘하는 것으로 정의할 수 있다. 이는 아리스토텔레스가 신체의 아레테를 건강, 미, 강함, 크기, 운동 경기에서의 능력 등의 5가지로 규정한 사실에 의해 뒷받침된다.

탁월성이란 일종의 완전성(perfection)을 뜻한다. 예를 들어 의사와 피리 연주자는 자신에게 고유한 탁월성의 영역에서 조금도 모자람이 없는 상태에 이를 때 완전하다고 말한다(김진성 역, 2007). 스포츠 선수의 완전성도 신체적 탁월성의 영역에서 조금도 모자람이 없는 상태를 가리킨다. 그런데 아리스토텔레스는 스포츠 선수의 신체적 탁월성도 한 개인의 전체 습성(hexis)의 일부분이라고 본다. 이 전체의 습성이 곧 인간으로서의 덕이다.

덕이란 "인간을 선하게 하며 그 자신의 일을 잘 하게 하는 성품"을 말한다(최명관 역, 1984). 그렇다면 아리스토텔레스는 어떤 경우에 덕을 가지고 있다고 보았을까. 그는 덕을 가진 사람의 조건으로, "첫째로 그는 지식을 가져야 하며, 둘째로 그는 행위를 선택하되 그 행위 자체 때문에 선택해야 하며, 그리고 셋째로 그의 행동이 확고하고 불변하는 성격에서 나오지 않으면 안 된다."는 세 가지를 열거한다(최명관 역, 1984). 또한 이러한 조건들은 옳은 행위나 절제 있는 행위를 자주 하는 결과에 의해 생긴다고 덧붙인다. 여기서 중용의 덕이 등장하게 된다.

아리스토텔레스는 인간에 있어서 덕은 중용(mesotes)에 의한 행위 선택의 성품이라고 말한다. 중용에 대해 아리스토텔레스는 "이성적 원리에 의하여 그리고 실제적인 지혜를 가지고 있는 사람이 어떤 행위를 할 때 기준으로 삼아야 할 원리"라고 설명한다(최명관 역, 1984).

아리스토텔레스의 중용

중용은 모든 사람에게 일률적으로 적용되는 것이 아니다. 상황의 변화에 따라 중용이 각기 다르게 나타난다. 아리스토텔레스는 이를 운동선수와 어린아이의 식성을 통해 설명한다. 두 사람에게 알맞은 식사량은 서로 다르다. 그러나 포식(과다)과 절식(과소)이라는 악덕 사이에 '절제'라는 중용이 존재한다는 점에서는 동일하다. 이처럼 중용은 절대적인 중간을 의미하는 것이 아니라 상대적 균형을 뜻한다.

감정 및 느낌	과소	중용	과다
두려움	비겁	용기	무모
쾌락	무감각	절제	방탕
금전	인색	절약	낭비
명예	비굴	긍지	허영
분노	무기력	온화	성급
재미	무뚝뚝함	재치	허풍

[3] 승리의 추구

스포츠에 있어서 승리 추구는 매우 자연스러운 행위의 내적 동기이다. 스포츠 선수는 해당 종목의 경기에서 상대 선수나 팀보다 자신이 우월함을 증명하고 확인하고 싶어 한다. 이는 내적 욕구이면서 동시에 타인의 인정을 구하는 사회적 욕구이기도 하다. 식욕, 수면욕 등의 본능적 욕구와 달리 승리 추구는 정신적, 심리적 만족을 위한 능동적 기대이다.

독일의 철학자 악셀 호네트(Axel Honneth)는 인간 행위에 대한 탐구를 통해 성공적인 삶을 실현하는 핵심적인 사회적 조건으로 '인정(Recognition)'을 제시한다. 인간은 누구나 타인에게 인정받고 싶은 근본적인 욕구를 가지며, 타인으로부터 인정을 받을 때 긍정적인 자기의식을 형성하고 행위의 강력한 원동력을 얻는다.

스포츠에서 승리에 대한 욕구는 가장 원초적으로 드러나는 '인정 투쟁(struggle for recognition)'의 한 형태라 할 수 있다(Honneth, 2012). 호네트의 이론에 따르면 인정은 크게 사랑, 권리, 연대의 세 가지 차원으로 구분되는데, 스포츠에서의 승리 추구는 특히 권리(rights)와 연대(solidarity) 차원의 인정과 밀접하게 연관된다.

선수들은 공정하게 정해진 규칙 안에서 경쟁할 권리를 인정받고자 한다. 승리 이후 타인(동료, 팬, 사회)이 보이는 긍정적인 태도는 자신의 탁월한 기량과 노력이 공동체에 기여했음을 확인하는 연대적 인정이다. 이러한 인정은 선수에게 성공적인 자기실현의 경험을 제공하며, 스포츠 행위를 통해 자신의 가치를 확인하고 고양하는 중요한 계기가 된다.

하이데거
(M. Heidegger,
1889 ~ 1976)

현대 독일의 대표적인 실존주의 철학자. 그의 철학은 존재에 대한 물음에서 출발하여 자기의 존재를 이해하는 인간, 즉 현존재의 분석을 통해 실존의 존재 방식인 '불안'을 꺼집어 내었다. 대표적인 저서로는 『존재와 시간』이 있다.

또한 스포츠 선수에게 승리의 추구는 미래에 대한 기획이기도 하다. 하이데거(M. Heidegger)는 미래를 향해 자신의 삶을 만들어 나가는 인간의 존재 방식을 '기투(企投, Entwurf)'라고 하였다(細谷貞雄 역, 1995). 기투는 '선구적으로 자신을 앞질러 던지는(sich vorweg sein)' 현존재(Dasein)의 본질적 특성을 말한다(이기상 역, 2025). 인간은 자신의 가능성을 향해 끊임없이 자신을 미래에 투사하며 존재한다. 승리라는 미래의 가능성을 향해 끊임없이 훈련하고 도전하는 행위는 바로 이러한 기투의 구체적인 실천이다.

승리에 대한 기투는 자신을 능동적으로 던지는 행위라는 점에서 스포츠 선수의 실존적 존재 방식이라고 할 수 있다. 이때 스포츠 행위는 단순한 신체활동을 넘어 인간의 '본래적 실존(authentic existence)'을 드러내는 장이 된다. 도전, 인내, 투지 등 스포츠로부터 파생되는 많은 긍정적 가치들은 승리에 대한 의지와 그것을 추구하는 자세에서 비롯한다. 이런 까닭에 스포츠 선수에게 승리 추구는 그 자체가 목적인 내재적 선(善)이다. 따라서 능동적 기대로서의 승리 추구에는 그것에 도달하는 절차와 방법의 도덕성이 요구된다. 승리 추구가 금전, 명예, 혹은 지위를 위한 수단이 될 때 본래적 가치는 실종된다. 흔히 '승리지상주의'가 도덕적으로 비판받는 경우가 많으나, 승리를 최상의 가치로 여기는 태도 자체는 선수의 의무이다. 다만 승리를 추구하는 과정의 비도덕성과 외재적 목적을 위한 수단으로 삼을 때 문제가 될 뿐이다.

[4] 탁월성의 추구

스포츠 선수는 승리의 추구와 함께 스포츠의 전 과정에서 '탁월성의 추구'라는 또 다른 도덕적 자세가 요청된다. 탁월성의 추구는 승리에 이르는 과정에서 드러난 개인의 잠재적 능력의 발휘, 혹은 선수가 도달할 수 있는 최선을 지향하는 태도를 말한다. 따라서 탁월성은 완성된 형태가 아니라 최고를 지향하는 과정에서 얻어지는 최선의 상태를 뜻한다. 이런 까닭에 탁월성은 언제나 가능태(dynamis)로 주어진다.

아리스토텔레스는 만물의 운동을 가능태와 현실태(energeia)로 나누어 설명한다(김진성 역주, 2005). 나무라는 현재 보이는 모습(현실태)은 씨앗이라는 아주 작은 것(가능태)으로부터 나온다. '가능태'로서의 탁월성이 유소년 선수 시절부터 끊임없이 훈련하고 배우는 과정 자체를 의미한다면, '현실태'는 경기에서 발휘된 뛰어난 기량이나 승리라는 결과로 설명할 수 있다. 즉 스포츠에서의 승리라는 현실태는 탁월성의 추구라는 가능태에서 비롯한다. 그러나 스포츠에서의 승리는 또 다른 승리와 도전으로 이어지기 때문에 완전한 현실태로 드러나지 않는 일시적인 현실태일 뿐 끊임없이 새로운 가능태를 낳는다. 즉 자신의 가능성을 실현하려는 탁월성 추구는 끊임없이 진행되는 것이다.

스포츠에 있어서 최선의 상태는 완벽한 기술의 완성이나 패배를 모르는 승리의 연속이 아니라 더욱 나은 자신의 상태를 지향하는 도덕적 자기완성에 있다. 요컨대 탁월성의 추구는 시합의 결과로 판단할 수 없는 스포츠 선수의 삶의 전 과정에서 이루어지는 신체와 정신의 최고 목적이라 할 수 있다.

[Sports & life] 승리와 탁월성의 추구

　대부분의 운동선수는 승리(B)를 위해 훈련(A)을 한다. 이때 훈련(A)은 승리(B)를 위한 수단이 된다. 그런데 스포츠에서 A와 B의 관계는 일반적인 목적과 수단의 관계와 다르다. 질병의 치료(B)와 의사(A)의 관계를 예로 들어 보자. 치통을 앓고 있는 사람은 참을 수 없는 고통으로 병원을 찾는다. 그러나 치통이 완치되면 더 이상 의사를 찾지 않는다. 의사라는 수단은 치통의 완치라는 목적이 달성되면 종료되기 때문이다. 이에 반해 승리를 쟁취한 선수는 더 큰 대회나 더 많은 승리를 위해 훈련을 이어나간다.

　이처럼 고통스러운 훈련의 과정을 포기하지 못하는 이유는 승리가 추구할 만한 가치를 지니기 때문이다. 그러나 승리의 가치는 운동선수에 따라 다르다. 어떤 선수는 자신이 최고라는 사실의 확인에 기뻐하고 만족하지만 다른 선수는 승리를 통해 얻어지는 물질적 보상과 지위에 더 큰 관심을 갖는다. 그런 선수에게 승리는 자신이 생각하는 유익한 가치를 위한 수단에 지나지 않는다.

　이와 같이 스포츠에서의 승리는 그것을 추구하는 마음가짐에 따라 본래적 가치와 수단적 가치로 나누어진다. 승리를 수단적 가치로 여기는 선수가 반드시 비도덕적이라고 할 수 없으나, 승리의 본래적 가치를 추구하는 선수에 비해 경기 자체를 수단화 할 가능성은 높다. 도핑의 비윤리성도 경기의 수단화에 있다.

　그렇다면 승리의 본래적 가치는 무엇일까? 그것이 바로 '탁월성'이다. 탁월성은 그 자체로 목적이며, 다른 것에 기여하는 수단적 가치를 지니지 않는다. 위대한 선수들이 흔히 "자신의 한계에 도전하고 싶다."고 말하는 이유도 아직 드러나지 않은 자신의 탁월성을 보여주고 싶기 때문이다.

4 공격(aggression)의 윤리성

[1] 인간의 공격 본능과 스포츠의 역할

　스포츠는 일반적으로 인간의 호전적인 공격성을 다른 곳으로 돌리는 매우 유용한 방법으로 알려져 있다. 거리낌 없는 공격 욕구의 충족은 문화와 양립할 수 없다. 타인에 대한 공격의 충동과 보복을 위한 폭력의 행사는 사회의 존립 자체를 불가능하게 만든다. 스포츠는 이러한 인간의 공격 본능을 문화적으로 해소하고 길들이는 장치이다. 인간은 원초적 공격성을 스포츠를 통해 배출함으로써 일종의 카타르시스를 맛보게 된다.

[2] 공격성 이론

　인간의 공격적 본성에 관한 연구는 철학, 심리학, 문화인류학, 진화생물학 등의 분야에서 활발히 진행되고 있다. 이런 연구들은 스포츠가 공격이라는 자연적 본성과 그 대척점에 있는 문화 사이의 가교 역할을 한다는 점을 밝혀 준다. 공격의 본능이 생물학적으로 거부하거나 사라질 수 없는 것이라면 문화적인 의식화(儀式化), 혹은 의례화(儀禮化)의 절차를 거쳐 거기에 새로운 가치를 부여할 필요가 있다. 인류의 스포츠는 이런 역사적 문맥에서 설명된다.

프로이트(S. Freud)는 인간의 공격성을 무의식의 관점에서 설명하고 있다. 그는 인간의 공격 본능(destrudo)을 리비도(libido)와 함께 근원적인 욕구로 보았다. 리비도는 자기보존, 종족보존의 힘이 되는 에로스의 욕구를 뜻한다. 이에 비해 데스트루도는 에로스의 욕구에 대립하는 것으로 사물을 파괴하고 살아 있는 것을 죽음에 이르게 하는 욕구를 말한다. 프로이트는 인간의 문명을 이러한 본능적 욕구의 억압에서 찾는다. 다시 말해 자연 상태의 잔혹하고 공격적인 인간의 본능은 문화에 의해 억제되어야 한다.

한편 엘리아스(N. Elias)는 문명화에 의한 공격성의 제어와 근대 스포츠의 탄생을 동일한 역사적 과정으로 파악하였다. 그에 따르면 인간이 문명화되어 가는 과정은 원초적이고 원시적인 상태의 충동적이고 공격적인 행위의 감소와 일치한다. 문명화는 육체의 힘을 분별없이 사용하거나 신체의 부위와 기능에 대해 숨김없이 말하는 것을 부끄럽고 불쾌하게 생각하는 태도 및 인식의 확산과 일치한다. 문명화 과정에서 스포츠는 인간의 공격적 본능을 해소시켜 주는 역할을 한다. 과녁, 네트, 골대 등은 이런 공격의 욕구를 해소하는 훌륭한 장치이며 이를 통해 폭력은 철저히 통제된다.

로렌츠(K. Lorenz, 1903 ~ 1989)
오스트리아의 동물행동학자. 비교행동학의 창설자의 한 사람으로 특히 공격성의 관점에서 동물 일반의 행동을 관찰하여 행동학의 기초를 확립하였다.

또한 인간의 공격성과 스포츠의 관계를 비교적 자세히 설명한 로렌츠(K. Lorenz)는 스포츠의 기원을 고도로 의식화(儀式化)된 전투행위에서 찾는다. 그는 스포츠의 기능을 전장에서의 집단적, 호전적 열광 등 위험한 형태의 공격성에 건강한 안전장치를 마련해 주는 데 있다고 보았다(송준만 역, 1996). 이 때 스포츠는 인간의 공격적인 충동을 발산하는 카타르시스의 효과를 가진다.

로렌츠는 스포츠의 기능을 '책임감 있는 통제'와 '교육적 가치'에서 찾는다. 스포츠 참여자는 자기 통제력을 잃어버리면 즉각적인 제재와 처벌을 받는다. 이를 통해 공격적 충동을 억제하는 방법을 배우고, 그것이 자신뿐 아니라 타인에게 영향을 끼치게 된다는 책임감을 느끼게 된다. 그리고 스포츠에서는 아무리 강한 공격성을 불러일으키는 자극이 있어도 상대를 존중하는 감정과 정정당당함을 요구하기 때문에 교육적으로도 매우 유용한 가치를 갖는다.

그밖에 공격성에 대한 심리학적 이론에는 좌절-공격성 가설과 사회 학습 이론이 있다. 좌절-공격성 가설(Frustration-Aggression Hypothesis)은 존 돌라드(John Dollard)와 동료들이 발표한 이론으로, 인간의 공격성이 타고난 본능이 아니라, 좌절이라는 심리적 상태의 결과로 발생한다고 본다. 좌절은 목표를 달성하려는 행위가 장애물에 의해 방해받았을 때 느끼는 심리적 상태를 의미한다. 이 가설에 따르면 좌절감이 쌓이면 반드시 공격성으로 드러난다. 스포츠에서 심판의 오심이나 상대의 반칙으로 좌절한 선수가 거친 행동을 보이는 것이 대표적인 예다.

폭력의 사회 학습 이론(Social Learning Theory)은 앨버트 반두라(Albert Bandura)가 제시한 것으로, 폭력 행동을 타고난 본능이 아닌 관찰과 모방을 통해 학습된 것으로 본다. 사람들은 다른 사람(모델)의 행동을 보고 그 행동이 보상을 받는지 처벌을 받는지에 따라 행동을 결정한다. 이 과정에서 어떤 행동을 통해 보상(칭찬, 성공 등)을 받으면 모방하려는 동기가 생기게 되는데, 이를 '대리 강화(Vicarious Reinforcement)'라고 한다. 반두라는 이를 유명한 '보보 인형' 실험을 통해 증명하였다. 즉 인형에게 공격적인 행동을 본 아이들이 그렇지 않은 아이들보다 폭력을 더 많이 행사했음을 보여주었다. 이 이론은 개인의 생각과 행동, 그리고 환경이 서로 영향을 주고받는 '상호 결정론(Reciprocal Determinism)'을 강조한다. 따라서 폭력적인 모델을 제거하고 긍정적인 행동을 보여주는 것이 폭력 예방에 중요하다.

[3] 공격성과 스포츠윤리

스포츠가 인간의 공격적 본능을 문화적으로 발산할 수 있는 장치라는 점은 쉽게 이해할 수 있으나, 이러한 사실로부터 공격성 자체의 윤리적인 측면은 밝혀지지 않는다.

스포츠에서 경쟁은 상대 선수나 팀에 대해 자신의 공격적인 본능을 펼치도록 유도한다. 경쟁의 전 과정에서 선수의 공격성은 유지되어야 하고, 때때로 투지와 용기로 격려되기도 한다. 훌륭한 선수의 덕목으로 간주되는 '승부욕'도 공격의 본능을 자극하기 위한 스포츠의 독특한 가치이다. 따라서 스포츠에 있어서 공격성과 경쟁은 불가분의 관계를 갖는다.

스포츠의 공격성 혹은 공격은 크게 세 가지로 나눌 수 있다. 첫째 수비에 대한 반대 개념으로서의 공격을 들 수 있다. 단체 및 대인 스포츠 경기는 필연적

하카(haka)
뉴질랜드의 원주민 마오리족이 전쟁에 나서기 전 승리를 기원하기 위해 춘 전통춤이다.

으로 공격과 수비가 교차하면서 경쟁을 펼치게 된다. 축구의 포워드와 풀백, 야구의 배트와 글러브, 배구의 스파이크와 블로킹은 공격과 수비를 잘 드러낸다. 이때 공격성은 경기 스타일 및 전술의 형태를 띤다. 감독과 선수의 성향과 판단에 따라 공격을 좋아하는 팀과 수비에 중점을 두는 팀이 확연히 구분되는 이유도 여기에 있다.

육상과 골프 등의 개인 종목에서도 공격성은 드러난다. 장거리달리기의 레이스와 골프의 어프로치에서 선수의 기질과 심리, 그리고 전략에 따라 공격성은 여과 없이 표출된다. 이때 우리는 '공격적 플레이' 혹은 '공격적 스타일'이라는 말을 쓴다.

둘째 상대를 제압하려는 심리 혹은 전술로서의 공격성을 들 수 있다. 시합 전 상대의 눈을 정면으로 응시하며 험악한 표정을 짓는 권투선수나 뉴질랜드 럭비팀이 시합 전 펼치는 '하카'는 도발적이고 공격적인 모습을 보여줌으로써 상대의 기선을 제압하려는 전술이라 할 수 있다.

셋째 매우 거칠고 위험한 플레이로서의 공격성을 들 수 있다. 예를 들어 축구에서의 백태클과 럭비의 목을 거는 태클은 비록 경기의 일부분이라 하더라도 매우 난폭하고 거친 플레이이다. 스포츠에서는 이런 폭력적인 공격성을 때로 투지와 혼동하여 의도적으로 권장하는 경우가 있다. 그러나 폭력적인 플레이와 욕설, 거친 언행 등은 투지와 아무런 관련이 없다. 투지가 끝까지 최선을 다해 경기에 임하는 뜻과 의지를 말한다면 폭력적 공격성은 비겁함의 표출에 지나지 않는다.

스포츠 경쟁에서 인간의 공격적 본성은 무제한으로 표현되지 않고 일정한 형식과 내용을 갖추어야 한다. 축구의 공격은 축구공으로 표현되어야 하며 야구는 야구공에 한정되어야 한다. 즉 축구에서의 공격은 골대 안으로 공을 넣고 그것을 막기 위한 선수의 움직임이 폭력과 구분되는 분명한 경계가 있으며 그 경계 안에서 이루어져야 한다. 그 경계는 해당 스포츠가 오랫동안 축적해온 규칙 체계와 에토스(ethos)에 의해 결정된다.

[4] 스포츠 공격의 윤리적 배경

스포츠에서 공격이 윤리적이어야 하는 이유는 다음 몇 가지 사실에 근거한다. 먼저 스포츠에서의 공격성은 타인의 자유를 침해하지 않아야 한다. 타인의 탁월성을 발휘할 자유와 충돌하는 공격성은 이미 폭력으로 변질된 것이다.

스포츠에서의 모든 공격은 직접적인 형태가 아닌 간접적인 형태로 나타난다. 공격의 직접적인 형태는 공격 당사자의 본능, 감정, 의지를 폭력적인 수단에 의해 관철하는 것을 의미한다. 초식동물을 포획하는 사자의 공격, 전쟁에서의 무차별적인 폭탄의 투하 등은 직접적인 형태의 공격에 해당한다. 이에 비해 간접적인 형태의 공격은 공격의 수단과 결과가 간접적인 방식으로 드러난다. 축구에서 공격은 축구공이라는 수단에 제한되며, 그 결과는 상대와의 점수 차에 의해 드러난다. 권투는 펀치에 의한 공격을 글러브라는 수단에 한정하며, 유효한 펀치의 총합 혹은 완전히 주저앉는 것(녹다운)으로 결과를 나타낸다. 이처럼 모든 스포츠에서 공격은 직접적인 형태를 띠지 않아야 한다.

그리고 스포츠에서의 공격은 소통의 구조를 갖는다. 스포츠의 소통이란 일방적인 폭력이나 파괴가 아니라 규칙이 허용한 범위 내에서의 의도(작전)와 전술의 교환을 의미한다. 여기에서 규칙(rule)이 그 대화를 가능하게 만드는 문법의 기능을 담당한다. 다시 말해 규칙이 있기에 공격과 방어는 일방적 폭력이 아닌 대화가 되는 것이다. 스포츠의 공격은 언제나 방어와 불가분의 관계를 갖는 소통의 구조로 되어 있다. 스포츠에서 방어 없는 공격, 공격 없는 방어는 무의미하다.

이처럼 공격과 방어의 대화적 구조는 자연스럽게 스포츠 자체의 에토스를 만든다. 야구의 투수는 타자의 타격 의지가 있을 때 공을 던지며, 권투의 공격은 다운된 시점에서 멈추어진다. 방어의 범위를 벗어난 공격은 일방적인 힘의 행사로 폭력에 지나지 않는다. 스포츠에서 폭력이 비윤리적인 이유도 여기에 있다.

무엇보다 스포츠의 공격은 파괴적인 것이 아니라 생산적이다. 동물의 생존과 전쟁에서 나타나는 공격은 사냥감 혹은 적을 포획하거나 완전한 굴복시키는 것을 가리키지만, 스포츠의 공격은 승리에 이르는 합리적인 방법과 전술의 개발 및 궁리로 이어진다. 효과적인 공격과 방어는 다양한 기술의 개발과 풍부한 전술적 가능성을 만들어 스포츠 자체의 고유한 지식과 문화의 축적을 가능하게 만든다.

Search & Discussion

스포츠에서 경쟁의 윤리는 반드시 지켜져야 한다. 매 경기 최선을 다하는 것은 스포츠 선수의 도덕적 의무이다. 그러나 최선을 다하고도 비난을 받는 팀이 있었다.

미국의 고등학교 농구 시합에서 믿기지 않는 점수 차의 결과가 벌어졌다. 휴스턴의 예이츠고등학교와 리고등학교의 시합에서 175대 35라는 경이로운 기록이 탄생했다. 그 경기에서 예이츠고등학교는 전반에만 100대 12로 이기고 있었다. 승부는 거기서 이미 끝난 것과 다름 없었다. 그러나 예이츠고등학교는 후반전에도 평상시와 같은 경기 운영으로 경기에 임해 최종 점수 175대 35로 무려 135점 차의 대승을 거두었다.

이 승리를 두고 대부분의 미국 시민은 예이츠고등학교를 비난했다. 이미 승패가 결정난 시합에서 상대를 몰아붙이는 것은 수치심과 치욕을 안겨줄 뿐 스포츠의 정정당당한 경쟁이 아니라는 이유에서였다. 또한 그들의 최선은 새로운 기록을 위한 이기적인 욕심에서 비롯한 것으로 약자의 마음을 무참히 짓밟는 비열한 짓이라고 비판했다.

스포츠에서 경쟁의 윤리는 어디까지를 말하는 것일까? 만일 그 시합에서 예이츠고등학교선수의 도덕적 행위는 상대를 배려해 적당히 득점을 허용하면서 건성으로 경기에 임하는 것일까? 스포츠에서 이와 유사하거나 혹은 정반대의 경우를 찾아보고 경쟁의 윤리성에 대해 토론해 보자.

CHAPTER 03

스포츠의 규칙과 반칙

　야구에는 '인필드 플라이(infield fly)'라는 규칙이 있다. 노아웃이나 원아웃 상황에서 주자를 1루와 2루 또는 만루에 두고 타자가 친 공이 높이 떠올라 내야 수비수의 정상적인 동작으로 충분히 잡을 수 있을 때 주심에 의해 '인필드 플라이 아웃'이 선언된다. 이때 타자는 자동으로 아웃 처리된다. 인필드 플라이는 수비가 일부러 공을 떨어뜨려 더블 플레이를 시도하지 못하도록 만든 규칙이다.

　그러나 타자의 타구는 예측 불가능하며 내야에 뜬 볼이 우연적 현상이라면 그것을 이용하여 더블 아웃 혹은 트리플 아웃을 시도하는 일은 불공정해 보이지 않는다. 상대팀에게도 똑같은 기회가 주어진다면 공정성을 위배하지 않으며 작전의 경우의 수가 늘어나 야구의 재미를 더욱 증가시킬지 모른다. 여기서 우리는 스포츠의 규칙이 어떤 원리에 의해 만들어지는지 물을 수 있다. 왜 마라톤은 42.195km를 뛰어야 하고 축구선수들은 손으로 패스를 하지 못하는 걸까? 매우 당연해 보이지만 스포츠의 규칙은 간단하지 않다. 스포츠에서 규칙은 무엇이고 어떤 역할을 하는 것일까?

학습목표

- 스포츠 규칙의 원리와 구조를 이해한다.
- 스포츠 규칙의 종류와 특징을 이해한다.
- 반칙의 구성과 제재를 이해한다.
- 스포츠 상황에서 규칙 개정을 이해하고 적용한다.

스포츠는 참여자들이 규칙에 따라 신체적 탁월성을 겨루어 승리와 패배를 가르는 경쟁 활동이다. 승리에 대한 추구, 규칙, 그리고 신체적 탁월성이라는 내재적 구성요소에 의해 스포츠 경기는 이루어진다. 그중 규칙은 해당 스포츠의 승패를 결정하는 운동형식의 내용과 경쟁의 과정을 미리 정해 놓은 것으로 다른 종목과 구별되는 해당 스포츠의 정체성을 드러낸다.

스포츠와 규칙은 새와 날개의 관계에 있다. 규칙이 없으면 스포츠의 퍼포먼스가 존재할 수 없다는 측면에서 규칙은 스포츠의 가장 본질적인 내재적 구성요소라고 할 수 있다. 이런 까닭에 규칙은 매우 복잡한 구조를 가진다. 이 장에서는 스포츠 규칙의 구조에 대해 알아보자.

1 스포츠 규칙의 원리

규칙이 특정 스포츠 행위를 가능하게 만든다면 스포츠의 역사는 곧 규칙의 역사라고 할 수 있다. 규칙은 해당 스포츠의 역사에서 개정을 거듭하면서 현재의 모습에 이른다. 규칙의 제정(制定)과 개정(改定)의 역사가 곧 해당 스포츠의 역사인 셈이다. 이는 앞으로도 사회적 변화와 요구, 필요에 따라 언제든 변화할 수 있음을 의미한다. 제정과 개정을 거듭하는 것이 규칙의 속성이지만 규칙의 구성에는 몇 가지 원리가 작용한다.

[1] 공평성(fairness & equality)

스포츠의 규칙은 공평성(公平性)에 근거한다. 공평성이란 공정의 원리인 동시에 평등의 원리를 가리킨다. 스포츠는 모든 참여자의 이해관계가 동시에 고려된 동등한 조건에 의해 승자와 패자를 구분한다. 이때 승리와 패배라는 결과의 불평등을 아무런 이의 없이 받아들이기 위해서는 경기에 참여한 선수들이 동의할 수 있는 승리와 패배의 기준이 미리 마련되어 있어야 한다. 규칙은 특정 스포츠의 승리에 이르는 과정의 공정함을 담보하는 구성 체계라고 할 수 있다. 그래서 규칙이 만들어지고 적용될 때는 공정하고 평등하게 이루어져야 한다. 복싱의 50kg의 선수와 100kg의 선수 간에 이루어지는 경기는 공정하다고 볼 수 없다. 또한 규칙이 특정 지역이나 선수에게 유리하게 적용된다면 평등의 원칙에 어긋난다.

그러나 스포츠의 규칙은 완전한 평등과 공정을 보장하지는 못한다. 경기의 특성에 따라 공정한 경기의 조건이 끝까지 유지되지 못하는 경우도 있다. 스키의 활강 경기는 눈의 상태가 탁월성의 발휘에 많은 영향을 미치기 때문에 먼저 타는 것이 유리하다. 이런 경우 완전한 공정성을 담보할 수 없는 환경적 요소를 통제하기 위해 규칙이 개입한다. 사전에 정해 놓은 무작위 추첨이라는 규칙은 참가자의 유리함과 불리함을 운(運)에 맡김으로써 불공정의 문제를 해결하려는 하나의 방법이다.

이러한 원리는 공리주의(utilitarianism)와 맞닿아 있다. 규칙의 공리주의적 원리는 규칙의 제정과 적용이 결과적으로 더욱 많은 사람(선수, 관중 등)에게 혜택을 주고 흥미를 유발하는 방향으로 이루어져야 한다는 것이다. 이는 개인의 손해를 감수하는 것이 아니라, 모두가 동의할 수 있는 최적의 결과를 도출하려는 원칙이라 할 수 있다. 즉 규칙의 공리주의적 원리란 규칙의 제정과 적용에 있어 더욱 많은 사람이 동의하고 이익을 얻을 수 있어야 한다는 것이다.

> **랜덤화 (Randomization)**
> 통제 불가능한 외부 요인(바람, 햇빛, 경기 순서)으로 인한 불공정을 최소화하기 위해 '무작위 추첨(제비뽑기)'과 같은 랜덤화 절차를 사용하기도 한다. 랜덤화는 특정 선수에게 불리하지 않도록 기회를 고르게 분산시켜, 결과적으로 공정성을 확보하려는 절차이다.

규칙과 규범

스포츠에는 규칙(rule)으로 정해지지 않는 행위를 독려하고 제재하는 페어플레이와 스포츠맨십이라는 강력한 규범(norm)이 존재한다. 축구에서 상대편 선수가 부상으로 쓰러져 있으면 공을 밖으로 걷어내 경기를 멈춘다. 이러한 행위는 규칙으로 제정할 수 없는 축구 특유의 에토스에 의해 만들어진 규범의 좋은 예이다. 한편 이기고 있는 팀의 선수가 작은 몸싸움에 넘어져 아픈 시늉을 하며 드러눕는 행위는 규칙에 어긋나지 않으나 페어플레이라는 규범에 의해 비난받는다. 스포츠규범은 느슨하고 강제력이 없어 보이지만 때로 규칙보다 더 큰 구속력을 갖기도 한다. 그래서 반칙투성이의 지저분한 승리보다 깔끔한 패배가 더 빛나는 경우가 있는 것이다. 규칙은 해야 할 행위와 하지 말아야 할 행위를 구분하고 규범은 도덕적인 행동을 하게 만든다. 즉 규칙은 '행위의 합법성'을, 규범은 '행위의 도덕성'을 다룬다.

[2] 가변성(variability)

스포츠 규칙의 두 번째 원리는 가변성이다. 스포츠 규칙은 자연법칙처럼 절대적이고 필연적인 이유를 갖지 않으며, 시대적 요구와 합리적 합의에 따라 언제든 바뀔 수 있는 가변성을 본질로 한다. 축구의 선수 구성을 11명으로 정한 것이나, 골프의 시합을 18홀로 규정한 것도 반드시 그러해야 하는 필연적인 이유를 갖지 않는다. 따라서 언제든 바뀔 수 있다. 이를 규칙의 가변성이라고 한다. 스포츠의 규칙은 그것이 만들어지게 된 합리적인 이유나 근거를 가지지 않는다. 누구도 리듬체조의 종목이 볼, 후프, 곤봉, 줄, 리본으로 구성되어야 하는지 설명하지 못하며, 육상의 100m 경주가 왜 150m나 80m가 되지 말아야 하는지 설명하지 못할 것이다.

스포츠 규칙의 가변성은 스포츠가 놀이에서 진화해 왔음을 드러낸다. 골프의 기원은 양치기 목동들이 심심풀이로 휘두른 막대기 놀이였는데, 그것이 18홀로 구성되는 과정은 전적으로 우연적이다. 규칙의 이러한 가변적인 특징은 언제든 바뀔 수 있는 개방성을 의미하기도 한다. 농구의 3점 슛, 배구의 '랠리 포인트 시스템'이 대표적이다. 또한 마라톤은 참가자의 체력 조건을 고려하여 '하프 마라톤' 혹은 '단축 마라톤'의 형태로 유연하게 규칙을 바꾼다.

최근 야구 등의 프로 스포츠를 중심으로 경기 시간을 단축하기 위한 규칙 개정의 움직임이 일어나고 있는데, 이러한 현상도 스포츠 규칙이 가변적이라는 점을 잘 보여준다. 이런 경우 규칙의 개정은 더욱 많은 사람에게 혜택이 돌아가고 보다 적은 사람에게 불이익이 돌아가는 공리주의 원칙에 따라야 한다.

[3] 제도화(institutionalization)

규칙이 언제든 개정될 수 있는 가변성을 본질로 하지만 누구든 마음대로 개정하지 못한다. 법률이 개인에 의해 개정될 수 없는 것과 마찬가지이다. 스포츠의 규칙은 언뜻 경쟁의 주체인 선수에 의해 만들어지고 개정되는 것으로 오해하기 쉬우나 선수와 직접적인 관계를 갖지 않는다.

규칙의 제정과 개정은 반드시 별도의 공식적이고 전문화된 조직에 의해 이루어진다. 이를 제도화라 부른다. 모든 스포츠 종목은 그 종목을 공식적으로 대표하고 관리하는 제도화 된 기구, 혹은 기관을 가진다. 제도화는 공식적인 기구와 기관에 의한 규칙의 공인(公認)과 대표성을 가리킨다.

스포츠 경기가 이루어지기 위해서는 선수, 규칙, 심판이 반드시 있어야 한다. 이를 스포츠 구성의 3요소라고 부른다. 규칙이 선수의 움직임을 규정하는 미리 만들어진 구성 체계라면 심판은 경기가 규칙에 따라 진행되도록 관리하는 주체이다. 이때 심판은 경기의 규칙을 집행하면서  동시에 해당 스포츠의 공식적인 기관을 대표한다. 태권도는 '세계태권도연맹'이라는 공식적인 기구에 의해 규칙의 개정과 적용, 대회의 운영이 이루어지고, 심판은 연맹의 권위를 대표하여 경기의 시작과 끝을 관장한다. 규칙의 강제력은 해당 스포츠의 공식성과 대표성을 나타내는 제도화된 기구의 권위로부터 나온다.

2 규칙의 종류

스포츠의 규칙은 크게 구성적(Constitutive) 규칙과 규제적(Regulative) 규칙으로 나눌 수 있다. 이 구분은 미국의 철학자 존 설(John Searle)이 언어철학 분야에서 확립한 개념으로, 어떤 행위를 '창조'하는 규칙과 이미 존재하는 행위를 '통제'하는 규칙을 구별하는 데 유용하다. 구성적(構成的) 규칙은 특정 행위나 상태를 가능하게 하고, 정의하며, 창조하는 규칙을 말한다. 이 규칙이 없으면 해당 스포츠의 행위나 상태 자체가 존재할 수 없다. 설은 이를 'X는 Y의 맥락에서 C'라는 형식으로 표현한다. 예를 들어 공이 골라인을 완전히 넘어가는 것(X)은 축구 경기라는 맥락에서(Y) 득점(C)으로 인정된다. 이처럼 특정 사실에 새로운 의미나 지위를 부여하는 규칙이 구성적 규칙이다.

이에 비해 규제적(規制的) 규칙은 이미 존재하는 행위를 규제하거나 통제하는 규칙을 말한다. 대부분 'X를 해라(혹은 하지 마라)'와 같은 형태로 표현된다. 예를 들어, 운전이라는 행위 자체는 규칙 없이도 가능하지만, '우측 통행'과 같은 규제적 규칙으로 안전하고 질서 있게 운전할 수 있다. 이처럼 구성적 규칙과 규제적 규칙은 해당 스포츠의 정체성과 경기 운영 및 통제가 어떻게 이루어지는가를 설명하는 좋은 이론적 틀을 제공한다.

[1] 구성적 규칙

스포츠에서 구성적 규칙은 해당 스포츠가 성립하기 위한 조건을 명시해 놓은 것을 말한다. 축구의 구성적 규칙은 경기를 가능하게 하는 가장 기본적인 조건을 규정해 놓고 있다. 참가 선수의 수, 경기장과 축구 골대의 규격, 전·후반의 경기 시간, 볼의 크기와 무게, 발을 사용해야 하는 경기 규칙 등이 여기에 해당한다.

구성적 규칙은 어떤 스포츠를 다른 스포츠와 구별해 주는 근거가 되는 것으로 승리에 대한 정의를 포함하고 있다. 배구 경기에서 승리는 상대보다 25점의 3세트를 먼저 얻는 것이며, 육상의 800m 종목은 두 바퀴의 트랙을 경쟁자보다 빨리 달려 결승선에 도달해야 승리한다.

이처럼 구성적 규칙은 승리에 이르는 방법을 명시하여 해당 스포츠의 운동형식(movement form)을 만든다. 예를 들어 축구 경기에서 어떤 선수가 손으로 공을 잡고 골대 안으로 던져 넣은 다음 득점이라고 주장하면 당장 퇴출당할 것이다. 손을 사용하지 말아야 한다는 축구의 구성적 규칙은 경기 참가 선수의 구성을 11명으로 정해 놓은 규칙과 마찬가지로 축구를 다른 스포츠와 구별해 준다. 이때 손의 사용을 금지한 구성적 규칙으로 인해 축구는 드리블, 트래핑, 헤딩 등 축구 특유의 운동형식을 가지게 된다. 야구, 골프, 승마 등 각기 다른 스포츠의 운동형식들은 모두 해당 스포츠의 구성적 구칙의 산물이라 할 수 있다.

그리고 구성적 규칙은 해당 스포츠의 승리에 이르는 신체적 탁월성을 드러낸다. 육상의 높이뛰기는 바를 떨어뜨리지 않고 얼마나 높이 뛰어넘을 수 있는가를 겨루는 경쟁인 까닭에 신체적 탁월성이 도약 능력에 있다. 모든 스포츠는 해당 종목 특유의 신체적 탁월성을 요구한다. 체조의 신체적 탁월성은 마라톤에서 요구하는 신체적 탁월성과 다르며, 야구의 신체적 탁월성은 농구와 확연히 구분된다.

이때 스포츠의 구성적 규칙은 탁월성의 발휘에 제약을 두지 않아야 한다. 만일 높이뛰기에서 바를 뛰어넘은 후 양발이 동시에 지면에 닿아야 한다는 구성적 규칙이 정해지면 신체적 탁월성의 발휘에 많은 제약을 받게 될 것이다. 높이뛰기의 운동형식이 가위뛰기에서 배면뛰기로 진호한 것도 구성적 규칙이 탁월성의 발휘에 개방적이었기 때문이다.

운동형식(movement form)

특정 스포츠를 구성하는 움직임의 체계를 말한다. 야구는 투수가 던진 공을 타자가 치는 일련의 움직임으로 구성되어 있다. 이때 피칭과 배팅이 운동형식이 된다. 운동형식의 탁월함은 승패에 결정적인 영향을 미친다. 같은 동작을 고통스럽게 반복하는 훈련이 이루어지는 이유도 여기에 있다. 운동형식은 흔히 폼(form)이라 불리기도 하는데, 스포츠와 비스포츠를 가르는 기준이 된다. 양궁과 바둑의 차이도 운동형식의 유무에 있다. 양궁은 운동형식, 즉 폼을 가지지만 바둑에는 운동형식이 존재하지 않는다.

이처럼 구성적 규칙은 해당 스포츠가 성립할 수 있는 행위의 틀을 제공하면서 그 종목의 현상학적 특징을 구체적으로 드러낸다. 현상학적 특징이란 눈으로 확연히 드러나는 해당 종목의 특징을 말한다. 스크럼을 보고 럭비를 곧장 알 수 있듯이 샅바를 찬 선수를 통해 씨름을, 클럽(club)을 통해 골프를 알 수 있다. 그래서 구성적 규칙은 해당 스포츠 종목의 형식적이고 구조적인 뼈대이며 실천의 토대라 할 수 있다.

[2] 규제적 규칙

규제적 규칙은 해당 스포츠가 경쟁을 통해 승패를 결정하는 과정에서 탁월성의 발휘에 방해가 되는 행위에 대해 제약적인 조건을 설정한 일련의 규칙 체계를 말한다. 예를 들어, 축구 경기에서 상대 선수의 드리블을 저지할 목적으로 다리를 걸거나 팔을 잡으면 상대의 신체적 탁월성의 발휘를 가로막기 때문에 이러한 행위는 반드시 통제되어야 한다. 야구에서 투수의 피칭은 타자가 미처 준비하기 전에 이루어지지 않아야 한다. 또한 100m 달리기에서 스타트 총성이 울리기 전에 출발하는 행위가 제재를 받지 않으면 공정한 경쟁이 불가능해진다.

이처럼 스포츠는 경기의 전 과정에서 모든 선수의 신체적 탁월성이 공정하게 발휘될 수 있도록 통제되고 관리되어야 한다. 그래서 규제적 규칙은 과정적 규칙(procedural rules)이라고 할 수 있다. 다시 말해 규제적 규칙은 경기의 구성에 관여하기보다 경기의 운영, 통제, 관리에 연관되어 있다.

이런 이유로 스포츠의 규제적 규칙은 대부분 하지 말아야 할 행위, 즉 반칙과 그에 대한 제재, 처벌, 보상으로 이루어진다. 예를 들어 농구에서 상대방의 슛을 방해하기 위해 팔을 치는 행위, 권투에서 상대의 급소를 치는 행위는 금지되어 있으며 이를 지키지 않으면 제재를 가하고, 불이익을 받은 선수에게 그에 합당하는 보상이 주어지게 된다. 대부분의 스포츠 경기에서 규제적 규칙은 정의(justice)의 원칙에 따라 반칙을 한 당사자에게 불이익을 주는 패널티(penalty)의 형태로 이루어진다. 패널티는 방해받은 행위에 해당하는 보상을 줌으로써 정의를 회복하려는 규칙의 작용이다. 이를 보상적 정의라고 한다.

보상적 정의는 모든 스포츠 경기의 규제적 규칙에 적용되어 있다. 규칙을 어기는 행위인 파울은 그에 합당하는 불이익과 보상이 언제나 세트를 이룬다. 이런 규제의 체계가 제대로 적용되지 않으면 해당 경기는 무질서에 빠지게 되고, 경기의 당사자들은 심판의 자질을 의심하거나 경기 자체의 무효를 주장하기에 이른다. 예컨대 축구에서 깊고 거친 태클이 제재당하지 않으면 선수들은 가능한 한 태클을 통해 상대방의 공을 뺏거나 진로를 방해할 것이며, 이런 행위가 반복되면 축구는 공과 관련 없는 거친 몸싸움이나 격투기로 전락할 것이다. 이때 중요한 것이 반칙을 범한 선수에게 제재를 가하는 것과 동시에 반칙을 당한 선수에게 적절한 보상을 해주는 것이다. 물론 제재와 보상은 즉흥적으로 주어지는 것이 아니라 미리 정해진 해당 경기 규칙에 따라야 한다. 심판이라는 제도적 기구가 작동하는 이유도 여기에 있다.

스포츠에서 모든 규제적 규칙의 집행과 관장은 해당 기구 혹은 조직에 의해 이루어진다. 심판은 하지 말아야 할 행위의 체계를 사전에 숙지한 상태에서 경기에 임하는 선수의 플레이와 탁월성의 전개가 방해받지 않도록 세심하게 살피면서 경기 전체를 운영하게 된다.

심판의 역할은 단순히 규칙을 '집행'하는 것을 넘어, 규칙을 '해석'하는 존재이기도 하다. 스포츠의 모든 상황을 규칙으로 명시할 수 없는 까닭에 심판은 특정 행위가 규제적 규칙에 반하는지를 해석하고 판단하는 재량권을 가진다. '의도적 파울' 여부의 판단이 대표적인 예이다. 이처럼 심판의 '해석'이라는 역할은 규제적 규칙의 본질적인 한계를 보여주는 동시에, 심판이라는 제도가 왜 필요한지를 더 명확히 설명해 준다.

농구의 바이얼레이션과 파울의 차이

구성적 규칙과 규제적 규칙은 농구의 바이얼레이션과 파울을 통해 쉽게 이해할 수 있다. 농구에서는 공을 가진 선수가 3발 이상 움직일 수 없으며(트레블링), 골 에어리어에서 3초 이상 머물러 있으면 안 된다. 그리고 드리블하다가 잡은 뒤 다시 드리블하면 더블드리블 바이얼레이션이 주어진다. 이러한 반칙은 농구를 구성하는 규칙에 대한 위반으로 공격권을 상대편에게 넘겨주는 것으로 해소된다.

그러나 파울은 상대의 이익과 신체적 탁월성의 발휘에 방해가 되는 경기 중의 제반 행위를 말한다. 상대선수를 밀거나 잡았을 때, 그리고 상대선수의 몸에 손을 계속 대고 있으면 핸드 체킹이라는 파울이 주어진다. 이러한 반칙은 규제적 규칙에 대한 위반으로 바이얼레이션에 비해 무거운 징계가 내려진다. 개인이 5번의 반칙을 범하면 퇴장 당하고, 팀 전체도 일정한 개수 이상이 되면 상대팀에게 '자유투'라는 징벌적 보상이 주어진다.

규제적 규칙이 심판에 의해 판정되는 것은 때로 규칙의 취약성 혹은 본질적 한계를 드러내기도 한다. 즉 파울은 반드시 심판에 의해 적발 혹은 지적될 때 파울로 성립한다. 이런 까닭에 심판이 파울을 제때 정확하게 지적하고 적발하지 못하면 선수는 심판의 취약성을 역으로 이용하게 된다. 이는 스포츠의 규제적 규칙이 승리의 쟁취라는 본원적 욕구의 적절한 통제와 관련되어 있음을 의미한다. 즉 규제적 규칙은 승리를 독점하려는 선수의 이기심이 서로 충돌하지 못하도록 제어하거나, 충돌하였을 때 합리적으로 처리하는 기능을 하게 된다.

3 규칙의 위반: 반칙

스포츠에서는 승리에 도달하려는 의지가 관철되지 않거나 서로 충돌할 때 규칙을 벗어난 행위가 빈번하게 일어난다. 이때 규칙에서 벗어난 제반 행위를 반칙이라 한다. 반칙은 자신의 이익을 위해 의도적 혹은 비의도적으로 이루어지는 규칙에 어긋나는 행위로 정의된다.

그런데 유의해야 할 점은 반칙은 그 자체로 존재하지 않고 반드시 미리 정해 놓은 규칙이 만들어졌을 때 성립한다는 것이다. 축구와 유사한 필드하키에는 '오프사이드'라는 반칙이 존재하지 않는다. 유도에서 '가위치기' 기술은 1980년 이전까지 반칙이 아니었으나 규칙의 개정 이후 하지 말아야 할 행위로 금지되었다. 2010년 국제수영연맹(FINA)이 공식적으로 착용을 금지하기 전까지 전신수영복은 규칙에 반하는 행위가 아니었다. 이러한 사실은 '가위치기'나

'전신수영복' 자체의 잘못이 아니라 그것을 반칙으로 규정한 약속의 결과라는 점을 드러낸다. 규칙이 약속의 체계라면 반칙은 약속의 파기 혹은 위반이라고 할 수 있다.

스포츠에서 규칙의 구조는 반드시 지키고 따라야 할 행위와 하지 말아야 할 행위로 구성되어 있다. 축구에서 경기장에 들어서는 선수의 인원은 어떤 경우에도 11명이어야 한다. 그리고 경기 중 골키퍼를 제외한 선수는 손을 사용해 패스할 수 없다. 이런 종류의 규칙을 어기면 축구 경기는 중단된다. 또한 축구에서 공 대신 상대방의 엉덩이를 걷어차서는 안 된다. 이처럼 반드시 지켜야 할 행위는 구성적 규칙으로 수렴되고, 하지 말아야 할 행위는 규제적 규칙으로 통제된다. 따라서 스포츠에서 일어나는 반칙은 크게 구성적 규칙에 대한 반칙과 규제적 규칙에 대한 반칙으로 구분할 수 있다.

이런 형태적 구분과 더불어 스포츠의 반칙에서 매우 중요한 요소가 의도성의 여부이다. 스포츠는 승리에 대한 욕구로 인해 언제든 반칙이 일어날 수 있다. 따라서 반칙의 발생 자체는 윤리적으로 문제가 되지 않는다. 다만 그것이 의도성을 가질 때 선수의 도덕성을 묻게 된다. 예를 들어 농구의 리바운드 과정에서 몸싸움으로 인해 일어나는 반칙과 점프한 상대 선수를 기다렸다가 뒤에서 밀치는 행위는 명백히 구분된다. 이때 구분의 기준이 되는 것이 의도성(intentionality)이다. 축구에서 일어나는 오프사이드 반칙은 대부분 의도성을 가지지 않는 우연적이고 우발적인 현상으로 아무런 도덕적 문제를 일으키지 않는다. 하지만 드리블 하는 상대 선수의 팔을 잡아챘다면 명백히 그 의도성이 드러난다. 이때 심판은 의도적으로 팔을 잡아챈 선수에게 엄중한 처벌을 내리게 된다.

스포츠 경기에서 의도성은 선수 개인의 내면적 의지에 따라 판단되지 않는다. 특정 행위가 의도적인지 아닌지는 오직 심판의 관찰과 판단에 의해 결정된다. 헤딩 경합 중 팔꿈치로 상대 선수의 턱을 가격했을 때, 그 행위의 의도성 유무는 선수의 진술이 아니라 심판의 해석에 따른다. 심판은 행위의 결과와 맥락을 종합적으로 고려하여 의도성을 판단하며, 이 판단된 의도성의 유무와 경중에 따라 처벌의 수준을 정한다. 다시 말해, 스포츠 파울에서 의도성은 선수 개인의 내면적 동기가 아니라, 객관적으로 관찰 가능한 행위와 그 주변 상황을 통해 심판에 의해 해석되고 판단되는 것이다. 심판에게 있어 이러한 의도성 판단은 반칙의 경중을 가리는 중요한 척도이자, 경기 규칙의 공정성을 확보하는 핵심적인 기준이 된다.

스포츠에서 일어나는 반칙은 구성적 규칙과 규제적 규칙을 의도적으로 어겼는가 아니면 의도치 않게 어겼는가에 따라 크게 네 가지의 유형으로 구분할 수 있다. ① 구성적 규칙에 대한 의도적 반칙 ② 구성적 규칙에 대한 비의도적인 반칙, ③ 규제적 규칙에 대한 의도적인 반칙, ④ 규제적 규칙에 대한 비의도적인 반칙이 그것이다.

[1] 의도적 구성 반칙

이 반칙은 미리 뚜렷한 의도를 가지고 구성적 규칙을 위반한 경우를 말한다. 여기에는 스포츠의 본질적인 성격을 부정하는 제반 행위까지 포함된다. 체급을 속이거나 허용되지 않은 기구 혹은 도구를 사용한 경우, 해당 스포츠가 허용하지 않은 운동형식의 사용은 의도적 구성 반칙에 해당한다. 야구에서 변형된 압축 배트를 사용하거나 골프의 타수를 속이는 경우가 의도적 구성 반칙에 해당한다. 구성적 규칙을 위반하면 해당 스포츠 자체가 성립할 수 없다. 따라서 이는 일반적인 '반칙'이라기보다 경기의 정체성을 부정하는 행위로 보는 것이 더 적합하다. 의도적 구성 반칙은 해당 스포츠의 정체성과 공정성을 심각하게 부정하는 행위여서 '파괴적 반칙'으로 불리는 이유도 여기에 있다.

의도적 구성 반칙의 가장 대표적인 예는 도핑과 승부조작에서 찾을 수 있다. 도핑은 공정성이라는 스포츠의 근원적 조건을 위반하고, 승부조작은 결과의 불확정성이라는 스포츠의 본질적 성격을 부정하는 일이어서 모든 스포츠 종목에서 엄격히 금지하고 있다. 의도적 구성 반칙은 해당 종목이 갖는 승리의 의미는 물론 스포츠의 본질을 훼손하는 행위가 대부분이며 이런 까닭에 그에 대한 처벌도 매우 엄중하다. 실격, 몰수패, 출전정지, 영구 제명 등과 같은 처벌이 주어진다.

[2] 비의도적 구성 반칙

비의도적 구성 반칙은 의도성을 가지고 있지 않으나 결과적으로 구성적 규칙을 위반한 반칙을 말한다. 이 반칙은 규칙에 대한 정확한 이해가 부족하거나 부주의로 인해 일어나는 경우가 많다.

Think Deeply: 매너도 규칙이 될 수 있을까?

2019년 대한프로골프협회는 한국프로골프(KPGA) 코리안투어 대회 도중 스윙 동작에서 시끄러운 소리를 낸 관객을 향해 가운뎃손가락을 들어 보인 선수에게 자격정지 3년에 벌금 1천만 원의 징계를 내렸다. 이후 자격정지 기간을 1년으로 줄이고 봉사활동 120시간을 부여하는 것으로 징계 내용이 경감되었으나 행위에 비해 징계가 지나치게 무겁다는 느낌을 지울 수 없다.

처벌과 징계는 반드시 미리 정해진 규칙에 따라 이루어져야 한다. 어떤 행위에 대한 규정 혹은 규칙이 없으면 처벌은 이루어질 수 없다. 따라서 가운뎃손가락을 들어올린 선수에 대한 처벌은 미리 정해진 규정에 따라 이루어진 것이라고 할 수 있다. 그 선수에게 내려진 징계의 근거는 무엇인지 조사해 보고, 반칙의 네 가지 유형 중 어디에 속하는지 살펴보자.

골프는 18개의 홀을 돌며 인공적인 장애를 극복하여 작은 홀컵에 공을 쳐서 넣은 운동이어서 많은 변수가 발생하는데 이러한 변수는 규칙으로 통제된다. 예를 들어 페어웨이에서 흙이 묻은 볼을 닦은 후 플레이를 진행하면 '벌타'가 주어진다. 이러한 반칙은 '선수는 스트로크를 할 때마다, 코스는 있는 그대로/볼은 놓인 그대로 플레이해야 한다'는 골프의 구성적 규칙에 근거한다. 그러나 비가 와서 진흙이 많이 묻어 있을 때 '로컬 룰(local rule)'은 공을 닦고 치는 것을 허용하기도 한다.

비의도적 구성 반칙은 이처럼 규칙의 적용이 유동적이거나 새롭게 개정된 이후 자주 일어난다. 그러나 비의도적 구성 반칙이 비록 의도성을 가지고 있지 않았더라도 행위의 결과는 규칙에 따라 엄정히 판단된다. 예를 들어 골프공에 립밤을 발라 플레이에 임하였다면 골프라는 게임의 성립 조건(있는 그대로의 공)을 어긴 행위이므로 비록 의도하지 않은 것이라 하더라도 '실격'의 제재가 뒤따른다. 비의도적 구성 반칙에는 경고, 벌타, 실격 등의 처벌이 내려진다.

[3] 의도적 규제 반칙

의도적 규제 반칙은 명백한 의도성을 가지고 규제적 규칙을 어긴 경우를 말한다. 육상 100m 달리기에서 옆 레인을 침범해 달린다면 그 행위는 명백히 의도된 것이라 볼 수 있다. 럭비 경기에서 상대방의 목을 거는 태클도 마찬가지이다.

그러나 스포츠 경기에서 의도성의 유무는 상황에 따라 관찰하기 어려운 때도 있다. 축구의 헤딩 경합 과정에서 일어나는 팔꿈치 사용은 의도적으로 보이기도 하고 그렇지 않아 보이기도 한다. 이때 의도성은 심판의 판정에 관계 없이 해당 종목 선수들 간의 에토스(ethos)를 통해 금방 알 수 있다. 야구에서 타자의 머리를 향해 던지는 투수의 공을 '빈볼(Bean Ball)'이라고 하는데, 그것이 의도적인지 아닌지는 타자의 느낌과 야구를 이해하는 사람의 직관적 판단으로 충분히 알 수 있다.

의도적 규제 반칙은 자신과 팀의 이익을 위해 규칙을 역이용하는 그 고의성으로 인해 종종 윤리적 문제를 일으킨다. 예를 들어 축구 경기에서 상대방의 결정적인 패스를 막기 위해 공격수의 진로를 의도적으로 가로막는 행위는 윤리적으로 허용될 수 있는가? 이런 종류의 의도적 파울은 실점의 회피라는 팀의 이익이 '엘로우 카드(경고)' 혹은 '레드 카드(퇴장)'이라는 손실보다 크다고 판단될 때 이루어지기 때문에 축구 이외의 종목에서도 언제든 발생할 수 있다.

의도적 규제 반칙에서 가장 논쟁적인 것은 농구의 전술적 반칙(strategic foul)이다. 농구에서는 경기가 끝나기 수십 초 전에 의도적으로 반칙을 저질러 자유투를 유도한 다음 공격권을 가져오려는 작전이 자주 쓰인다. 이런 전술적인 의도적 파울(Strategic Intentional Fouls: SIF)은 의도성을 명백히 드러내는 까닭에 스포츠의 도덕적 가치를 훼손하는 것으로 인식되기도 한다. 이렇게 주장하는 사람들은 전술적인 의도적 파울이 승리에 대한 과도한 집착으로 상대 선수를 수단화한다고 비판한다.

그러나 전술적인 의도적 파울이 처벌을 예상하고 기대하면서 저지른 반칙이며 행위의 결과 얻어지는 이익이 처벌보다 많을 수 있더라도 상대의 탁월성을 저해하지 않는 이상 허용될 수 있다는 관점도 존재한다. 이러한 관점을 지지하는 사람들은 전술적인 의도적 파울이 규칙을 해석하여 그것을 역이용하는 것으로 해당 스포츠의 전술을 더욱 풍부하게 만든다고 주장한다. 그들은 만일 규칙을 이용하는 것이 경기의 공정성을 훼손한다면 규칙 자체의 불완전성을 드러내는 까닭에 서둘러 개정되어야 한다고 본다. 따라서 전술적인 의도적 파울은 창의적인 작전의 하나로 이해되어야 한다는 것이다.

또한 전술적인 의도적 파울을 지지하는 사람들은 그것이 윤리적으로 허용될 수 있는 근거를 전술적인 범위 내에서 용인될 수 있는 행위로 제한되기 때문이라고 말한다. 이때 용인의 범위는 전적으로 해당 스포츠의 에토스에 따른다. 예컨대 농구에서 자유투에 약한 선수에게 행하는 의도적 반칙은 그 선수의 움직

> **심판의 역설**
>
> 스포츠의 반칙은 심판에 의해 적발되지 않으면 반칙이 되지 않는다. 이를 '반칙의 역설'이라 부른다. 그래서 심판이 보지 않는 사이 가벼운 반칙으로 상대의 감정을 자극하는 선수가 있다. 이는 스포츠 규칙이 가지는 한계라기 보다 선수의 도덕적 한계라고 해야 할 것이다. 최근에는 심판의 시야가 미치지 않는 상황을 첨단기술이 대신하는 경우가 많아 '반칙의 역설'이 점차 줄어들고 있다. 그러나 선수의 도덕성은 첨단기술로 대체할 수 없다.

임을 멈추게 하는 선에서 끝나야 한다. 그렇지 않고 뒤에서 밀거나 다리를 거는 또 다른 의도성을 가진다면 그 행위는 도덕적으로 비난받게 된다. 따라서 전술적인 의도적 파울은 감독이 펼칠 수 있는 작전의 하나로 경기의 일부분으로 용인되어야 한다. 이것이 전술적인 의도적 파울을 지지하는 쪽의 근본 입장이다.

이 두 관점의 대립은 합규칙적 행위와 합경기적 행위의 충돌로 볼 수 있다. 합규칙적 행위란 규칙을 준수하는 행위를 말하고, 합경기적 행위는 경기의 맥락과 전술적 차원에서 암묵적으로 허용되는 행위를 말한다. 파울이 반규칙적 행위라는 점을 인식한 상태에서 그러한 행위를 의도적으로 행한다는 것은 스포츠의 근본정신과 정면으로 충돌한다. 따라서 의도적으로 이루어진 반규칙적 행위는 어떤 경우라도 합리화되지 않는다. 이것을 스포츠 행위의 합규칙성이라 한다.

반면 스포츠 행위의 합경기성은 규칙이 실제 경기에서 일어나는 행위를 모두 통제하지 못하며, 이런 까닭에 경기의 맥락에 따라 가벼운 반칙은 허용될 수 있는 유연성을 가진다는 의미이다. 스포츠 행위의 합경기성은 결과의 예측 불가능성을 강화하여 재미와 흥분을 더욱 자극한다.

이런 두 가지의 양립하는 가치로 인해 경기 참가자는 종종 도덕적 딜레마에 빠지기도 한다. '합규칙성'은 규칙의 절대적 준수를 강조하며, 의도적인 규칙 위반은 정당화될 수 없다고 주장한다. 반면 '합경기성'은 규칙이 모든 상황을 담아내지 못하는 현실을 인정하고, 경기의 맥락과 에토스에 따라 가벼운 반칙은 허용될 수 있다는 유연성을 강조한다.

그러나 규칙의 관점에서 의도적 규제 반칙은 그 '의도성'으로 인해 매우 엄격한 보상적 정의가 적용된다. 여기서 제재의 기준은 의도적 행위의 결과가 상대의 이익과 신체적 탁월성을 침해한 정도이다. 농구의 전술적 파울처럼 작전의 하나로 볼 수 있는 경우에는 가벼운 징계가 내려지지만, 상대의 신체에 직접적인 위해를 가하는 의도적 규제 반칙은 매우 엄중한 처벌을 받게 된다. 의도적 규제 반칙에 대한 징계에는 주의, 패널티, 퇴장, 출전 정지 등이 있다.

[4] 비의도적 규제 반칙

비의도적 규제 반칙은 경기 중 흔히 발생하는 일반적인 반칙을 말한다. 여기서 일반적이라는 의미는 승리를 추구하는 과정에서 자연스럽게 일어나는 경향성을 가리킨다. 특히 대인 및 단체 경기는 힘과 기술, 그리고 전술의 충돌로 인해 언제든 규칙에 반하는 행위가 발생할 수 있다. 상대의 공격은 차단해야 하고 자신의 공격은 효과적이며 강해야 한다. 이런 원칙은 상대에게도 그대로 적용된다. 비의도적 규제 반칙이란 이처럼 경쟁의 우위를 점하기 위해 다투는 과정에서 어떤 행위가 결과적으로 상대의 이익과 탁월성을 방해한 것을 말한다.

비의도적 규제 반칙에서 가장 중요한 요소는 '비의도성'이다. 이는 승리를 추구하는 과정에서 어떤 행위가 의도성 없이 발생했음을 의미한다. 심판은 여기에 '불가피성'과 '행위의 결과'를 종합적으로 판단하여 비의도적 반칙으로 인정한다. 예를 들어 축구 경기 중 공을 뺏는 과정에서 A의 발에 걸려 B가 넘어졌을 경우 심판은 휘슬을 불어 B가 입은 불이익을 '프리킥'을 통해 보상해 준다. 이때 A의 행위가 비의도적 규제 반칙이 되기 위해서는 의도성이 개입할 수 없는 순간적인 상황(비의도성)과 그러한 행위를 자제하거나 피할 수 없었으며(불가피성), 그로 인해 결과적으로 B의 이익과 탁월성의 발휘를 방해(행위의 결과)한 것이어야 한다.

비의도적 규제 반칙의 요소 중 '행위의 결과'는 때로 악용되기도 한다. 실제로 축구의 패널티 구역 안에서 상대의 파울을 유도하기 위해 오래 드리블을 끌거나 심지어 '헐리우드 액션(시뮬레이티드 파울: simulated foul)'을 연기하기도 한다. 이런 의도된 행동은 행위의 결과에 따라 판단하는 반칙의 속성을 이용한 것이다. 결과에 의한 행위의 판단은 오심과 항의의 원인이 되기도 한다.

그러나 대부분의 비의도적 규제 반칙은 행위자가 즉시 자신의 행위를 인정하고 상대방에게 사과의 뜻을 전달하는 것으로 해소된다. 이는 자신의 행위가 비의도적이었으며 어쩔 수 없었다는 점을 보여주는 것이면서 동시에 상대의 감정을 살피는 도덕성의 표현이기도 하다. 비의도적 규제 반칙은 그 자체로 도덕성을 포함하지 않지만 그것을 인정하지 않거나 수용하지 않으면 상대에게 불쾌감을 주고 자신의 도덕적 미성숙을 드러내게 된다. 이런 경향을 가진 선수는 심판이 보지 않는 사이 의도적으로 상대를 자극하는 반칙을 저지를 가능성이 높다. 비의도적 규제 반칙에 대한 제재에는 무효, 경고, 주의, 패널티 등이 있다.

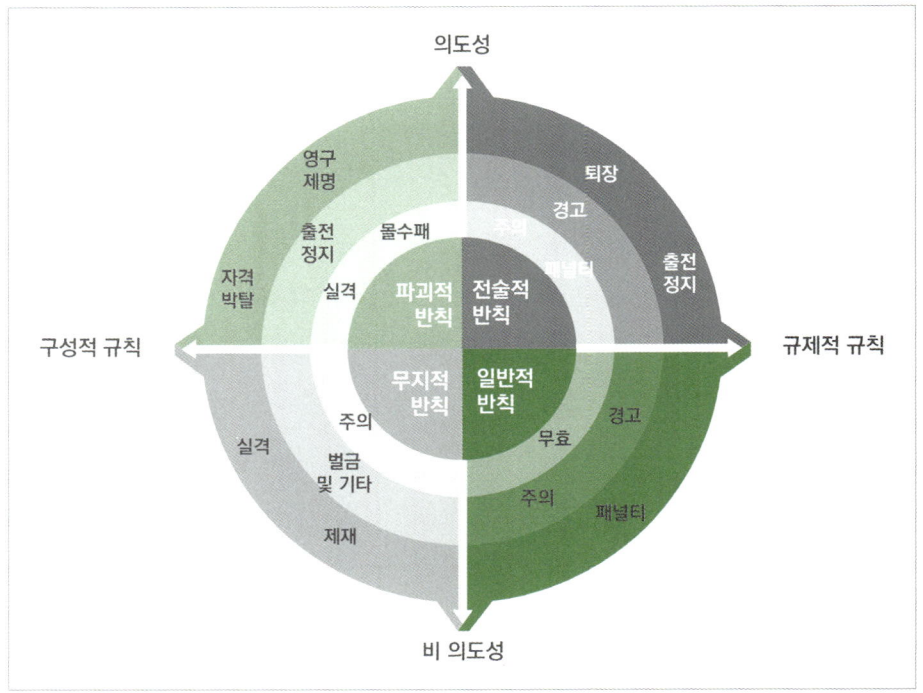

〈반칙의 구성과 제재〉

4 규칙의 개정

규칙은 반드시 그러해야 할 필연성을 가지고 있지 않은 임의적이며 가변적이어서 언제든 변경, 개정될 수 있다. 그렇다고 하여 규칙의 개정이 선수의 필요와 판단에 따라 수시로 이루어지는 않는다. 그럼에도 불구하고 선수의 필요와 판단은 규칙 개정의 중요한 근거가 된다. 규칙이 공적인 약속의 체계인 까닭에 이를 변경하기 위해서는 타당한 이유와 근거의 제시, 심의과정, 시범 적용 등의 공식적인 절차가 필요하다.

규칙의 개정은 기존의 규칙에서 불합리한 부분이 드러날 때, 선수의 탁월성을 방해할 때, 선수의 안전이 위협받을 때 이루어진다. 또한 최근에는 결과의 불확정성 강화, 대중성의 확보와 미디어의 상업적인 필요 등에 의해 이루어지기도 한다.

스포츠의 규칙은 선수의 신체적 탁월성을 최대한 펼칠 수 있도록 만들어지고 개정되어야 한다. 만일 기존의 규칙이 선수의 탁월성 발휘를 저해한다면 변경 혹은 개정은 불가피하다. 스키 점프 경기의 V자 점프가 대표적인 경우이다. 1985년 처음 V자 자세가 등장하였을 때 협회는 벌점을 주어 퍼포먼스를 제약하였다. 그러나 1989년 노르웨이 연구팀에 의해 V자 비행이 양력(揚力: lift force)을 최대 28% 증가시키고 비행 거리를 10% 늘어나게 한다는 실험 결과가 발표되면서 벌점을 주는 규칙은 사라지게 되었다.

선수의 안전은 규칙 개정의 가장 커다란 이유로 작용한다. 럭비는 매우 격렬하고 과격한 신체접촉이 이루어지는 종목이어서 자주 부상이 발생하는데 이를 최소화하기 위해 국제럭비위원회(International Rugby Board)는 스크럼 상황에서 방어지역의 후퇴, 과도한 태클의 금지, 중요한 규칙을 위반한 선수에 대한 즉각적인 퇴장 조치 등의 규칙 개정을 통해 선수의 안전을 강화하고 있다. 권투의 헤드기어, 프로야구의 '빈 볼'에 대한 경고 없는 즉각 퇴장 등이 선수 안전을 강화하기 위한 규칙 개정의 예이다.

스포츠는 경기가 끝날 때까지 승부를 예측할 수 없을수록 재미와 흥분이 배가된다. 이는 스포츠가 놀이, 게임과 가족 유사성을 갖기 때문이다. 놀이와 게임에서 한쪽에 일방적으로 유리한 내용이 전개되어 지루해지면 핸디캡이나 규칙의 변경을 통해 경쟁의 밸런스를 맞추는 경우가 있다. 스포츠에서도 경기에 참여하고 관전하는 사람이 해당 스포츠를 통해 느끼는 재미와 흥분을 배가하기 위해 규칙의 일부를 개정하는 사례가 있다. 특히 한 국가나 팀이 일방적으로 독주하면 경기 규칙을 변경하여 견제하기도 한다. 중국의 탁구와 대한민국의 여자 양궁이 대표적인 경우이다. 농구의 3점슛 도입, 골프와 태권도의 서든 데스(sudden death)제도 등이 여기에 해당한다.

최근에는 대중매체와 메가 스포츠 이벤트의 확장, 프로 스포츠의 확산 및 국제화로 인해 스포츠의 상업적 가치가 더욱 증가하면서 미디어의 요구와 대중성의 확보를 위해 경기 시간의 조정과 단축 등의 규칙 개정이 이루어지기도 한다. 농구의 쿼터제 전환, 배구의 랠리포인트제 도입, 올림픽 야구 경기의 승부타 제도 등이 여기에 해당한다.

롤즈의 반성적 평형과 규칙의 개정

인간은 도덕적 판단과 도덕적 동기의 기초가 되는 정의의 감정(sense of justice)을 공유한다. 롤즈(J. Rawls)에 따르면 인간은 여러 개의 도덕적 판단이 서로 충돌하면 각자의 의견을 조정하여 평형(equilibrium)의 상태에 이른다. 이를 반성적 평형(reflective equilibrium)이라고 한다. 이렇게 도달한 평형의 상태는 안정적이며 지속성을 담보하여 실천의 원칙을 제공하게 된다.

스포츠 규칙의 개정도 롤즈의 '반성적 평형' 과정과 유사하게 이루어져야 한다. 새로운 규칙에 대한 논의가 시작되면 각 집단(선수, 지도자, 심판, 팬, 연맹 등)은 자신의 도덕적 판단(예: '3점 슛은 경기의 재미를 더한다')과 그에 대한 근거를 제시하며 서로 의견을 조정한다. 이 과정에서 합리적인 토론과 비판적 검토를 거쳐 모두가 납득할 수 있는 새로운 규칙의 '평형 상태'에 도달해야 그 규칙이 진정한 '정의로운 원리'로 인정받고 안정적으로 적용될 수 있다.

[Search & Discussion] 전신수영복과 구성적 규칙

구성적 규칙이 신체의 탁월성을 방해하지 말아야 한다는 원칙은 때로 지켜지지 않는 경우도 있다. 전신 수영복의 금지가 그 대표적인 예이다. 2000년대 초반 전신을 감싸는 디자인의 수영복이 등장하면서 선수들의 기록이 조금씩 단축되기 시작했다. 전신을 압박하는 수영복은 지구력을 상승시킬 뿐 아니라 물보다 가벼운 소재로 부력을 향상시키고 물과의 마찰을 최소화하여 기록의 비약적인 신장을 가져왔다. 급기야 2009년 로마 세계 수영 선수권 대회에서 첨단 수영복을 착용한 선수들이 40여 개가 넘는 세계 신기록을 갈아치웠다.

그러나 국제수영연맹은 이듬해 전신 수영복의 착용을 전면 금지하였다. 이 경우 국제수영연맹의 전신 수영복 착용 금지는 표면적으로 수영 선수의 신체적 탁월성을 제약한 것이 된다. 전신 수영복의 착용 금지는 과연 신체적 탁월성에 대한 제약일까? 만일 그렇지 않다면 그 이유는 무엇인지 생각해 보자.

CHAPTER 04

스포츠윤리 규범

    2006년 독일월드컵 결승전에서 프랑스 공격수 지네딘 지단은 이탈리아 수비수 마르코 마테라치의 가슴을 머리로 들이받아 퇴장 당했다. 이것이 그의 공식적인 경기에서의 마지막 모습이었다. 세계적인 축구 스타의 은퇴 경기로는 어울리지 않는 오점이었다.

    한편 지단의 행동에 동정하는 사람들도 있었다. 지단의 반칙에 직접적인 계기가 된 것이 마테라치의 악의적인 욕설이었으나 거기에 대한 징계는 없었다. 이 '박치기 사건'은 우리에게 두 가지 생각거리를 던진다. 지단이 기자회견에서 "만약 교육자가 좋은 행동, 덜  좋은 행동을 구분하여 가르친다면 내 행동은 덜 좋은 행동임이 분명하다."라고 밝혔듯 그의 행동은 페어플레이에 어긋난다. 그러나 한편으로 마테라치를 징계하지 않은 것은 정의롭다고 할 수 없다. 스포츠에서 정의와 페어플레이, 그리고 스포츠맨십은 무엇을 의미하는 것일까?

학습목표

- 스포츠에서의 보편적인 도덕규범을 이해한다.
- 스포츠에서의 정의의 개념을 알고 적용할 수 있다.
- 페어플레이의 윤리적 본질을 이해한다.
- 스포츠맨십이 필요한 이유를 이해하고 적용한다.

1 스포츠와 정의(justice)

[1] 스포츠에서의 정의(正義)

정의는 일반적으로 올바른 것, 혹은 마땅히 따라야 할 행위나 제도의 기준을 의미한다. 스포츠에서 정의는 비교적 명쾌하게 주어진다. 스포츠 선수라면 당연히 따르고 지켜야 할 규칙 혹은 규범이 곧 정의가 된다. 이를 합법성, 혹은 '합규칙성'이라고 한다.

그러나 정의는 규칙을 잘 지키는 준법성과 함께 공정성의 의미를 동시에 가진다. 공정성이란 규칙의 적용에 있어 차별이 없는 것을 말한다. 예를 들어 권투에서 60kg의 선수와 100kg의 선수가 맞붙는다면 누가 봐도 공정하지 않다. 체급별 경기는 신체적 불평등을 최소화하여 일반적 정의에 접근하려는 조치이다. 또한 심판이 한쪽에 일방적으로 유리한 판정을 내리는 것도 공정성이라는 정의의 원칙에 어긋난다.

이처럼 스포츠에 있어서 정의의 문제는 비교적 명백하다. 우리가 일반적으로 "부정한 방법으로 승리하였다."라고 할 때 부정(不正)은 정의롭지 못하다는 의미로 사용된다. 이때 부정의(不正義)는 스포츠 규칙에 합치되지 않는 제반 행위를 말한다. 정의롭지 못한 행위는 불법적인 것과 함께 불공정을 포함한다. 도핑이 정의롭지 못한 이유도 여기에 있다. 약물 복용은 그 효능의 유무나 강도와 무관하게 경쟁의 평등한 조건을 위반한다. 이처럼 스포츠에서의 정의는 규칙의 공정성과 평등성에 기초를 둔다.

그러나 자세히 살펴보면 스포츠에서 공정성은 매우 까다로운 문제이다. 모든 선수에게 동등한 기회를 보장해야 한다는 공정성의 원칙은 때에 따라 실현되지 않을 수도 있다. 예를 들어 야외에서 이루어지는 경기 종목의 경우 바람의 방향과 햇빛 등은 시시각각으로 변하기 때문에 공정하게 배분할 수 없다. 이러한 통제 불가능한 불평등은 '절차적 정의'를 통해 극복할 수 있다. 전후반의 진영교체와 공수교대, 출발 위치의 제비뽑기 등은 절차적 정의에 해당한다. 대부분의 스포츠 종목은 지속적인 규칙의 개정을 통해 평등한 기회를 보장하기 위해 노력한다.

절차적 정의

롤즈(J. Rawls)가 정의론(A Theory of Justice)에서 제시한 것으로, 일정한 조건 아래에서 공정한 절차적 규칙에 따라 합의가 이루어지면 그것을 통해 도출한 결과도 정의롭다고 보는 관점이다. 예를 들어 케이크를 균등하게 분배하려 할 때 한 사람에게 케이크를 자르게 하고, 나머지 사람이 자른 사람보다 먼저 케이크를 고르게 하고 자른 사람이 마지막 조각을 가져가게 하면 정확히 균등한 배분이 이루어지게 된다(황경식 역, 1991: 105).

[2] 스포츠에서의 평등: 조건과 기회균등으로서의 정의

스포츠 규칙은 모든 선수에게 동등한 조건과 기회를 제공한다. 특정 선수나 팀에게 더 좋은 조건과 더 많은 기회를 제공하는 것은 일반적인 정의의 원칙에 어긋난다. 스포츠에서 동등한 조건과 기회의 보장은 승리와 패배로 나누어지는 결과의 불평등을 수용하게 만든다. 승리는 시합 규칙의 동등한 조건과 기회의 보장 및 적용에 의해 정당성을 얻는다. 100m 달리기의 출발선은 누구에게나 동등하게 주어져야 한다. 키가 작거나 보폭이 짧다고 해서 거리를 당겨 준다면 조건과 기회균등의 정의에 위배된다.

존 롤즈
(John Rawls,
1921~2002)

윤리학자, 정치철학자. 『공정으로서의 정의』(1958), 『정의론』(1971) 등의 저서로 20세기 윤리학의 새로운 논의를 촉발시켰다.

그러나 스포츠에서 평등한 경쟁의 조건은 근본적으로 불가능하다는 반론도 존재한다. 선수의 타고난 체격 조건과 신체 능력이 공평하지 않기 때문이다. 단거리달리기에서 동양 선수의 신체조건은 중남미 혹은 흑인 선수와 비교하면 현저히 불리하다. 이처럼 스포츠는 자연적 우연성에 의한 신체적 불평등을 해소할 수 없는 것처럼 보인다. 하지만 스포츠에서 이러한 자연적 불평등은 정의의 조건과 무관하다.

스포츠에서의 승리와 패배는 신체의 자연적 불평등을 확인하는 절차가 아니라 탁월성의 결과이다. 만일 신체의 자연적 불평등이 해소되어 모든 선수가 동등한 신체조건에서 경쟁이 이루어지면 승리와 패배는 전적으로 운(運)에 의해 결정될 것이다. 특정 종목에서의 신체적 불평등은 해당 종목의 탁월성 발휘에 불리하다는 뜻일 뿐이다.

인간이 갖는 신체적 능력의 불평등은 오히려 탁월성을 개발할 계기를 마련해 주며 이를 통해 스포츠 전체의 선(善)이 강화된다. 롤즈(J. Rawls)가 "탁월성은 인간 발전의 조건이며, 따라서 그것은 모든 이의 관점에서 선이 된다."고 한 이유도 여기에 있다(황경식 역, 2011). 심폐지구력이 허약한 선수에게 마라톤의 탁월성을 기대할 수 없으나 사격과 양궁 등의 종목에서 얼마든지 능력을 발휘할 수 있다. 체조선수와 농구선수의 평균적인 신장의 차이는 다만 그 종목에 적합하고 유리한 신체적 조건이 다르다는 사실을 드러낼 뿐이다. 스포츠는 신체적 불평등을 훈련과 노력으로 극복하고 도전함으로써 조건과 기회의 균등이 정의로 작용하고 있음을 보여준다.

[3] 평균적 정의와 분배적 정의

스포츠에서 정의는 규칙의 공정성과 평등성에 국한되지 않는 보다 큰 외연을 갖는다. 사회에서 널리 통용되는 일반적 정의와 스포츠의 정의를 분리해서 생각할 수 없기 때문이다. 여기서 우리는 보다 확장된 스포츠의 정의를 찾을 수 있다.

정의의 문제를 최초로 논의한 아리스토텔레스는 "사람들의 승인 여부와 관계없이 어디에서나 동일한 힘을 갖는" 자연적 정의를 광의의 정의로 규정하고, 이와 별개로 협의의 정의를 '평균적 정의'와 '분배적 정의'로 나누어 설명하고 있다(이창우 외 역, 2008).

가. 스포츠의 평균적 정의

평균적 정의는 산술적 평등 또는 절대적 평등의 원리에 따라 모든 사람을 동등하게 대우하는 정의를 말한다. 개인의 지위, 능력, 출신 등과 관계없이 불공정한 상태를 바로잡아 균형을 유지하려는 원리로, 절대적 평균을 지향한다. 이는 '같은 것은 같게' 하는 원칙으로 차별을 없게 만드는 것이다. 인간에게 스포츠에 참여할 권리는 동등하게 주어진다. 성별이나 계층, 장애의 유무에 상관없이 스포츠 참여의 기회는 평등하게 보장되어야 한다. 이처럼 평균적 정의란 천칭(天秤)이 완전한 수평을 이루는 것처럼 불편부당(不偏不黨)한 균형을 의미한다.

스포츠 경기 내에서의 평균적 정의는 일관된 규칙의 적용, 참가의 동등한 조건, 경쟁에 임하는 모든 선수의 조건을 평등하게 만드는 것을 말한다. 중학생과 성인의 시합은 참가의 동등한 조건에 어긋난다. 또한 구기종목에서 한쪽 골대가 다른 쪽에 비해 작거나 커서는 안 된다. 스포츠는 이처럼 평균적 정의를 매우 당연한 것으로 지키고 따른다.

그러나 평균적 정의는 때에 따라 지켜지지 않을 수도 있다. 예를 들어 홈 관중의 열광적인 응원, 홈 팀에 유리한 경기 시간, 고지대에서의 원정경기, 실외 경기에서의 급작스러운 기후변화, 바람과 햇빛의 상태 등은 절차적 공정성을 확보함으로써 평균적 정의의 한계를 보완하고 조정되어야 한다.

나. 절차적 정의와 평균적 정의

실외의 기록경기는 돌발적이고 우연적인 자연의 변화에 매우 민감하다. 예를 들어 스키의 활강 경기에서의 맞바람, 때마침 내리는 폭설, 육상의 원반던지기에서의 비와 바람 등은 기록에 많은 영향을 미친다. 이처럼 통제 불가능한 외적인 요소는 경기 시작 전의 절차적 정의에 의해 통제된다. 즉 예측 불가능한 자연적 현상은 모든 선수가 공정한 절차(무작위 추첨 등)를 통해 그 불이익을 감수하게 함으로써 비록 완전한 평균적 정의에는 도달할 수는 없으나 절차적 정의를 통해 그 불공정성을 최소화하여 결과의 정당성을 확보한다.

이러한 통제 불가능한 우연적 요소는 경기 결과의 의외성으로 이어져 승부를 더욱 흥미진진하게 만들기도 한다. 스포츠에서 승패는 때로 운에 의해 결정된다. 가령 축구에서 의도하지 않은 패스가 골로 연결되기도 하고 심지어 상대의 실수로 승리할 수도 있다. 이런 우연적 요소는 평균적 정의(규칙)에 의해 통제할 수 없으며, 그 통제 불가능성으로 인해 결과의 불확정성은 더욱 높아진다.

> **신체적 불평등**
> 운동선수의 신체는 훈련에 의해 만들어지기도 하지만 유전적 요인에 의해 결정되는 경우가 많다. 농구와 배구선수의 키는 타고난 우연성에 해당한다. 이런 불평등에는 평균적 정의가 적용되지 않는다. 왜냐하면 스포츠는 자발적인 참여를 근본으로 하기 때문이다.
> 160cm의 키에 불과한 선수가 농구 경기에 참여하는 것은 전적으로 개인의 자발적인 선택의 문제이다.

다. 분배적 정의

분배적 정의는 개인의 가치에 비례하여 사회적 재화(명예, 재산, 지위 등)를 분배하는 것을 말한다. 여기서 '가치'는 그 개인이 공동체에 기여한 정도와 능력을 가리킨다. 아리스토텔레스는 이를 '기하학적 비례'로 설명한다. 뛰어난 능력과 높은 공헌도를 가진 사람에게 더 많은 보상이나 명예가 주어져야 한다.

분배적 정의는 사람들 사이의 차이를 다르게 다룸으로써 개개인에게 합당한 몫을 부여하는 것을 말한다. 이는 '다른 것은 다르게'의 원칙을 유지하는 것으로 차별에 대한 근거를 부여하는 것이다. 열심히 일한 사람은 그렇지 않은 사람에 비해 더 많은 대가를 받아야 한다. 이처럼 분배적 정의는 능력에 따라 결과

에 차등을 두어 정의를 실현한다.

스포츠에서 분배적 정의는 결과의 명확한 불평등과 보상으로 나타난다. 만일 패자와 승자가 똑같은 보상을 받는다면 승리는 커다란 의미를 지니지 못할 것이다. 승리를 장려하고 그 가치를 높이 평가하지 않는다면 스포츠의 경쟁은 존재할 수 없다.

그러나 스포츠에서 결과에 따른 차등적 분배는 지나치게 승리자에게 집중되어 엄밀한 의미의 분배적 정의와 거리가 멀다는 비판을 받기도 한다. 승자가 모든 것을 독식하는 분배의 방식이 승리에 대한 과도한 집착과 비윤리적인 행위를 조장한다는 지적은 매우 타당해 보인다. 하지만 스포츠에서 차등적 분배는 선수의 승부욕과 경쟁심을 자극하여 궁극적으로 개인의 탁월성을 끌어내는 좋은 촉매제가 된다.

스포츠에서의 분배적 정의는 탁월성과 밀접한 연관을 갖는다. 즉 높은 탁월성은 많은 분배와 연결된다. 이는 경기 내에서도 그대로 적용된다. 예를 들어 다이빙, 리듬체조, 피겨스케이팅 등의 종목은 기술의 난이도에 따라 차등적으로 점수를 받는다. 경기 수행이 어려울수록 더 많은 점수(가산점)를 받는 것은 '다른 것은 다르게'라는 분배적 정의에 해당한다. 또한 월드컵 경기 등에서 시행하는 시드 배정도 분배적 정의에 해당한다. 다만 이 경우 모든 참가국이 동의할 수 있는 절차적 정당성(예: 랭킹)이 미리 마련되어 있어야 한다.

탁월성의 정도에 따라 보상을 달리하는 것이 분배적 정의라면 프로 스포츠의 연봉도 넓은 의미에서 분배적 정의라고 할 수 있다. 승리한 팀의 구성원이 보상을 나누어가질 때에도 분배적 정의는 적용된다. 승리에 결정적인 기여를 한 선수와 그렇지 못한 선수의 보상은 달라질 수 있다. 이때에도 불평등의 근거가 합당해야 하며 분배 이전에 미리 차등적 분배가 숙지되어 있어야 한다.

100m 달리기의 코스 배정

100m 달리기와 수영 등 각기 다른 레인에서 기록으로 순위를 가리는 종목은 레인의 선택이 경기력에 많은 영향을 미친다. 일반적으로 가운데 레인이 양쪽의 시야가 열려 있어 가장자리에 비해 유리하다고 말한다. 그러나 모든 선수에게 가운데 레인을 배정할 수는 없다. 이때 분배적 정의는 어떻게 실현할 수 있을까?

[4] 공정으로서의 정의: 롤즈의 정의론

모든 구성원에게 각각 합당한 몫을 나누어주는 분배적 정의는 매우 민감한 문제이다. 분배의 원칙이 정해져 있지 않으면 구성원은 각자의 몫에 만족하지 못할 것이다. 이때 정의로운 원칙은 어떻게 만들 수 있을까? 롤즈는 사회의 구성원이 원칙에 합의해 나가는 절차의 공정성에서 그 해답을 찾는다. 다시 말해 합의의 절차가 공정하면 그 절차를 통해 나온 결과도 정의롭다는 것이다. 이를 '공정으로서의 정의'라고 한다.

롤즈는 정의를 절대 불변의 그 무엇이 아니라 사회적인 합의의 대상으로 보았다. 따라서 정의의 원칙에 합의해 나가는 과정 혹은 절차가 매우 중요하다. 그러나 현실적으로 사람들은 저마다의 처지와 가치관, 경제적 수준, 재능, 계층 등이 달라 공정한 선택을 하기 어렵다. 이런 난점을 극복하기 위해 롤즈는 '원초적 입장(original position)'이라는 가상적 상황을 설정한다. 이 상황에서 모든 사회 구성원은 평등한 자유인으로서 합의 당사자로 참여하며, 각자 자신의 이익을 극대화하려는 '무관심한 합리성'을 지닌 존재로 가정된다. 이처럼 합리적 개인이 자신의 이익을 위해 합의에 임하는 순수한 가상적 상황을 원초적 입장(original position)이라고 말한다.

그러나 원초적 입장만으로 정의의 원칙에 도달할 수 없다. 합의 당사자들의 지위, 계층, 능력, 유산 등 우연히 획득된 유리한 조건들이 합의에 영향을 미칠 수 있기 때문이다. 롤즈는 이해관계에 영향을 미치는 모든 요소를 없애기 위해 '무지의 베일(veil of ignorance)'이라는 조건을 덧붙인다. 무지의 베일을 쓴 당사자들은 "천부적 재능과 자산, 지능과 체력, 기타 등등을 어떻게 타고났는지 모르며, 자신의 운수도 모르고, 그들이 속한 사회의 특수 사정, 심지어 경제적, 정치적 상황"도 모른다(황경식 역, 2011). 즉 어떠한 선택이 자신에게 유리하고 불리한지를 전혀 모르는 상황을 말한다.

롤즈는 이처럼 자신에게 유리한 조건을 악용하지 않고 공정하게 판단할 조건을 모두 갖추면 원초적 입장의 당사자들은 다음과 같은 정의의 원칙에 도달할 것이라고 보았다.

> 첫째, 각자는 다른 사람의 유사한 자유의 체계와 양립할 수 있는 평등한 기본적 자유의 가장 광범위한 체계에 대하여 평등한 권리를 가져야 한다. 둘째, 사회적, 경제적 불평

등은 다음과 같은 두 조건을 만족시키도록, 즉 (a) 모든 사람의 이익이 되리라는 것이 합당하게 기대되고, (b) 모든 사람에게 개방된 직위와 직책이 결부되게끔 편성되어야 한다.(황경식 역, 2011: 105)

여기서 롤즈는 정의의 제1의 원칙으로 평등한 자유의 원칙을 내세운다. 평등한 자유의 원칙이란 타인의 자유를 침해하지 않는 한 개인의 자유에 대한 권리는 보장되어야 하며, 이는 누구에게나 동등하게 부여된 권리라는 것이다. 신체, 사상, 표현, 종교의 자유와 같은 기본권은 절대적으로 보장되어야 함을 말한다.

제2의 원칙은 사회적, 경제적 불평등은 두 가지의 조건을 만족하는 경우에만 가능하다는 것이다. 즉 불평등은 그것으로 인해 혜택을 가장 적게 받는 사람(최소 수혜자)에게 최대한의 이익을 제공하는 방향으로 이루어져야 한다. 이를 '차등의 원칙'이라고 한다(a). 그리고 직위와 직책은 모든 사람에게 열려 있어야 한다. 다시 말해 직위와 직책에 대한 동등하고 공정한 기회가 보장된다면 개인의 능력과 노력에 의해 발생하는 사회적 경제적 불평등은 허용될 수 있다는 것이다. 이를 '기회 균등의 원칙'이라고 한다(b).

롤즈는 정의의 제1 원칙이 언제나 제2 원칙에 우선하는 서열 관계에 있다고 보았다. 우선 모든 사람에게 평등한 자유의 원칙을 보장하고 소득, 기회, 권력 등과 같은 사회적 경제적 불평등이 최소 수혜자를 포함한 모든 사람의 처지를 향상시킨다면 이러한 불평등은 허용해야 한다는 것이 롤즈의 생각이다. 롤즈의 정의론은 합리적 의사결정에서 사회 정의의 원칙을 도출하고 사회적 약자에게 유리하게 작용할 정책 결정의 원리를 제공함으로써 사회 정의의 구현에 진일보한 사고를 보여준다.

그런데 여기서 주목할 것은 스포츠가 롤즈의 정의론을 정당화하는 하나의 비유적 모델로 기능할 수 있다는 점이다. 스포츠 경기는 참여자의 사회적 지위, 경제적 배경, 정치적 신념 등 경기와 무관한 우연적인 요소를 배제하고 오직 규칙의 틀 안에서만 경쟁하도록 요구한다. 이는 롤즈가 상정한 '원초적 입장'의 한정된 조건과 유사하다. 물론 스포츠는 타고난 재능이나 신체적 차이를 완전히 제거하지는 못하지만, 공정한 규칙과 기회균등의 원칙을 통해 모든 참가자가 납득할 수 있는 절차적 공정성을 확보한다. 따라서 경기의 규칙이 합리적 합의를 통해 정당화된다면, 그 결과로 나타나는 승패의 불평등 또한 공정한 것으로 동의할 수 있다. 스포츠는 이처럼 규칙의 공정성이라는 정의의 원칙에 합당하는 매우 유의미한 사회적 제도이다.

원초적 입장: 시기심 없는 상호 무관심한 합리성

시기심은 자신의 손해를 감수하면서까지 타인의 이익을 방해하는 것을 말한다. 인간은 때로 자신이 40의 손해를 보더라도 타인이 500의 이익을 갖는 것을 시기하여 방해하기도 한다. 그리고 상호 무관심한 합리성은 담합을 통해 서로 이익을 주거나 손해를 끼치지 않고 오로지 자신의 이익을 합리적으로 계산하는 것을 말한다. 롤즈의 원초적 입장은 이처럼 현실에서 찾아볼 수 없는 인간을 가정한 까닭에 많은 비판을 받기도 한다.

[5] 에토스(ethos)로서의 스포츠 정의

경쟁이 있는 곳에는 필연적으로 결과를 이의 없이 수용하는 판정의 기준이 마련되어야 한다. 공정성은 스포츠에서 요구되는 일차적 정의로 경쟁을 가능하게 하는 필요조건이다. 그러나 스포츠에서 공정한 경쟁은 정의를 위한 충분한 조건은 되지 못한다. 다시 말해 공정한 경쟁으로 이루어진 경기만으로 스포츠의 정의는 이루어지지 않는다. 여기서 스포츠만의 독특한 정의가 만들어진다.

스포츠는 단지 승패의 불평등한 결과를 근거 있는 차별로 만드는 것이 아니라 가치 있는 승리를 요구한다. "경쟁자는 문자 상의 정당함이 아닌 '규칙의 정신'을 따라야 하고, 품위 있게 경기에 임하려고 해야 한다."(손환, 임석원 역, 2008)는 보다 적극적인 행위의 기준은 스포츠를 여타의 경쟁과 구별하는 에토스에 의해 형성된다. 스포츠를 여타의 경쟁과 구별하는 '에토스(ethos)'는 해당 종목 선수들 간의 암묵적인 윤리적 품성과 공유된 가치관을 의미한다. 이러한 에토스는 페어플레이와 스포츠맨십이라는 구체적인 행동으로 나타나며, 경쟁자에 대한 배려를 몸에 익힌 능력으로 표현된다.

경쟁자를 배려하는 경쟁은 스포츠에서만 찾을 수 있는 정의이다. 아리스토텔레스가 "탁월성 중에서 정의만이 유일하게 타인에게 좋은 것"(이창후 외 역, 2008)이라고 한 이유도 여기에 있다. 아리스토텔레스는 여기서 정의(正義)가 사적인 덕(virtue)을 넘어 공동체 전체의 선(善)을 위한 것이기 때문에 탁월성 중에서도 특별히 좋다고 보았다. 따라서 스포츠에서의 정의는 공정한 경쟁을 넘어, 경쟁 자체를 통해 공동체의 선(善)을 실현하려는 도덕적 요구를 포함한다. 이러한 요구는 배려와 존중으로 구체화되며, 이것이 곧 스포츠만의 독특한 정의가 된다.

Think Deeply: '비활동기간 훈련금지 규정'은 정의에 합당한가?

우리나라 프로야구 선수들은 '한국프로야구선수협의회'를 만들어 자신의 권익을 보호하고 있다. 그 중 '비활동기간 훈련금지 규정'이 있다. 이는 정규시즌이 끝나고 새로운 시즌이 시작되기 전 '선수협'이 지정한 45일간 훈련을 금지함으로써 선수의 휴식의 권리를 보호하려는 조치이다. 성적을 위한 무리한 합동훈련은 부상과 선수생명을 단축시키는 부작용을 초래한다는 것이 이 조치의 배경으로 알려져 있다.

그러나 같은 기간 연봉을 많이 받는 각 팀의 선수들은 개인 트레이너를 고용해 외국에서 자체적인 훈련 프로그램을 소화하고 있다. 문제는 비활동기간 훈련에 참가한 선수들이 대부분 낮은 연봉의 선수들로 스스로 훈련의 필요성을 절감하는 처지에 있다는 점이다.

'비활동기간 훈련금지 규정'은 개인 트레이너를 고용할 수 없는 낮은 연봉의 선수에게 오히려 이익이 되지 않는 제도일 수 있다. 이 제도를 롤즈의 '최소수혜자의 원칙'에 비추어 생각해 보자.

2 페어플레이(fair play)

[1] 페어플레이의 유래

페어플레이는 근대 스포츠의 탄생과 밀접한 연관을 가진다. 평민 혹은 귀족들에 의해 한정된 지역에서 행해졌던 놀이와 게임이 스포츠로 제도화된 데에는 통일된 규칙의 제정이 결정적인 역할을 하였다. 규칙의 통일은 공정성의 확립을 의미하였다.

그 후 스포츠에서의 규칙의 준수는 형식적인 규범을 넘어 근대 영국의 시민계급에게 요구되었던 도덕 규범을 충실히 반영하는 정신적인 미덕으로 발전하였다. 품위 있는 경기 참여는 귀족과 젠틀맨(gentleman)의 삶의 방식을 드러내는 것으로 승패와 관계없이 스포츠 자체를 즐기는 태도를 권장하였다. 이런 태도가 널리 퍼지면서 공정한 게임으로서의 페어플레이는 하나의 정신으로 정착되어 갔다. 규칙이라는 권위에 대한 복종, 상대에 대한 존중, 팀에 대한 충성심은 근대적 시민이 지켜야 할 일반적인 도덕 규범과 일치하는 것이었다.

또한 페어플레이라는 규범의 발견은 교육제도 속으로 편입되면서 이상적인 도덕적인 훈련으로 간주되었다. 윈체스터, 이튼, 해로우 등의 퍼블릭 스쿨에서 행하였던 스포츠는 단순히 강건한 육체의 단련을 넘어 강인한 정신과 충성심을 함양하는 도덕적인 성격 형성의 중요한 수단으로 정착되어 갔다. 특히 페어플레이가 진실과 성실의 정신(sprit of truth and honesty)을 바탕으로 경기에 임하는 도덕적 태도와 같은 의미로 쓰이면서, 오늘날 스포츠의 보편적인 윤리 규범으로 발전하였다. 이러한 역사적 과정은 스포츠에서 도덕적 가치의 발견이라는 점에서 매우 중요한 의미를 지닌다.

[2] 페어플레이의 의미

페어플레이가 구체적으로 무엇을 의미하는지는 학자에 따라 조금씩 다르다. 국제올림픽위원회(IOC)와 협력관계에 있는 국제 스포츠·체육평의회(ICSPE)에 의해 작성되어 유네스코의 지지를 얻어 발표된 "페어플레이에 관한 선언(Declaration on Fair Play)에 따르면, "페어플레이가 없는 스포츠는 더 이상 스포츠가 아니다(without fair play sport is no longer sport)"라는 추상적인 선언으로 페어플레이를 규정한다. 규칙을 위반해도 경기는 계속될 수 있지만 페어플레이 정신이 사라지면 '스포츠'라는 사회적 실천 자체가 의미를 잃는다. 대부분의 페어플레이에 대한 논의는 정정당당한 경기 참여와 경쟁 상대에 대한 도덕적 태도라는 두 가지 점에 있어서 일치하고 있다.

정정당당한 경기 참여는 규칙의 준수를 통한 공정성의 확보를 가리킨다. 스포츠는 근본적으로 경쟁을 통해 신체적 탁월성을 겨루는 활동이다. 이때 경쟁의 조건은 모든 참가자에게 같아야 하며, 그 결과를 이의 없이 받아들일 수 있는 판정의 기준이 있어야 한다. 이 기준을 '공정성'이라고 한다. 공정성은 순수한 경쟁의 전제 조건이 된다. 스포츠 행위(플레이)는 시작 전에 이미 페어(공정성)를 조건으로 한다. 따라서 페어플레이는 규칙의 숙지를 의미할 뿐 아니라 준수에 대한 약속이기도 하다. 이처럼 경기 중 선수가 지켜야 할 정정당당한 행위로서의 페어플레이를 '형식적 페어플레이'라고 한다(손환, 임석원 역, 2008).

그러나 스포츠의 경쟁은 규칙의 준수만으로 이루어지지 않는다. 여기서 스포츠만의 독특한 경쟁의 에토스가 만들어지게 된다. 축구에서 상대 선수가 부상으로 쓰러져 있으면 공을 밖으로 걷어낸다. 이런 행위는 축구의 규칙 체계에 포함되어 있지 않은 공유된 관습(에토스)에 의해 만들어진다. 이처럼 규칙의 준수라는 소극적인 페어플레이를 넘어 '경쟁자에 대한 배려'라는 보다 적극적인 행위의 기준을 '비형식적 페어플레이'라고 한다. 비형식적 페어플레이는 경쟁자에 대한 배려를 습관적으로 몸에 익힌 도덕적 능력이라 할 수 있다(손환, 임석원 역, 2008). 형식적 페어플레이는 규제적 규칙(반칙하지 마라)을 준수하는 것이라면, '비형식적 페어플레이'는 규범(에토스)에 기반한 행위로, 스포츠의 내재적 가치 즉 스포츠라는 활동 자체가 지향하는 윤리적 이상을 수호하는 행위라고 할 수 있다.

[3] 페어플레이를 해석하는 이론들

페어플레이는 언뜻 매우 자명해 보이지만 정의하기는 쉽지 않다. 정의의 어려움은 페어플레이의 다층적인 의미에서 비롯한다. 페어플레이는 일차적으로 규칙을 준수하고 정정당당하게 경기에 임하는 자세를 가리키지만 이를 보다 확장하면 스포츠에 참여하는 사람에 대한 도덕적 요청으로 해석할 수 있다. 지금까지 페어플레이를 설명하는 이론은 크게 덕 주머니로서의 페어플레이, 에토스(ethos)로서의 페어플레이, 게임에 대한 존중으로서의 페어플레이 등으로 나눌 수 있다.

덕(德) 주머니로서의 페어플레이는 페어플레이를 덕 주머니로 보는 관점을 말한다. 이 이론은 페어플레이를 동정, 공평(정의), 스포츠맨십 그리고 진실성 등의 가치와 동일시한다. 그 밖에 정의, 책임감, 정직, 관용 등도 덕 주머니에 포함된다. 예를 들어 축구에서 부상 선수를 위해 공을 밖으로 차내는 것과 그 공을 다시 상대편에게 넘겨주는 행위는 덕으로서의 페어플레이를 잘 설명한다. 레이스 도중 갑자기 쓰러진 상대 선수를 부축해 결승선을 끝까지 통과하는 장거리달리기 선수의 행위는 규칙으로 규정할 수 없는 정의에 대한 교감, 이타심(altruism), 동정(compassion), 그리고 인간 존중이라는 덕목의 발현으로 이루어진다. 덕 주머니로서의 페어플레이는 이처럼 페어플레이를 인간의 도덕적 행위인 덕으로부터 나오는 것으로 본다.

한편 페어플레이를 에토스(ethos)로 보는 관점이 있다. 스포츠 경쟁은 사회적 실천이며 게임에 대한 사회적 논리를 함축한다. 스포츠의 경쟁이 가능하기 위해서는 규칙을 이해하고 해석하는 공유된 관념이 있어야 하는데, 스포츠 특유의 공유된 규범을 에토스라고 한다. 에토스는 공식적인 규칙이 어떻게 구체적인 경쟁 상황에 적용되는가를 결정하는 관습을 뜻한다. 특정 스포츠의 에토스는 그 종목의 역사, 이미지, 몸의 동작 및 기술적 요소, 제도 등에 의해 형성되어 온 결과이다. 이런 까닭에 페어플레이는 경기의 상황과 맥락에 따라 유연하게 적용되며, 그것을 공유하고 있는 공동체의 집단적 정체성과 도덕적 가치의 발현이다.

이처럼 덕 주머니는 '선수 개인의 도덕적 품성'에 초점을 맞추고, 에토스는 '공동체 전체의 공유된 윤리'에 초점을 맞춘다. 이 둘은 개인의 도덕성이 공동체의 문화에 의해 형성된다는 점에서 상호 보완적인 관계에 있다.

페어플레이를 게임에 대한 존중으로 바라보는 사람들은 존중(respect)을 명예, 가치 그리고 존경 등의 폭넓은 의미로 해석하고, 스포츠에서의 도덕적 태도는 규칙에 대한 형식적인 복종을 뛰어넘어 보다 적극적인 도덕적인 행위의 수용이라고 본다. 스포츠 경기가 규칙에 의해 만들어지고 운영되는 것이라면 그 규칙은 명예로운 것이며, 존중받아야 하고, 가치 있는 것으로 여겨져야 한다. 스포츠는 명문화된 규칙에 따라 움직이는 것이 결코 아니다. 스포츠는 그 자체로 내재적 선(善)을 가지고 있으며 이는 존경과 명예의 대상이 된다. 이 관점을 지지하는 사람들은 덕윤리가 가지는 장점을 스포츠에 연결하려 한다. 즉 스포츠가 가지는 내재적 선은 스포츠에 참여하는 사람들의 도덕적 개선에 도움을 주고 줄 수 있어야 한다는 것이다.

[4] 도덕 규범으로서의 페어플레이

페어플레이는 스포츠의 보편적 도덕규범이다. 이는 스포츠에서 이루어지는 행위뿐 아니라, 동기 및 성품을 판단할 때에도 적용된다. 도덕규범으로서의 페어플레이는 규칙의 준수이면서 동시에 평가의 기준으로 작용한다. 규칙의 준수로서의 페어플레이는 어떤 상황에서 해야 할 행위와 하지 말아야 할 행위에 대한 요구와 제재를 뜻한다. 축구의 패널티 구역 안에서 수비수는 팔에 공이 닿지 않도록 해야 한다. 이런 행위는 즉각적인 제재를 받게 되고 경기에 불리하게 작용한다. 또한 공을 몰고 가는 상대 선수를 뒤에서 태클로 저지하는 행위는 강력한 제재를 받게 된다. 규칙의 준수로서의 페어플레이는 이처럼 허용된 행위의 범위 안에서 경기에 임하는 것을 말한다.

한편 평가의 기준으로서의 페어플레이는 어떤 행위가 좋은지 나쁜지, 바람직한지 아닌지, 가치 있는 것인지 아닌지를 결정한다. 예를 들어 축구 경기에서 부상으로 쓰러진 상대 선수를 무시하고 공격하는 행위, 이긴 후 과도한 승리의 기쁨을 표현하는 행위는 상대와 패자에 대한 기본적인 배려와 예의에 어긋나는 행동으로 바람직하지 못하다. 이처럼 페어플레이는 올바른 행위와 그렇지 못한 행위를 구분하는 규범으로서의 역할을 하게 된다. 따라서 페어플레이는 선택적 행위가 아니라 행동의 규범이며, 스포츠의 도덕적 행위를 결정하는 원리이다. 맥킨토시(P. Mcintosh)는 규범으로서의 페어플레이에 대해 다음과 같이 말한다.

> 페어플레이 정신 속에서 행하여진 시합은 참가자들에게 페어플레이 의식을 촉진시킬 것이지만, 공정하지 않는 경기는 그러한 의식의 촉진에 유해하다. 그렇기 때문에 페어플레이는 가치롭고(valuable), 좋고(good), 그렇기 때문에 올바르고(right), 의무로서 해야만 할(obligatory) 것이 된다. (하남길, 권판근 역, 1997: 179)

요컨대 페어플레이는 스포츠의 도덕적 목적이라고 할 수 있다(손환, 임석원 역, 2008). 규범으로서의 페어플레이는 선수 개인의 의도나 목적과 무관하게 스포츠 자체의 공유된 에토스이면서 도덕적 행위의 원점이 되는 것이다.

페어플레이를 위한 변명

때로 페어플레이는 패배를 위해 준비된 변명이라고 생각하는 사람이 있다. 그들에 따르면 도덕주의자들이 강조하는 페어플레이를 충실히 따르고 지키면 결코 경쟁에서 승리할 수 없다. 페어플레이란 상대에 비해 부족한 자신의 능력을 미리 깨닫고 '깨끗한 패배'를 합리화하기 위한 술책에 다름 아니다. 스포츠가 근본적으로 약육강식의 냉엄한 경쟁에 의해 승패가 결정되며, 승리를 위해서는 드러나지 않는(심판이 알아채지 못하는) 반칙을 하나의 전술로 이용할 수 있어야 한다. 이것이 강자의 논리이며 현실이다. 경쟁과정의 모든 행위는 승리에 의해 정당화 된다. 다시 말해 경기 중 실제로 일어나는 상황과 페어플레이는 엄연히 다르며, 페어플레이는 다만 그렇게 되기를 바라는 도덕적 염원(念願)에 불과한 것이다. 이런 이유들이 페어플레이를 이상적인 도덕론자의 뜬구름 잡는 소리라고 비난하는 구체적인 내용이다.

그러나 페어플레이는 이러한 생각을 가지는 사람들에게조차 존재한다. 다만 그들은 페어플레이를 위에서 설명한 방식으로 이해할 뿐이다. 비록 페어플레이가 현실적으로 전혀 이롭지 않고, 그것을 충실히 따르는 선수나 팀이 승리하지 못하더라도 그런 사람들에게 스포츠는 적어도 도덕적 가치를 가진다. 페어플레이가 설령 패배의 빌미가 되는 경우에조차 페어플레이를 충실히 따른 선수나 팀은 약자가 아니라 강자이다. 오로지 승리만이 목적인 선수와 팀은 교활한 수단과 비굴한 방법으로 이윤을 추구하는 상인과 다르지 않다. 명예롭지 않은 승리는 승리를 위한 승리, 즉 패배자의 공감과 존경이 삭제된 공허하고 허무한 것이다. 명예를 뒷받침하는 것이 곧 페어플레이이다.

3 스포츠맨십(sportsmanship)

[1] 스포츠맨십의 역사

서양 문명에 지속적인 발자취를 남겼던 중세의 기사도 정신(Chivalry)은 명예, 충성, 용기 등의 덕목을 내포하며 전사 계급의 윤리를 형성하였다. 이러한 기사도 정신은 시민사회의 도래와 함께 젠틀맨십(Gentlemanship)으로 변모하였다. 젠틀맨십은 시민사회의 신흥 계급이 일상생활 속에서 지켜야 할 매너와 에티켓으로 흡수되면서 점차 보편적인 가치로 자리 잡았다.

우아한 예술적인 취향, 훌륭한 교육과 스포츠에 대한 재능, 그리고 남성적인 모험심은 당시의 상류층에 요구되는 중요한 자질이었다. 또한 거기에는 도덕적인 소양까지 포함되어 있었다. 당시 젠틀맨의 도덕적 자세를 주문한 새뮤얼 스마일즈(Samuel Smiles)의 『인격론』에 기술되어 있는 신사의 덕목은 "정직하고 신실하고 올바르고 겸손하고 온화하고 용기 있고 스스로 존중하고 스스로 돕는" 매우 상식적이고 일반적인 도덕적 태도였다(Smiles, 2009). 그중 겸손은 신사에게 요구되는 가장 중요한 덕목으로 간주되었다.

특히 19세기 중반 영국에서는 '강건한 기독교주의(Muscular Christianity)'라는 사상적 흐름이 등장하여 스포츠맨십의 발전에 많은 영향을 끼쳤다. 용기, 정직, 자기희생 등의 기독교적 가치와 신체적 강인함을 결합한 이 새로운 기독교 정신은 강인한 육체와 도덕적인 정신을 겸비한 '기독교 신사(Christian Gentleman)'를 이상적인 인간상으로 제시하였다. 윈체스터, 이튼, 해로우 등의 퍼블릭 스쿨에서 행해졌던 근대 스포츠는 이러한 강건한 기독교주의의 이념 아래, 튼튼한 육체의 단련을 넘어 강인한 정신과 충성심을 함양하는 도덕적인 성격 형성의 중요한 수단으로 정착되어 갔다.

모범적인 신사를 길러내는 공간이었던 퍼블릭 스쿨에서 행해졌던 근대 스포츠는 격식과 품위를 갖춘 신사를 길러내는 뛰어난 교재였다. 스포츠를 통해 스포츠맨십을 몸에 익히는 것은 곧 젠틀맨십을 익히는 것과 다르지 않았다. 이러한 과정을 거쳐 스포츠맨십은 스포츠 경기에서 일반적인 윤리 덕목을 지키는 정신으로 정착해 갔다. 스포츠맨십을 스포츠정신이라고 부르는 이유도 여기에 있다.

[2] 보편적 도덕 규범으로서의 스포츠맨십

선수가 도덕을 위해 스포츠 활동에 참여하지 않는다는 점에서 스포츠는 근본적으로 도덕 활동과 무관하다. 스포츠의 근본 목적은 승리의 획득에 있으며, 이는 때로 도덕과 대립적으로 보이기조차 한다. 상대방의 승리를 도와주는 배려와 친절은 경쟁 자체를 불가능하게 만들기 때문이다.

그러나 스포츠 활동은 오직 경쟁만을 위해 존재하는 것이 아니라 경쟁 자체의 도덕적 가치를 묻는다. 스포츠맨십은 경쟁이 갖는 잠재적 부도덕성을 일반적인 도덕적 덕목에 의해 제어하여 스포츠의 긍정적 가치를 유지하려는 도덕적 기제이다. 스포츠는 근본적으로 자신의 우월함을 드러내는 활동인 까닭에 자기중심적이고 이기적인 본능 및 감정에 휘말리기 쉽다. 스포츠맨십은 이런 경쟁의 부정적인 요소를 일반적인 도덕 규범을 통해 억제한다. 그래서 스포츠맨십은 경쟁 이전의 마음가짐으로 승리에 집착하지 않고 경기 자체를 즐길 것을 주문하고, 경쟁의 과정에서는 악의 없는 순수한 경쟁과 상대방에 대한 배려, 규칙의 준수, 페어플레이, 심판의 권위에 대한 복종 등으로 나타난다. 그리고 경쟁 이후의 마음가짐으로 결과에 대한 겸허한 수용, 패자에 대한 배려, 승자에 대한 아낌없는 박수를 권장한다.

스포츠 활동이 단순히 규칙에 의거한 경쟁이라는 형식을 뛰어넘어 인간 사이의 도덕 감정을 자극하고, 스포츠를 통해 도덕적 행위의 새로운 가치를 발견해 나가는 일련의 정신적 과정을 스포츠맨십이라고 정의할 수 있다. 스포츠맨십은 단순히 감정이나 정신적 과정에 머무르지 않고, 경쟁의 상황에서 도덕적 판단을 내리고 이를 실천하는 구체적인 행위까지 포함한다. 승리라는 목표와 도덕적 가치 사이에서 갈등할 때, 이성적으로 올바른 선택으로 이끄는 내면의 힘이면서 동시에 반복적인 실천을 통해 습관화된 품성이 곧 스포츠맨십이라고 할 수 있다.

따라서 스포츠맨십은 매우 구체적인 실천 덕목이다. 우리가 일반적으로 우정(friendship)이라고 말할 경우 실체를 보여주기는 쉽지 않다. 왜냐하면 그것은 관계 속에서 실천적으로 드러나며, 이성의 작용보다 감성에 의해 느껴지기 때문이다. 이와 마찬가지로 스포츠맨십은 대상화하여 정의하기 어려우나 스포츠 활동에 있어 구체적이고 드러나는 실천이며 감성에 의해 즉각적으로 느껴지는 정신의 영역이다. 이를 통해 스포츠의 다양한 가치들이 만들어지게 된다. 아놀드(P. J. Arnold)가 스포츠맨십을 "스포츠 자체를 보다 가치 있는 것으로 만들어 주는 그런 종류의 칭찬받을 만한 일"로 정의한 이유도 여기에 있다.

[3] 명예의 윤리로서의 스포츠맨십

명예의 윤리는 고도로 고양된 구체적인 형식의 자부심을 말한다. 이는 단순히 지위나 계급의 우월성을 넘어 스스로 고상한 사람이라는 느낌, 즉 본성상 윤리적으로 행동할 수밖에 없는 마음의 상태를 의미한다. 이는 고대 그리스의 아레테(arete)나 로마의 비르투스(virtus) 개념과도 연결되며, 동서양의 다양한 문명권에서 보편적으로 통용되었던 중요한 윤리적 가치 중 하나였다(허남결 역, 2006).

그 구체적인 예를 우리는 전사(戰士)의 에토스에서 확인할 수 있다. 일부러 모욕을 주는 일을 삼갈 것, 명예와 영광을 위해 싸울 것. 금전적인 대가를 경멸할 것. 모든 사람의 전체 복지를 위해 싸울 것. 권한을 가진 사람에게 복종할 것, 불공정성과 비굴함, 그리고 속임수를 피할 것. 신의를 지키고 진실을 말할 것. 동등한 사람으로부터의 어떠한 도전도 거부하지 않을 것, 적에게 등을 돌리고 도망가지 않을 것 등 전사에게 요구되었던 의무는 스포츠 선수에게 요구되는 도덕적 자세와 놀랍도록 일치한다. 스포츠맨십은 이런 고양된 자부심을 요구하는 일종의 명예의 윤리이기도 하다.

[4] 스포츠맨십과 아마추어리즘(amateurism)

일반적으로 아마추어(amateur)는 특정 분야에서 높은 수준에 도달하지 못한 미숙한 초보자, 혹은 애호가를 뜻한다. 이때 아마추어는 직업적으로 어떤 일을 하기에는 충분하지 않다는 다소 부정적인 의미를 함축하고 있다. 스포츠에서도 아마추어는 스포츠 활동 자체를 사랑하고 즐기는 비전문인을 가리킨다. 직업적인 생계 수단으로 삼는 프로선수와 달리 금전적, 물질적 이익과 관련 없이 취미나 건강 등을 목적으로 스포츠를 즐기는 사람을 아마추어라고 부른다.

그러나 아마추어리즘(amateurism)은 단순히 '서툴다'는 의미를 넘어 역사적으로 영국 젠틀맨 계급의 '청렴한 매너'라는 도덕 규범과 깊은 연관을 가진다. 젠틀맨 계급 출신의 옥스퍼드와 캠브리지 대학생들은 자신을 '젠틀맨 아마추어(gentleman amateur),'라고 부르며 평민 부자 출신인 '젠틀맨 커머너(gentleman commoner)'와 구분하였다. 그들은 스포츠를 행함에 있어 금품이나 보수를 위해 참여하는 것을 부끄럽게 여겼다. 이 가치관으로부터 아마추어리즘은 금전과 보상을 위해서 싸우지 않고 다만 스포츠를 그 자체로 즐기고 애호한다는 뜻을 가지게 되었다.

19세기 중반 이후 영국의 퍼블릭 스쿨은 신앙심과 신체의 균형적인 발달을 강조한 '강건한 기독교주의(Muscular Christianity)'를 스포츠 이념으로 하였다. 퍼블릭 스쿨에서 스포츠의 가치를 몸으로 체득한 엘리트 집단, 즉 젠틀맨 계급은 스포츠를 그들의 전유물로 생각하면서 정정당당하고 공명정대한 정신을 바탕으로 기품있게 즐기는 신체활동으로 여겼다. 하얀색의 깨끗한 유니폼과 균형 잡힌 몸, 우아한 경기 스타일은 승패에 연연하지 않는 아마추어리즘의 뚜렷한 특징이었다.

근대 올림픽의 창시자인 쿠베르탱(P. Coubertin)은 도덕의식을 바탕으로 한 영국 퍼블릭 스쿨의 스포츠로부터 많은 영향을 받아 올림픽 운동의 이념을 전개하였다. 그는 아마추어리즘의 실현을 올림픽의 중요한 목적으로 삼았다. 초기 올림픽 헌장에는 올림픽 운동의 목적이 '청년들에게 아마추어 스포츠정신을 바탕으로 육체적 노력과 도덕적 자질을 일깨워 주고,... 인류 평화의 유지와 인류애의 공헌에 있다'고 명기되어 있다. IOC는 아마추어리즘을 지키기 위해 1984년 LA 대회까지 프로선수의 올림픽 참가를 허용하지 않았다.

아마추어리즘은 금전적 보상에 얽매이지 않는 순수한 스포츠정신을 의미했지만, 동시에 노동자 계급의 프로선수들을 배제하는 엘리트주의적 이념으로 기능하기도 했다. 1984년 LA 올림픽 이후 프로선수 참가가 허용된 것은 스포츠의 상업화와 함께 아마추어리즘이 가진 이러한 계급적 한계를 극복하는 과정이었다.

1986년 스위스 로잔 IOC 총회에서 아마추어리즘을 강조한 제26조 규정을 선수의 윤리 규정으로 바꾸면서 아마추어리즘은 역사 속으로 사라졌다. 그러나 건강한 신체와 정신을 위한 삶의 태도와 실천, 결과가 아닌 스포츠 참여 동기의 순수성, 그리고 스포츠가 지닌 도덕적 가치에 대한 존경의 표현이라는 점에서 아마추어리즘은 스포츠맨십과 같은 뿌리에서 나온 스포츠의 도덕적 가치

매너가 사람을 만든다

킹스맨이라는 영화에는 '매너가 사람을 만든다.'라는 유명한 대사가 등장한다. 사람에 대한 기본예절이 그 개인을 규정한다는 의미이다. 스포츠에서도 반드시 지켜야 할 예절이 있다. 이러한 예절은 때로 규범이 되고, 선수로서뿐 아니라 한 인간의 됨됨이를 평가하는 기준으로 작용하기도 한다. 스포츠에 있어서 매너는 단순히 에티켓을 의미하지 않는다. 왜냐하면 스포츠에서의 대상은 자신과 경쟁해야 하는 존재이기 때문이다. 경쟁은 하되 인간으로서의 매너를 지키는 태도는 반드시 필요하다. 그런 태도를 가지지 않으면 스포츠는 단순한 폭력으로 전락할 것이며, 존재해야 할 이유조차 가지지 못한다. 스포츠맨십이란 인간으로서의 기본적인 매너를 스포츠에서 실천해야 한다는 지극히 인간다운 요구이다.

에 대한 발견이라고 할 수 있다. 아마추어리즘은 스포츠가 세속적 목적을 위한 수단이 아니라 그 자체로 순수한 동기와 목적을 가진 품위 있는 신체활동이어야 한다는 점을 일깨운다.

[5] 스포츠맨십과 페어플레이의 차이

스포츠맨십과 페어플레이는 그 의미와 적용이 애매한 경우가 많다. 생성과 역사적 배경이 일치하는 까닭에 종종 같은 뜻으로 통용되기도 하지만, 전혀 다른 개념적 외연을 갖는다. 예를 들어 축구 경기에서 후반 5분을 남겨 둔 상황에서 이기고 있는 팀이 일부러 경기를 지연한다고 가정해 보자. 근육경련을 핑계로 드러눕거나 수비 진영에서의 무의미한 패스로 시간을 끄는 행위는 명백히 그 동기를 드러낸다. 스포츠윤리는 이러한 행위를 바람직하지 않은 것으로 규정한다. 이는 두 가지의 스포츠 규범을 위배하기 때문이다. 여기서 스포츠맨십과 페어플레이의 규범적 차이가 드러난다.

우선 일방적으로 경기를 지연시키는 행위는 정정당당하게 경기에 임해야 할 의무, 즉 페어플레이에 저촉된다. 페어플레이란 나의 행위를 상대방이 똑같이 행할 때 허용할 수 없으면 행하지 말라는 규범이다. 이처럼 페어플레이는 '상대방이 나에게 하기를 바라는 대로 행동하라'는 황금률과 같은 상호적 원리에 기반한다. 경기 지연이 바람직하지 못한 이유도 이런 상호 공정성을 일방적으로 무너뜨리기 때문이다. 페어플레이는 유리함과 불리함의 계산 없이 경기의 공정성을 처음부터 끝까지 유지해야 할 의무를 말한다.

또한 의도적인 경기의 지연은 스포츠맨십에도 어긋난다. 이때 스포츠맨십은 경기를 지연하는 동기 자체의 비순수성, 혹은 반구범성을 문제 삼는다. 의도적인 경기의 지연은 승리만을 목적으로 함으로써 승리 이외의 다양한 스포츠의 본래적 가치를 훼손한다. 스포츠맨십은 경기 지연으로 얻은 승리가 그것으로 인해 잃어버린 일반적인 덕목들에 비해 값진 것인가를 되묻는다. 명예, 성실, 용기, 정의 등은 승패를 떠나 한 개인과 팀이 궁극적으로 지녀야 할 가치이다. 이런 가치를 대신해 경기 지연으로 얻은 승리는 불성실, 계책, 비겁함, 약삭빠름의 결과이다. 스포츠맨십은 이처럼 경기 자체에서 일반적인 윤리 덕목을 지키고 강화하려는 스포츠정신을 말한다. 따라서 스포츠맨십은 페어플레이에 비해 한층 일반적이고 보편적인 윤리 규범이라고 할 수 있다.

〈스포츠 윤리규범의 구조〉

Search & Discussion

다음의 기사를 읽고 레히 의원의 생각을 분배적 정의에 기초해 토론해 보자.

미국의 한 중진 상원의원이 월드컵 축구대회의 우승 상금에서 남녀 차이를 없애야 한다는 결의안을 발의했다.

이 결의안을 낸 의원은 민주당 중진 패트릭 레히(75) 상원 법사위 간사다. 레히 의원은 13일 상원 연단에서 2014년 브라질 남자월드컵 축구대회에서 우승한 독일대표팀은 3500만 달러를 받았지만 2015년 캐나다 여자 월드컵에서 우승한 미국대표팀은 200만 달러를 받았다고 지적했다. 또 2014년 남자 월드컵에서 미국대표팀은 16강에서 탈락하고도 800만 달러를 받았다며 "어떻게 월드컵에서 우승한 미국 여자대표팀 보다 4배나 더 많이 받을 수 있느냐"고 반문했다.

그는 국제축구협회(FIFA)의 상금 정책이 차별적일뿐만 아니라 시대에도 뒤떨어져 있다고 했다. 그러면서 윔블던 테니스 대회의 경우 2007년부터 남녀에게 동등한 상금을 지급하고 있다고 설명했다.

물론 프로스포츠인 월드컵 축구대회의 남녀 시합의 관중 동원이나 수익 격차가 너무 커서 우승 상금도 차이가 날 수밖에 없다는 반론도 존재한다. 이에 대해 레히 의원은 "수익이 차별의 근거로 악용되어서는 안 된다"고 반박했다.

(출처: 경향신문 2015.07.15)

불의 전차(Chariots of Fire)

[감　　독] 휴 허드슨(Hugh Hudson)
[제작년도] 1981년
[상영시간] 120분

　　1924년 파리올림픽에 참가한 영국의 금메달리스트인 에릭 리델과 해럴드 아브라함의 실화를 바탕으로 만들어진 영화. 스포츠선수의 집념과 도전, 그리고 진정한 스포츠맨십이 무엇인지를 감동적으로 그려낸 이 영화는 영국영화협회가 100대 영화로 선정할 정도로 완성도가 높아 스포츠영화의 고전으로 불린다.

　　케임브리지대학에 입학한 유대인 해럴드는 파리올림픽에 출전할 영국의 육상 대표선수로 선발된다. 그는 당시 전 유럽에 횡행하던 유대인에 대한 편견과 차별에 맞서고자 피나는 훈련에 매진한다. 한편 선교사인 에릭도 타고난 기량과 노력으로 영국 대표 선수로 발탁된다.

　　그러나 에릭에게 뜻하지 않은 불운이 닥친다. 자신의 경기일이 일요일이어서 출전이 힘들어지게 된 것이다. 그의 종교적 신념을 이해한 동료들은 에릭에게 다른 날 열리는 400m 경기에 출전하게 하고 대신 해럴드가 100m 경기에 출전한다.

　　영화의 전편에 흐르는 음악과 어우러져 두 주인공이 펼치는 우정과 배려는 스포츠가 얼마나 윤리적인 인간의 행위인지를 말해 준다.

PART 02

윤리 이론

CHAPTER 05 공리주의
CHAPTER 06 의무주의
CHAPTER 07 덕윤리

CHAPTER 05

공리주의

"A팀과 B팀의 농구 시합이 진행 중이다. 2쿼터까지 A팀은 B팀에 10점 뒤지고 있다. 3쿼터 후 점수 차는 15점까지 더욱 벌어졌다. B팀 포인터가드의 실력이 워낙 출중해 그를 막아낼 재간이 없었던 탓이었다. 심지어 그는 개인파울도 적어 '5반칙 퇴장'도 기대할 수 없다. A팀의 감독은 이대로는 이길 가능성이 없다고 판단하여, 후보 선수에게 지시를 내렸다. B팀의 포인터가드가 경기를 뛸 수 없을 정도의 부상을 입히라는 내용이었다. 작전 지시를 받은 선수는 실행에 옮겼고, 그 후 경기는 급변하여 가까스로 B팀을 이길 수 있었다.

여기서 A팀 감독의 지시는 윤리적으로 정당화될 수 있는가?

공리주의는 결과론적 윤리 체계이다. A팀 감독의 지시는 결과적으로 승리를 가져왔다. 어떤 행위가 좋은 결과를 낳는다면 도덕적으로 정당화될 수 있을까?

학습목표

- 공리주의의 원리를 이해한다.
- 양적 공리주의와 질적 공리주의의 차이를 이해한다.
- 행위 공리주의와 규칙공리주의를 적용하고 그 차이를 이해한다.
- 공리주의의 한계를 이해한다.

인간은 누구나 고통을 멀리하고 쾌락을 가까이하고 싶어 한다. 윤리적 행위도 궁극적으로는 쾌락, 즉 행복을 가져오는 것이라 볼 수 있다. 어떤 행위가 쾌락을 가져온다면 그 행위는 옳고, 고통을 가져오면 나쁘다. 이런 윤리학을 쾌락주의라고 한다. 공리주의는 도덕의 원리를 쾌락에서 찾는 전통적 쾌락주의를 근대사회의 도덕적 원리로 정립한 윤리이다.

공리주의는 윤리적 행위를 쾌락의 총합으로서의 행복을 가져오는 것으로 규정한다. 어떤 행위가 행복과 쾌락을 산출하고 불행과 고통을 제거하거나 방지한다면 그 행위는 옳다(김영철, 김우영, 역, 1987). 따라서 사람들이 더 많은 행복을 얻으면 얻을수록 행위의 도덕적 가치는 더욱 커진다. 행위의 도덕적 기준을 더 많은 행복의 도출에서 찾는 공리주의는 근대 이후 입법을 포함한 정치와 경제, 사회문화에 많은 영향을 끼쳤다. 특히 공리주의는 스포츠의 도덕원리를 설명하는 유용한 이론으로 많은 연구와 적용이 이루어져 오고 있다.

1 공리주의의 원리

[1] 결과의 원리

공리주의는 결과론적 윤리 체계이다. 결과론이란 어떤 행위를 함으로써 좋은 결과를 낳는다면, 혹은 모든 사람이 그 행위를 하여 좋은 결과를 낳는다면 그 행위는 도덕적으로 옳다는 주장이다. 즉 행위의 옳고 그름은 결과의 좋음과 나쁨에 달려 있다(김영진 역, 2003). 결과론적 윤리 체계는 도덕적 가치를 미리 정해져 있는 것이 아니라 행위로 인해 드러난 결과의 총체적 가치에 의해 결정된다고 본다.

일반적으로 거짓말과 살인은 나쁜 행위로 간주된다. 그러나 강도에게 쫓기는 선량한 시민의 도주 방향을 거짓으로 가르쳐주거나, 무고한 시민을 학살하는 독재자의 암살은 도덕적으로 허용될 수 있다. 스포츠에서 때로 파울을 통해 상대의 플레이를 방해하여 승리하였을 때 '좋은 파울'이라고 평가하는 이유도 결과를 통해 좋고 나쁨을 결정한다는 공리주의의 원리가 작용하기 때문이다.

공리주의에 따르면 결과를 평가함에 있어 고려해야 할 유일한 기준은 행위에 의해 생겨날 행복과 불행의 양이다. 도덕적으로 옳은 행위는 불행 또는 고통의 양을 최소화하고 행복 또는 쾌락을 최대화하는 일이다. 결과의 원리에 대해 벤담(J. Bentham)은 다음과 같이 말한다.

> 동기가 선 또는 악인 것은 오로지 그 결과에 따른 것이다. 즉, 그것은 쾌락을 산출하거나 고통을 피하는 경향 때문에 선이며, 고통을 산출하거나 쾌락을 피하는 경향 때문에 악인 것이다(이성근 역, 1985: 48).

따라서 어떤 행위도 그 자체로는 악행인지 선행인지 구분할 수 없다. 선한 동기를 가졌더라도 나쁜 결과를 가져온다면 옳은 행위로 볼 수 없다. 반대로 아무리 악한 동기를 가진 행위라 하더라도 좋은 결과를 가져온다면 옳은 행위이다. 예를 들어 어느 독재자가 국민의 정치적 무관심을 유도하기 위해 프로 스포츠를 보급하였더라도, 그것으로 인해 결과적으로 국민의 행복이 증대되었다면 옳은 행위가 되는 것이다. 이처럼 공리주의는 옳은 것은 좋은 것에 의존한다는 결과의 원리를 일관되게 유지한다. 공리주의를 결과론적 윤리 체계라고 부르는 이유도 여기에 있다.

[2] 유용성의 원리

공리주의는 그 이름이 나타내는 바와 같이 유용성(utility)의 원리, 혹은 공리의 원리(the principle of utility)를 바탕으로 한다. 유용성의 원리란 만일 어떤 행위가 유용하다면 그 행위는 옳다는 것이다. 그런데 유용성은 언제나 구체적인 목적을 갖는다. 예를 들어 조깅은 그 자체로 아무런 의미를 갖지 않고 건강증진이라는 목적에 의해 유용성을 갖게 된다. 물론 기분전환이나 동호회의 친목 도모라는 다른 목적을 가질 수도 있다. 심지어 재빠른 도주의 연습을 목적으로 삼을 수 있다. 그러나 공리주의에서 말하는 유용성의 원리는 바람직하거나 좋은 목적, 즉 본래적 가치(intrinsic value)를 달성하는 것이다(김영진 역, 2003). 본래적 가치는 수단으로서가 아니라 목적 자체로서 가지는 가치를 뜻한다.

공리주의는 모든 인간 행위의 본래적 가치가 행복에 있다고 본다. 행복에 대해 밀(J. S. Mill)은 "목적으로서 바랄 가치가 있는 유일한 것이며, 다른 모든 것들은 그 목적을 위한 수단으로 가치가 있다."고 말한다(이을상 역, 2011). 다시 말해 공리의 원리는 본래적 가치인 행복을 더욱 많이 산출하는 것이다. 벤담은 도덕 판단의 기준으로서 공리의 원리에 대해 다음과 같이 말한다.

> 공리의 원리란, 모든 행위를 그것이 우리의 행복을 증진시키느냐 혹은 감소시키느냐에 따라 좋다거나 혹은 나쁘다고 평가하는 원리다. 내가 모든 행위라고 말한 뜻은 그것이 한 개인의 모든 행위뿐만 아니라 정부의 모든 정책까지도 포함한다는 것을 의미한다.
> 공리란 어떤 대상 속의 성질로서 그것이 관련된 당사자에게 이익, 편의, 쾌락, 선, 행복을 가져다주고 손해, 고통, 악, 불행이 생기는 것을 방지하는 경향을 가지는 것을 의미한다. 여기서 말하는 행복이란 당사자가 사회 전체일 경우에는 사회의 행복을, 특정한 개인일 경우에는 그 개인의 행복을 가리킨다(이성근 역, 1985: 48).

그런데 개인의 행복은 사회 전체의 행복과 별개로 존재할 수 없다. 사회가 개인의 집합체인 까닭에 사회 전체의 행복은 개인의 행복보다 우선적으로 고려되어야 한다. 여기서 '최대다수의 최대행복(the greatest happiness of the greatest numbers)'이라는 도덕과 입법의 원리가 도출된다. 가령 어떤 스포츠 종목에서 새로운 규칙을 제정하거나 기존의 규칙을 개정하려고 할 때 공리의 원리는 매우 유용하다. 규칙의 제정과 개정이 특정 팀이나 국가에 유리하지 않고 보다 많은 팀과 국가의 이익과 행복을 증진해야 한다는 공리의 원리는 채택과 거부의 매우 명확한 기준이 될 것이다.

[3] 공평성의 원리

공평성의 원리는 행복을 추구하는 모든 사람의 권리를 동등하게 보장하는 것을 말한다. 즉 한 사람의 쾌락은 다른 사람의 쾌락과 동등하게 계산되어야 한다는 것이다. 각 개인의 행복은 똑같이 중요하기 때문에 자기 자신의 행복이라고 해서 다른 사람의 행복에 비해 특별한 것으로 취급해서는 안 된다.

이처럼 공리주의자는 모든 인간을 그들의 이익을 충족하는 데 있어서 똑같은 권리를 가진 존재로 본다. 행동의 결과를 판단할 때 그 가치의 기준이 반드시 공평하고 보편적이어야 한다는 의미이다. '모든 사람은 하나로 계산되어야 하며, 그 누구도 하나 이상으로 계산되어서는 안 된다(everybody to count for one, nobody for more than one)'는 공평성의 원리는 공정(fairness)의 원리인 동시에 평등(equality)의 원리이기도 하다(박찬구, 박병기, 2000). 스포츠의 규칙은 이처럼 공평성의 원리에 기초를 두고 있다.

공리주의의 의사결정 절차

① 선택할 수 있는 가능한 행동 방향에 관한 모든 대안을 구체적으로 밝힌다.
② 능력을 최대한 발휘하여 각 대안을 선택할 때 뒤따를 가능한 결과를 계산한다.
③ 이때 계산의 내용은 내가 얻게 될 쾌락과 고통, 그리고 나에 의해 영향을 받을 모든 사람들의 것까지 살펴보아야 한다.
④ 여러 대안의 결과를 서로 비교하여 어느 대안이 더 많은 쾌락과 더 적은 고통을 산출하는지 찾아낸다.
⑤ 이러한 과정을 거쳐 어떤 행위가 본래적 가치를 극대화하고 본래적 비가치를 극소화하는 것으로 나타나면 우리는 반드시 행해야 한다(김영진 역, 2003).

2 양적 공리주의와 질적 공리주의

[1] 벤담(J. Bentham)의 양적 공리주의

18세기 영국은 산업혁명으로 인해 물질적 풍요를 가져왔으나, 무절제한 자유경쟁과 빈부의 격차 등 새로운 사회적 폐해가 속출하고 있었다. 이러한 시대적 변화는 개인의 이익과 사회 전체의 이익을 조화시켜야 하는 문제를 제기하였다. 벤담의 공리주의는 법률과 정치, 그리고 사회를 개혁하려는 시도에서 출발하였다.

인간은 누구나 쾌락을 추구하고 고통을 회피한다. 벤담은 이러한 경험적 사실로부터 인간 행위의 옳고 그름이 그 행위의 결과인 고통과 쾌락의 양에 따라 결정된다는 윤리적 기준을 마련하였다. 고통의 양은 최소화할수록 좋고, 쾌락의 양은 최대화할수록 좋다. 공리의 원리는 이처럼 좋은 것이 옳은 것이라는 결과의 양적 계산에 따른다. 그러므로 도덕적으로 옳은 행위는 더욱 많은 쾌락을 산출하는 것이다. 이로부터 '최대다수의 최대행복'이라는 행위의 원칙이 정립되어 진다.

그런데 이 행위의 원칙이 옳고 그름의 판단 기준이 되기 위해서는 쾌락과 고통의 양을 정확히 측정할 수 있어야 한다. 여기서 벤담은 쾌락의 질적인 차이를 무시하고 오직 양적 차이에 의해 계산하는 기준을 제시하였다. 벤담의 공리주의를 양적 공리주의라고 부르는 이유도 여기에 있다.

⟨벤담의 쾌락 계산의 기준⟩

기준	내용
강도	행위가 가져올 수 있는 쾌락이 얼마나 강한가
지속성	쾌락이 얼마나 오래 지속될 수 있는가
확실성	막연한 기대가 아니라 얼마나 확실하게 쾌락을 가져다 줄 수 있는가
접근성	예상되는 쾌락이 얼마나 빨리 획득될 수 있는가
다산성	쾌락이 일회적이지 않고 얼마나 많은 파급적인 쾌락을 동반하는가
순수성	쾌락 속에 고통이 얼마나 덜 섞여 있는가
범위	얼마나 많은 사람에게 쾌락을 가져다 주는가

Think Deeply: 고통의 역설(인내는 쓰고 열매는 달다)

인간은 누구나 고통을 회피하고 쾌락을 추구한다는 공리주의의 원리는 스포츠에 그대로 적용하기 어렵다. 만일 고통을 회피하려는 일반적인 경향이 옳다면 고된 훈련과 연습의 과정을 이겨내는 선수의 행동은 쉽게 설명하기 어렵다. 물론 기대되는 승리의 쾌락이 고통의 양보다 더 큰 것이어서 기꺼이 혹독한 훈련을 견뎌낸다는 반론이 가능하다.

그러나 승리의 쾌락은 모든 선수에게 공평하게 돌아가지 않으며 반드시 자신의 것이 되리라는 보장도 없다. 적어도 벤담의 쾌락 계산의 기준에 따르면 선수들에게 훈련의 고통은 바보 같은 짓에 불과하다. 쾌락의 강도, 지속성, 확실성, 접근성, 다산성, 순수성, 범위 어느 하나에도 적용되지 않는다. 그럼에도 불구하고 운동선수들은 기꺼이 훈련의 고통을 이겨낸다. 그 이유는 무엇일까?

[2] 밀(J.S. Mill)의 질적 공리주의

벤담의 충실한 계승자였던 밀은 쾌락을 보다 넓은 의미로 해석하여 공리주의 이론을 발전시켰다. 밀은 인간이 추구해야 할 궁극적 목적이 쾌락이라는 벤담의 주장을 이어받으면서 그것을 오로지 양적으로 계산되는 단일한 성질로 보았던 벤담과 달리, 질적인 차이가 반드시 고려되어야 한다고 보았다. 밀에 따르면 질적으로 높은 쾌락이 질적으로 낮은 다량의 쾌락보다 더 바람직한 이유는 같은 탄소 원자로 구성된 1톤의 석탄과 1온스의 다이아몬드 중 어느 쪽을 선택할 것인지를 물으면 입증이 된다고 말한다. 하루 종일 컴퓨터 게임을 통해 얻은 쾌락과 첼로 연주를 통해 얻는 쾌락에는 질적인 차이가 있을 것이다.

이처럼 밀은 쾌락의 질적인 차이를 인정하고 낮은 수준의 쾌락과 높은 수준의 쾌락을 구분하였다. 먹고 마시는 감각적인 쾌락보다 과학적 지식, 고급문화의 향유, 시 창작 등의 정신적 쾌락이 더 수준 높은 쾌락이라는 것이다. 그리고 합리적인 인간이라면 누구나 질적으로 높은 쾌락을 선호할 것이라고 주장하였다. "만족한 돼지보다 불만족한 인간이 낫고, 만족한 바보보다는 불만족한 소크라테스가 되는 것이 더 낫다."는 밀의 유명한 격언은 쾌락의 질적 차이를 강조하기 위해서였다. 그렇다면 질적으로 더 높은 쾌락은 어떻게 분별할 수 있을까. 여기에 대해 밀은 다음과 같이 설명한다.

> 그렇다면 쾌락에서 질적 차이란 무엇을 의미하는가? 하나의 쾌락이 다른 것보다 단순히 양적으로만 큰 것이 아니라 순전히 쾌락 자체로서 다른 쾌락보다 가치 있다는 것은 무엇을 말하는가? 이 물음에 대해 가능한 나의 대답은 오직 하나밖에 없다. 즉 두 개의 쾌락 중에서 양쪽을 모두 경험한 사람들이나 거의 모두를 경험한 사람들이 그것을 선택해야 하는 도덕적 의무감에 관계없이 결연히 선택하는 쪽이 보다 바람직한 쾌락일 것이다(이을상 역 2001: 25).

질적으로 서로 다른 두 종류의 쾌락을 모두 경험한 사람들, 즉 쾌락의 전문가들이 선호하는 쾌락이 더욱 바람직한 것이라는 밀의 생각은 양적 공리주의의 난점을 해결하려는 노력이라고 볼 수 있다. 쾌락의 질에 대한 합리적 판단은 타인의 쾌락도 함께 추구해야 한다는 이타심을 촉구한다. 밀은 높은 수준의 쾌락에는 남의 행복에 대해 느끼는 쾌락도 포함된다고 주장하였다. 밀은 쾌락을 추구하는 공리주의의 원리가 결코 인간을 이기적인 존재로 만들지 않는다고 믿었던 것이다.

공리주의의 쾌락 선호 만족(satisfaction of preference)

공리주의의 쾌락은 여러 가지 장점에도 불구하고 한계를 가진다. 벤담은 인간이 쾌락을 추구한다는 믿음이 너무나 확고하여 쾌락의 계산법까지 만들었다. 쾌락이 계산된다면 인간의 행복도 계량화될 수 있을 터이다. 그러나 인간이 느끼는 행복은 수치로 환원되지 않는다. 오히려 쾌락의 질을 먼저 따져야 하는 것이 바람직해 보인다.

밀은 이러한 벤담의 한계를 쾌락의 질적 구분을 통해 극복하려고 하였다. 인간이 느끼는 쾌락은 그 내용에 따라 질적으로 구분 가능하다는 것이다. 예를 들어 컴퓨터 게임을 통해 느끼는 쾌락과 시를 읽으며 느끼는 쾌락은 질적으로 다르며, 보편적 이성을 가진 사람이라면 누구나 그 차이를 느끼고 분별할 수 있다는 것이 밀의 생각이었다.

그러나 밀의 질적 쾌락주의도 인간이 추구하는 쾌락을 완전히 설명하지 못한다. 시를 읽는 것이 컴퓨터 게임보다 질적으로 높은 쾌락이라는 점은 인정하더라도 개인에 따라 아무리 시를 열심히 읽어도 쾌락을 느끼지 않을 수도 있다. 이런 경우 고상한 쾌락을 위해 '시읽기'를 강요할 수 없을 것이다.

선호 만족은 쾌락의 추구를 행복의 본질로 간주한 벤담과 밀의 생각을 유지하면서, 개인이 더욱 선호하는 것에 대한 만족을 행복으로 규정하는 것이다. 인간의 행복은 자신이 추구하는 것을 충족할수록 더 행복해진다. 어떤 사람이 클래식 음악을 듣는 것보다 스포츠 활동을 통해 더 많은 쾌락을 느낀다면 그 사람에게 스포츠는 클래식 음악에 비해 선호 만족이 높다고 할 수 있다. 이처럼 선호 만족은 쾌락주의를 한층 발전시킨 합리적인 이론이다.

그러나 선호 만족이 인간의 쾌락을 잘 설명해주기는 하지만 치명적인 난점을 가진다. 선호의 내용을 고려하지 않고 무조건 선호 만족을 옹호하는 것은 비합리적일 뿐만 아니라 윤리적으로도 큰 문제를 일으킨다. 예를 들어, '바바리맨'에게 자신의 몸을 노출하는 행위가 선호 만족일 수 있지만, 이는 타인의 자유와 권리를 명백하게 침해하는 행위이다. 현대의 선호 공리주의는 이러한 한계를 극복하기 위해 '합리적인 선호'와 '도덕적으로 허용될 수 있는 선호'를 구분하려고 한다.

3 행위 공리주의와 규칙 공리주의

[1] 행위 공리주의

> **상황윤리**
> 도덕적 행위는 규범적 윤리의 보편적 개념 및 형식에 의해 결정되지 않고, 개인이 처한 구체적인 상황 속에서 직관에 의해 결정된다는 윤리학 이론이다.

공리주의는 공리의 원리를 적용하는 대상에 따라 행위 공리주의와 규칙 공리주의로 구별된다. 행위 공리주의는 공리의 원리를 개별 행위에 직접 적용하여 그 행위의 옳고 그름을 분별한다. 즉 옳은 행위란 다른 선택 가능한 행위보다 더 큰 유용성을 갖는 것이다. 예를 들어 배구의 마지막 포인트에서 블로킹한 선수의 터치아웃을 심판이 보지 못해 경기에 이겼을 때 손끝에 공이 닿은 선수의 정직하지 못한 행동은 승리라는 결과의 유용성을 가져왔기 때문에 옳은 행위가 될 수 있다.

행위 공리주의에서는 어떤 상황에서 어떤 행동을 해야 최대 선을 가져올 것이라는 일반적인 지침이 무시된다. 다만 구체적인 상황에 따라 자신의 행위가 가져올 유용성에 집중하기를 요구한다. 이처럼 행위의 도덕성이 공리의 원리에 의해 직접 결정된다는 점에서 행위 공리주의는 직접 공리주의라고 부른다.

그런데 스포츠에서 행위 공리주의는 여러 가지 난점을 드러낸다. 옳고 그름의 판단이 산출된 행위의 결과에 따라 내려지는 행위 공리주의는 때때로 의도적인 파울을 합리화하는 근거가 되기도 한다. 가령 상대의 핵심 선수에게 고의로 부상을 입혀 자신의 팀이 승리하였을 경우 결과만 놓고 보면 부상을 입힌 선수의 행위는 옳은 것으로 간주될 위험이 있다. 이러한 예는 스포츠 상황에서 자주 발생한다. 행위 공리주의는 승리라는 유용한 결과를 위해 상황에 맞는 반칙을 바람직한 행위로 만든다. 그래서 플레처(J. Fletcher)는 행위 공리주의를 '상황윤리'로 규정한다(이희숙 역, 1992).

[2] 규칙 공리주의

이에 비해 규칙 공리주의는 유용성의 원리를 직접적인 행위에 적용하는 것이 아니라 행위의 전제가 되는 규칙과의 일치 여부에 따라 옳고 그름을 판단한다. 이때 규칙은 그것을 따를 때 다른 규칙을 따를 경우보다 모든 사람에게 더 많은 행복과 더 적은 불행을 가져옴을 의미한다(김영진 역, 2003). 행위의 도덕성을 직접적인 행위가 아닌 공리의 원리에 따라 선정된 규칙이 결정한다는 점에서 규칙 공리주의는 간접 공리주의라고 부른다.

규칙 공리주의에서 도덕 규칙은 긍정적 규칙과 부정적 규칙으로 제시된다. 긍정적 규칙은 모든 사람에게 어떤 종류의 행위를 반드시 행하도록 요구한다. 예를 들어 "심판의 판정에 복종하라."는 규칙은 따르고 싶지 않은 경우에도 따라야 한다. 이에 비해 부정적 규칙은 모든 사람에게 어떤 종류의 행위를 금지하는 것이다. "도핑을 해서는 안 된다."는 규칙은 하지 말아야 할 행동을 지시한다. 긍정적 규칙에서는 따라야 할 행위를 지킬 때 옳은 것이 되고, 부정적 규칙에서는 금지하는 행위를 하지 않을 때 옳은 행위가 된다.

규칙 공리주의는 행위 공리주의의 난점을 극복하게 해준다. 의도적 파울은 행위 당사자에게 당장 좋은 결과를 가져올 수 있으나 상대 팀 혹은 해당 스포츠 전체의 이익에 도움이 되지 않는다. 즉, 공리의 원리에 어긋난다. 이때 "의도적 파울을 해서는 안 된다."는 규칙이 최대선의 척도에 있어 타당한 것이라면 의도적 파울은 정당성을 획득하지 못한다. 이처럼 규칙 공리주의는 행위의 옳음과 그름을 규칙에 따라 판단함으로써 승리라는 결과로 시합의 과정을 합리화하려는 의도를 막을 수 있다.

Think Deeply: 좋은 체벌은 존재하는가?

공리주의는 행위의 옳고 그름은 그것을 통해 얻어지는 최선의 결과에 의존한다는 결과론적 윤리이다. 행위의 가치는 미리 결정되어 있지 않으며, 결과에 의해 판단될 뿐이다. 따라서 모든 행위는 결과를 위한 수단적 가치를 가지게 된다. 좋은 결과에 도움이 되는 수단은 도덕적으로 비난할 수 없다.

이러한 공리주의의 생각이 정당하다면 시합을 앞둔 선수들에게 집중력과 투쟁심을 고취하기 위해 체벌을 주는 감독의 행위는 어떻게 보아야 할까? 감독은 자신의 지도 방법에 확신을 가지고 있다. 중요한 시합일수록 체벌을 통한 정신 무장은 좋은 결과를 가져왔다. 감독은 지금까지 체벌이 승리라는 좋은 결과를 만들어 왔으므로 앞으로도 체벌을 통해 집중력을 강화하고 선수를 결속시켜 독한 마음으로 경기에 임하게 할 것이라고 말한다. 또한 감독이라는 직책이 경기의 결과에 의해 자신의 능력이 드러나기 때문에 좋은 결과를 위해서라면 지금보다 더 강하고 효과적인 자극을 기꺼이 이용할 의향이 있다는 뜻도 내비쳤다.

감독의 이러한 판단과 행위는 도덕적으로 정당화될 수 있을까. 감독의 지도 방법이 허용될 수 없는 이유를 생각해 보자.

4 공리주의에 대한 비판과 현대 공리주의

[1] 공리주의에 대한 비판

가. 자연주의적 오류

공리주의는 도덕성을 추상적인 원리나 규칙에 기대지 않고 행위의 결과로부터 도출함으로써 윤리적 선택 상황이나 의사결정 등의 문제를 해결하는 데 많은 도움을 준다. 인간이 선천적으로 악하거나 선하다는 단정에서 벗어나 쾌락을 극대화하고 고통을 극소화하려는 자연스러운 성향에서 도덕의 원리를 찾아낸 점은 공리주의의 커다란 장점이다. 모든 인간이 쾌락을 추구한다는 사실은 행위의 결과를 쉽게 예측하게 만들고, 더욱 많은 쾌락(행복)을 도출할 수 있는 근거를 제공해 준다.

그러나 행복은 도덕적 행위에 대한 하나의 척도로 작용할 수 있으나 옳고 그름의 유일하고 궁극적인 원리로 보기 힘들다. 행복이 바람직하고, 행복만이 유일하게 바람직한 것이라고 주장하기 위해서는 그 근거를 제시할 수 있어야 한다. 밀은 여기에 대해 어떤 대상이 가시적(可視的: visible)임을 증명하는 유일한 방법은 실제로 그 대상을 보는 것이고, 가청적(可聽的: audible)임을 증명하는 유일한 방법은 실제로 듣는 것이듯, "어떤 것이 바람직한(desirable) 것이라는 사실을 나타낼 수 있는 유일한 징표도 사람들이 실제로 그것을 바라는

(desire) 것 뿐"이라는 점을 들어 개인이나 모든 사람에게 행복이 도덕의 기준이 될 수 있음을 증명한다(이을상 역, 2001).

그러나 이러한 밀의 논증은 경험적 사실에 의거한 '사실판단'을 근거로 도덕적 당위(當爲: 마땅히 행해야 하는 것)를 다루는 '가치판단'을 도출하는 이른바 '자연주의적 오류(the naturalistic fallacy)'를 범하고 있다. 무어(G. E. Moore)에 따르면 어떤 경험적 사실(fact)은 다른 사실의 근거가 될 수 있지만 도덕적 가치(value)의 근거는 될 수 없다고 말한다. 다시 말해 '모든 사람은 쾌락을 추구한다.'는 사실로부터 '모든 사람은 쾌락을 추구해야 한다.'는 당위를 도출할 수 없다는 것이다. 쾌락을 추구한다는 일반적인 사실과 쾌락을 추구해야 한다는 도덕적 요청은 엄연히 다르다. 이것을 존재(is)와 당위(ought)의 차이라고 말한다. 공리주의는 '바라는(desire) 것'과 '바람직한(desirable) 것'을 혼동하는 오류를 범하고 있다. 모든 사람이 쾌락을 추구한다는 사실(is)이 쾌락이 유일한 선이 되어야 한다는 가치(ought)로 직결될 수 없다. 조금 더 알기 쉽게 설명하면, '많은 선수가 파울을 한다.'는 일반적인 사실로부터 '모든 선수가 파울을 해야 한다.'는 도덕적인 당위를 끌어낼 수 없다는 것이다.

> **흄의 길로틴**
> 자연주의 오류의 근원은 스코틀랜드의 철학자 데이비드 흄(David Hume)에서 찾을 수 있다. 『인간 본성론(A Treatise of Human Nature)』에서 흄은 많은 도덕 철학자들이 '~이다(is)'라는 사실 진술로부터 갑자기 '~해야 한다(ought)'라는 당위적 진술로 넘어간다고 비판하였다. 흄은 세상이 어떻게 '존재하는지'를 설명하는 것으로는 우리가 무엇을 '해야 하는지'에 대한 도덕적 의무나 규범을 끌어낼 수 없다고 보았다. 마치 칼날이 종이를 깔끔하게 자르듯이, 사실과 당위 사이에는 건널 수 없는 간극이 있다는 의미에서 '흄의 길로틴'이라는 별명이 붙었다.

나. 결합의 오류

인간이 쾌락과 행복을 추구하는 존재라는 공리주의의 생각은 개인과 사회의 관계에서도 근본적인 한계를 드러낸다. 이기적인 인간의 집합체인 사회에서 개인의 쾌락은 필연적으로 사회 전체의 쾌락과 충돌하게 된다. 공리주의는 개인의 이익과 공공의 이익이 충돌할 때 최대행복의 원리(greatest happiness principle)를 통해 사익(私益)의 희생을 당연시한다. 하지만 이 원리는 개인을 쾌락 추구의 존재로 가정한 공리주의 자체의 원리와 모순된다. 다시 말해 이기적 존재로 가정된 개인이 어떻게 그 가정에 모순되는 일, 즉 공익(公益)을 위해 자기희생을 감수할 수 있는가 하는 문제를 남긴다(박찬구, 2012). 이를 '결합의 오류'라고 한다.

결합의 오류는 '각 사람은 자기 자신의 쾌락을 추구해야 한다.'는 이기주의적 쾌락주의를 근거로 '각 사람은 사회 전체의 쾌락을 추구해야 한다.'는 보편주의적 쾌락주의를 도출할 수 없음을 말한다. 요컨대 각 사람에게 있어 자기 자신의 쾌락 추구가 선(善)이라고 해서 각 사람에게 있어 전체의 쾌락 추구도 선이라는 결론은 성립하지 않는다(박찬구, 2012).

다. 일반적 정의(正義)와의 충돌

공리주의가 표방하는 유용성은 때로 일반적인 정의와 일치하지 않는다. 예를 들어 행복을 '+'로 불행을 '-'로 나타낼 때 어떤 '행위I'이 A에게 +400, B에게 +300, C에게 -100, D에게 -500의 결과를 가져오고, 다른 '행위II'가 A에게 +200, B에게 +100, C에게 -200, D에게 -200이라는 결과를 낳는다면 공리주의는 전자의 행위를 선택하게 된다. 왜냐하면 전자의 행위에 의해 +100의 결과가 도출된 반면 후자의 행위는 -100의 결과가 나타났기 때문이다.

	결과				합계
행위 I	A	B	C	D	+100
	+400	+300	-100	-500	
행위 II	A	B	C	D	-100
	+200	+100	-200	-200	

그런데 여기서 주목해야 할 것이 전자의 행위(행위I)를 선택함으로써 발생하게 되는 D의 -500이라는 결과이다. 공리의 원리에 의해 전체적인 행복은 늘어났으나(+100) D가 입게 되는 불행은 고려의 대상이 되지 않는다. 같은 이유로 A의 사회는 인종차별이 존재하고 B의 사회는 그렇지 않은데 A의 사회 시민의 만족도와 삶의 질이 높다면 A의 사회가 더 정의롭다고 할 수 있는가 하는 문제가 남는다. 이처럼 공리주의는 결과에 따라 행위를 평가하는 까닭에 소수의 희생과 같은 정의의 문제를 소홀히 다루는 한계를 가진다.

역직관성(逆直觀性): 공리주의의 한계

어느 병원에 5명의 환자가 누워 있다. 이 중 4명은 각기 위, 간, 심장, 신장 한 가지씩의 내장 기관이 회〔복〕 불가능할 정도로 손상된 환자들이다. 이들은 장기 이식을 받지 않는 한 생명을 유지하기 힘든 상황이다. 그런〔데〕 나머지 1명은 신경 계통의 이상으로 전신마비 상태이기는 하지만 모든 내장 기관에는 이상이 없다. 이때 〔이〕 병원을 방문한 어떤 공리주의자가 다음과 같이 제안했다. "'최대 다수의 최대 행복'이라는 공리주의 원리〔에〕 의하면 전신마비 환자의 장기를 나머지 네 사람에게 이식시키는 것이 바람직하다. 왜냐하면 한 사람이 살〔고〕 네 사람이 죽는 것보다는 한 사람이 희생되더라도 네 사람이 사는 편이 그 행복의 총량에 있어서 더 크기 때문〔이〕다."(박찬구 2011: 110-111)

위의 예에서 알 수 있듯이 공리주의자의 제안은 일반적인 인간의 도덕적 직관과 어긋난다. 이처럼 인간〔의〕 상식적이고 보편적인 도덕적 직관과 충돌하는 결론을 끌어내는 것을 '역직관성'이라고 한다. 공리주의는 도〔덕〕의 절대적 가치나 의무를 무시하고 결과로 행위를 평가하기 때문에 다수에 의한 소수의 권리 침해, 개인〔의〕 인격을 무시할 수 있는 개연성을 가진다.

[2] 현대의 공리주의

가. 직관적 공리주의: 시즈위크(H. Sidgwick)

시즈위크는 공리주의에 칸트 윤리학의 기본 원리를 도입하여 공리주의의 한계를 극복하려고 하였다. 고전적 공리주의는 도덕적 판단 기준을 행위의 결과에서 찾는다. 그러나 시즈위크는 결과의 좋고 나쁨을 고려하지 않고 인간은 직관적으로 도덕적 행위를 할 수 있는 존재이며, 공리주의도 이런 직관주의에 토대하고 있다고 보았다. 직관주의는 상식 도덕(the morality of common sense)을 의미한다.

상식 도덕이란 충분한 지적 교양과 진지한 도덕적 관심을 가진 사람들의 합의에 의해 보증되는 도덕적 진리의 체계를 말한다(박찬구, 2001). 즉 인간이면 누구나 어떤 상황에서 마땅히 해야 할 것과 해서는 안 될 것에 대한 직관을 가진다. 여기에 기초해 시즈위크는 직관주의의 순수하고 자명한 원리를 정의, 사려, 박애의 세 가지에서 도출한다.

정의(Justice)의 원리는 황금률(the Golden Rule)의 원리로 '남에게 대접받고자 하는 대로 대접하라'는 형식의 다른 표현이며 공정성과 형평성의 개념에 근거한다. 사려(Prudence)의 원리는 합리적 자기애(rational self-love)의 원리로 한 개인의 행복 전체를 목적으로 하는 것을 말하고, 박애(Benevolence)의 원리는 한 개인의 선 전체가 아니라 보편적 선 전체를 목적으로 하는 것을 가리킨다. 그에 따르면 대부분 의무의 준칙들은 '사려'와 '박애'의 원리를 포함하고 있다.

시즈위크는 도덕 판단의 최종 근거로서의 궁극적 선을 쾌락 혹은 행복에서 찾았다. 그런 점에서 그는 공리주의를 지지한다. 하지만 그는 행복을 개인에 한정하지 않고 보편적 행복(universal happiness)으로 확대하였다. 인간은 오로지 사적인 행복만을 추구하지 않으며, 다른 사람의 행복을 도모하는 박애의 감정에도 가치 있는 쾌락을 느낀다. 시즈위크는 이 보편적 행복을 인간 행위의 공통된 목적으로 채택함으로써 인간 행위를 체계화할 수 있다고 보았다.

나. 이익 동등 고려의 원칙: 싱어(P. Singer)

공리주의는 기본적으로 누구나 고통을 멀리하고 쾌락을 가까이한다는 쾌락주의에 근거한다. 만약 쾌락을 최대한 늘리고 고통을 최소한으로 줄일 수 있다면 그런 결과를 낳는 행위가 도덕적으로 옳은 것이다. 이러한 공리주의의 원리로부터 싱어는 두 가지 새로운 도덕적 근거를 도출해낸다. 즉 어떤 존재가 인간과 마찬가지로 고통과 행복을 느낀다면 인간과 동등한 고려의 대상이 되어야 한다는 것이다. 싱어는 이를 '이익 동등 고려의 원칙(the principle of equal consideration of interests)'라고 부른다. 다시 말해 모든 이익은 동등하고 동일하게 취급되어야 한다는 것이다.

또한 싱어는 쾌락의 증대와 고통의 감소가 도덕 판단의 원리라면 '고통을 느낄 수 있는 능력(sentience)'이 도덕적 권리의 기준이 되어야 한다고 보았다. 전통적인 윤리학은 도덕적 권리의 기준을 이성에서 찾았다. 만일 이성이 도덕적 권리의 기준이 된다면 어린아이와 지적 장애인은 도덕적 대상이 되지 못할 것이다. 이렇게 하여 싱어는 어떤 동물이 고통을 느낄 수 있는 능력을 가진다면 그 동물은 인간과 동등한 도덕적 권리를 인정해야 한다는 '동물해방론'을 주창하게 된다. 그에 따르면 동물을 학대하거나 열등한 존재로 여기는 종차별주의(speciesism)는 인종차별주의나 성차별주의와 다르지 않다.

싱어는 전통적인 공리주의의 원리를 공평함에서 찾는다. 즉 이익을 측정할 때 자신의 이익을 다른 사람의 그것보다 더 중요하게 생각하지 않는 공평의 원리는 개인과 공동체, 국가, 인종을 넘어 동물계 일반으로 확장되어야 한다. 이것이 싱어의 생각이었다. 도덕적 고려의 대상을 동물로 확대한 싱어의 현대적 공리주의는 공리주의의 지평을 확대하였다는 평을 받고 있다.

[Search & Discussion] 쾌락 기계

미국의 사회철학자 로버트 노직(Robert Nozick)은 재미있는 사고실험을 했다. 쾌락 기계(pleasure machine)라는 것이 있어 그 안에 들어가면 원하는 모든 행복한 경험을 느낄 수 있다. 신경심리학자가 피실험자의 뇌를 자극해 실제 벌어지지 않지만 현실 속의 경험처럼 생생하게 쾌락을 재생한다. 만일 피실험자가 위대한 스포츠선수가 되고 싶다면 쾌락 기계는 그 꿈을 완벽히 재현한다. 수많은 우승과 상금, 그리고 대중으로부터의 찬사, 심지어 멋진 배우자까지 얻을 수 있다. 쾌락 기계는 너무나 완벽하여 자신이 기계 속에 들어가 있다

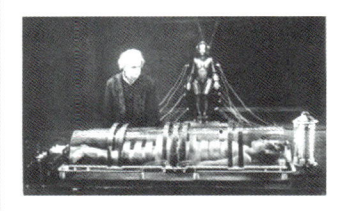

는 인식조차 할 수 없고, 기계에서 나올 필요도 없다. 그렇게 쾌락을 느낀 채로 죽게 된다. 당신이라면 그 기계 속에 들어가겠는가?

이 사고실험은 인간에게 있어 쾌락의 본질이 무엇인지를 말해 준다. 자신의 선택을 정해보고, 그 이유를 설명해 보자. 그리고 스포츠에 있어서 쾌락이 무엇인지에 대해 토론해 보자.

Column 갑질과 도덕성, 그리고 스포츠

　신년 벽두부터 농구판이 시끄럽다. 소란스러운 시작을 보면 올해의 스포츠계도 어김없이 다사다난하리라는 요량이 든다. 연말의 진부한 수식어인 '다사다난'을 굳이 가불하면서까지 한 해를 짐작하는 이유는 더욱 팍팍하고 거칠어지는 세상살이와 스포츠가 따로 있지 않기 때문이다. 그런데 이번에 일어난 농구코트의 사건은 조금 특이한 구석이 있다. 평소 같으면 여론의 뭇매로 도배될 선수의 행동보다 익명에 묻혀 있어야 할 관중이 더 많은 스포트라이트를 받고 있어 하는 말이다. 이 특이한 현상은 우리 사회의 작은 변화가 스포츠에까지 파급되는 징후를 보여 주목에 값한다. 오늘은 그 변화의 의미를 철학적으로 풀어 보자.

　사건의 내용은 이렇다. 경기 중 공중 볼 다툼을 벌이던 하승진이 상대 선수의 팔에 얼굴을 가격당해 쓰러졌다. 혼절한 하승진의 코에서 피가 흘렀다. 응급조치가 취해졌고, 만신창이가 된 하승진은 진행요원의 부축을 받으며 라커룸으로 향하고 있었다. 이때 하승진이 갑자기 관중석으로 난입을 시도했다. "열심히 뛰지도 않으면서 아픈 척 한다."는 어느 여성 관중의 비아냥이 하승진의 귀에 꽂혔던 것이다.

　여론의 일차적 표적은 하승진이었다. 분노를 감추지 못하고 여성 관중에게 돌진하려 했던 하승진의 행위가 이른바 '스포츠맨십'에 어긋난다는 이유에서였다. 2미터가 훨씬 넘는 거구의 하승진이 그 여성 관중의 앞에 섰을 때를 상상하면 끔찍하기도 하다. 그 보다 프로선수라면 다반사로 있는 비아냥 정도는 참고 견뎌야지 일일이 대꾸하고 부딪히면 관중이 스포츠를 관람하러 오겠느냐. 이것이 하승진을 꾸짖는 또 다른 이유였다. 그런데 쌍코피를 틀어막고 퇴장하는 선수의 등에다 대고 태업과 꾀병을 지적하는 관중의 몰상식한 언어 사용도 일종의 폭력이 아닌가라는 비난이 등장하면서 상황은 양비론(兩非論)으로 흘러갔다.

　양비론은 하승진이나 여성 관중 모두에게 잘못이 있다는 뜻이다. 이번 사건에서 양비론은 언뜻 타당한 지적처럼 보이지만 윤리적으로는 매우 위험한 판단일 수 있다. 둘 모두 잘못했으니 반성하고 다시는 이런 일이 없도록 하자는 선에서 문제가 해결되어 버릴 공산이 크기 때문이다. 사실 우리 사회의 비도덕성 혹은 윤리적 둔감은 이 양비론의 논리에서 비롯된 측면이 많다. 성폭력은 여자에게도 문제가 있기 때문에 일어난다는 파렴치한 말장난이 대표적이다. 이는 을의 꼬투리를 잡아 자신의 비도덕성을 감추려는 갑의 무지막지한 횡포이자 폭력에 다름 아니다. 문제는 이 갑을관계가 중첩되어 있다는 점이다. 거래처의 폭언에 시달리던 영업사원 을이 동네 식당의 연변동포에게 아무렇지도 않게 갑질을 일삼는 연쇄적 폭력이 어느새 구조화 되어 버렸다. '라면 상무'와 '땅콩 회항' 등 사회 고위층의 갑질에 분노하면서도 자신의 갑질에는 둔감한 윤리적 모순도 따지고 보면 교묘한 양비론이 만든 결과이다. 나만 잘못했나? 이것이 양비론의 자기방어 논리이다.

이번 사건에서 여성 관중의 언어폭력도 일종의 갑질에 해당할 터이다. 프로스포츠는 관중에게 게임을 파는 상업이다. 이때 소비자인 관중은 갑이고 선수는 철저히 을이 된다. 프로스포츠에서 을은 갑을 위해 최선을 다해야 한다. 그것이 스포츠정신이고 프로선수의 도덕적 태도이다. 어이없는 실수의 연발이나 무성의한 플레이는 상품의 하자인 까닭에 비난 받아 마땅하다. 반품이 불가능한 스포츠의 특성 상 관중의 폭언도 이해 못할 바도 아니다. 그런데 여기서 주목해야 할 것이 반품 불가능성이다. 스포츠는 여느 재화와 달리 상품과 판매원이 분리되어 있지 않다. 의류나 화장품의 경우 싸고 품질이 좋으견 판매원의 태도가 다소 거슬러도 구입하기도 한다. 하지만 스포츠는 선수가 곧 상품이 된다. 특정 선수에 대한 호불호가 분명히 갈리는 이유도 여기에 있다. 김연아의 팬이 손연재를 싫어하거나 훌륭한 플레이를 하고도 거만한 태도로 욕을 먹는 까닭도 선수를 감정의 상품으로 소비하는 데서 연유한다.

그래서 스포츠 선수는 고도의 '감정 노동자'인 셈이다. 이겨도 패배한 팀과 팬을 위해 마음껏 좋아해선 안 된다. 혹 엄살과 꾀병, 경기지연으로 오해받을 수 있을 터이니 부러지고 피가 나도 드러내거나 노여워하지 말아야 한다. 이것이 스포츠맨십이라면 스포츠는 매순간 인격완성을 위한 수행인지 모른다. 실제로 그런 선수는 칭송받는다. 그러나 알고 보면 스포츠맨십은 상대에 대한 배려의 다른 이름이다. 과도한 희노애락의 표출이 자칫 상대방의 감정을 다치게 할 수 있으니 서로 자제하자는 에토스가 곧 스포츠맨십이다. 이런 기본적 에토스가 선수에게만 적용되는 것이 아니라 관중에게도 요구되는 도덕적 공감대라는 사실이 이번 사건을 통해 드러난 것이다.

하승진을 비난한 여성 관중은 이런 인식의 변화가 빚어 낸 희생양인지 모른다. 관중의 격앙된 흥분과 저주, 욕설 등이 스포츠 소비자의 재미와 권리로 여겨지던 시대에서 이제 그것이 선수에 대한 폭력으로 작용할 수 있다는 인식으로 전환되는 과정에서 이번 여성 관중의 언설이 유난히 도드라졌을 뿐이다. 사실 프로야구 경기장에 가보면 관중의 언어폭력은 이번보다 심하면 심했지 덜 하지 않다. 생김새에 대한 비하에서부터 선수의 가족에 대한 악의적인 조롱과 모멸적인 욕설 등 민망할 정도의 수치스러운 욕설이 난무한다. 이를 같은 편의 관중이 박장대소로 화답해 주는 것이 우리나라 스포츠의 관중문화였다.

이제 그 폭력의 문화가 변화하기 시작했다. 여성 관중에게 최초로 일갈한 것이 같은 처지의 관중이었다는 점이 그 변화의 뚜렷한 징후이다. 갑들의 자기 성찰인 셈이다. 갑이 을을 짓누르고, 을이 다시 갑이 되어 또 다른 을에게 상처를 주는 횡포와 보복의 연쇄는 피로 피를 씻는 야만의 악순환이다. 그 단절의 용기는 갑으로서 스스로의 갑질을 되돌아보고 부끄러워하는 수오지심(羞惡之心)에서 출발한다. 그 작은 시도가 을의 집단인 시민의 손에 의해 이루어지고 있어 반갑기 그지없다. 변화는 언제나 작은 것에서 시작한다. 혹 을이 될지도 모를 상대에게 측은지심(惻隱之心)을 느끼는 것. 이것이 갑질 없는 사회의 도덕적 발로일 터이다.

(출처: 중앙일보 블로그 – 김정효의 스포츠로 철학하기: http://blog.joins.com/media/index.asp?uid=somaron)

CHAPTER 06

의무주의

　페널티킥으로 얻은 득점 기회를 포기한 선수가 있었다. 독일 분데스리그의 베르더 브레멘의 주장이자 독일 국가대표팀의 멤버이기도 한 아론 훈트는 뉘른베르크와의 경기 중 페널티 지역에서 넘어져 페널티킥의 기회를 얻었다.

　그러나 훈트는 "내가 스스로 넘어진 것이니 페널티킥이 아니다"며 주심에게 판정을 번복해 달라고 부탁했다. 주심의 곧바른 정정으로 득점의 기회는 없어졌으나, 훈트의 양심적인 행동에 상대 선수들은 존경의 뜻으로 엄지손가락을 추켜세웠다.

　승리에 보탬이 되지 않은 훈트의 행위를 칭찬하는 이유는 승리보다 소중한 인간의 보편적인 양심을 지켰기 때문일 것이다. 양심의 보편성은 인간을 도덕적인 존재로 만든다. 훈트와 유사한 사례를 찾아보고, 스포츠에서 모든 선수가 지켜야 할 보편적인 도덕법칙에는 무엇이 있는지 생각해 보자.

학습목표
- 의무주의 윤리학의 원리를 이해한다.
- 도덕적 당위로서의 의무를 이해한다.
- 스포츠의 보편적 도덕법칙을 도출한다.
- 스포츠 규범을 의무론적 관점에서 이해하고 적용한다.

1 칸트 윤리학의 기초

[1] 동기주의

의무주의 윤리학은 도덕적 선이 행위의 결과에 따라 결정된다는 공리주의의 주장과 달리, 행위의 동기가 도덕적 선을 결정한다고 본다. 행위에 따른 결과는 반드시 자신의 의지대로 이루어지지 않으며, 때로 우연에 의해 결정되기도 한다. 순수한 동기에서 행한 일이 나쁜 결과를 가져오는 경우조차 있다. 그러나 결과가 아무리 나쁘더라도 동기 그 자체의 순수성은 훼손되거나 비난할 수 없다. 따라서 결과에 따라 도덕적 선이 결정된다는 공리주의의 주장은 기각되어야 하며, 모든 행위의 도덕적 기준은 결과 이전의 동기에 의해 결정되어야 한다. 이렇게 주장하는 윤리학을 동기주의 혹은 의무주의라고 하며, 그 대표적인 사상가가 임마뉴엘 칸트(Immanuel Kant)이다.

[2] 자율성

> **실천이성**
> 칸트는 인간의 이성적 능력을 지식에 관여하는 이론이성과 올바른 행위를 이끄는 실천이성의 두 가지로 나눈다. 실천이성은 모든 도덕행위의 토대로서 욕구와 충동을 제어하는 선의지와 양심의 원천이다.

칸트에 따르면 행위의 동기는 자유 혹은 자율성에서 비롯한다. 자유는 어떤 행위를 자신으로부터 시작하는 능력이다. 이는 자신의 의지가 바깥 세력에 의해 규정되지 않는 것을 의미한다. 칸트는 이러한 외적 세력에 사회, 문화, 역사적 제약뿐 아니라 인간의 타고난 경향성까지 포함시키고 있다(박찬구, 2006). 경향성이란 습관화된 감각적 욕망, 혹은 거기에 이끌리는 마음을 뜻한다. 이런 까닭에 자유는 인간의 본능, 욕구, 욕망의 제약에서 벗어나 행동할 수 있는 능력과 일치한다. 인간은 아무리 배가 고파도 자신보다 더 굶주린 사람에게 먹을 것을 양보할 수 있다. 이런 도덕적 행위는 본능(경향성)을 억제한 실천이성의 결과이다.

칸트가 인간을 윤리적 존재라고 규정하는 이유도 이성과 자율의 능력 때문이다. 칸트에 따르면 인간은 본래적인 욕구나 타인의 명령에 의존하지 않는 자율성과 마땅히 행해야 할 바를 숙고하고 실천할 수 있는 두 가지 능력에 의해 객관적인 도덕법칙을 세울 수 있는 존재이다. 그리고 이 객관적인 도덕법칙이 바로 의무이다. 즉 의무에 따라 행동하는 것은 곧 도덕법칙을 따르는 것이다.

[3] 도덕적 당위로서의 의무

칸트는 규범윤리학의 완성자로 일컬어진다. 순수한 의미의 윤리학은 칸트에 의해 완성되었다고 해도 과언이 아닐 정도로 칸트가 규범윤리학에 끼친 영향은 지대하다. 기존의 규범윤리학이 쾌락과 행복에 대한 감각적인 느낌과 경험적 판단에 기대어 온 측면이 많았다면, 칸트에 이르러 이성에 의해 도달한 도덕적 당위와 의무가 도덕법칙으로 자리 잡게 되었다. 다시 말해 인간이 반드시 행해야 할 의무의 근거를 인간의 본성이나 인간이 처한 환경이 아닌 실천이성에 의해 도출함으로써 도덕적 강제의 본질적 의미를 윤리학의 중심에 놓았던 것이다(김상봉, 2003).

칸트의 의무주의는 스포츠윤리학을 설명하는 데 많은 도움을 준다. 일반적으로 스포츠에서 규칙을 따르고 지키는 것은 당연한 것으로 여겨지지만 모든 선수가 규칙을 지키는 것은 아니다. 한 번의 파울도 일어나지 않는 완벽한 경기는 존재하기 어렵다. 의도적이든 그렇지 않든 자신과 팀의 승리를 위해 경기 중의 파울은 언제든 일어날 수 있다. 그러나 파울 없는 경기가 불가능하다고 해서 규칙을 지켜야 하는 당위성이 없어지지는 않는다. 많은 선수가 규칙을 지키지 않더라도 규칙을 지켜야 한다는 무조건적 의무는 당위로 주어진다. 규칙의 준수가 스포츠선수의 의무인 이상 반드시 지켜야 하는 것이다. 이것이 스포츠윤리학에 있어서의 의무주의적 관점이다. 칸트의 의무주의는 스포츠의 규칙과 규범이 왜 당위로 주어지는지, 그리고 어떤 이유로 강제적 의무인지를 밝히는 이론적 근거가 된다.

2 의무주의 윤리의 원리

[1] 선의지

선의지(善意志)는 칸트 윤리학의 핵심 개념이다. 일반적으로 선의지는 '선한 의도' 혹은 '선을 행하려는 뜻'을 의미한다. 그러나 칸트가 말하는 선의지는 이런 단순한 생각이나 의도가 아니라 어떤 행위가 다만 옳다는 이유만으로 행하는 것을 말한다. 선의지는 유익한 결과나 특정한 목적의 달성과 무관한 선에 대한 순수한 동기를 뜻한다.

칸트에 따르면 도덕적인 사람은 어떤 행위를 할 때 자신의 이익이나 기쁨 때문이 아니라 오로지 옳다는 이유만으로 행한다. 이처럼 선의지는 목적을 달성하기 위한 수단으로서가 아니라 의욕 그 자체가 선인 것을 말한다. 따라서 선의지는 자신의 성향, 기호, 행복 등을 전혀 고려하지 않고 의무를 수행하려는 순수의지에서 비롯해야 한다.

칸트는 심지어 친절과 자비심 같은 감정적 경향성(성향)에 따라 행하는 것도 의무 자체를 위해 행하는 선의지에 비하면 도덕적 가치가 없다고 본다. 오직 의무 자체를 위해 그 의무를 수행하는 행위만이 도덕적으로 우월하다. 그래서 칸트는 "이 세계에서 또는 이 세계 밖에서까지라도 아무런 제한 없이 선하다고 생각될 수 있을 것은 오직 선의지뿐이다."라고 단정한다(백종현 역, 2013). 이처럼 선의지는 절대적인 도덕적 가치를 갖는다. 칸트는 선의지만이 도덕적 행위의 유일한 것임을 다음과 같이 말한다.

> 지성, 기지, 판단력, 그 밖에 정신의 재능들이라고 일컬을 수 있는 것들, 또는 용기, 결단성, 초지일관성 같은 기질상의 성질들은 의심할 여지없이 많은 의도에서 선하고 바람직스럽다. 그러나 이런 천부적인 소질도, 만약 그것을 사용하는 의지, 그리고 그것의 특유한 성질을 성격이라 부르는 의지가 선하지 않다면 극도로 악하고 해가 될 수도 있다(백종현 역, 2013: 77).

이런 까닭에 선의지가 좋은 결과를 얻지 못하는 경우조차 선의지 자체의 도덕적 가치는 훼손되지 않는다. 선의지는 결과의 좋고 나쁨과 무관하다. 만약 선의지가 결과에 따라 좌우된다면 결과를 위한 수단적 가치밖에 가지지 않을 것이기 때문이다.

정정당당하게 경기에 임하려는 선수의 착한 의지는 경기의 결과에 상관없이 그 자체로 선한 것이다. 스포츠에서는 때로 착하기만 해서는 경기에 이길 수 없다고 말한다. 그래서 선수들에게 투쟁심이나 냉혹함을 요구하기도 한다. 이러한 기질들이 경기의 결과에 많은 영향을 미치는 것은 사실이지만, 칸트는 승리에 필요한 자질을 아무리 많이 갖춘 선수라도 그 의지가 선하지 않으면 도덕적일 수 없다고 본다.

더 나아가 칸트는 페어플레이조차 선한 의지가 없으면 악한 것이 될 수 있다고 말한다. 페어플레이의 동기가 타인으로부터의 칭찬과 보상을 염두에 둔 계산된 행동이라면 도덕적이라고 볼 수 없다. 그렇게 되면 페어플레이는 다른 목적을 위한 수단으로 전락하기 때문이다. 이처럼 선의지는 의욕 그 자체로서 선한 순수한 의지를 말한다. 선한 동기를 바탕으로 다만 페어플레이가 선수의 의무라는 이유만으로 실천할 때 완벽한 선이 되는 것이다. 따라서 선의지는 도덕적인 선수가 갖추어야 할 내적인 태도이자 도덕적 행위의 필요충분조건이다.

[2] 의무

칸트에게 있어서 도덕성의 기준은 선의지이며, 이는 절대적인 가치를 갖는다. 그렇다면 선의지는 구체적으로 어떻게 드러나는가? 여기에 대한 칸트의 대답은 명쾌하고 단호하다. 의무의 무조건적 이행이 곧 선의지라고 말한다. 그래서 칸트의 도덕철학에서 선의지와 의무는 불가분의 관계를 갖는다.

일반적으로 우리가 알고 있는 의무는 반드시 하도록 강제된 행위를 지칭한다. 국방의 의무, 납세의 의무 등은 공동체의 존속을 위해 개인의 이해와 관계없이 행하도록 요구되며 법적인 구속력을 갖는다. 그러나 칸트의 의무는 이런 특정 역할이나 지위에서 오는 구체적인 사회적 의무가 아니라 도덕적 필연성을 뜻한다.

의무는 원래 그리스어의 'deon'에서 유래하며 '마땅히 해야 하는 것'이라는 뜻을 함축하고 있다. 칸트가 말하는 의무도 이런 뜻에서 벗어나지 않는다. 인간은 누구나 자신의 이익을 추구하며 때로 두려움과 동정심 등의 자연스러운 경향성을 가진다. 의무란 이런 자연적 경향성 때문에 하기 싫은 경우에도 도덕적 요구에 따라 행해야 한다고 느끼는 마음이다. 예를 들어 큰 점수 차로 지고 있는 경기에서 선수는 의도적으로 점수를 잃거나 건성으로 플레이에 임하면서 빨리 경기가 끝나기를 바랄 수 있다. 칸트의 의무는 이러한 때조차 끝까지 최선을 다해 경기에 임하라고 말한다. 그러기 위해서는 포기하고 싶은 마음을 억누르는 능동적인 의지가 필요하다.

외적인 강제는 도덕적 행위와 무관하다. 도덕적 행위는 자율적인 의지에 의해 일어나야 한다. 그래서 의무는 자유롭고 자율적인 의지의 행위이며, 외부의 강요에 의하지 않고 스스로 명령하는 자기 입법적인 행위가 되는 것이다. 칸트

> **칸트의 격률(maxim)**
> 격률은 일반적으로 스스로 정하여 지키는 행위의 규칙을 말한다. 예를 들어 '의리에 죽고 의리에 산다.'와 같은 실천의 규칙도 격률에 해당한다. 이런 의미에서 격률은 개인의 주관적인 규칙이라 할 수 있다. 칸트는 이 주관적인 격률이 객관적인 도덕법칙에 합당할 때 도덕적이라고 말한다.

가 의무를 "도덕 법칙에 대한 존중으로부터 행위해야 할 필연성"이라고 말하는 이유도 여기에 있다(백종현 역, 2013). 예를 들어 '훈련은 선수의 의무이다.'라는 격률이 도덕적 필연성을 갖기 위해서는 코치나 감독의 강요가 아닌 자율적인 의지에 따라 스스로 명령하는 것이 되어야 한다.

칸트는 오직 의무로부터 나온 행위만이 도덕적인 이유를 상인의 예를 통해 설명한다. 어수룩해 보이는 고객이든 어린이든 자신의 가게를 찾는 모든 사람에게 가격을 속이지 않고 언제나 정직하게 물건을 파는 상인이 있다고 하자. 그런데 만일 이 상인이 정직하게 장사를 하여 얻은 신용으로 더 많은 이익을 남기려는 동기에서 그렇게 하였다면 '**합의무적 행위**(pflichtmäßig)'이기는 하지만 '**의무에서 유래한**(aus Pflicht)' **행위**는 되지 못한다. 요컨대 의무에서 나오는 행위와 의무에 부합하는 행위는 엄연히 다르다. 상인은 자신의 정직한 상술이 결과적으로 더 많은 이익을 가져올 것이라는 이해타산적 동기가 아니라 정직하게 물건을 파는 것이 상인의 의무이기 때문에 그렇게 행위해야 한다. 이처럼 도덕적인 선은 오로지 의무에 대한 동기에서 나오는 행위이어야만 한다.

Think Deeply: 복종과 의무

무조건 따른다는 의미에서 복종과 의무는 비슷해 보인다. 스포츠에서 복종은 아름다운 미덕으로 칭송된다. 심판의 판정에 대한 복종, 감독이나 코치의 지시에 따르는 복종, 선배의 가르침에 대한 복종 등은 선수에게 요구되는 기본적인 자세라고 말한다. 그렇다면 선수에게 복종은 의무일까? 칸트가 말하는 의무와 복종은 어떻게 다르며, 그 이유는 무엇인지 생각해 보자.

[3] 보편성: 도덕법칙

칸트의 의무주의 윤리에서 또 하나 중요한 원리는 보편성이다. 칸트는 인간의 의지가 무조건 따라야 할 도덕적 원칙은 보편적이어야 한다고 강조한다. 여기서 보편성은 자신이 어떤 행위를 할 때 그것이 모든 사람에 의해 똑같이 행하여지더라도 올바른가를 묻는 것이다.

스포츠 선수는 누구나 자신의 처지에서 생각하고 행동하려는 경향이 있다. 상대방의 파울에 분노하면서 자신의 반칙행위는 정당한 것으로 생각하기 쉽다. 이런 경향성은 타인을 자신과 동등하게 대우하지 않은 데서 비롯한다. 보편성이란 다른 선수나 팀을 자기와 같은 가치를 지닌 존재로 여긴다는 뜻이다.

예를 들어 '우리 팀이 실점의 위기에 처했을 경우 고의적인 파울을 해도 좋은가?'라는 물음에 대해 생각해 보자. 다른 방법으로는 도저히 그 위기를 넘기지 못할 것이라는 판단이 들면 그렇게 하고 싶은 유혹을 느낄지 모른다. 그러나 자신이 고의적인 파울을 당하는 경우를 생각해 보면 그것이 보편적으로 통용되기 어렵다는 점은 금방 드러난다. 즉 모든 선수가 상황과 필요에 따라 의도적 파울을 하기를 바라는가를 되물어 봄으로써 그것이 보편적으로 통용될 수 있을지를 알 수 있게 된다. 이처럼 칸트는 어떤 행위가 보편적으로 받아들일 수 있는 준칙에 의할 때 도덕적 행위가 된다고 보았다.

보편성이란 결국 다른 사람을 자기와 동등한 존재로 대우하라는 주문이다. 이는 곧 모든 인간이 절대적 가치를 가진 인격체인 까닭에 결코 수단이 아니라 목적으로 대우해야 함을 의미한다(박찬구, 2012). 스포츠 경기에 있어서 타인은 결코 승리를 위한 수단적 존재가 아니다. 만일 모든 사람이 각자의 승리를 위해 타인을 수단으로 삼는다면 스포츠는 전쟁의 상태로 전락하고 만다. 스포츠의 경쟁은 타인을 무참히 짓밟고 올라서는 정복이 아니라 타인을 자신과 같은 목적을 가진 존엄한 존재로 대우하는 인간의 보편적 이성을 바탕으로 한다. 타인이 없는 경쟁은 이미 경쟁이 아니기 때문이다.

인간을 목적으로 대하라는 도덕적 명령은 인간의 합리성을 존중하라는 의미를 내포한다. 자신을 제외한 모든 인간은 자신과 같은 이성을 가진 존재이다. 인간은 자신이 목적인 것처럼 다른 사람도 결코 수단으로 대우하지 않고 목적으로 존중해야 한다. 그래서 칸트는 "너 자신의 인격에서나 다른 모든 사람의 인격에서 인간을 항상 동시에 목적으로 대하고, 결코 한낱 수단으로 대하지 않도록 그렇게 행위하라."고 말한다(백종현 역, 2012).

3 도덕 법칙과 정언명령

[1] 준칙

인간은 어떤 행위를 하기 전에 반드시 행위의 이유를 먼저 마련해 놓는다. 예를 들어 구걸하고 있는 거지를 보고 어떤 사람은 "괜한 동정은 자립심만 해칠 뿐이다. 거지의 자립은 국가의 책임이지 내가 베푸는 동정심의 대상이 아니다."라는 생각으로 못 본 채 지나갈 수도 있고, "내가 돕지 않으면 오늘 저 거지는 한 끼의 밥도 먹지 못할 것이다."고 생각한 사람은 기꺼이 지갑을 열 것이다. 이처럼 준칙은 행위를 가능하게 하는 의지를 말한다.

스포츠에서도 선수의 행위는 준칙에 의해 이루어진다. 언뜻 무의식적이고 반복적으로 보이는 행위에서조차 운동선수는 각자의 준칙에 따라 움직인다. 축구 경기에서 몸싸움으로 부딪쳐 상대 선수가 쓰러져 있을 때 어떤 선수는 "몸싸움은 정당한 플레이로 경기의 일부이다."라는 준칙으로 자신의 다음 플레이에 집중할 수 있고, 또 다른 선수는 "나로 인해 상대가 쓰러졌으니 일으켜 세워주자."라는 준칙에서 상대 선수에게 손을 내밀 수도 있다. 전자의 행위는 규칙을 위반하지 않은 이상 도덕적으로 옳지 못한 것으로 단정 지을 수 없다. 그러나 자신이 상대 선수가 되었을 때는 불편한 감정을 느낄지 모른다. 이처럼 행위의 준칙을 보편화시켜 봄으로써 자신의 행위를 도덕적으로 성찰하고 반성할 수 있다.

칸트는 행위의 준칙이 보편타당성을 지닐 때 비로소 도덕 법칙이 될 수 있다고 본다. 모든 선수가 같은 상황에서 자신과 똑같은 행동을 하기 바라는 것이 준칙의 보편화 가능성이다. 칸트에게 있어서 도덕 법칙은 곧 준칙의 보편화 가능성과 다르지 않다. 그래서 칸트는 "네 의지의 준칙이 언제나 동시에 보편적 입법의 원리가 될 수 있도록 행위하라."라는 정언명령을 제시한다(백종현 역, 2012). 이 명령은 행위자에게 보편적 입법자가 되라는 주문이다. 즉 모든 사람이 반드시 따르고 지켜야 할 법을 만드는 사람인 것처럼 행동하라는 뜻이다. 이처럼 무조건적이며 절대적으로 따라야 하는 도덕법칙을 정언명령(定言命令)이라고 한다. 도덕성의 본질은 우리가 느끼는 도덕적 강제, 즉 반드시 행하라는 명령에 있다(김상봉, 2003).

[2] 정언명령과 가언명령

일반적으로 도덕적 명령은 가언명령(假言命令)과 정언명령(定言命令)의 두 가지 형식으로 나누어진다. 가언명령은 조건이 붙는 명령으로, "만약 A를 원하면, B를 해야 한다."는 형식을 취한다. 여기서 조건 A는 명령 B의 전제이자 목표 혹은 목적이 된다. 예를 들어 "승리를 원한다면 열심히 훈련하라."는 명령이 여기에 해당한다. 이때 '훈련하라'는 명령은 승리를 위한 수단이며, 그 목적은 승리에 있다. 즉 명령 자체가 조건적으로 주어지는 것이다. 이처럼 가언명령은 어떤 행동이 다른 것의 수단으로서만 바람직하다. 그런데 만약 도덕의 원리가 가언명령으로 구성되어 있다면 그것은 단지 우리가 가진 욕구들을 어떻게 효과적으로 달성할 것인지를 가르치는 전략적 지침에 불과하다(박찬구, 2012). 따라서 도덕의 원리는 가언명령으로 주어질 수 없다.

이에 반해 정언명령은 조건 없는 명령으로, "너는 반드시 이것을 행하여야 한다."는 형식을 취한다. 즉 명령의 전제가 되는 어떤 다른 목적도 가지지 않는, 그 자체가 목적인 명령이다. 예를 들어 "운동선수는 페어플레이를 해야 한다", 혹은 "정정당당하게 경기에 임하라." 등의 명령이 여기에 해당한다. 페어플레이는 조건적으로 주어지지 않는다. 그것은 승리나 명예, 혹은 정신적, 물질적 행복을 위해 필요한 수단이 될 수 없고, 다만 모든 선수에게 명령으로 주어진다.

칸트는 오직 정언명령만이 도덕적인 명령이 될 수 있다고 주장한다. 그 자체로 절대적이며 다른 어떤 동기도 포함하지 않는 채 명령을 내리는 실천 법칙이 곧 정언명령이다. 그래서 정언명령은 그 자체로 하나의 도덕 법칙이면서, 동시에 모든 도덕 법칙을 가능하게 하는 순수 실천이성의 선험적 원칙이 되는 것이다(강영안, 2000).

가언명령과 정언명령을 보다 알기 쉽게 설명해 보자. 거짓말은 도덕적으로 올바르지 못한 행위이다. 이때 가언명령은 "혼나기 싫으면 거짓말을 하지 말라"고 명령하는 것이다. 즉 '거짓말을 하지 말라'는 명령 앞에 조건이 붙어 있다. 그런데 조건은 상황에 따라 수시로 바뀔 수 있다. '칭찬받고 싶으면', '화해하고 싶으면', '친구를 잃기 싫으면' 등 가변적인 조건이 따라붙는 가언명령은 명령을 조건의 수단으로 만들어 버린다. 다른 말로 하면 거짓말은 조건과 상황에 따라 얼마든지 해도 되는 행위가 되는 것이다. 따라서 이런 명령은 도덕적 명령으로 볼 수 없다.

이에 반해 정언명령은 "너는 언제나 거짓말을 하지 말라"로 주어진다. 즉 명령 앞에 아무런 조건이 붙지 않는다. 거짓말은 다만 그것이 나쁘다는 이유만으로 무조건적으로 하지 말아야 할 명령으로 주어질 때 도덕적이다. 이렇게 해서 칸트는 그 유명한 두 가지의 정언명령을 제시한다.

> 제1 정식: 네 의지의 준칙이 언제나 동시에 보편적 입법의 원리가 될 수 있도록 행위 하라.
> 제2 정식: 인간을 항상 동시에 목적으로 대하고, 결코 한낱 수단으로 대하지 않도록 그렇게 행위 하라.

제1 정식은 행동 이전의 준칙이 보편적인 법이 되어도 좋은 그러한 것이어야 한다는 뜻이다. 그리고 제2 정식에서 칸트는 존재만으로도 절대적 가치를 지니는 인간이 도덕 법칙의 근거이며, 이런 까닭에 인간은 수단이 아니라 그 자체가 목적으로 존재한다고 주장한다. 모든 도덕 법칙은 이 두 가지의 정식으로부터 연역된다.

칸트의 정언명령은 구체적인 행동규범을 나열하지 않는다. '남에게 친절해라.' '남의 물건을 훔치지 말라.' 등 일상생활 속에서 우리가 반드시 지켜야 할 행동규범을 제시하는 것이 아니라, 다만 어떤 행동이 최종적으로 기대야 할 이성적 근거 혹은 법칙을 말하고 있을 뿐이다.

4 칸트의 도덕철학과 스포츠 규범

[1] 의무로서의 페어플레이

칸트에 의하면 도덕적 행위는 원리에 따르는 행위이다. 원리에 따른다는 것은 순간적인 욕구나 욕망에 기초하지 않고 실천이성에 그 근거를 둔다는 뜻이다. 스포츠에서 이런 원리는 페어플레이이다. 페어플레이가 스포츠 행위의 도덕적 원리인 이유는 모든 선수가 어떻게 행위해야 하는지를 고려하여 그것을 자신의 동기로 삼을 수 있기 때문이다.

하지만 모든 선수가 동기로 삼을 수 있는 것은 페어플레이가 아니라 승리의 추구라는 반론이 있을 수 있다. 이기고자 하는 동기야말로 스포츠의 근본원리라는 주장은 언뜻 타당해 보인다. 그러나 승리의 추구는 경쟁의 원리이지 도덕적 원리로 볼 수 없다. 경쟁 그 자체는 아무런 도덕적인 근거를 가지지 않는다. 누가 더 빨리 달리는가를 경쟁하여 승리자를 가리는 것이 정당하기 위해서는 경쟁의 공정성이 먼저 마련되어야 한다. 이때 공정성이라는 도덕적 원리가 작동하게 되며, 우리는 이것을 페어플레이라고 부른다. 따라서 페어플레이는 스포츠의 도덕적 원리라고 부를 수 있는 것이다.

원리는 어떤 유형의 행위를 명령한다. 다시 말해 해야 할 행동과 하지 말아야 할 행동을 명령하는 것이 원리이다. "상대를 기만하지 말라." "정정당당하게 게임에 임하라." 등 페어플레이는 구체적인 명령의 형태로 선수에게 주어진다. 만일 페어플레이가 선수들에게 권장할만한 행동 요령을 뜻하는 것이라면 도덕 원리로 부적합할 것이다.

페어플레이를 권장할만한 미덕으로 해석하면 스포츠에서 일어나는 폭력과 도핑 등 비도덕적인 행위를 제재할 아무런 근거를 가지지 못한다. 요컨대 스포츠 선수에게 있어서 페어플레이는 행위의 원리이며 의무가 되는 것이다. 칸트는 의무로부터 행위 하는 것은 그것이 원리이고 법칙이기 때문에 무조건 따르고 지켜야 한다고 말한다. 스포츠에서 페어플레이는 승리라는 예상된, 혹은 기대되는 결과에 의하지 않고 이성적 존재로서의 선수라면 누구나 법칙으로 받아들여야 할 도덕적 원리이다.

[2] 정언명령과 페어플레이

스포츠의 전 과정은 승리라는 결과에 수렴된다. 물론 퍼포먼스 자체가 주는 즐거움, 혹은 몰입의 순간에 얻어지는 쾌감과 행복 등 스포츠에는 승리 이외의 많은 결과가 존재한다. 그러나 이러한 느낌과 경지는 이성에 의해 조절되는 것이 아니라 순간적으로 찾아오는 감정인 까닭에 정언적이라고 보기는 어렵다.

스포츠가 가언적인 이유는 행위의 최종적인 결과가 동기로 작용하는 데서도 찾을 수 있다. 예컨대 챔피언이 되는 것, 올림픽에서의 우승, 높은 타율과 득점

등의 결과는 또 다른 이익을 가져다주고, 이런 이익과 개인적인 행복은 스포츠를 수단으로 만든다. 이렇게 본다면 보상이 기더되는 모든 스포츠 행위는 가언적이다. 보상은 반드시 물질적인 것만을 뜻하지 않는다. 가령 뛰어난 스포츠 선수가 자신의 최종 목적을 '명예'라고 선언하더라도 마찬가지이다. 왜냐하면 명예라는 소중한 감정도 스포츠 행위 그 자체와 분리된 외재적 목적이기 때문에 승리로 인해 얻어진 이익과 질적으로 같다.

또한 스포츠에서 승리를 원하는 사람은 열심히 훈련하라고 말한다. 이때 훈련은 승리를 위한 수단이 된다. 그러나 도덕적 당위는 이처럼 가언적으로 주어지지 않는다. 스포츠인의 의무는 그들이 원하는 결과와 관계없이 선해야 한다. 스포츠에 있어서 도덕 법칙은 "승리를 원한다면 열심히 훈련하라.", "위대한 선수가 되기 위해서는 스포츠맨십에 충실하라." 등과 같이 조건적으로(가언적으로) 주어지는 것이 아니라, 어떤 경우에도 "반드시 행하라."라는 명령의 형태(정언적으로)로 존재해야 한다.

스포츠에서 이처럼 반드시 따르고 지켜야 할 정언명령은 '페어플레이'에서 찾을 수 있다. 페어플레이는 조건적으로 주어지지 않는다. 만일 페어플레이가 조건적이라면 미리 결과나 보상을 생각한 것이 되고, 이런 경우 페어플레이는 가언적인 것이 되기 때문이다. 페어플레이는 결과에 아무런 영향을 끼치지 않는다. 오히려 반칙을 일삼는 선수나 팀이 승리할 가능성이 현실적으로 훨씬 더 높다. 그럼에도 불구하고 모든 선수는 반드시 페어플레이 해야 한다. 스포츠에서 페어플레이는 선수의 도덕 법칙이며, 스포츠 자체에 대한 순수한 존경심으로 이루어지는 유일한 행위이다.

[3] 의무주의 윤리의 한계

칸트는 자신의 윤리 사상을 집대성한 『실천이성비판』에서 "생각하면 생각할수록 새롭고 무한한 감탄과 존경을 불러일으키는 두 가지가 있다. 그것은 하늘에 반짝이는 별과 내 마음속의 도덕률이다."라는 말로 인간에게 있어서 도덕이 어떤 역할을 하는지 설명하고 있다. 밤하늘을 아름답게 수놓는 것이 별이듯, 인간을 더욱 인간답게 만드는 것이 마음속의 도덕 법칙이라는 의미이다.

칸트는 자연의 세계에 물리적인 법칙이 있는 것과 같이 인간의 마음에도 누구나 따르고 지켜야 할 도덕 법칙이 있다고 보았다. 도덕 법칙은 인간이 가진 실천이성에 의해 만들어진다. 실천이성은 인간으로서 마땅히 해야 할 바를 스스로 생각하고 자신의 의지로 실천하는 능력을 말한다. 먹고 싶은 본능적 욕구를 억제하고 자신보다 더 허기진 아이에게 빵을 건네는 행위는 실천이성이 자신에게 부과하는 명령을 따르는 것으로 인간의 자율성 혹은 자유에서 비롯한다. 그리고 자율성을 가진 인간은 절대적 가치를 지닌 인격체로서 그 자체가 목적으로 존재하는 까닭에 결코 수단으로 취급될 수 없다. 이런 칸트의 윤리 이론은 근대의 인권 사상에 커다란 영향을 끼쳤다.

그러나 칸트의 의무주의 윤리는 두 가지 점에서 한계를 갖는다. 첫째, 지나치게 엄격하여 일상생활에서 실천하기 어렵다는 점이다. 칸트는 행위의 결과와 무관하게 오로지 의무에 따른 행위만을 도덕적인 것으로 본다. 이처럼 '목적은 수단을 정당화할 수 없다'는 칸트의 엄격한 윤리는 아무리 좋은 목적을 위한 거짓말이라도 허용하지 않는다. 예를 들어 아버지를 일찍 잃은 어린아이에게 "아빠는 크리스마스에 선물을 가득 안고 오실 거야."라는 어머니의 거짓말조차 도덕적이지 않다고 본다. 둘째, 도덕 법칙으로 제시한 정언명령은 구체적인 내용이 없이 명령의 형식으로 주어져 있는 까닭에 도덕적 의무가 충돌할 때 구체적인 행위의 규칙을 제시하지 못한다. '네 의지의 준칙이 언제나 동시에 보편적 입법의 원리가 되도록 행위하라'는 제1 명령과 '너 자신과 다른 모든 사람의 인격을 수단이 아닌 목적으로 대하라'는 제2 명령은 복잡한 도덕적 문제에 뚜렷한 해결책을 제시하지 못한다. 정직한 대답이 오히려 타인에게 큰 피해를 주게 되는 도덕적 딜레마에서 칸트의 정언명령은 판단을 더욱 혼란스럽게 만든다. 칸트를 비판하는 사람들은 그의 의무론이 지나치게 개인에게 집중하여 타인의 필요와 이익을 고려하지 않는다고 지적한다.

행위의 준칙을 세워보자!!!

인간의 행위는 그 행위를 하기에 앞서 자신이 정해 놓은 의지에 따라 이루어진다. 칸트는 이 의지의 원리를 준칙(準則)이라고 부른다. 가령 결승전에 올라온 유도 선수가 심각한 부상으로 다리를 저는 상대 선수와 맞붙었을 경우, "내가 입힌 부상이 아닐 뿐더러 부상도 경기의 일부이다."라는 준칙에 따라 행동할 수 있고, "상대의 약점을 이용해 승리하는 것은 명예롭지 못하다."라는 준칙으로 경기에 임할 수도 있다. 이와 같이 스포츠에서 보편화될 수 있는 행위의 준칙을 아래의 절차에 따라 만들어 보자.
1. 행위의 준칙을 세운다.
2. 그 준칙을 보편화 한다.
3. 만일 보편화될 수 있는 준칙은 받아들인다. 보편화되지 않는 준칙은 거부한다.

보편화되지 않는 준칙일 경우 무엇이 문제인지 확인하고, 다시 새로운 행위의 준칙을 세워 같은 과정을 반복하여 보편화될 수 있는 준칙을 만들어 나가자.
 예: 1. 파울은 파울로 보복하라.
   2. 모든 선수가 파울을 파울로 보복한다. 혹은 나의 파울을 상대방이 같은 파울로 보복한다.
   3. 이 준칙이 보편화되면 '모든 사람이 파울을 파울로 보복하는' 무질서와 폭력의 상태가 된다. 이러한 상황에서는 스포츠 경기가 성립할 수 없는 모순에 빠지므로, 이 준칙은 보편적 입법의 원리가 될 수 없다.

[Search & Discussion] 도덕적인 거짓말

칸트의 도덕적 명령은 때로 실제 생활에 적용할 수 없는 경우가 생긴다. 예를 들어 거짓말은 칸트의 도덕철학에 따르면 반드시 하지 말아야 할 행위이다. 즉 가언적으로 주어지지 않는 명령이다. 그렇다면 모든 거짓말은 비도덕적일까? 때로 어쩔 수 없이 거짓말을 해야 하는 경우에는 어떻게 해야 할까?

예를 들어 강도에 쫓기고 있던 사람을 우연히 목격하였다고 하자. 조금 후 강도가 나타나 방금 뛰어간 사람의 도주 방향을 묻는다면 정확한 방향을 가르쳐 줄 수 있을까? 대부분은 거짓말을 해서라도 강도에 쫓기는 사람을 구하려 할 것이다. 거짓말은 다만 그것이 나쁘다는 이유만으로 무조건적으로 하지 말아야 할 명령이라고 말할 수 있을까? 선의의 거짓말을 통해 칸트의 도덕철학이 갖는 한계에 대해 토론해 보자.

Column 하루키, 헤밍웨이, 그리고 야구의 불문율

무라카미 하루키는 야쿠르트 스왈로즈의 오랜 팬이다. 그의 초기 수필집에는 진구구장의 외야에 비스듬히 누워 맥주를 홀짝이며 야구를 관전하는 여름날의 여유가 생생히 그려져 있다. 그리고 '노인과 바다'의 작가 헤밍웨이는 뉴욕 양키스와 조 디마지오의 열혈 팬이었다. 이 위대한 메이저리거를 통해 헤밍웨이는 '실패는 있어도 패배는 없다'는 둔중한 메시지를 소설 속에 끼워 넣기까지 했다.

야구는 하루키처럼 심심파적일 수 있고, 때로 헤밍웨이처럼 삶의 의미를 함축하는 텍스트가 되기도 한다. 주로 외야를 고집하는 하루키는 오승환의 완벽한 마무리로 한신이 야쿠르트를 이기더라도 얼굴 하나 붉히지 않을 것 같고, 헤밍웨이는 어이없는 실책으로 양키즈가 패배한 날에는 진한 위스키로 쓰린 속을 달래지 않았을까 싶다. 그래서 야구는 맥주의 맛과 위스키의 독한 향취가 공존하는 스포츠라 해도 좋다. 우리나라 식으로 표현한다면 맥주와 소주의 혼재 쯤 되겠다. 요컨대 야구는 오락이면서 동시에 인생의 교과서이기도 한 그 독특한 맛의 차이로 인해 소시민의 일상을 위무하는 것이다.

그런데 문제는 야구가 일상과 너무나 지근거리에 있어 매우 휘발성이 강하다는 사실이다. 빈볼에 육두문자가 날아드는 이유도 여기에 있다. 맞은 쪽 선수나 팬은 고의성에 분개하고, 던진 쪽 선수와 팬은 응징의 명징함에 후련해 한다. 올해도 한 차례 이런 장면이 연출되었다. 4월 12일 한화와 롯데전! 큰 점수 차로 이기고 있는 상황에서 롯데의 황재균이 도루를 감행하자 사단이 난 것이다. 이른바 '불문율 논쟁'은 여기서 그치지 않고 며칠 전(5월 23일) 한화와 kt의 경기에서 재현되었다. 6-1로 앞서던 9회 초 도루를 한 것도 모자라 9회 말 투수를 두 차례나 교체한 한화의 플레이에 kt의 주장 신명철이 분개하면서 불문율이 얼마나 강한 감정의 휘발성을 갖는지 확인할 수 있었다.

야구에는 승리가 명백히 기운 경우 상대편을 자극하지 않는다는 재미있는 불문율이 있다. 불문율이란 규칙의 형식을 갖지는 않으나 통상적으로 지켜지는 에토스를 말한다. 어렵게 설명할 필요 없이 패자에 대한 승자의 예의라고 할 수 있다. 그런데 곰곰이 따지고 보면 이 야구의 불문율이라는 게 상당히 모호하다. 아직 경기가 끝나지 않은 상황에서 패배를 스스로 인정하는 패자의 행위는 온당한가를 되물을 수 있기 때문이다. 더불어 불문율이 적용되는 점수 차는 어떻게 정해지는가도 문제이다. 윤리적으로 파고들면 야구의 불문율은 승패에 관계없이 끝까지 최선을 다 해야 한다는 '페어플레이' 정신을 심각하게 훼손한다. 또한 '야구는 끝날 때까지 끝난 것이 아니다'는 오래된 격언과도 배치된다.

그럼에도 불구하고 야구의 불문율은 지금까지 지켜져 왔고, 앞으로도 지켜질 것이다. 이것이 야구가 오락의 지점에서 인간의 이야기로 전이되는 매력이다. 사실 야구는 여느 스포츠와 마찬가지로 경쟁적 놀이에 불과하다. 이를 철학적으로 아곤(agon)이라 부른다. 아곤이란 공정한 조건의 룰에 기초하여 자신의 우월성을 드러내는 경쟁 활동을 말한다. 이때 승리의 가치는 철저히 게임 자체에 국한된다. 다시 말해 야구에서 이겼다고 해서 진 팀에 비해 인간적으로 훌륭하거나 존경할 가치를 갖지는 않는다. 박병호의 홈런은 야구 판에서만 대단한 것이지 일반인 박병호의 인간됨됨이와 무관하다. 그런데 야구에서는 인간됨됨이를 자주 문제 삼는다. 불문율이라는 것도 따지고 보면 이 인간됨됨이의 표출에 다름 아니다. 그래서 야구에서는 풍부한 삶의 모멘트가 끊임없이 생겨나는 것이다.

야구만큼 위험한 스포츠도 드물다. 투수의 공은 작정하고 던지면 끔찍한 흉기가 될 수 있다. 고의가 아니더라도 잘못 맞은 공은 선수로서의 생명까지 단축시킨다. 잘 나가던 이종범이 일본 야구에서 돌아온 이유도 몸에 맞은 볼 하나 때문이었다. 손에서 빠져나간 배트와 발을 높이 치켜든 슬라이딩을 상상하면 야구의 위험성은 쉽게 상상이 된다. 야구에서 불문율이 유독 많은 이유도 이런 위험성을 서로 공유하기 때문이다. 그래서 지킬 건 지키자고 말한다. 야구의 불문율은 암묵적 약속의 체계인 셈이다.

야구는 하루키처럼 외야의 잔디에 누워 마시는 맥주의 미각을 위한 오락이면서, 동시에 헤밍웨이처럼 진지한 삶의 메시지를 전해주는 소시민의 쓸쓸한 소주잔이기도 하다. 이런 까닭에 왠지 헤밍웨이의 정서가 더 인간적으로 느껴진다. "아메리칸리그는 역시 양키즈가 최고지."라는 자부심으로 이길 때도 한 잔, 질 때도 한 잔 삶의 애환을 야구로 다스리는 그 삶의 소박함 말이다. 그런데 아무리 하루키가 유유자적 야구를 즐긴다 해도 타석에 들어선 후루타(야쿠르트의 전설적인 포수)의 헬멧에 빈볼이 날아들면 벌덕 자리를 박차고 일어나 흥분하지 않을까. "야 임마! 지킬 건 지키자고." 지킬 건 지켜야 한다.

(출처: 중앙일보 블러그 – 김정효의 스포츠로 철학하기: http://blog.joins.com/media/index.asp?uid=somaron)

CHAPTER 07

덕윤리

아래에서 열거한 단어 중 스포츠를 통해 길러지는 긍정적인 가치를 찾아보고 그 이유에 대해 설명해 보자. 또한 스포츠가 부정적인 가치의 해소와 극복에 도움이 될 수 있는지 토론해 보고, 스포츠에 있어서 덕윤리가 무엇인지 생각해 보자.

명예	분노	비겁	인색	비굴	무기력	용기	절제
금지	온화	무모	허영	성급	허풍	평정	양심
책임	도전	인내	투지	친절	냉혹	포기	정직
기만	폭력	반칙	겸손	협동	관용	만용	단결

학습목표

- 덕윤리의 등장 배경을 이해한다.
- 덕윤리와 스포츠의 긍정적 가치를 이해한다.
- 덕윤리를 통해 스포츠의 궁극적 목적을 이해한다.
- 덕윤리와 동양의 도덕사상의 유사점을 이해하고 적용한다.

1 덕윤리의 특징

[1] 기존의 윤리학에 대한 비판

　지금까지 공리주의와 의무주의 윤리학에서 보편적인 도덕의 원리가 어떻게 가능한지를 확인할 수 있었다. 근대의 윤리학은 올바른 행위란 무엇인가, 그리고 그러한 행위는 어떤 도덕적 원리와 규칙에 따라야 하는가를 찾는 노력이었다. 그리하여 최대 다수의 최대행복을 증진하는 공리의 원리가 탄생하였고, 의무에 따르는 행위만이 도덕적 행동이라는 칸트의 도덕철학을 얻었다.

　그러나 근대 윤리학이 제시한 보편적 원리는 인간의 다양한 도덕적 문제에 언제나 명쾌한 해답을 제시해 준 것은 아니었다. 인간의 행위는 '정언명령'과 '유용성의 원리'에 의해 설명되지 않는 복잡한 요소들에 의해 영향을 받는다. 때로 개인의 욕구와 감정, 인간관계 등이 의무, 책임, 유용성과 같은 추상적인 원리보다 훨씬 강력한 행위의 동기가 되기도 한다. 칸트에게 있어 도덕적 행위는 행위자 스스로 법칙을 부과하고 그 법칙을 준수하는 것이었지만 현실 속에서의 인간은 이런 보편적인 법칙보다 감정과 이해타산, 그리고 공동체의 가치관에 따라 움직이는 경우가 훨씬 더 많다.

　덕윤리는 이러한 문제의식에서 시작되었다. 최대 다수의 최대행복은 개인에게 어떤 의미가 있는가? 의무에 충실한 행위는 행복을 가져오는가? 이런 질문들을 통해 덕윤리는 근대 윤리학이 현실적 삶의 복잡성과 행위자의 구체적 인격을 간과하고, '무엇이 올바른 행위인가'라는 행위의 원리에만 지나치게 몰두했다고 비판한다. 윤리학에서 중요한 것은 행위의 도덕적 원리가 아니라 인격의 함양이며, 도덕적 행위의 실천이다. 기존의 도덕철학은 이런 매우 구체적이고 본질적인 부분을 설명하지 않은 채 오로지 행위의 도덕적 원리에만 집착해 왔다.

　덕윤리는 무엇보다 근대 윤리학이 도덕적 원리나 규칙에 따라 행위의 옳고 그름을 문제 삼을 뿐 정작 행위자의 존재를 간과하는 근본 한계를 가진다고 지적한다. 즉 덕윤리는 '무엇이 올바른 행위인가'를 묻기 전에 '어떤 행위를 하는 인간이 되어야 하는가'에 주목한다. 윤리학의 주된 관심은 누구나 존경할만한 사람의 인격적 특성이 무엇인지를 알고 실생활 속에서 그것을 실천하는 일이

되어야 한다. 다시 말해 행위자의 내면적 품성 혹은 덕성이 도덕의 원리나 규칙보다 더 중요하며, 도덕이란 결국 습관적 행위를 통해 개인의 덕성을 개발하는 데에 있다고 본 것이다.

[2] 행위에서 행위자로

공리주의와 의무주의는 인간이 갖는 욕망과 정서가 도덕적 삶에 영향을 주어서는 안 된다고 말한다. 감정과 욕망은 합리적 도덕 행위와 거리가 멀다는 이유에서였다. 그러나 도덕적 행위는 인간의 감정 및 욕망과 밀접한 연관을 갖는다. 덕윤리는 도덕이 단순히 합리적 이성 활동에만 국한되지 않고, 옳지 못한 욕망을 자제하고 바른 감정과 태도를 실천하는 '정서적이고 실천적인 활동'임을 강조한다. 아리스토텔레스가 지적했듯이, 이러한 덕은 이성의 제어를 받는 정서와 행위가 반복적으로 습관화될 때 형성되는 것이다.

일상생활에서 매우 중요한 덕목인 배려와 공감은 합리적이고 이성적이라기보다 감성과 정서의 작용이다. 우리는 이런 구체적인 감정을 잘 표현하고 실천하는 사람을 도덕적 인간으로 존경한다. 결국 도덕이란 행위의 도덕적 근거를 따져 묻는 것이 아니라 행위자의 감성과 미덕, 덕성, 품성의 표현이다.

예를 들어 의무주의 윤리학에서는 동기를 도덕적 선의 기준으로 제시한다. 또한 이 동기조차 구체적인 인간관계에서 파악하지 않고 도덕법칙에 종속시킨다. 그러나 사고로 입원한 친구를 찾아가 안부를 묻는 병문안은 친구로서의 의무라는 이유에서 행하는 것이 아니라 친구를 걱정하는 직접적인 관심에서 비롯한다. 이런 행위자의 관심은 동기와 의무에 앞선다.

공리주의와 의무주의 윤리학은 도덕의 본질을 일상생활 속에서 드물게 발생하는 문제 상황에 처했을 때 어떻게 도덕적 행위를 선택하고 결정할 것인가의 문제로 오해하게 만든다. 그러나 도덕적 행위는 문제 상황의 해결뿐 아니라 일상의 제반 영역에서 매 순간 맞이하는 태도와 감정, 정서의 표현이다. 삶의 전 과정에서 합리적인 도덕적 판단을 요구하는 불확실한 순간은 그다지 많지 않다. 오히려 오랜 기간 실천을 통해 형성된 품성과 미덕이 도덕적인 삶에 가깝다. 따라서 도덕적 경험을 풍부하게 만드는 덕의 함양, 혹은 덕의 교육이 더 현실적인 윤리학의 과제이다. 이처럼 덕윤리학은 도덕적 행위와 의미를 행위자에 기초해 해석하고 판단한다.

[3] 덕의 함양: 스포츠윤리의 확대

행위의 정당성보다 개인의 인성을 강조하는 덕윤리는 스포츠윤리를 설명하는 매우 유용한 담론이 될 수 있다. 우리는 일반적으로 스포츠윤리를 규칙의 준수와 동일시하는 경우가 많다. 스포츠윤리에 저촉되는 행위는 무엇이며, 그것이 왜 비윤리적인지를 따져 묻는다. 폭력, 도핑, 승부조작, 의도적 파울 등 스포츠의 가치를 훼손하는 행위의 비도덕적 근거를 제시하고 근절할 방법에 대해 논의하는 것이 스포츠윤리학의 본령이라고 생각하는 경향이 있다. 그러나 덕윤리는 이런 행위의 비정당성에 초점을 맞추는 것이 아니라 그 행위의 주체, 즉 선수의 내면적 품성을 문제 삼는다.

스포츠는 단순히 승리의 쟁취를 위한 경쟁적 신체활동에 머무르지 않는다. 그 속에는 인간이 일반적으로 갖추어야 할 도덕적 내용이 동시에 포함되어 있다. 용기, 절제, 인내, 도전, 배려, 협동, 예의, 겸손, 단결 등은 스포츠에서 배울 수 있는 중요한 도덕적 덕목들이다. 이러한 덕목은 선수로서뿐만 아니라 성숙한 인격체로서 갖춰야 할 자질이기도 하다. 따라서 스포츠 참여는 덕성의 함양에 좋은 기회이며, 인격체의 완성에 도움을 주게 된다.

스포츠에서 일어나는 비윤리적 행위도 궁극적으로는 행위자의 올바르지 못한 품성에서 비롯한다. 이런 까닭에 스포츠윤리는 행위의 시시비비를 따지기 전에 행위자의 덕성을 계발하고 인격 수양에 이르는 길을 제시해야 한다. 스포츠를 통해 더욱 나은 인격체를 지향하는 것은 덕윤리의 큰 장점이자 스포츠윤리의 궁극적 가능성이기도 하다.

2 덕윤리학의 전개

[1] 덕윤리의 부활

덕윤리학은 근대의 규범윤리학을 비판하면서 20세기에 새롭게 등장한 윤리이론이지만 덕윤리 자체의 기원은 고대 그리스로 소급된다. 그러나 엘리자베스 앤스콤(Elizabeth. Anscombe)이 1958년 『근대 도덕철학』이라는 논문을 발표하기 전까지 인간의 덕성에 대한 도덕 담론은 고전적인 가르침 정도로 생각되었다. 도덕적 행위가 행위자의 덕성과 불가분의 관계에 있다는 앤스콤의 주장 이후 오랫동안 잊고 있던 덕윤리가 부활하기 시작했다. 앤스콤은 근대의 도덕철학이 '입법자 없는 법'이라는 모순적인 개념에 의지함으로써 잘못된 길로 들어섰다고 주장하면서 윤리학의 방향을 알기 쉬운 쪽으로 바꾸려고 노력하였다(노혜련 외, 2006).

앤스콤은 근대를 지배했던 도덕철학이 인간의 행위를 '반드시 해야 한다'는 당위적 표현에 가두거나, 심지어 그러한 표현을 아무런 반성 없이 사용함으로써 서로 다른 해답을 제시하였다고 비판한다. 예를 들어 칸트에게 있어 거짓말은 무조건 하지 말아야 할 것이지만 공리주의자에게 거짓말은 결과의 유용성에 따라 허용되기도 한다. 이처럼 절대적 기준이 없는 근대의 도덕법칙은 인간의 행위만을 다그칠 뿐 실천적이고 현실적인 도덕 문제에 해답을 주지 못하였다. 앤스콤은 이런 한계를 극복할 대안으로 아리스토텔레스 덕윤리의 부활을 제시한다.

덕이란 습관적 행위를 통해 드러나는 내면적 품성을 말하는데, 아리스토텔레스는 이러한 개인의 성품을 도덕의 본질로 보았다. 인간의 행위는 미리 마련된 도덕법칙에 따라 그것에 어긋나면 악한 것이 아니라, 덕을 가지지 못할 때 언제든 악해질 수 있다. 따라서 도덕적 행위는 훌륭한 성품을 갖기 위한 좋은 습관과 훈련, 그리고 도덕적 감수성을 갖추는 노력에서 비롯한다.

덕윤리는 도덕법칙, 규칙, 원리 대신 유덕(有德)한 개인들, 특히 유덕하다고 규정짓게 만드는 내적 특성, 성향, 동기에 주목한다(박찬구, 2004). 이를 통해 '입법자 없는 법'이나 '행위자 없는 행위'라는 근대 윤리학의 한계를 보완하려 했다. 덕윤리는 그 한계를 인간으로서 갖추어야 할 덕성과 바람직한 인간관계로 채운 새로운 윤리적 비전을 제시하였다. 앤스콤의 주장 이래 덕윤리는 매킨타이어(A. C. Macintyre), 샌델(M. J. Sandel) 등에 의해 현대의 새로운 윤리학으로 주목받고 있다.

[2] 아리스토텔레스의 덕윤리

20세기에 등장한 덕윤리는 고대 그리스의 아리스토텔레스의 윤리학에 크게 빚지고 있다. 그래서 아리스토텔레스가 주장한 도덕철학의 내용이 무엇인지 먼저 살펴보아야 덕윤리를 제대로 이해할 수 있다.

> **입법자 없는 법**
> 앤스콤이 근대 도덕철학을 '입법자 없는 법'이라고 비판한 것은 신의 명령에서 벗어났음에도 여전히 '의무'나 '옳음'과 같은 규범적 개념을 사용하는데, 그 궁극적 권위나 근거가 명확하지 않다는 지적이다. 즉 '무엇 때문에 그래야 하는가?'에 대한 답이 부족하다는 것이다. 덕윤리는 이 자리에 '탁월한 인간'이라는 목표와 '덕'이라는 품성을 제시하며 실천적 윤리로 방향을 전환하였다.

아리스토텔레스의 윤리학은 매우 현실적이고 구체적인 문제에서 출발한다. 『니코마코스 윤리학』에서 그는 인간이 살아가는 목적이 무엇인지를 묻는다. 여기에 대해 아리스토텔레스는 '선(善)'이라고 답한다. 선이란 "모든 기술과 탐구, 모든 행동의 추구가 목표로 삼는" 바로 그것이다. 그런데 인간이 추구하는 선은 사람과 상황에 따라 다르다. 이때 선 가운데 최고의 선이 무엇인지 물을 수 있다. 아리스토텔레스는 모든 인간이 살아가면서 추구하는 것 가운데 가장 좋은 것, 즉 최고선(最高善)을 행복(eudaimonia)이라고 말한다. 행복이 최고선인 이유는 언제나 목적 그 자체로 추구될 뿐, 다른 것의 수단이 될 수 없기 때문이다.

아리스토텔레스는 행복이 무엇인지를 알기 위해서는 인간의 고유한 일과 기능을 먼저 알아야 한다고 보았다. 조각가는 조각의 기능을 잘 수행해야 하고, 운동선수는 자신의 기량을 잘 발휘해야 한다. 조각과 운동기능이 뛰어날 때 우리는 '좋은 조각가' 혹은 '좋은 운동선수'라고 말한다. 이처럼 좋은 것(善)은 일차적으로 '잘 하는 것' 즉 기능의 뛰어남과 연관되어 있다.

그렇다면 인간 그 자체의 고유한 기능은 무엇일까? 아리스토텔레스는 인간이 갖는 기능을 생명의 기능, 감각 및 운동의 기능, 이성적 활동의 기능으로 나눈다. 그중 생명의 기능과 감각 및 운동의 기능은 다른 동물도 구비하고 있지만, 이성적 활동은 인간만이 지니는 특별한 기능이다. 따라서 인간의 기능을 수행한다는 것은 이성적 활동을 훌륭하게 수행한다는 것과 다르지 않다.

그런데 여기서 아리스토텔레스는 인간에게 있어서 이성적 활동은 그 활동에 맞는 행위의 규범을 갖추고 수행할 때 더욱 잘 이루어진다고 말한다. 이 행위의 규범이 곧 덕(德)이다. 따라서 인간에게 있어서 선이란 덕과 일치하는 정신 활동을 말한다. 결국 인간이 추구하는 행복은 자신의 고유한 일을 탁월하게 수행하면서 그것이 덕과 일치할 때 이루어지는 것이다.

그러나 덕은 물건을 구매하거나 옷을 입듯 그 자리에서 바로 갖추어지지 않는다. 마땅히 따르고 지켜야 할 규범으로서의 덕은 오랜 시간에 걸친 습관(ethos)의 결과로 생겨난다. 아리스토텔레스는 덕의 본성을 정신적인 것에서 찾는다. 정신으로서의 덕은 다시 '지적인 덕'과 '도덕적인 덕'으로 나누어진다. 지적인 덕은 말 그대로 사고, 이해, 분석, 지혜 등을 가리키며 유전과 교육에 의해 길러진다. 이에 반해 도덕적인 덕은 절제, 용기, 너그러움 등을 가리키며 실천함으로써 비로소 알게 되는 것으로 모방과 습관을 통해 얻어진다.

도덕적인 덕은 본성의 산물이 아니다. 옳은 행위는 저절로 생기는 것이 아니라 그 행위를 실천할 때 자신의 것이 된다. 절제, 관용, 인내, 용기, 정의 등 모든 덕성은 실천을 통해 길러진다. 이처럼 반복적인 실천으로 얻어진 도덕적인 덕은 일정한 성격적인 상태인 헥시스(hexis)에 이르게 된다. 헥시스는 특정한 조건이나 상황에서 한결같은 방식으로 느끼고 행동하는 도덕적 품성을 말한다.

이처럼 덕은 훈련과 실천이 매우 중요하기 때문에 교육이 필요하다. 인간의 도덕적 품성은 자신이 속한 공동체의 도덕적인 모범을 본받으려는 노력을 통해 길러진다. 아리스토텔레스는 유덕한 사람이 되기 위한 구체적인 노력으로 중용(中庸)을 제시한다. 중용이란 지나침과 모자람이 없는 상태를 가리킨다. 아리스토텔레스에 따르면 "과도와 부족은 악덕의 특징이며, 중용은 덕의 특징"이라고 한다(최명관 역, 1984). 그리고 덕은 언제나 중간을 목표로 삼는 성질을 가져야 한다. 즉 양극단의 한쪽에 있는 모자람의 악덕과 다른 한쪽에 있는 지나침의 악덕 사이에 도덕적 덕이 있다는 것이다. 예를 들어 용기는 비겁과 만용 사이의 덕이다.

그러나 아리스토텔레스의 중용은 산술적인 중간 지점을 의미하지 않는다. 중용은 모든 사람에게 일률적으로 적용되는 것이 아니라 개인에 따라 그 기준은 달라진다. 어린아이와 운동선수의 적절한 식사량이 다르듯 중용의 실천은 주어진 상황에 맞는 이성적 판단에 따라야 한다. 결국 아리스토텔레스가 말하는 덕이란 "중용에서 성립하는 행위 선택의 성품"이며(최명관 역, 1984), 이러한 성품은 추상적인 도덕성에 비해 훨씬 현실적이고 구체적인 윤리적 행위를 가능하게 만든다.

덕이 습관적인 행위에서 드러나는 내면적 특성이라면 자신에게 불리할 때나 혹은 심판의 눈을 피해 비신사적인 행위를 일삼는 선수는 정직의 미덕을 가졌다고 볼 수 없다. 정직한 선수는 언제나 일관되게 정직하며 그러한 덕은 내면의 품성에서 유래한다. 스포츠윤리학에서 도핑의 비도덕적 근거를 찾는 일은 그다지 어렵지 않다. 그러나 도덕적인 선수를 길러내고, 스포츠를 통해 유덕한 사람으로 만드는 것은 쉬운 일이 아니다. 아리스토텔레스의 덕윤리는 스포츠를 통해 행복에 이르는 길을 제시한다. 스포츠는 개인의 내면과 품성의 함양과 유지에 도움이 되어야 한다. 훌륭한 품성을 가진 스포츠인은 그렇지 못한 사람보다 더 행복하기 때문이다.

[3] 매킨타이어(A.C. Macintyre)의 덕윤리

매킨타이어의 덕윤리는 근대 이후의 도덕이 심각한 위기 상황에 빠져 있다는 진단에서 시작한다. 근대의 공리주의와 의무주의가 합리적 이성을 바탕으로 한 것이라면, 같은 도덕적 현상에 대해 서로 상반되는 주장을 펼치는 것은 이해하기 힘들다. 매킨타이어에 따르면 이러한 도덕적 불일치는 각각의 도덕적 입장이 전혀 다른 가치 평가적 개념을 사용하기 때문이라고 본다. 따라서 도덕에 관한 합리적 정당화를 제시하고자 한 근대 윤리학의 기획은 실패하였으며, 이를 해결하기 위해서는 과거의 도덕적 전통을 복원해야 한다고 주장하였다.

도덕이 인간의 선(善)을 구현하는 것이라면 덕을 도외시한 채 선을 언급할 수 없다는 것이 매킨타이어의 생각이었다. 여기서 머킨타이어는 덕의 실천을 강조한 아리스토텔레스의 윤리학에서 도덕의 복원 가능성을 발견한다. 덕의 윤리학은 "합리적 동물로서의 인간의 본질, 그리고 인간의 목적에 대한 해명을 전제로" 한다(이진우 역, 1997). 그리고 다양한 덕들을 향유하게 하고 악덕을 금지하는 전통적인 덕의 윤리는 "참된 본성을 실현하여 진정한 목적에 도달하는 방법을 가르쳐 준다"고 말한다(이진우 역, 1997).

매킨타이어 도덕철학의 출발점은 자기 욕망에 갇힌 인간들이 어떻게 타인의 요구에 맞추어 행동하는가에 있었다. 이것을 그는 도덕의 본질로 보았다. 도덕의 본질은 타인의 관심과 일치할 수 있는 덕목들의 발견과 실천에 있다. 따라서 인간의 윤리적 삶은 현실의 이해관계를 벗어날 수 없으며, 나아가 모든 개인의 삶은 공동체를 통해 구현된 가치와 연관되지 않고서는 어떠한 유의미한 가치도 끌어낼 수 없다.

매킨타이어에 있어 도덕이란 공동체의 가치를 내면화하는 것이다. 인간은 누구나 "자신의 도덕적 정체성을 가족, 이웃, 도시, 부족과 같은 공동체의 구성원 자격 속에서 또는 이 구성원 자격을 통해" 발견한다(이진우 역, 1997). 그런 의미에서 인간은 도덕에 있어서 역사적 존재이다. 모든 도덕적 실천들은 여러 세대를 통해 계승되어 온 역사의 결과이며, 개인은 그 전통의 담지자이다.

매킨타이어는 도덕에 있어 인간은 생각보다 합리적이거나 이성적이지 않다고 본다. 인간이 갖는 합리성은 시대와 장소에 따라 다양하게 존재한다. 특히 매킨타이어는 서구의 합리성만이 유일하게 옳다고 생각하는 것은 계몽주의적 이상에 불과하다고 보았다. 다양한 공동체의 정신적 토양들을 인정한 후 거기서 강조하는 덕성과 품성을 습관화하면서 적응해 나가는 것이 도덕적 인간의 형성에 더욱 바람직하다.

이런 까닭에 매킨타이어는 도덕에 있어 습관의 측면을 매우 중요하게 생각한다. 그가 아리스토텔레스의 윤리학, 즉 덕에 주목한 이유도 여기에 있다. 덕이란 구체적인 상황에서 도덕적으로 일관되게 행할 수 있는 인격체의 특성이다. 인간으로서 지녀야 할 올바른 품성을 습관적 행동으로 체화하여 인격을 완성해 가는 배움의 자세는 외부의 유혹에 굴하지 않고 자신의 내면에 충실할 수 있다는 점에서 많은 도덕적 이점을 가진다.

[4] 배려윤리(ethics of care)

도덕적 상황의 특수성과 인간관계를 고려하지 않은 채 보편적인 도덕원리에 의해 행위를 평가하는 지배적인 윤리 담론에 대한 반감은 배려윤리에서도 드러난다. 칸트의 의무주의와 벤담의 공리주의는 보편성, 개인의 자율성, 의무, 유용성, 공정성 등을 핵심 개념으로 하는 까닭에 처음부터 개인의 정서나 감정을 도덕적 고려의 대상에서 제외하였다.

그러나 일반적으로 개인은 도덕 규칙이 아닌 자신의 필요와 욕구, 인간관계의 특수성에 따라 행동한다. 초대받은 집의 식사가 맛이 없어도 정직하게 평가하지 않고 '맛있다'고 칭찬하는 이유는 초대한 주인이 자신과 무관한 개인이 아니기 때문이다. 또한 처음 실전에 투입되어 긴장한 후배의 어설픈 플레이를 격려하는 선배의 배려와 친절도 보편적인 도덕원리를 추구하는 윤리 담론으로는 설명하기 어렵다.

배려윤리는 타자의 욕구에 민감하게 반응하고 공감하며 대응하는 것이 도덕의 출발이라고 보는 새로운 윤리 담론이다. 인간은 타자와 분리되어 살아갈 수 없는 관계적 존재이다. 가족으로부터 시작되는 인간관계는 친구, 동료, 선배, 상사 등으로 확대되며, 그런 과정에서 유대감과 친밀함을 가지게 된다. 이때 배려는 특정 타자 간의 실제적인 인간관계를 보존하거나 증진하려는 행위를 말한다(Held, 2006).

갓난아기의 생존과 성장을 위한 어머니의 헌신적인 보살핌은 배려윤리의 전형적인 형태이다. 부모의 배려가 없으면 삶에 필요한 아기의 욕구는 충족되지 못하며, 부모의 사랑을 통해 아이와의 관계는 한층 강화된다. 친구의 약점과 허물을 자신만 알고 묻어두는 배려도 친구와의 관계를 훼손하지 않고 더욱 강화하려는 마음가짐에서 비롯한다. 배려윤리는 이처럼 실제 맺고 있는 인간관계를 더욱 친밀하고 돈독하게 강화하려는 노력을 말한다.

이런 까닭에 배려는 단순히 타인의 기분을 살피는 것에 머무르지 않고 공감, 관심, 애정 등 인간의 보편적인 감정으로 확대된다. 운동 경기에서 자신의 득점 기회를 동료에게 양보하는 선수는 패배한 상대 팀을 위로하는 배려와 아량을 가질 가능성이 높다. 근육경련을 일으킨 상대 선수를 걱정하고 보살피는 행위도 궁극적으로 타인에 대한 공감과 관심에서 비롯한다. 일반적으로 동료의 욕구와 관심에 민감하게 반응하고 배려하는 선수는 상대방의 기분과 감정을 살피고 대응하는 능력이 뛰어나다. 과도한 승리의 세리머니(ceremony)를 자제하거나 패배한 팀에게 존경을 표하는 스포츠맨십은 배려윤리의 전형적인 예라고 할 수 있다. 스포츠가 가지고 있는 많은 긍정적인 가치인 희생, 양보, 친절, 존중, 신뢰, 화합 등은 배려윤리가 궁극적으로 추구하는 가치와 겹친다.

배려윤리를 제창한 넬 나딩스(Nel. Noddings)는 이런 윤리적 가치의 근거를 페미니즘에서 찾는다. 그는 가부장적인 세계와 전통적 도덕 이론에서 무시되었던 연민, 공감, 동정, 양육 등의 여성적 경험과 가치가 도덕성의 기초이며, 타인에 대한 진정한 감응이야말로 도덕이라고 말한다(Noddings, 1984). 도덕의 원리는 실제적인 인간관계를 초월하여 존재하는 것이 아니라 상호작용에 의해 만들어진다. 그래서 배려윤리는 이성의 윤리가 아니라 감성의 윤리이며 덕의 윤리이기도 하다. 덕윤리가 개인의 인격 상태(states of character)에 초점을 맞추는 것에 비해, 배려윤리가 배려적 관계(caring relations)에 관심을 갖는 차이는 있으나 배려가 궁극적으로 덕으로 수렴된다는 점에서 덕윤리와 일맥상통한다.

> **나딩스의 보편적 배려**
> 나딩스는 결식 아동이나 저개발국가의 난민에게 기부하는 배려를 진정한 배려(caring for)와 구별하여 보편적 배려(caring about)라고 하였다. 보편적 배려는 자신과 직접적으로 관계를 맺지 않은 낯선 일반인에 대한 배려로 2차적인 것으로 본다. 그러나 가족에 대한 배려가 깊은 사람은 대부분 보편적 배려도 깊다.

공동체주의

칸트를 비롯한 근대의 자유주의 윤리학은 개인의 자율성을 도덕의 기초로 보았다. 그러나 실제 인간의 행위는 이성에 기초한 의무와 합리성에 의거하기보다 그가 속한 공동체의 가치관에 더 많은 영향을 받는다. 공동체의 가치를 주장하는 일련의 윤리학자들은 현실에서 도덕원리의 역할이 생각보다 크지 않다고 말한다. 다양한 가치가 공존하는 현대 사회에서 하나의 도덕원리를 취하는 것은 어려운 일이며, 만일 취하더라도 그 이유에 대한 설득력 있는 대답은 기대할 수 없다고 본다.

공동체주의는 근대의 개인주의적 도덕 주체에 의문을 제기하면서, 개인의 도덕적 신념을 형성하는 전제조건이 공동체에 있다고 주장한다. 즉 인간의 도덕적 행위는 공동체의 가치와 문화, 그리고 구성원 간의 관계를 통해 내면화한 결과라는 것이다. 따라서 공동체의 성원이 된다는 것은 선택적이거나 수단적일 수 없으며 그 자체로 본질적인 가치를 가진다. 공동체주의는 윤리적 문제를 공동체의 가치를 통해 극복하려는 새로운 윤리 담론으로, 대표적인 학자로는 매킨타이어, 마이클 샌델 등이 있다.

3 덕윤리와 스포츠

[1] 매킨타이어의 덕윤리와 스포츠

매킨타이어가 설명하고 있는 실천의 개념은 스포츠윤리학에 많은 시사점을 던진다. 그에 따르면 실천은 단순히 인간의 개별적인 행위가 아니라 그 활동에 내재하는 선을 드러내는 것이다. 이를 위해 매킨타이어는 내재적 선과 외면적 선을 구별한다. 내재적 선은 탁월하고자 하는 경쟁의 결과를 말하고, 외면적 선은 한 사람의 소유로 인해 다른 사람의 소유가 줄어드는 것을 말한다. 예를 들어 축구 경기에 있어 내재적 선은 승리 혹은 뛰어난 축구 기술이고 외면적 선은 권력과 명예, 그리고 금전적 이득 등 경기 외적인 그 무엇이다.

내재적 선은 그것의 성취가 실천에 참여하는 전체 공동체에 대한 선이라는 특징을 갖는다. 전설적인 축구선수의 플레이와 역사적인 명승부는 축구라는 공동체 전체의 선으로서의 가치를 가진다. 이에 반해 권력, 명예, 금전 등은 굳이 축구 경기를 통하지 않고도 얻어지는 것이어서 외면적 선이 되는 것이다. 매킨타이어가 말하는 내재적 선은 다른 참여자들과의 관계 속에서 이루어지는 실천에 자신을 예속시킴으로써만 성취될 수 있다.

매킨타이어에 있어 스포츠의 실천은 선수로서의 태도, 선택, 선호체계, 취향

등을 특정 스포츠의 공동체가 오랜 시간에 걸쳐 축적해 온 척도에 예속시키는 것이기도 하다. 여기에는 "탁월성의 척도와 규칙의 준수뿐만 아니라 선(善)의 성취"도 포함된다(이진우 역, 1997). 이는 스포츠맨십에 대한 정의와 다르지 않다. 스포츠맨십은 특정 스포츠의 공동체가 축적해 온 내재적 선의 관습과 전통을 따르고 지키는 것이다. 이런 까닭에 스포츠맨십의 실천은 곧 덕의 실천이 된다. 이 점에 대해 매킨타이어는 다음과 같이 말한다.

> 덕은 하나의 습득한 인간의 성질로서, 그것의 소유와 실천이 우리로 하여금 어떤 실천에 내재하고 있는 선들을 성취할 수 있도록 해주며 또 그것의 결여는 결과적으로 그러한 선들의 성취를 방해하는 그러한 성질이다(이진우 역, 1997: 282).

결국 스포츠맨십은 덕을 습득한 선수의 내면적 성질이라고 할 수 있다. 따라서 매킨타이어의 실천은 스포츠가 하나의 도덕적 행위라는 사실을 환기한다.

[Sports & life] 인성이 먼저인가 실력이 먼저인가?

스포츠선수에게 있어서 가장 중요한 덕목은 무엇일까? 좋은 선수가 되기 위해서는 우선 실력이 있어야 한다. 실력은 해당 종목에서 요구하는 운동기능의 탁월함이다. 탁월한 기량을 가진 선수는 사람의 주목을 받게 되고, 뛰어난 기술은 모방과 학습의 대상이 된다. 따라서 운동기술의 탁월함은 매우 중요한 선수의 덕목이다.

그러나 기술은 단지 특정 행위에 적용되는 기능 혹은 능력의 의미에 한정된다. 축구의 현란한 드리블은 일상생활에 쓰이지 않는다. 이에 비해 인성은 삶의 일반에 해당하는 개방적 개념이며 지속적이다. 운동의 탁월함은 시간과 함께 퇴화하는 특징을 가지지만 인성은 한 개인의 전체적인 삶에서 일관되게 유지된다. 스포츠 선수에게 인성이 먼저 요구되는 이유도 여기에 있다.

[2] 아크라시아와 프로네시스

가. 아크라시아(akrasia)

우리는 종종 자신에게 최선의 행동이 무엇인지 알면서 그것과 어긋난 행동을 하곤 한다. 가족에게 친절해야지 하면서도 어머니에게 자주 짜증을 내거나 무례하게 대한다. 금연을 결심한 사람이 3일도 지나지 않아 욕구를 자제하지 못하고 다시 담배를 입에 물기도 한다. 이처럼 자신의 욕구를 통제하지 못할 때 우리는 의지력이 약하거나 자제력이 부족하다고 말한다.

이런 나약한 모습은 스포츠 실천에서도 드러난다. 스포츠에서는 규칙을 지키지 않은 행위가 옳지 않으며 행하지 말아야 한다는 것을 알면서 일부러 파울을 저지른다. 그리고 도핑이 윤리적으로 올바르지 못한 행위라는 점을 명백히 알고 있으면서 기록과 승리를 위해 금지된 약물을 복용하는 선수가 있다. 이처럼 어떤 행위가 옳지 못하다는 점을 알면서도 그 행위를 자발적으로 행하는 상태를 아크라시아(akrasia)라고 한다.

아크라시아는 무지에서 오는 행위와 다르다. 길거리에서 소변을 보는 강아지를 비난하지 않는 이유는 그에게서 도덕적 앎을 기대하지 않기 때문이다. 아리스토텔레스는 인간의 앎을 소유와 사용의 두 가지로 구분한다. 페어플레이에 따라 경기하는 선수는 하지 말아야 할 행위에 대한 앎을 소유하면서 동시에 그 앎을 실천하는 사람이다. 이에 비해 공과 관계없이 상대방의 얼굴을 팔꿈치로 가격하는 선수는 하지 말아야 할 행위에 대한 앎을 가지고 있으면서 그 앎을 발휘(사용)하지 못한 경우이다.

아크라시아는 이처럼 앎과 행동 사이의 괴리에서 발생하는 것으로 가지지 말아야 할 품성 중의 하나이다. 아리스토텔레스는 아크라시아를 '실천적 지혜(프로네시스)의 일시적인 결핍'으로 보았다. 즉, 무엇이 옳은지(보편적 지식)는 알지만 특정한 상황(실천적 판단)에서 감정에 압도되어 그 앎을 실천하지 못하는 상태가 곧 아크라시아이다. 윤리적으로 옳지 않다는 것을 알면서도 승리에 대한 욕심 때문에 약물을 복용하는 행위는 지식이 있어도 실천으로 이어지지 못하는 대표적인 아크라시아이다.

나. 프로네시스(phronesis)

아리스토텔레스는 인간이 가지는 지식을 크게 에피스테메(episteme), 테크네(techne), 프로네시스(phronesis)의 세 가지로 구분하였다. 에피스테메는 논리적 사고를 통해 참과 거짓을 구분하는 학문적 지식을 말한다. 과학에 관련된 것으로 필연적이고 영원한 진리를 대상으로 하는 인식능력이 에피스테메이다. 테크네는 기술에 관련된 지식으로 능숙함을 통해 원하는 결과를 얻는 능력을 말한다. '만들다', '생산하다'는 뜻을 가진 테크네는 유용성과 효율성을 지향한다.

이에 비해 프로네시스는 실천적인 지혜로 목적에 도달하는 방법을 사유할 수 있는 능력과 어떻게 하면 잘 살 수 있는지 반성하는 지혜를 말한다. 인간이 사회의 일원으로서 삶을 영위하면서 성품의 탁월성을 구현하는 모든 실천적 지혜가 프로네시스이다. 인간의 구체적이고 실제적인 삶을 다루는 제반 문제는 프로네시스와 관련되어 있다. 프로네시스는 실천이 지향하고 있는 목적을 이루려면 주어진 상황에서 어떠한 행위를 해야 하는지 아는 지혜를 말한다. 따라서 프로네시스를 가졌다는 것은 곧 덕을 가졌다는 의미이며, 프로네시스를 가진 행위자는 언제나 도덕적으로 행동한다.

운동선수에게 있어서 기술의 탁월함은 테크네의 작용이다. 테크닉이 좋은 선수는 그 기능의 탁월함으로 찬사를 받는다. 그러나 테크네는 행위의 능숙함으로 도덕적인 의미를 갖지 않는다. 도덕적 탁월함은 언제나 올바른 행위를 하려는 실천적 지혜인 프로네시스에 의해 이루어진다. 스포츠에 참여하는 사람에게 프로네시스로 주어지는 것은 페어플레이와 스포츠맨십이다. 페어플레이와 스포츠맨십은 운동 경기 중 어떻게 행동해야 할지 가르쳐주는 실천적 지혜이다.

[3] 유교의 덕과 스포츠윤리

도덕적으로 바르고 일관되게 행동할 수 있는 인격체의 완성이 덕윤리의 지향점이라면 유교의 도덕과 덕윤리는 밀접한 연관을 가진다. 오히려 유교의 도덕철학은 덕윤리를 포괄하면서 스포츠윤리를 더욱 폭넓고 적극적으로 해석하게 한다. 왜냐하면 유교의 핵심 사상인 인(仁)은 도덕적 행위의 발로이며 관계의 윤리이면서 동시에 대동사회(大同社會)의 이념이기 때문이다. 다시 말해 인으로 설명되지 않는 인간의 도덕적 행위는 없으며, 경쟁적 신체활동인 스포츠에서도 인은 관계의 윤리로 작용한다.

공자의 인(仁) 사상은 언뜻 스포츠의 경쟁성과 동떨어진 것으로 이해하기 쉽다. 인자하고 유덕한 성품과 상대방을 먼저 배려하는 자세는 경쟁에 어울리지 않아 보인다. 그러나 유교는 경쟁적인 관계 그 자체를 부정하는 것이 아니라 경쟁의 윤리성을 문제 삼는다. 즉 경쟁은 이루어지되 경쟁에 임하는 마음가짐과 과정이 바람직해야 한다는 것이다.

이 마음가짐은 충서(忠恕)의 개념으로 설명할 수 있다. 충(忠)은 마음이 중심을 잡아 한쪽으로 치우치지 않는 상태인 양심을 의미하고, 서(恕)는 나와 타인의 마음이 서로 다르지 않다는 뜻으로 배려와 관용을 나타낸다. 특히 배려로서의 서(恕)는 타인의 처지에서 자신을 되돌아보는 도덕적 태도로 스포츠의 윤리와 겹친다. 공자는 서에 대해 "내가 원하지 않은 일을 남에게 하지 말라(己所不欲 勿施於人)"는 정언명령으로 규정한다. 여기서 서(恕)의 원리는 인간관계의 기본적인 행위의 준칙이라 할 수 있다. 내가 원하지 않는 것은 타인도 원하지 않을 것이라는 동등 고려(equal consideration)의 원리는 일상생활의 규범이면서 동시에 스포츠맨십의 바탕이기도 하다(문병도, 2005). 스포츠맨십은 하지 말아야 할 행위를 하지 않는 것이 아니라 스스로 원하지 않는 것을 타인에게 행하지 않는 서(恕)의 원리를 실천하는 일이다.

유교는 원론과 원리를 추구하는 형이상학적인 담론이 아니라 일상의 삶과 떨어질 수 없는 실천의 형태로 존재한다. 예를 들어 부모에 대한 배려인 효(孝)는 추상적으로 주어지지 않고 "나갈 때는 부모에게 반드시 알리고 돌아오면 반드시 얼굴을 뵈어 드린다(出必告反必面)"라는 구체적인 행위로 드러나야 한다.

유교에서는 이러한 행위가 덕(德)으로 굳어져 한결같은 사람을 군자(君子)라 하고 아직 거기에 도달하지 못한 사람을 소인(小人)으로 부른다. 군자와 소인은 도덕적 자각과 실천의 정도를 상대화한 인격적 상태로 볼 수 있다. 예를 들어 "군자는 의(義)에 밝고, 소인은 이(利)에 밝다(君子喩於義 小人喩於利)"는 구분을 스포츠에 기대어 설명하자면 의(義)는 직접적인 이익을 가져다주지 않으나 그것을 실천함으로써 스포츠를 더욱 스포츠답게 만드는 일련의 도덕적 행동 체계라 할 수 있고, 이(利)에 해당하는 스포츠 행위는 점수나 기록, 순위 등에 대한 집착이라 할 수 있다. 요컨대 스포츠에서의 의(義)는 정당하면서 올바른 승리에 대한 도덕적 주문이다.

의(義)가 도덕적 행위의 바탕인 이유는 공자의 다음과 같은 구절에서 잘 드러난다. 즉 "군자는 의로써 바탕을 삼고, 예로써 행한다(君子 義而爲質 禮而行之)"고 할 때의 의(義)는 행위 이전에 가지고 있는 자질 혹은 본바탕[質]을 의미한다. 왜냐하면 의(義)는 예(禮)라는 구체적인 행위에 선행하기 때문이다. 즉 스포츠를 스포츠답게 만드는 도덕적 기초로서의 의(義)는 예(禮)라는 구체적인 행위로 드러나야 한다.

스포츠에서의 예(禮)는 참가자의 마음가짐에서부터 상대에 대한 호칭, 행동, 복장, 경기의 진행 절차에 이르기까지 매우 다양하게 드러난다. 특히 경기의 시작과 끝에 상대와 심판에게 머리를 숙여 존경을 드러내는 예법(禮法)은 동양 무도의 매우 중요한 절차이자 정신이다. 태권도와 유도는 이러한 도덕적 가치를 예시예종(禮始禮終)으로 표현한다.

> **극기복례(克己復禮)**
> '사적인 욕심을 이겨내고 예(禮)로 돌아간다'는 의미로, 스포츠에서 선수 개개인의 승부욕, 이기심, 편법의 유혹 등 '사적인 욕심'을 극복(克己)하고, '스포츠의 예(禮)', 즉 페어플레이와 스포츠맨십이라는 공적인 규범으로 돌아가라는 주문으로 해석할 수 있다.

유교의 도덕과 스포츠윤리의 접합점은 정명(正名) 사상에서도 찾을 수 있다. 정명은 이름[名]을 바로잡는다는 뜻으로 사회 구성원의 모든 행위가 그 이름에 적합하도록 행해야 한다는 도덕적 요구를 말한다. 즉 "임금은 임금답고 신하는 신하다우며, 아버지는 아버지답고 자식은 자식다워야 한다(君君 臣臣, 父父 子子)"는 주문으로 각자에게 주어진 이름과 역할에 걸맞게 행동하라는 도덕적 명령이다.

스포츠를 스포츠답게 만드는 것은 각자의 이름(역할)에 맞는 도덕적 책임을 다하는 정명(正名) 사상과 연결된다. 심판은 심판답게 공정한 판정을 내리고 선수는 선수답게 최선을 다하며 규칙을 준수하는 것이 바로 스포츠의 정명이라 할 수 있다. 이러한 정명을 실천하는 것이 스포츠맨십으로 구체화되며, 스포츠인이라면 어떤 경우든 자신의 역할에 맞는 올바른 행동을 해야 한다는 도덕적 명령이 된다.

[3] 덕윤리와 무도(武道) 스포츠

인간이 갖추어야 할 올바른 마음이나 품성의 습관화를 강조한 덕윤리는 우리의 전통적인 도덕관념과 매우 유사하다. 인(仁), 의(義), 예(禮), 지(智), 신(信)이라는 유교의 덕목을 각각 사랑, 정의, 예절, 분별, 신뢰로 대체해 보면 도덕에 대한 이해에 있어 아리스토텔레스의 덕윤리와 유교의 도덕은 일맥상통한다. 특히 덕윤리와 동양의 도덕은 실천의 중요성을 강조하는 점에서 도덕의 보편성을 드러낸다. 결국 도덕이란 바람직한 행위가 몸을 통해 드러나는 것이다. 동양의 도덕이 수양(修養) 혹은 수행(修行)을 강조한 이유도 여기에 있다.

우리의 전통 도덕은 자신의 몸을 닦음으로써 남을 이롭게 하는 실천에 바탕을 둔다. 인간이 갖추어야 할 도덕적 덕목은 신체와 불가분의 관계를 가진다. 덕의 윤리는 머리로 이해된 것에 머무르지 않고 습관을 통해 행위로 드러날 때 완성된다. 따라서 인격의 도야는 먼저 신체적 수행에서 비롯한다. 이처럼 도덕적 이상이 인간의 신체적 수행을 통해 이루어진다는 동양의 도덕관념을 보여주는 것이 무도(武道)이다.

무예의 일차적인 목적은 신체적 공방의 효율성에 있다. 즉 적을 손쉽게 제압하는 것이 무예의 본질이다. 이런 관점에서 보면 무도가 지향하는 인격체의 완성은 무예의 본질과 모순되는 것처럼 보인다. 싸움이 상대와의 갈등을 힘으로 해결하는 행위라는 점에서 윤리적 가치와 충돌할 가능성까지 내포한다. 그럼에도 불구하고 무도가 인격 수양을 지향한다고 말할 수 있는 이유는 무예 수련의 진정한 목표가 타인과의 싸움을 넘어 '자신과의 싸움'으로 수렴하기 때문이다.

싸움의 본질이 자신의 마음에 있다는 것은 무도 수련자가 기술을 연마하는 과정에서 공격성, 오만, 두려움과 같은 부정적인 내면을 통제하고 극복하는 훈련을 한다는 뜻이다. 무예를 익히는 것은 곧 자기 내면의 불완전성과 싸워 이기는 과정이며, 이를 통해 자제력과 겸손, 용기와 같은 덕목을 함양하게 된다. 여기서 무도와 덕윤리의 공통점이 드러나게 된다. 둘 모두 행위의 외적 결과(승패)보다 행위자 자신의 내면적 품성(덕)을 더 중시하며, 그 품성은 추상적인 이해가 아닌 반복적인 실천과 수양을 통해 완성된다.

무도와 덕윤리는 신체적 행위에 주목하는 것이 아니라 행위자의 정신에 주목한다. 스포츠에서 뛰어난 기량은 행위의 결과이다. 무도에서의 행위도 일차적으로는 무예(기예)의 숙련에 있지만, 그것이 궁극적으로 지향하는 것은 행위(기술)가 아니라 행위자의 정신이다. 밖으로 드러나는 무예의 동작은 상대에 대한 효율적인 공격과 방어이지만, 그 목적을 정신에 둠으로써 무도는 인격체의 완성이라는 도덕적 가치를 획득하게 되는 것이다.

[Search & Discussion] 트롤리 문제(trolley problem)

여기 두 가지의 문제가 주어진다.

첫 번째 문제는 선로를 변경하는 시나리오이다. 트롤리가 무서운 속도로 달리는 선로 위에 다섯 명이 서있다. 그대로 직진하면 모두 죽게 된다. 그러나 트롤리의 선로를 바꿔 주면 다른 선로 위의 한 사람만 희생하고 다섯 명을 살릴 수 있다. 어떻게 할 것인가?

두 번째 문제는 선로 위의 다섯 명을 구하기 위해 몸집이 큰 사람을 떨어뜨리는 시나리오이다. 그 사람을 떠밀어버리면 트롤리는 멈추고 다섯 명을 구할 수 있다. 어떻게 할 것인가?

하버드대의 심리학자인 조슈아 그린은 트롤리의 딜레마에 대처하는 사람들의 심리 상태를 연구하였다. 연구 결과 놀라운 사실이 발견되었다. 첫 번째 문제에서 실험에 참여한 사람들은 망설임 없이 한 사람을 희생하여 다섯 명을 구하는 쪽을 택했다. 그러나 두 번째 문제에서 대부분 실험 대상자는 망설이며 몸집이 큰 사람을 떠밀어 내지 못했다. 다섯 명을 구하기 위해 선로를 바꿀 수는 있어도 트롤리 앞으로 사람을 떠밀어 죽게 할 수는 없다고 대답하였다. 결과가 똑같은 두 시나리오 중 하나는 망설임 없이 선택하면서 다른 하나는 왜 거부하였을까? 그 이유에 대해 토론해 보자.

밀리언 달러 베이비(Million Dollar Baby)

[감　　독] 클린트 이스트우드
[제작년도] 2004년
[상영시간] 133분

　허름한 체육관을 운영하고 있는 프랭키와 에디는 늘 티격태격하면서 늙어가는 처지였다. 프랭키는 과거 유명한 트레이너로 은퇴 복서인 친구 에디와 체육관에서 소일하는 것이 유일한 즐거움이었다.
　어느 날 체육관에 매기라는 여자 복서 지망생이 찾아온다. 매기는 권투를 하기에는 이미 늦은 31살. 프랭키는 그녀에게 "31살의 여자가 발레리나를 꿈꾸지 않듯 복싱 선수를 꿈꾸어선 안 된다."며 매몰차게 그녀를 돌려보낸다. 그러나 매기는 하루도 거르지 않고 체육관에 나와 홀로 연습한다. 이런 모습에 프랭키도 마음을 열고 트레이너가 된다.
　프랭키의 지도를 받으며 매기는 빠르게 성장해 나간다. 드디어 타이틀 매치에 나가기에 이른 매기에게 프랭키는 'Mo Cuishle'라는 글자가 새겨진 가운을 선물한다. 나의 소중한 혈육이라는 뜻이다. 매기는 어느새 딸과 소원한 관계에 있던 프랭키에게 혈육과 같은 존재가 되어 있었다.
　스포츠가 감동적인 이유는 거기에 인간이 추구해야 할 가치가 녹아 있기 때문이다. 밀리언 달러 베이비는 스포츠에서 추구하는 가치의 아름다움을 잘 표현하고 있다.

PART

03

스포츠와 불공정

CHAPTER 08 도 핑
CHAPTER 09 차 별
CHAPTER 10 폭 력

[개정 3판]
스포츠윤리학

CHAPTER 08

도핑

스포츠에서 점점 인간의 모습은 사라지고 있다. 고환암을 이겨내고 자전거 페달 하나로 험준한 산맥을 넘어 7회 연속 '투르 드 프랑스'를 정복한 랜스 암스트롱은 약물복용이 폭로되기 전까지 인간 승리의 화신이었다. 인간을 보고자 하였으나 점점 인간에서 멀어지는 도핑의 진화는 스포츠의 퇴화를 의미한다.

인간과 비인간의 경계에 도핑은 존재한다. 유전자 조작으로 지칠 줄 모르고 달리는 마라토너를 스포츠선수라 부를 수 있을까. 머지않은 미래에 어쩌면 스포츠는 조작된 인간의 싸움터가 될지 모른다.

스포츠의 승리는 많은 것을 가져다준다. 그 치명적인 유혹이 '골드만 딜레마'를 만든다. 금메달을 딸 수 있다면 5년 안에 죽어도 약물을 복용할 것인가라는 물음에 절반 이상의 선수들이 '예스'라고 대답하는 현실이 수많은 암스트롱을 만들어 내고 있다. 스포츠에서 도핑이 일어나는 구조적인 이유와 근절의 방법을 생각해 보자.

학습목표

- 도핑의 정의와 방법을 이해한다.
- 기술도핑과 유전자도핑을 이해한다.
- 도핑의 비윤리적 근거를 제시하고 적용할 수 있다.
- 도핑의 근절 방안과 윤리적 자세를 이해할 수 있다.

1 도핑의 의미와 종류

[1] 도핑의 의미

도핑은 남아프리카의 원주민들이 종교적 의식이나 전투 전에 마시던 환각제의 일종인 도프(dope)에서 유래한다. 두려움을 없애고 용맹을 떨치기 위한 의식행위의 하나였던 도핑(doping)은 이후 경마와 같은 일부 스포츠에서 승리를 위한 약물 사용 행위를 일컫는 용어로 사용되다가, 점차 인간 스포츠 분야로 확대되었다.

특히 두 차례 세계대전을 거치며 질병의 치료를 위한 생리학과 약학의 연구가 활발히 이루어지면서 새로운 약물들이 경기력 향상에 이용되기 시작했다. 오늘날의 도핑은 약물 사용뿐만 아니라, 혈액 조작이나 유전자 조작 등 금지된 방법을 통해 운동능력을 불법적으로 향상시키려는 모든 행위를 포괄한다.

국제 스포츠가 도핑에 관심을 가지게 된 계기는 약물의 부작용 때문이었다. 1960년 로마올림픽에서 덴마크의 사이클 선수가 암페타민 과다 복용으로 사망하면서 국제 스포츠계는 도핑이 선수 생명과 직결된다는 사실을 알게 되었다. 국제올림픽위원회(IOC)는 1968년부터 반도핑 활동을 전개해 오다 날로 과학화, 지능화되어 가는 도핑에 효과적으로 대응하기 위해 1999년 세계반도핑기구(World Anti-Doping Agency: WADA)를 창설하였다. WADA는 2004년에 '세계도핑방지규약(World Anti-Doping Code, WADC)'을 채택하여 도핑의 정의와 금지 약물/방법, 위반 유형, 제재 등을 국제적으로 표준화하였다. 우리나라에서는 2006년 한국도핑방지위원회(Korea Anti-Doping Agency: KADA)가 설립되어 국제적인 동조체제를 갖추고 있다.

[2] 도핑의 내용

WADA는 매년 9월 '금지목록 국제표준'을 선정하여 선수의 건강을 해치거나 경기력 향상에 관여하는 약물과 방법 등을 공표하고 있다. 이 목록은 이듬해 1월 1일부터 적용되어 효력을 가진다. 금지목록은 상시 금지약물, 경기기간 중 금지약물, 특정스포츠의 금지약물로 구분된다(한국도핑방지위원회, 2015). WADA는 '금지목록 국제표준'에서 금지하고 있는 약물의 복용이나 흡입, 주사, 피부 접착, 혈액제제 수혈, 인위적 산소 섭취뿐만 아니라 그것의 사용을 은

> **세계도핑방지규약**
> **(World Anti-Doping Code)**
> 세계도핑방지규약(WADC)은 스포츠에 관한 세계도핑방지 프로그램의 기초를 이루는 기본적이고 보편적인, 도핑방지 활동의 근거가 되는 문서를 말한다.

폐하려는 행위 또는 부정거래, 그리고 그러한 행위를 시도하는 것까지 도핑방지규정 위반으로 정의하고 있다.

[3] 금지약물 및 방법

WADA에서는 어떤 약물 또는 방법이 다음 3개의 기준 중 2개의 기준에 해당하는 경우, 그 약물 또는 방법을 금지목록에 포함시킨다.

① 선수의 경기력을 향상시키거나 경기력을 향상시키는 잠재력을 가지고 있는 경우
② 선수의 건강에 실제적 또는 잠재적인 위험이 되는 경우
③ 스포츠 정신에 위배되는 경우

> **치료목적사용면책**
> 선수들에게 금지되는 약물 중 많은 것이 의약품으로 사용되고 있다. 이런 약물의 사용은 질병 또는 부상의 치료를 위하여 반드시 필요하다. WADA에서는 선수들이 질병 및 부상의 치료를 위한 목적에 한하여 금지된 약품을 사용할 수 있는 제도적 절차를 만들어 놓았다. 이를 '치료목적사용면책'이라고 한다. 사용 면책을 받으려면 사전에 WADA에 통보하여 허락을 얻어야 한다.

〈금지약물 목록〉

상시금지약물	경기기간 중 금지약물	특정스포츠 금지약물
S0. 비승인약물 S1. 동화작용제 S2. 펩티드호르몬, 　　성장인자관련약물 S3. 베타-2작용제 S4. 호르몬 및 대사 변조제 S5. 이뇨제 및 기타 은폐제	S0. 비승인약물 S1. 동화작용제 S2. 펩티드호르몬, 　　성장인자관련약물 S3. 베타-2작용제 S4. 호르몬 및 대사 변조제 S5. 이뇨제 및 기타 은폐제 S6. 흥분제 S7. 마약류 S8. 카나비노이드 S9. 부신피질호르몬	P1. 알코올 　　항공스포츠, 가라데, 양궁 　　모터사이클, 자동차경주 　　모터보트 P2. 베타차단제 　　항공스포츠, 골프, 　　나인핀 · 텐핀볼링, 　　모터보트, 자동차경주,

〈금지 방법〉

M1. 산소 운반능력 향상	M2. 화학적, 물리적 조작	M3. 유전자도핑
• 자가혈액, 동종 또는 이종혈액 및 적혈구 제제를 사용하는 경우를 포함한 혈액도핑 • 불소치환화합물(perfluorochemicals, efaproxiral(RSR13)) 그리고 변형헤모글로빈 제품류를 포함한 인위적인 산소 섭취 및 운반 능력향상 제품의 사용. 산소 보충은 제외	• 도핑검사 과정에서 채취한 시료의 성분과 유효성을 변조하거나 변조를 시도하는 행위 • 의료기관의 허가에 따른 합법적인 정맥투여(intravenous infusions) 그리고/혹은 투여된 양이 50mL 이상이며, 간격이 6시간 이내인 정맥 주사(intravenous injections) 또는 임상 조사를 제외한 정맥주사 • 소량이라도 전혈(全血)을 순차적으로 채취, 조작 후 순환계로 재주입하는 행위	• 핵산 또는 핵산 순서의 이동 • 정상적인 세포 또는 유전적 변형이 있는 세포 사용

2. 반도핑의 윤리적 근거

[1] 도핑을 금지해야 하는 이유

윤리학자들은 도핑이 반드시 근절되어야 할 비윤리적인 행위라는 점에 일치된 견해를 보인다. 그러나 도핑의 해악과 비도덕성에도 불구하고 여전히 사라지지 않는 이유에 대해서는 의견이 분분하다. 도핑을 일종의 심각한 파울로 간주하는 사람도 있다. 파울 없는 완전무결한 경기가 없듯이 도핑도 승리를 추구하는 과정에서 일어나는 개인의 과도한 파울이라는 것이다. 이런 심각한 파울은 승자와 패자를 구분하고 승자에게 모든 결과가 돌아가는 근대 스포츠에 있어서 필요악이라고 본다.

그러나 도핑은 단순히 심각한 파울로 볼 수 없다. 일반적인 파울(규제적 규칙 위반)이 경기의 틀 안에서 처벌되는 것이라면, 도핑은 인간의 순수한 신체적 탁월성을 겨루는 스포츠의 근본적인 구성 규칙 자체를 훼손하는 파괴적 행위이다. 따라서 도핑은 승리를 위한 '필요악'이 아니라 스포츠의 본질적 가치를 부정하는 반도덕적 행위로 규정되어야 한다.

도핑은 승리라는 목적을 위해 수단을 합리화하는 근대 스포츠의 결과주의적 사고를 바탕으로 한다. 따지고 보면 도핑은 승리가 만들어 낸 비도덕이다. 승리를 바라지 않는 순수한 목적의 도핑은 존재하지 않는다. 그래서 도핑은 승리의 사생아이며, 근대 스포츠의 한계라고 할 수 있다.

그렇다면 무엇이 도핑을 비도덕적으로 만드는 것일까? 도핑의 비도덕성은 공정성, 건강, 자연성이라는 핵심 원리를 위반한다는 사실에 근거한다. 이 원리들은 도핑의 비윤리성을 설명하는 데 있어 가장 강력하고 보편적인 논리적 근거가 된다.

가. 공정성: 정의의 위배

도핑을 정당화할 수 없는 가장 근본적인 이유로 공정성을 들 수 있다. 도핑한 선수의 경쟁 조건은 그렇지 않은 선수에 비해 훨씬 유리하다. 도핑은 이를테면 100m 경기의 출발을 몇 미터 앞에서 시작하는 것과 같다. 이는 스포츠의 본질적 구성요소인 동등한 경쟁의 조건을 위배하는 것이며 스포츠 자체를 정면으로 부정하는 행위이다.

또한 도핑은 그것을 하지 않은 선수가 자신의 탁월성을 위해 쏟은 노력과 결과를 부정하는 일이어서 정의의 원칙에 크게 어긋난다. 도핑으로 손쉽게 승리를 획득하는 것은 노력과 능력에 따라 차등적 분배를 갖는다는 분배의 정의에도 합당하지 않다. 만일 도핑이 정의로 인정된다면 탁월성을 위한 스포츠의 모든 훈련과정은 무의미해지며, 오로지 효과가 뛰어난 약물만이 정의가 될 것이다. 다시 말해 도핑은 평등한 경쟁 조건이라는 일반적 정의와 능력에 맞는 합당한 결과를 가져야 한다는 분배적 정의 모두에 위배되는 것으로 스포츠가 추구하는 선(善)에 합치될 수 없는 비도덕적 행위이다.

나. 건강

WADA에서 규정한 250여 종의 금지약물 및 금지 방법은 인간의 신체에 심각한 부작용을 초래할 수 있다. 그래서 WADA는 '잠재적인 위험'이 있는 약물까지 금지목록에 포함시킨다. 스포츠의 일차적인 목적은 신체의 아레테를 경쟁하는 것이며, 이런 까닭에 건강한 신체는 스포츠의 본질적인 속성에 해당한다. 신체의 건강은 스포츠의 아레테이면서, 인간의 행복을 위한 물적 토대가 된다. 따라서 건강의 추구를 방해하고, 스포츠의 목적을 전면적으로 부정하는 도핑은 허용될 수 없는 비도덕적 행위이다. 실제로 현재 '금지목록 국제표준'에 해당하는 약물은 과다복용 시 심근경색, 협심증, 환각 등의 부작용은 물론 죽음에 이르게 할 수 있다.

다. 자연성

신체의 자연성, 즉 자연적인 신체는 스포츠의 도덕성에서 중요한 위치를 차지한다. 스포츠에서의 모든 경쟁은 신체의 자연적인 상태에서 이루어져야 한다. 인위적인 작용으로 변형된, 혹은 변질된 신체로 시합에 임하는 것은 스포츠의 순수성뿐만 아니라 공정성에도 어긋난다. 인위적인 작용이 배제된 순수한 신체의 대결만이 스포츠로서의 가치를 가진다. 따라서 약물에 의해 인위적으로 신체를 강화한 도핑은 도덕적으로 허용될 수 없다. 이는 스포츠 경쟁의 본질적 요소를 인간의 순수한 신체적 탁월성으로 한정해야 한다는 매우 강력한 도덕적 요청이다.

도핑과의 전쟁

1988년 서울올림픽 100m 결승은 세기의 스타 칼 루이스와 벤 존슨의 흥미로운 대결로 세간의 관심을 끌었다. 벤 존슨이 9.79초로 결승선을 통과하는 순간 세계는 새로운 스타의 탄생에 흥분했다. 그러나 약물을 복용한 사실이 알려지면서 세계는 더 큰 충격에 빠졌다.

도핑검사실에서 따로 벤 존슨과 맞서 진상을 파악한 과학자가 있었다. 아르네 융크비스트(Arne Ljungqvist) 박사였다. 스포츠와 의학 모두에 정통한 전문가로, '도핑과의 전쟁'을 선포한 선구자였다. 그의 노력으로 드러난 벤 존슨의 약물복용은 스포츠에서 도핑 문제가 세계적으로 큰 주목을 받는 계기가 되었다.

그 밖에 '역할모형'과 '강요' 등이 도핑을 금지해야 하는 이유로 거론되고 있다. 역할모형이란 청소년의 일탈행위가 관찰과 모방을 통해 이루어진다는 사회학습이론에 근거한다. 사회학습이론에 따르면 어린 선수들의 역할모형인 스포츠 영웅의 도핑은 모방의 충동을 불러일으키거나, 반대로 상실감과 회의, 그리고 목표 상실로 이어질 수 있다. 스포츠 영웅의 도핑은 사회 전체에 대한 신뢰 훼손, 청소년의 윤리의식 혼란, 스포츠의 교육적 가치 상실이라는 악영향을 미친다. 사회적 공공재로서의 스포츠 가치를 훼손한다는 점에서 역할모형은 매우 중요한 비윤리적 근거가 된다.

또한 '강요'는 주로 감독과 코치 등 지도자의 지시(압력)로 이루어진 조직적인 도핑을 말한다. 강요는 선수의 자율성(Autonomy)과 인권을 침해하는 행위로, 선수가 자신의 몸과 선택에 대한 주체성을 상실하게 만든다는 점에서 매우 비윤리적이다. 따라서 강요에 의한 도핑은 단순한 개인적 일탈을 넘어 구조적 폭력의 문제로 선수의 인권 보호 차원에서 심각하게 다루어져야 한다.

[2] 반도핑에 대한 반론

도핑을 반대해야 하는 이유는 너무나도 명백하여 반론의 여지가 없어 보인다. 그러나 한편으로 도핑을 금지하는 이유에 반론을 제기하는 사람들도 있다. 스포츠가 근본적으로 승리와 패배라는 구조적 불평등을 안고 있는 이상, 도핑의 도덕적 판단과 결정은 선수 개인의 선택에 맡겨야 한다는 주장이 그것이다. 또한 애초부터 스포츠에서 완전한 공정성은 기대할 수 없으니, 오히려 도핑에 도덕적 면죄부를 줌으로써 보다 화려한 퍼포먼스를 장려하고 즐기는 것이 더 낫다는 견해도 있다.

그들의 주장에 따르면 도핑은 결코 범죄 행위가 아니다. 도핑은 사회에서 정한 법규를 어기는 범법 행위가 아니라 다만 스포츠의 규범에 어긋나는 것에 불과하다. 그리고 스포츠에서의 규범이라는 것도 매우 느슨하여 커다란 구속력을 가지지 못하는 것이라면 도핑에 대해서만 엄격할 이유가 없다. 그들은 도핑의 비윤리적인 근거가 생각보다 허약하다고 말한다.

가. 공정성

공정성은 스포츠를 가능하게 하는 필요조건이다. 60kg의 선수와 100kg의 선수가 맞붙는 권투 시합이 불공정하듯, 도핑한 사람과 그렇지 않은 사람은 공정성이란 경쟁 조건의 평등성을 위배한다. 이것이 도핑을 금지해야 하는 중요한 이유이다. 그러나 스포츠에서 경쟁 조건의 완전한 평등은 가능한가?

사람은 저마다 타고난 신체적 능력과 조건이 다르다. 이를 '자연적 불평등'이라고 한다. 스포츠에서 자연적 불평등은 개인의 힘으로 극복할 수 없는 영역이며, 경기 레벨이 올라갈수록 승패에 결정적인 영향을 미친다. 감독이나 코치가 선수를 선발할 때 해당 스포츠에서 요구하는 신체적 조건과 능력을 가장 먼저 보는 이유도 여기에 있다. 현실적으로 이런 불평등은 모든 스포츠에 존재한다. 즉 스포츠가 원초적인 불평등을 안고 있는 이상 공정성을 이유로 도핑을 금지하는 것은 설득력이 약하다. 왜냐하면 공정성을 근거로 제시하기 위해서는 먼저 스포츠가 공정하다는 사실을 밝혀야 하기 때문이다. 이를 '선결문제요구의 오류'라고 부른다. 결국 스포츠 자체의 완전한 공정성이 획득되지 않은 상태에서 도핑의 불공정성은 논의될 수 없다.

도핑이 공정성의 위배라는 주장에는 또 다른 문제가 남는다. 도핑 금지의 이유가 단지 도핑을 한 사람과 그렇지 않은 사람의 불평등에 있다면 모든 선수에게 도핑 기회를 평등하게 부여함으로써 해결할 수 있다. 따라서 도핑의 비윤리성을 기회균등과 공정성의 위배에서 찾는 것은 적어도 논리적으로는 설득력이 약하다.

그러나 '선결문제 요구의 오류'라는 비판은 논리적 허점을 가지고 있다. 스포츠가 완전한 공정성을 담보하지 못한다고 해서 기존의 불완전한 공정성마저 훼손하는 도핑을 허용해야 한다는 결론은 논리적 비약이다. 오히려 도핑 금지

> **선결문제요구의 오류**
> 문제를 먼저 해결하지 않은 채(증명되지 않은 근거를 당연시 한 채), 어떤 주장을 펼치는 오류를 말한다. 예를 들어 '감기약은 수면을 유도한다. 왜냐하면 감기약이 수면 유도 성분을 함유하고 있기 때문이다.'와 같은 진술이 여기에 해당한다.

는 스포츠가 추구하는 이상적인 공정성을 향한 노력으로 볼 수 있으며, 스포츠의 윤리적 가치를 높이는 행위다.

나. 건강

도핑이 모든 선수에게 전면적으로 허용된 상황을 맞더라도 여전히 도핑은 옳지 않다. 약물은 선수의 건강을 해치거나 생명에 치명적인 결과를 가져올 수 있기 때문이다. 이것이 어쩌면 반도핑을 주장하는 가장 현실적인 이유일 터이다.

도핑이 선수의 건강과 생명에 치명적이라는 구체적인 사례와 증거는 가장 강력한 안티도핑의 이유로 간주될 수 있을 것 같다. 그러나 건강의 논리도 설득력이 빈약하기는 공정성과 마찬가지이다. '약물은 선수의 건강에 영향을 미친다.'는 사실로부터 약물의 복용은 잘못되었고, 따라서 금지해야 한다는 판단을 끌어낼 수 없다. 다시 말해 사실 판단은 윤리적 판단의 근거가 될 수 없다. 만일 약물이 선수의 건강에 해롭다면 같은 이유로 과도한 훈련도 선수의 건강에 해롭기 때문에 금지되어야 한다. 프로선수들은 자의든 타의든 매우 혹독한 훈련에 시달린다. 그래서 대부분 크고 작은 부상을 가지고 산다. 부상은 건강한 상태라고 할 수 없으며, 심지어 부상의 치료를 위해 약물을 사용하기도 한다. 이처럼 사실 판단과 윤리적 판단을 동일시하는 것을 '자연주의적 오류'라고 부른다.

아울러 현재 금지된 약물이 모두 나쁜 것은 아니다. 대부분의 금지 약물은 실제로 질병 치료와 노화 방지에 뛰어난 효능을 발휘하고 있으며, 널리 활용되는 훌륭한 의약품이다. 도핑의 대표적인 약물인 '테스토스테론(testosterone)은 남성의 갱년기 치료제이다. 결국 도핑의 비윤리성은 가치중립적인 약물의 탓이 아니라 그것을 엉뚱한 목적에 쓰는 선수의 동기 문제이다.

그러나 도핑과 과도한 훈련은 본질적으로 다르다. 훈련은 인간의 자연적 능력을 향상시키는 과정으로 스포츠의 본질에 부합한다. 이에 비해 도핑은 인위적인 약물로 능력을 조작하는 행위로 스포츠의 자연성과 공정성을 동시에 파괴한다. 따라서 '건강에 해롭다'는 공통점만으로 둘을 동일시하는 것은 본질적인 차이를 무시한 잘못된 '유비 추론(false analogy)'이 될 수 있다.

다. 자연성

스포츠에서의 모든 경쟁은 신체의 자연적인 상태에서 이루어져야 한다는 원칙은 스포츠의 순수성과 도덕성에 매우 중요한 요소이다. 도핑은 약리적 작용으로 순수한 신체적 탁월성의 경쟁에 치명적인 오점을 남긴다. 스포츠에서 약물을 배제한 순수한 경쟁의 논리는 반박하기 어려워 보인다. 그러나 이러한 주장도 허점을 가진다.

먼저 치료와 강화의 구분이 애매하다. 도핑이 자연적 상태를 훼손하는 인위적 강화인 점은 분명하다. 그렇다면 시력이 좋지 않아 선수가 라식 수술을 한 경우에는 어떻게 보아야 할까? 또한 어깨 연골이 심하게 손상된 야구 선수가 골수의 줄기세포를 이용한 수술로 예전보다 더 빠른 공을 던지게 되었다면 치료인지 강화인지가 불분명하다. 이와 유사한 경우는 얼마든지 찾을 수 있다. 즉 스포츠에서 정확한 자연성의 기준은 매우 애매하다. 정상적인 상태의 몸과 그렇지 않은 몸은 어떻게 구별할 수 있을까. 보디빌더의 신체는 비정상일수록 높이 평가받는다. 요컨대 스포츠에 있어서 신체의 자연성과 인위성의 기준은 애매하여 설정 자체가 어렵다.

치료와 강화의 구분이 애매하다는 반론은 타당해 보이나, 현대 스포츠 과학과 윤리학은 이 문제에 대한 해법을 모색하고 있다. '치료목적 사용면책(TUE)'과 같은 제도는 선수의 건강 회복을 위한 합법적인 약물 사용을 허용한다. 동시에 WADA는 치료의 목적을 넘어선 인위적 능력향상 행위를 금지함으로써 '스포츠의 자연성'을 지키려는 노력을 지속하고 있다. '자연성'의 기준이 모호하다고 해서 그 가치 자체를 부정할 수는 없다.

3 도핑의 새로운 윤리적 근거

[1] 직관적 윤리

반도핑에 대한 반론은 도핑이 갖는 비윤리적인 근거를 무너뜨려, 도핑 허용의 정당한 근거로 작용할지 모른다. 그러나 이런 반론이 아무리 설득력이 있더라도 도핑은 여전히 비도덕적이다. 도핑의 비윤리적 근거는 합리성과 논리적 설득만으로는 완전히 설명되지 않는다. 도핑이 금지되어야 할 이유는 '공정성과 정의'라는 합리적인 원칙에 근거할 뿐만 아니라, '속임수'의 비윤리성에 대한 인간의 보편적인 도덕적 직관에 호소한다. 즉 도핑은 합리적인 규칙 위반이면서 동시에 인간의 도덕 감정에 반하는 비윤리적 행위라는 것이다.

도핑의 비윤리적 근거는 합리성 혹은 논리적 설득으로 드러나는 것이 아니라 규칙과 규범의 강제력에 있다. 스포츠에 있어서 규칙의 강제력에는 합리적인 이유가 없다. 축구의 핸드볼 파울, 농구의 워킹 등은 논리적이고 합리적인 이유에 의해 강제력을 갖지 않고 다만 하지 말아야 할 행위로 규정되어 명령의 형태로 주어지기 때문이다. 스포츠에 있어서 도핑도 이런 강제적 명령과 다르지 않다. 그리고 이 강제력의 윤리적 정당성은 직관에 의한다.

경기가 시작되기 전 수행력 향상을 위해 약물을 복용하거나 혈액을 공급받는 행위는 보편적인 인간의 직관에 따라 도덕적으로 허용될 수 없으며, 이는 속임수가 나쁜 이유를 직관적으로 아는 것과 같다. 속임수가 허용되어야 할 근거와 이유가 없는 것처럼 도핑이 금지되어야 할 이유도 즉각적이며 직관적이다.

스포츠에서 이런 도덕적 직관은 매우 강력한 힘을 갖는다. 그 직관의 체계가 곧 스포츠 규범이다. 페어플레이와 스포츠맨십은 일반적인 도덕 감정을 바탕으로 스포츠의 도덕성을 지키기 위해 오랜 시간 축적되어 온 가치체계이다. 도핑은 이런 일반적인 도덕 감정에 반하는 것으로 이를 행하면 스포츠 활동으로부터 배제되거나 제한된다. 일반인이 도핑에 대해 지나칠 정도로 민감하고 무관대한 이유도 도덕적 직관에 비추어 명백하게 정의를 위반하기 때문이다.

[2] 약물에 용해되는 주체: 타자의 윤리

도핑은 이미 과학이 과학을 쫓는 숨바꼭질이 되어버렸다. 도핑을 시도하려는 선수는 새로운 테크놀로지로 발각을 피하려 하고, WADA는 그들의 흔적을 추적해 부정직과 올바르지 못한 탁월성을 찾아내려 한다. 그 힘겨운 레이스가 안티 도핑의 역사로 이어지고 있으며 스포츠가 존속하는 한 그 레이스는 지속될 것이다.

그렇다면 해결의 방도는 없는 것일까. 결국 도덕성의 회복에서 실마리를 찾을 수 있다. 스포츠에 있어 도덕성의 회복은 '타자의 윤리'에서 구해진다. 도핑의 비윤리성은 근본적으로 자아의 바깥에 있는 타자를 부정하는 태도에서 발생한다. 스포츠에 있어서 선수는 홀로 존재하지 않고 언제나 다른 선수로 인해 존재한다. 선수를 포함한 모든 인간은 타자로 인해 존재하는 관계적

레비나스의 타자 윤리
레비나스는 윤리가 나(주체)의 인식과 욕망을 초월하는 타자의 얼굴과의 만남에서 시작된다고 말한다. 이 만남은 타자의 고유성과 존엄성을 인정하라는 무한한 책임을 부과한다. 따라서 윤리는 보편적 규칙이나 합리적 계산이 아닌, 타인의 존재에 대한 무조건적 응답과 배려에서 비롯하는 것이다. 타자를 나의 논리나 틀에 가두는 폭력을 거부하고, 타자와의 관계 속에서 나의 존재 의미를 발견하는 것, 이것이 윤리이다.

존재이다.

  이러한 사실에 주목한 윤리학이 엠마뉴엘 레비나스(Emmanuel Levinas)의 타자 윤리이다. 타자 윤리는 도핑의 비윤리성을 폭로하는 강력한 이론적 근거를 제공한다. 도핑은 승리라는 나의 욕망을 위해 타인을 단순한 수단으로 여기는 행위로 타자의 존엄성을 부정하는 폭력이다. 이는 타인과의 관계 속에서 존재해야 할 인간의 근본적인 윤리성을 거부하고, 자신을 약물의 노예로 전락시키는 자기부정과 같다. 결국 도핑은 스포츠의 규칙 위반을 넘어, 타인과 공존해야 하는 인간의 윤리적 존재 자체를 파괴하는 행위이다.

  이처럼 주체의 존재근거인 타자를 무시하는 것에서 도핑의 비윤리성은 시작된다. 도핑은 타자를 공존이 아니라 정복해야 할 그 무엇으로 간주함으로써 주체를 닫힌 존재로 만들어 버린다. 이렇게 닫힌 존재로 전락해버리면 도핑하는 주체는 이미 스스로 자기 몸의 주인이 되기를 포기하게 된다. 즉 주체는 신체의 주인이 아니라 약물의 노예가 되어버리는 것이다. 이것이 스포츠에 있어서 도핑의 존재론적 위상이다.

  약물의 궁극적 지향점은 승리이다. 그러나 이때의 승리는 약물에 의한 것인 까닭에 주체는 약물에 용해되어 버린다. 약물의 복용은 분명히 주체에 선택에 의하지만 약물이 몸속에 들어가는 순간 주체는 약물에 귀속되고, 급기야 주체의 신체는 약물의 약리적 효능을 검증하는 수단으로 전락하게 된다. 이처럼 도핑의 비윤리적 근거는 주체의 자기부정에 있다. 약물에 용해되지 않는 주체. 그 주체는 타인과 함께 있을 때 가능하다. 도덕성이란 결국 타인을 끌어안는 힘이다. 그리고 그 힘은 스포츠맨십에서 나온다.

4 기술 도핑

[1] 과학기술과 스포츠

스포츠는 인간의 신체적 탁월성을 경쟁하는 문화 장치이다. 스포츠문화는 이 탁월성을 끌어올리려는 노력의 역사라 해도 좋다. 그리고 이 노력은 과학기술과의 만남으로 인해 새로운 전기를 맞고 있다. 특히 1980년 이후 급속히 진행된 스포츠에서의 첨단 과학기술 도입은 선수의 운동수행력은 물론, 훈련과 안전, 기록 등 제반 분야로 확대되면서 하나의 산업으로 자리 잡게 되었다. 스포츠의 과학적 진화는 장비 및 도구의 개선과 안전성을 획기적으로 향상하여 스포츠의 대중화에도 크게 기여하였다.

앞으로 스포츠는 과학으로 인해 전혀 새로운 양상으로 전개될 것이다. 그러나 이러한 예측은 긍정적인 면과 부정적인 면을 동시에 가진다. 과학기술은 그 자체로 선악을 따질 수 없다. 다만 어떤 목적으로 사용할 것인가 하는 인간의 도덕적 동기가 과학기술의 선악을 결정한다. 선한 동기에서 과학기술이 스포츠에 적용되면 스포츠문화의 확대를 가져올 터이지만 올바르지 못한 동기에서 적용된 과학기술은 스포츠를 파괴하는 적이 될 수 있다.

[2] 긍정적 과학기술: 스포츠과학

과학이 스포츠에 기여한 긍정적인 부분은 크게 공정성의 강화와 경기력 향상의 두 가지 측면에서 찾을 수 있다. 공정성의 강화란 경기의 진행과 기록, 그리고 판정에 과학기술을 도입함으로써 객관적이고 공정한 시합과 결과에 기여한 측면을 말하고, 경기력의 향상은 선수의 퍼포먼스에 대한 과학적 개입을 말한다. 즉 운동 중 선수의 생리적 반응과 적응을 연구하는 운동생리학, 역학적 특성을 통해 운동기술의 효율성을 높이는 생체역학, 심리적 변화를 운동수행 능력의 향상에 적용하는 스포츠 심리학, 운동 상해의 예방 및 재활을 위한 스포츠의학, 장비와 용구의 개발을 위한 스포츠 공학 등의 연구 분야들은 선수의 퍼포먼스에 많은 진화를 가져왔다.

가. 공정성의 확립

　스포츠에 도입된 과학기술은 선수의 불공정한 행위를 감시하고 적발하는 데 도움이 된다. 특히 도핑과 관련된 과학적 감시체계는 스포츠의 공정성에 많은 기여를 하였으며, 선수의 비도덕적 행위를 미리 예방하는 효과를 가진다. 또한 스포츠에 있어서 과학기술은 오심이나 편파 판정을 최소화하여 경기의 공정성을 향상시키는 역할을 한다. 예를 들어 육상과 빙상의 전자 계측장비나 사진판독 기술, 수영경기의 터치 패드, 태권도의 전자호구, 최근 늘어나는 비디오 판독제 등은 판정에 대한 논란을 최소화하고 경기 결과를 믿을 수 있게 만든다. 요컨대 과학기술은 기록의 객관성과 신뢰를 높인다. 기록으로 순위를 가리는 속도 경기는 계측의 과학화로 기록 자체의 엄밀성과 그것이 갖는 공신력을 배가시켰다. 여기에는 기록에 영향을 미치는 외부적 요인(바람)의 과학적인 통제까지 포함되어 있다.

나. 경기력의 향상

　현대 스포츠에서 선수의 경기력 향상을 위한 과학기술은 분야를 가리지 않고 전 방위적으로 이루어지고 있다. 오늘날 스포츠과학이 스포츠 활동에 적용되는 양태는 너무 광범위하여 일일이 열거하기 힘들 정도이다. 분명한 것은 과학기술의 수준이 경기력을 좌우하는 시대에 접어들었다는 사실이다.

　근육의 구조와 기전축, 트레이닝 효과, 운동형태와 에너지 공급과정의 역할, 운동기술의 분석, 컴퓨터를 이용한 시뮬레이션과 모델링 등의 과학적인 훈련방법, 생체정보의 수집과 처치, 신소재의 유니폼 개발, 운동장비 및 용품의 개발, 경기장 개선, 심지어 최적화된 신체를 위한 영양 관리, 식이요법까지 과학은 선수의 경기력에 영향을 미치는 모든 영역에 관여하고 있다.

　또한 스포츠과학은 운동선수의 안전과 부상방지에 획기적인 전환을 가져왔다. 용구와 기구의 안전성 증가는 스포츠의 대중화를 이끄는 매우 중요한 요소로 스포츠산업이라는 새로운 분야의 탄생을 가져왔다.

[3] 부정적 과학기술: 기술도핑

　과학의 발전은 스포츠의 기록을 비약적으로 앞당겼다. 인간의 몸에 대한 꾸준한 연구와 체계적인 훈련 방법은 특히 기록경기에서 괄목할만한 성과를 이루었다. 그러나 스포츠와 첨단 기술의 만남은 때로 예기치 않은 윤리적 논란에 휩싸이기도 한다. 그 대표적인 경우가 기술도핑이라 할 수 있다.

기술도핑이란 첨단용품과 기구의 사용으로 인해 스포츠의 공정성을 해치는 새로운 형태의 도핑을 말한다. 원래 도핑이란 약물의 투여와 혈액의 공급 등으로 인해 인체 내에서 이루어지는 생리, 의학적 변화에 한정된 개념이었으나, 신체의 퍼포먼스에 작용하는 제반 불공정한 요소로 그 개념이 확대되면서 '기술 도핑'이라는 새로운 개념이 등장하게 되었다.

탁구와 배드민턴의 라켓은 단지 기구로 머무는 것이 아니라 선수 몸의 일부라 해도 좋다. 라켓은 선수의 탁월성을 전달하는 매개로 선수와 일체화된 신체의 연장이다. 이때 라켓에 불공정한 조치를 하게 되면 공정성에 심각한 문제가 일어난다. 기술도핑이란 이처럼 기술적 조치로 인해 탁월성의 기준이 인간이 아닌 기술로 넘어갈 때 발생한다.

기술도핑의 가장 심각한 양상은 2008년 베이징올림픽의 수영 종목에서 발생하였다. 이 대회에서 25개의 세계신기록이 쏟아져 나왔는데, 그 중 23개의 세계신기록이 이른바 최첨단 수영복이라 불리는 'LZR Racer'를 착용한 선수들에 의해 수립되었다. 기존의 수영복에 비해 24%의 마찰력을 줄인 초경량 소재, 무봉제 기술로 인한 부력 향상, 몸의 표면을 유선형으로 만들어주는 유체역학적 기술의 적용 등 전신수영복은 물의 저항이라는 수영 경기의 가장 중요한 변인을 최소화함으로써 기록 자체의 신뢰를 무너뜨렸다. 이에 따라 국제수영연맹(FINA)은 2009년 이후 승인받지 않은 최첨단 소재 수영복의 착용을 금지하였다.

기술 도핑은 수영 이외의 종목, 특히 장비나 기구를 이용하는 스포츠 종목에서 자주 일어난다. 사이클에서는 1990년대 말까지 앞바퀴를 작게 하고 뒷바퀴를 크게 하거나 몸체를 이음새 없이 한 덩어리로 만들어 공기저항을 줄이려는 시도가 행해졌다. 야구의 '압축 배트'도 공정성에 많은 논란을 불러일으켰다. 1970년대 초반 일본의 프로야구 선수들은 대나무를 얇게 잘라 접착제로 붙여 만든 압축배트로 공에 대한 반발력을 높여 많은 홈런을 기록했다. 탁구에서도 러버(rubber: 고무판) 안쪽에 특수접착제를 발라 공의 반발력을 높이는 기술도핑이 이루어진 적이 있었다.

최근에는 육상 종목에서 '베이퍼플라이' 및 '알파플라이'라는 제품이 기술 도

> **최첨단 수영복**
> 국제수영연맹은 2010년부터 스피도의 'LZR', 아레나의 'X-글라이드', 제이키드의 '제이키드 01'을 기술도핑에 해당하는 수영복으로 규정하고 착용을 금지하고 있다.

Think Deeply

골프에서는 가볍고 반발력이 좋은 드라이버가 개발되어 엄청난 장타로 연결되고 있다. 클럽뿐 아니라 골프공에도 과학화가 진행되어 놀라운 비거리로 이어지고 있다. 그리고 장대높이뛰기의 바도 과학의 도움으로 진화를 거듭해 왔다. 그런데 여기에 대해 '기술도핑'이라고 하지 않는다. 기술 도핑의 기준은 어디에 두어야 할까. 스포츠에서 과학이 개입해야 할 범위는 어디까지인지 생각해 보자.

핑을 이유로 사용이 금지되었다. 이 신발들은 탄소 섬유 플레이트와 고반발 폼을 사용하여 선수들의 기록을 획기적으로 단축하였다. 현재 국제육상연맹(World Athletics)은 특정 높이 이상의 밑창 두께와 탄소 플레이트 개수에 제한을 두고 있다.

5 유전자 도핑

[1] 유전자 도핑의 의미

유전학과 유전공학의 발달로 인간의 질병에 대한 치료는 혁명적인 전환을 맞이하였다. 유전자 치료는 원하는 유전자(DNA)를 세포 안에 넣어 형질을 발현시켜 잘못된 유전자의 기능을 대신하는 방법을 말한다. 즉 비정상 유전자를 정상 유전자로 교체하거나 복원함으로써 질병을 치료하고 나아가 새로운 기능을 추가할 수 있는 획기적인 치료법이다. 예를 들어 암에 걸린 환자에게 암 유전자의 활성을 억제하거나 반대로 암 억제 유전자의 기능을 복원하여 암을 물리칠 수 있도록 돕는 것이다. 만일 어떤 변형된 유전자가 근육의 성장을 촉진한다면 근육계 질환을 앓고 있는 사람에게 매우 반가운 치료법이 될 것이다.

그러나 이 유전자가 운동선수에게 주입되면 문제는 달라진다. '유전자 도핑'이란 유전자 치료가 순수한 치료의 목적에서 벗어나 스포츠 선수의 운동수행 능력의 향상에 이용되는 것을 말한다. 기존의 도핑이 외부 약물을 투여하여 일

유전자치료(gene therapy)

유전자치료는 크게 체세포 유전자 치료법과 생식세포 유전자 치료법으로 나누어진다. 체세포 유전자 치료법은 시험관 내에서 근육세포, 간세포, 혈관 내피세포 등의 체세포에 정상 유전인자를 넣고 배양한 후 사람에게 다시 주입하는 것이다. 이 방법은 체세포가 수명이 짧고 대개 세포분열이 잘 일어나는 세포가 아니므로 치료법이 영구적이지 않다는 문제점이 있다.

반면 생식세포 유전자 치료법은 같은 원리로 수정란이나 발생 초기의 배아에 유전자를 삽입하는 것으로 일생동안 삽입된 유전자가 체내에 존재할 뿐만 아니라 그 후 자손들에게까지 대대로 유전된다. 이런 이유로 유럽에서는 이 방법이 1992년부터 엄격히 제한되고 있다.(출처: 두산백과)

시적인 효과를 얻는 방식이라면, 유전자 도핑은 인체 내부의 유전자를 직접 변형시켜 선수의 능력을 영구적이고 근본적으로 바꾸는 방법이다. 유전적 변형이 다음 세대에 유전될 수 있다는 점에서 기존 도핑과는 질적으로 다른 윤리적 문제를 야기한다.

아직 유전자 조작의 구체적인 사례는 드러나지 않았으나 소변이나 혈액 등의 증거를 남기지 않는다는 점에서 엄청난 유혹으로 작용할 수 있다. 실제로 근육 이형증과 적은 근육으로 촉진된 노화를 치료할 목적으로 이루어졌던 유전자 치료가 성공을 거둔 뒤 스포츠 선수의 문의가 이어졌다고 한다. 운동선수에게 유전학적 강화는 일종의 완전범죄로 인식될 가능성이 높다. 만일 유전자 도핑이 현실화되면 스포츠는 지금까지와 전혀 다른 새로운 국면을 맞게 될 것이다.

[2] 유전자 도핑의 종류

아직 확인된 유전자 도핑 사례는 없지만, 잠재적 위협이 매우 커서 지속적인 감시와 연구가 이루어지고 있다. 안티도핑은 언제나 도핑에 비해 사후적이기 때문에 미리 예방하고 차단할 방법과 수단이 없다. 유전자도핑의 현실화는 도핑을 한 선수의 발각 혹은 자기고백 뒤에 찾아온다.

그러나 스포츠에서 이용 가능한 유전자 기술의 형태는 쉽게 예상할 수 있다. '인간 게놈 프로젝트(Human Genome Project, HGP)'는 질병의 원인이 되는 유전자의 염색체를 알아냄으로써 인류의 질병 극복에 많은 공헌을 하였다. 마찬가지로 스포츠에서의 유전자 도핑도 선수 개개인의 유전자 정보를 취합해 이를 바탕으로 제거와 변형, 그리고 조작이 가능해진다.

가. 체세포의 변형

조혈촉진 인자를 만들어 내는 유전자의 삽입으로 적혈구의 생산을 늘리는 방법이 대표적이다. 적혈구생성촉진인자(erythropoientin, EPO)는 신장에서 생산되는 당단백질 호르몬으로 적혈구 생성을 촉진한다. 이는 경기 중 근육에 공급되는 산소의 양을 끌어올려 마라톤, 사이클 등 장거리 종목의 선수의 운동수행 능력에 직접적인 영향을 미친다. 또한 선수의 몸에 근육섬유를 생성하는 유전자를 삽입하는 방법도 있다. 이 유전자를 국소적으로 삽입하면 특정한 근육만 키울 수 있다. 이러한 조작으로 웨이트 트레이닝 없이 1개월 안에 60%의 근육섬유를 늘리는 것이 가능하다.

나. 성장호르몬 생성 유전자 삽입

뇌하수체 전엽에서 분비되는 단백질 호르몬은 뼈를 성장시키고 대사를 촉진하여 근육을 자라게 하는 데 도움을 준다. 극소량 분비되는 이 호르몬을 투여하면 평상시의 운동에 비해 월등히 높은 수행력을 보인다. 투여 후 1시간이면 분해되기 때문에 도핑 검사로도 찾기 힘들다.

다. 유전 배아 선택

배아 상태에서부터 유전자 조작을 통해 특정 종목의 경기력 향상에 유리한 유전자의 조합을 꾀하는 것을 말한다. 이는 유전자 정보에 의해 특정 운동에 뛰어난 능력을 가진 선수를 선택적으로 만들 수 있음을 의미한다. 이렇게 되면 유전자 정보가 상업적으로 거래되는 일이 생길지 모른다.

라. 생식세포 계열 변형

세포가 분열되기 이전에 세포 변형을 가하는 것을 말한다. 세포핵을 무수정란에 주입하여 생식세포 계열을 재구성해 다음 세대로 유전된다. 즉 세포 변형을 통해 다음 세대에 영향을 주는 유전자를 재구성할 수 있다는 것이다. 이것은 뛰어난 운동선수의 복제를 실현하게 만든다.

그밖에 PPAR-delta, Myostatin, Mitochondria-OXPHOS 등이 경기력 강화를 위해 사용될 가능성이 있는 유전자 조작 물질이다. 향후 유전자 치료법의 지속적인 발전은 애초의 유전자 치료를 벗어나 경기력 강화를 위한 목적으로 얼마든지 변질될 수 있다.

슈퍼쥐의 탄생

2009년 아자지(Azzazy)와 2명의 연구원은 쥐를 대상으로 PEPCK(phosphoenolphruvate carboxykinase)를 투여하여 운동수행능력을 측정하는 실험을 하였다. 이 물질은 IGF-1(인슐린유사성장인자)의 분비 원인이 되는 것으로 알려져 있다. IGF-1은 인슐린과 분자구조가 유사한 호르몬으로 어린 아이의 성장에 매우 중요하며 성인에게는 아나볼릭 효과(도핑의 효과)를 가진다. 실험결과 이 물질이 투여된 쥐가 통제집단 보다 25배 가까운 운동수행능력을 보였다. 연구원들은 이 쥐를 보디빌더이자 영화배우인 아놀드 슈워제너거의 이름을 따 '슈워제네거 쥐(Schwarzenegger mice)'라고 불렀다.

[3] 유전자 도핑과 스포츠윤리

유전자 도핑의 효과와 현실화에 대해서는 아직 회의적으로 보는 과학자들이 많다. 그들은 과학의 입장에서 유전자 도핑이 시기상조라고 주장한다. 도핑을 통해 얻어지는 이익보다 잃을 손실이 더 많다는 것이 그 이유이다. 즉 유전자 조작에 의한 운동능력의 급격한 향상은 근육을 급속히 손상시키는 부작용을 드러낸다. 그러나 이런 과학적인 이유는 현실적인 부작용이 과학기술에 의해 극복되면 허용해도 좋을 이유로 작용할 수 있다.

유전자 도핑의 비윤리성은 도덕적 직관을 넘어 인간 존엄성이라는 근본적인 윤리적 원칙에 근거한다. 유전자 조작을 통해 선수를 '향상된 기계'로 만드는 행위는 인간이 갖는 생명체로서의 본질을 훼손하고 존엄성을 부정하는 일이다. 이는 칸트가 말하는 '인간을 수단이 아닌 목적으로 대하라'는 정언명령에 명백히 위배되는 행위이다.

유전자 도핑이 약물복용 혹은 기술도핑과는 질적으로 다른 이유도 여기에 있다. 인간의 유전체 가운데서 유전자를 지닌 97%가 아직 그 기능의 전모를 드러내지 않은 상태에서 유전자 조작을 감행하는 일은 스포츠의 차원을 넘어 인간의 보편적인 이성에 반한다. 과학적 분석을 통해 특정 유전자의 구조와 기능이 밝혀졌다고 하더라도 복잡한 유기체인 인간의 몸에서 조작된 유전자가 어떠한 방식으로 기능할지에 대한 실증적 데이터는 아직 없다. 무엇보다 인간은 내적, 외적 환경에 의해 만들어지는 가능적 유기체이지 DNA에 의해 복제당하는 기계가 아니다.

유전자 도핑은 스포츠 선수를 우생학적 개량의 대상으로 만든다. 스포츠에서 유전자 도핑이 현실화한다면 스포츠는 상업적 우생학의 전시장이 될 가능성이 높다. 다양한 방법으로 유전자 조작을 당한 선수들 간의 상업적인 경쟁이 하나의 상품으로 등장하는 끔찍한 경우를 쉽게 상상할 수 있다. 상업적 우생학은 어떤 구체적인 인격에 의해 저질러지는 것이 아니라 보이지 않는 시장의 논리, 자본의 논리에 따라 움직이며, 시장에서 벌어지는 일이므로 도덕적 책임을 물을 수 없다(구승회, 2005).

또한 유전자 도핑은 그 시도의 기회 및 결과를 가지는 선수와 그렇지 못한 집단 간의 갈등을 불러일으킬 것이다. 유전자 조작 인간과 자연 인간 사이의 갈등은 스포츠 자체의 존립을 되묻는 심각한 파국으로 치달을 가능성이 높다. 왜냐하면 생명공학 기술에 의한 탁월성의 향상은 인간의 운동체계를 바꾸어 놓을 것이고 이는 스포츠 자체의 퍼포먼스에 근본적인 영향을 끼쳐 전혀 새로운 신체운동 능력을 탄생시킬 것이기 때문이다. 유전자 조작으로 태어난 운동선수는 인간이면서 동시에 새로운 생명체이다. 이 생명체에게 윤리적 태도나 마음가짐을 이식시킬 수 없다. 그래서 새로운 생명체는 매우 선할 수도 있고, 매우 악해질 수 있을 것이며, 만일 악해진다면 스포츠와 폭력의 경계를 허물어버릴지도 모른다.

[Search & Discussion] 미첼 리포트

2007년 12월 13일 미국은 한 보고서에 의해 커다란 충격에 휩싸였다. 메이저리거의 약물복용 실태를 보고한 '미첼 리포트' 때문이었다. 그 보고서에는 당시 미국의 프로야구를 대표하던 이름이 다수 포함되어 있었다. '명예의 전당' 입성이 당연시 되던 로저 클레멘스, 앤디 페티트, 릭 앤킬 등 도핑과 전혀 무관해 보였던 선수들의 면면에 미국 시민들은 더욱 큰 충격을 받았다.

그러나 '미첼 리포트' 이후에도 MLB의 약물복용은 끊이지 않았다. 2009 시즌 전 뉴욕 양키스의 알렉스 로드리게스는 텍사스 레인저스 시절 경기력 향상을 위해 금지약물을 복용하였다는 고백으로 MLB에서 도핑이 얼마나 뿌리 깊은 것인지를 시인하였다.

미국의 프로 스포츠에서 이루어진 약물복용의 실태를 조사해 보고 이런 행위가 근절되지 못하는 원인에 대해 토론해 보자.

CHAPTER **09**

차 별

기성용이 2010년 세인트존스턴과의 원정경기 중 오른쪽 측면에서 공을 잡자 세인트존스턴 팬들이 일제히 원숭이 소리를 냈다. 원숭이 흉내는 백인들이 황인과 흑인을 비하하는 모욕적인 행동이다.

이듬해인 2011년 일본과의 아시안컵 4강전에서 기성용은 페널티킥 선제골을 넣은 뒤 원숭이 표정을 짓는 세레모니를 펼쳤다. 스코틀랜드에서 인종차별에 대한 항의의 표시였다는 해명에도 불구하고 그의 행동은 다른 차별적 표현으로 해석될 수 있어 논란을 일으켰다.

2020년 이후 'Black Lives Matter(BLM)' 운동의 영향으로 인종차별에 대한 인식이 더욱 높아지고 대응 또한 강화되었다. 그러나 이런 운동에도 불구하고 스포츠에서는 인종차별뿐 아니라 여러 가지 차별이 끊임없이 일어난다. 스포츠에서 일어나는 차별에는 무엇이 있고, 어떤 이유에서 발생하는지 생각해 보자.

학습목표

- 스포츠에서 일어나는 성차별을 이해하고 적용할 수 있다.
- 스포츠에서 일어나는 인종차별을 이해하고 근절의 방안을 제시할 수 있다.
- 스포츠의 장애차별의 비윤리적 근거와 차별 없는 스포츠의 조건을 제시할 수 있다.

1 스포츠의 성차별(sexism)

[1] 생물학적 환원주의

스포츠는 인간이 행하는 상징적인 문화 활동이다. 그리고 인간은 남녀로 나누어진다. 생물학적으로 남녀는 염색체에 의해 구분되며, 남자는 XY염색체를, 여자는 XX염색체를 갖는다. 이런 생물학적인 차이는 특히 신체의 탁월성을 겨루는 스포츠에서 더욱 확연히 드러난다. 육상, 수영과 같은 기록을 다투는 경기뿐 아니라 구기나 격투기 등 많은 종목에서 남성은 여성보다 뛰어난 운동능력을 보인다. 이처럼 신체 구조와 운동능력의 차이 등을 근거로 스포츠에서 여성의 권리와 기회를 제한하거나 불이익이 주어지는 제반 행위를 '스포츠 성차별'이라고 한다.

스포츠에서 성차별의 근거로 제시되는 잘못된 인식은 '생물학적 환원주의'에서 찾을 수 있다. 남자가 여자에 비해 월등한 운동능력을 보유하고 발휘하는 현상은 생물학적으로 자연스러운 것이며, 따라서 남녀 간의 차별은 어느 정도 불가피하다는 것이다. 이처럼 극복하기 어려운 생물학적인 성(sex)에 기대어 남녀 간의 차이를 차별로 정당화하는 논리를 '생물학적 환원주의'라고 한다.

생물학적 환원주의는 운동수행에서 드러나는 남녀 간 성취수준의 차이를 근거로 남성이 여성에 비해 우월하다고 생각하는 전형적인 남성 중심적 사고방식을 드러낸다. 이는 남녀의 차이를 생물학적으로 환원하여 차별을 자연스러운 현상으로 받아들이게 만드는 전략이다. 그러나 생물학적 차이에 의해 여성이 남성보다 열등하다는 주장은 두 가지 점에서 전혀 설득력을 갖지 못한다.

첫째, 차이는 차별을 정당화할 수 없다. 만약 남녀의 운동능력이 차별의 근거가 된다면 일부의 인간(지적 장애인)은 동물에 비해 열등한 존재로 규정되어야 한다. 왜냐하면 몇몇 포유류들은 지적 장애인에 비해 높은 지능을 보이기 때문이다. 둘째, 차이의 기준이 지나치게 남성 중심적이다. 근대 스포츠는 근력과 순발력 등 남성에게 절대적으로 유리한 능력과 체력을 기준으로 만들어져 있다. 만일 여성에게 유리한 유연성과 지구력 등을 기준으로 스포츠 종목이 재편된다면 남성이 불리해질지 모른다. 실제로 해양원영(海洋遠泳: 바다에서 행해지는 수영경기로 헤엄친 거리에 의해 우승자를 가림)의 세계기록 보유자는

페미니즘 윤리학

페미니즘 윤리학은 기존의 윤리가 자율적인 도덕 주체, 이성 중심적 태도, 추상적인 도덕원칙에 의거한 정의 등 남성적 경험과 관점에 입각한 도덕 범주로 이루어져 있어 타인에 대한 배려와 책임감, 희생과 헌신, 타자와의 소통을 통해 문제를 해결하려는 여성적인 도덕적 가치를 무시해 왔다고 비판한다. 배려의 윤리는 이런 비판적 성찰을 바탕으로 여성의 도덕적 특성을 새로운 윤리적 기준으로 제시하려는 길리건(C. Gilligan) 등에 의해 주창되었다. 그녀에 따르면 정의가 남성적 윤리의 특징이라면 배려는 여성이 지닌 도덕성의 핵심이다.

여성이다(김정효, 2011).

인간의 운동능력은 남녀의 차이에 의해 일반화될 수 없다. 남성과 비교해 월등히 뛰어난 운동능력을 가진 여성이 있고, 여성의 평균적인 운동능력에 미치지 못하는 남성도 있다. '생물학적 환원주의'가 정당하다면 여성에 비해 열등한 운동능력을 가진 남성은 차별의 대상이 되어도 좋은가를 되물을 수 있다. 요컨대 인간의 운동능력은 남녀의 차이가 아니라 개인적인 차이에 불과하다. 따라서 남녀 간의 운동능력 차이는 차별의 근거가 될 수 없으며, 일반적인 정의와 평등에 어긋난다.

[2] 젠더(gender)에 의한 스포츠 성차별

스포츠가 남성의 전유물인 시대는 지나갔으나 종목에 따른 참여의 제한과 편견은 여전히 존재한다. 남자는 거칠고 투쟁적인 스포츠를 즐겨야 하고 여자는 몸싸움이 없는 안전한 스포츠가 적합하다는 생각은 아직도 자연스럽게 받아들여지고 있다. 이처럼 남녀에게 요구되는 성역할이라는 고정관념에 의해 이루어지는 차별을 '젠더에 의한 성차별'이라 한다.

일반적으로 남성은 공격적이며 성취 지향적이고, 지속적이며 직업적인 역할을 수행하는 데 적합한 독립성과 지배력, 통제력을 소유하고 있다고 여겨진다. 또한 권위적이며, 과묵하고, 포용력이 있으며, 무뚝뚝하여 감정을 잘 드러내지 않는 것이 남성적인 모습으로 간주된다. 반면에 여성은 복종적이며 가사를 돌보고 주위 사람을 정서적으로 보살피는 데 적합한 성격 특성들인 동정심, 의존성, 언어 지향성, 내성적, 감정적인 면을 소유하고 있는 것으로 간주되고 있다(허혜경, 박인숙, 2010).

이런 남성성(masculinity)과 여성성(feminity)에 대한 고정관념을 바탕으로, 남성은 경쟁과 활동성이 필요한 사회적 역할에 적합하고, 여성은 타인을 배려하고 돌보는 역할에 적합하다고 강조된다(허혜경, 박인숙, 2010). 이렇게 하여 남녀 각각에 요구되는 '남성다움'과 '여성다움'은 사회, 문화적으로 유포되고 강요되어 성역할 고정관념을 만든다. 유아기에 행해지는 남자의 공놀이와 칼싸움, 여자의 인형과 소꿉놀이는 남성성과 여성성을 길들이는 젠더화 과정이라고 할 수 있으며, 이러한 과정을 통해 남성은 주류문화에 편입되고 여성은 소외된다.

최신 젠더 갈등 사례

미국 대학 수영 선수인 리아 토마스(Lia Thomas)는 남성 선수로 활동하다 여성으로 성전환 후 2022년 미국대학스포츠협회(NCAA)의 여자 수영 선수권 대회에서 우승하며 논란의 중심에 섰다.

최근 스포츠계에서 논란이 된 트랜스젠더 선수(특히 남성에서 여성으로 전환한 트랜스젠더 선수)의 여성 스포츠 참가 문제는 성차별 논의에 새로운 논쟁을 추가하였다. 이는 단순히 '남성 대 여성'의 문제가 아니라, '젠더 정체성'과 '생물학적 이점'이 충돌하는 복잡한 윤리적 딜레마를 불러일으킨다.

스포츠에 있어서 젠더에 의한 성차별은 여성의 스포츠 참여를 제한하는 편견의 형태로 나타난다. 야구, 권투, 레슬링, 트라이애슬론 등 거칠고 부상의 위험이 많은 스포츠를 여성에 적합하지 못한 종목으로 규정하거나, 그러한 종목을 즐기는 여성을 비하하는 행위 등은 대표적인 젠더에 의한 성차별에 해당한다. 여성성을 해치는 스포츠에 대한 혐오, 새로운 스포츠에 대한 도전을 무모한 객기로 평가절하 하는 일련의 행위도 뿌리 깊은 성역할 고정관념 때문이다.

이러한 고정관념은 스포츠의 제반 영역에서 여성의 참여를 제한하는 논리로 기능해 왔다. 감독, 코치 등 지도자의 여성 진출 장벽은 여전히 견고하며, 이는 실제로 검증의 기회조차 주어지지 않은 여성의 부족한 지도력과 통솔력의 탓으로 돌려진다. 또한 스포츠 조직과 단체에서 여성 임원의 비율이 남성과 비교해 현격히 낮은 이유도 여성의 위치를 남성의 역할을 보조하는 종속적인 것으로 간주하는 젠더에 의한 뿌리 깊은 성차별이라고 할 수 있다.

[3] 섹슈얼리티(sexuality)와 여성스포츠

스포츠에 대한 여성의 권리 및 기회의 제약과 배제를 통해 이루어진 성차별은 오랜 역사를 지닌 채 20세기 후반까지 유지되어 왔다. 1979년 유엔총회에서 채택된 '여성차별철폐조약'은 여성에 대한 차별이 얼마나 오랫동안 이루어져 왔는지를 반증한다. 40년 정도에 불과한 논의의 역사가 말해주듯 여성 차별은 여전히 진행형이며, 점점 그 구조와 형태가 다양하고 복합적으로 전개되고 있다. 특히 스포츠에 있어서 차별은 '섹슈얼리티'와 관련되어 있어 과거와 전혀 다른 양상을 띤다.

근대 스포츠는 애초부터 섹슈얼리티와 불가분의 관계를 가지고 있었다. 남성의 강건함은 근대 스포츠의 섹슈얼리티에 다름 아니었으며, 이때 여성의 섹슈얼리티는 편입될 수 없는 대상이었다. 이런 까닭에 근대 스포츠가 탄생한 시기 여성의 스포츠 참여를 금지하는 담론은 근거 없는 과학적인 억측까지 동원된 조악한 것이었다. 예를 들어 승마는 골반 아래쪽 뼈의 자연스러운 성장을 막고 여성 기능에 장애를 일으킬 것이라는 주장, 그리고 성장기의 소녀에게 스포츠는 여성으로서 되돌릴 수 없는 위험을 안겨줄지도 모른다는 경고 등과 같이 스포츠는 오랫동안 여성의 섹슈얼리티에 반하는 행위로 인식되어 왔다.

그러나 현대 스포츠에서 섹슈얼리티는 전혀 다른 양상으로 전개되고 있다.

더욱 적극적인 방법으로 여성의 섹슈얼리티를 강조하거나 과장함으로써 상업적으로 이용하려는 새로운 성차별 현상이 나타나기 시작했다. 그 대표적인 예가 운동수행에 있어서 여성의 신체를 섹슈얼리티와 연관시키는 경우이다. 특히 미디어와 프로스포츠가 발달하면서 여성스포츠의 퍼포먼스는 하나의 상품으로 간주되어, 스포츠를 신체적 탁월성이 아닌 선정성의 도구로 이용하는 경향이 늘어나고 있다.

이러한 경향은 경기 내적인 부분과 경기 외적인 부분으로 나누어진다. 육상, 수영, 체조, 피겨스케이팅, 리듬체조 등 신체의 노출이 많은 종목에서 특정 신체 부위를 부각하는 미디어의 상업적 전략과 여기에 동조해 여성 프로스포츠 선수에게 선정적인 유니폼의 착용을 강요하는 구단의 마케팅 등은 섹슈얼리티에 의한 대표적인 성차별에 해당한다. 미디어와 프로 스포츠에서 여성 선수의 '성적 매력'을 상업적으로 이용하는 행위는 여성 선수를 성적 으로 '대상화(Objectification)'하는 심각한 성차별이다. 왜냐하면 대상화된 여성의 신체는 여성 선수의 '탁월성'과 '경기력'을 부차적인 것으로 만들어 스포츠 본연의 가치를 훼손하기 때문이다.

그리고 경기 외적인 부분에서 나타나는 섹슈얼리티는 프로 스포츠 경기장에서 이루어지는 치어리더의 과도한 노출과 춤동작, 프로야구의 선정적인 시구

Think Deeply

클라라의 시구가 한동안 매스컴의 주목을 받은 적이 있다. 얼룩말을 연상시킨 하얀색 핀 스트라이프 레깅스 차림으로 마운드에 서서 선정적인 자세를 취한 그녀의 시구는 상업 스포츠와 여성의 섹슈얼리티의 관계를 극명하게 보여준다. 여기에 대해 여론도 찬반으로 나누어져 있다. 관중의 흥미를 위한 일종의 이벤트라는 점에서 긍정적으로 바라보는 사람이 있는가 하면, 야구와 전혀 관련이 없는 연예인의 선정적 차림은 야구의 품격을 떨어뜨리고 어린이와 여성에게 혐오감을 줄 수 있다고 부정적으로 보는 사람도 있다. 여성의 섹슈얼리티를 상업적으로 이용하는 프로스포츠는 성차별에 해당하는 것일까? 여기에 대해 찬성과 반대의 입장에서 근거를 마련하고 토론해 보자.

와 시타, 거대 스포츠 이벤트에서 종종 볼 수 있는 시상식 도우미의 옷차림 등이 대표적인 경우이다. 이러한 현상 또한 여성의 신체를 남성 관중의 이목을 끌기 위한 시각적 상품으로 대상화하는 비윤리적인 행위이다.

[4] 스포츠 성차별의 과거와 현재

가. 근대 스포츠와 성차별

근대 스포츠는 여성을 배제한 남성의 신체적 기술과 능력을 중심으로 만들어진 남성의 전유물이었다. 여성이 근대 스포츠에서 배제되었던 이유는 공격성과 경쟁성이라는 '남자다움'에 편입될 수 없었기 때문이었다. 근대 올림픽의 창시자인 쿠베르탱은 스포츠에서 여성을 배제하는 것이 '자연의 법칙'이라고 주장했다. 그가 말하는 자연의 법칙이란 남성의 고유한 역할(사냥, 전투)과 여성의 역할(임신, 육아)을 생물학적 분업으로 규정한 것으로, 이는 과학적 사실이 아닌 19세기 남성 중심적 사고를 자연의 섭리인 양 포장한 가부장적 이데올로기에 불과했다.

스포츠 참여가 거칠고 여성스럽지 못한 인간을 만들어 낸다는 생각은 근대 올림픽이 부활한 이후에도 오랫동안 지속되었다. 여성이 올림픽에 처음 참가한 것은 1900년 제2회 프랑스 파리 대회에서 비공식 경기로 열렸던 골프와 테니스 2개 종목이었다. 올림픽에서 여성의 참가가 공식적으로 허용된 것은 1904년 세인트루이스대회의 양궁 종목이었으나 참가 인원은 8명에 불과했다.

그 후 여성의 올림픽 참여는 꾸준히 늘어 1992년 바르셀로나 대회에서 여성 경기는 24개 종목의 98경기에 이르렀다. 이런 양적 팽창은 2000년 시드니올림픽의 전체 경기 중 45.6%를 여성 경기에 할당하기에 이르렀고, 여성의 참가 비율도 38%로 향상되는 결과를 가져왔다.

그러나 모든 참가국이 여성 선수를 출전시킨 첫 대회가 2012년 런던올림픽이었다는 점은 스포츠에서의 여성 참여가 보편적 현상이 아니라는 사실을 잘 말해 준다. 특히 이슬람 문화권에서의 종교적 계율에 의한 원천적 제약과 저개발국가 여성의 스포츠 참여 기회의 확대와 활동의 보장은 시급히 해결해야 할 문제이다.

나. 스포츠와 남녀평등

1972년 미국에서 교육 프로그램과 활동에서 성차별을 금지한 '타이틀 나인(Title IX)'이 제정되면서 스포츠 활동에서 남녀평등은 크게 진보하였다. 이 법은 연방 재정지원을 받는 모든 교육기관이 남녀에게 동등한 스포츠 활동의 기회를 제공하도록 강제함으로써, 여성 스포츠에 대한 투자를 의무화하였다. 이로 인해 미국의 학교 스포츠에서 여성의 활동 비율이 기하급수적으로 늘어났고, 세계적으로 여성의 스포츠 참여가 활성화되는 중요한 계기가 되었다. 그 후 1979년 유엔총회에서 여성 차별의 철폐를 촉구하는 '여성차별철폐조약'이 채택되었고, 국제올림픽위원회(IOC)는 여성 임원 비율을 높이도록 권장하는 것 외에도, 올림픽 종목과 출전 선수 비율을 50:50으로 맞추려는 성평등 목표를 추진하고 있다. 이는 남녀 선수 비율의 균형을 통해 스포츠에서의 완전한 남녀평등을 실현하려는 현대사회의 노력이다.

2 스포츠의 인종차별

[1] 인종, 인종주의, 인종차별

인종은 생물학적, 유전학적, 신체적인 특징에 따라 구분된 인간 집단을 가리킨다. 피부색, 머리카락 형태, 얼굴 특징 등 눈에 보이는 신체적 차이를 기준으로 인간을 각각 흑인, 백인, 황인종의 고정된 범주로 나눈 것이다. 이런 구분은 각 인종이 고유한 유전적 특성과 능력을 가지며, 심지어 인종 간의 우열이 존재한다는 잘못된 믿음으로 이어졌다. 생물학적 인종 개념은 역사적으로 식민주의, 노예제도, 인종차별 정책 등을 정당화하는 도구로 악용되어왔다.

> **제노포비아 (xenophobia)**
> 외국인에 대한 공포와 혐오, 기피를 말한다. 제노포비아는 자신과 다르다는 이유로 근거 없는 공포와 경계심에 사로잡혀 이방인을 배척하는 심리 상태를 뜻한다.

그러나 현대 과학과 인문학은 인종을 생물학적 실체로 보지 않는다. '인간 게놈 프로젝트(Human Genome Project)'와 같은 유전학 연구에 따르면, 인종 간의 유전적 차이는 매우 미미하며, 오히려 한 인종 내에서의 유전적 다양성이 훨씬 더 크다고 한다. 다시 말해 인종은 생물학적 실체가 아니라, 인간 집단을 구분하고 사회적 의미를 부여하기 위해 만들어진 '사회적 구성물'이다. 이렇게 구성된 인종이라는 개념은 인종차별(Racial Discrimination)등의 실질적인 불평등을 낳으며, 현실의 삶에 큰 영향을 미친다. 실제 인종주의의 왜곡된 신념은 열등하다고 판단되는 인종에 대한 멸시와 차별을 정당화하고, 합리화한다.

인종차별은 타자로서의 타자에 대한 증오이다. 이 증오는 매우 뿌리 깊은 역사와 여러 가지 형태를 띤다. 그중 가장 대표적인 것이 '반유대주의'이다. 때때로 인종차별은 혐오의 감정을 무분별하게 표출하는 행위인 것처럼 보이지만 하나의 사고방식이며 감정과 무관한 믿음이기도 하다. 이 믿음은 특정 인종에서 나타나는 심리적 혹은 문화적 결함들은 그들이 태생적으로 가지는 신체적 속성들, 즉 유전적 결함에서 유래한다는 잘못된 인식에 기초한다(하정희 역, 2013).

또한 인종차별은 단순한 자민족중심주의나 외국인 혐오와 다르다. 자민족중심주의는 자기 민족이 세상의 중심이라고 믿는 태도를 말하며, 외국인 혐오는 외지의 언어나 문화 혹은 국적을 가진 사람에 대한 반감을 말한다. 이에 반해 인종차별은 특정 인종에 속한 사람이 다른 인종에게 불러일으키는 증오이다. 인종차별은 자민족중심주의와 출발은 같으나, 그것을 능가한다. 또한 몇몇 인간 부류의 열등성을 주장하는 데 그치지 않고 그 열등성에 생물학적 차원의 객관적인 기원을 부여한다는 점에서 외국인 혐오를 능가한다. 이처럼 인종차별은 타자에 대한 증오에 객관적인 근거를 부여하고자 하는 점 때문에 매우 심각한 폐해를 드러낸다(하정희 역, 2013).

인종차별과 여배우

프랑크푸르트학파의 대표적인 인물 중의 한 사람인 아도르노(T. W. Adorno)와 그의 동료들은 『권위주의적 인간』이라는 책에서 편견에 관한 흥미로운 연구를 담아냈다. 이들에 따르면 특정집단에 대해 편견을 갖는 사람은 다른 집단에 대해서도 편견을 갖고 있으며, 유대인을 싫어하는 사람들은 흑인도 싫어하고 타 문화권 출신 사람도 싫어하는 경향이 있다고 한다. 편견이 있는 사람은 특정 대상뿐만 아니라 모든 타인에게 편견을 갖는다는 말이다. 예를 들면 개고기 식용을 이유로 한국인을 야만인이라고 극렬하게 비난한 프랑스 배우 브리지트 바르도(Brigitte Bardot)는 프랑스에서 아랍계 사람을
비하하는 인종차별 발언을 일삼는 것으로 유명하다. 심지어 흑인과 아랍계 선수가 뛰고 있다는 이유로 프랑스의 축구 국가대표팀을 '아프리카 대표팀'이라고 조롱하기도 했다. 이는 편견이란 특정 집단에 대해서만 적용되는 것이 아니고 자신이 속하지 않은 모든 타 집단에 대해 일관되게 작동하는 것임을 보여준다. (출처: 박경태의 『인종주의』)

> **Think Deeply:** 우리나라에서도 인종주의의 역사가 있을까?
>
> 우리의 선조들도 예로부터 압록강 이북에 살던 사람들을 '오랑캐'라고 불렀다. 우리가 심한 욕설로 내뱉는 '호래 자식'도 호래(胡來) 즉 오랑캐의 자식에서 유래하였다는 설이 있다. 또한 일본인을 경멸적으로 부를 때 '왜놈'이라 는 표현을 쓰기도 했다. 그밖에 우리말에 나타나는 특정 국가나 민족에 대한 경멸적인 표현은 인종주의에 해당하는 것일까? 그런 경멸적인 언어가 오늘날의 인종주의와 다른 점을 생각해 보자.

[2] 스포츠와 인종차별

스포츠에서 벌어지는 인종차별은 스포츠선수들 사이에 존재하는 신체 능력의 차이를 특정 인종의 우월로 과장하거나 혹은 열등으로 폄훼하여 스포츠 이외의 분야에서의 차별 행위를 일반화하는 근거로 작용한다. 인종에 대한 차별은 대부분 피부색에 의한 경우가 많다. 피부색소는 인종을 결정하는 가장 중요한 요소이며 유전적으로 전달된다. 피부색을 결정하는 멜라닌(melanin)은 그 양이 많으면 황갈색에서 흑갈색을 띠고 적을수록 옅어진다. 그러나 태양의 자외선에 대한 생물학적인 반응 결과인 피부색은 다른 신체적 속성들과 아무 관련이 없다. 피부색은 특정한 기후 환경에 적응한 결과에 지나지 않으며, 이런 까닭에 피부색을 특정 인종의 정신적, 신체적 능력과 관련짓는 것은 불합리하다.

그럼에도 불구하고 스포츠에서 특정 종목에 유리한 인종이 존재한다는 편견은 뿌리 깊다. 예를 들어 육상의 단거리달리기에서 우위를 보이는 인종은 다른 인종에 비해 순발력과 탄력에 영향을 미치는 백근(속근: Fast twitch Muscle)이 10% 이상 많다는 과학적인 근거가 대표적이다. 그러나 이런 자료가 특정 인종의 신체적 탁월성을 입증하지는 못한다. 탁월성은 인종에서 유래하는 성질이 아니라 해당 선수가 속한 운동 환경과 훈련으로 만들어진다. 스포츠는 인종의 우월을 다투거나 인종의 탁월한 신체적 유전자를 확인하는 경쟁이 아니라 개인의 신체적 탁월함 그 자체를 겨루는 인류의 보편적 문화일 뿐이다.

그렇다면 스포츠에 인종주의가 나타나는 이유는 무엇일까? 신체의 강건함과 탁월성을 경쟁하는 스포츠의 속성이 신체적 우월감 혹은 열등감을 손쉽게 인종적 편견과 연결되기 때문이다. 또한 오랜 민족 간의 갈등과 역사적 앙숙, 그리고 종교적 반목이 스포츠에 투영되어 승리를 통한 대리만족을 느끼려는

FIFA의 인종차별 징계규정

FIFA의 징계규정 제58조 제1항 a)호에는 다음과 같은 인종차별 징계 규정이 마련되어 있다. "인종, 피부색, 언어, 종교 또는 출신지와 관련하여 경멸적, 차별적 또는 폄하적인 언어 또는 행동으로 개인 또는 집단의 존엄성을 모욕하는 자에게는 최소 5경기 출전정지 처분이 내려지며 경기장 입장금지와 최소 2만 스위스 프랑(CHF 20,000)의 벌금이 부과된다. 만일 가해자가 선수 외의 관계자인 경우에는 최소 3만 스위스 프랑(CHF 30,000)의 벌금이 부과된다."

왜곡된 집단의식도 인종차별을 부채질한다. 스포츠의 국제화에 따라 인종과 국가 간의 교류와 이동이 활발해지면서 개인의 운동 기량을 인종 전체로 일반화시킬 수 있는 계기가 늘어난 것도 인종에 대한 편견과 차별이 심화하는 이유이기도 하다.

이런 까닭에 스포츠 경기에서의 인종차별적 발언이나 행동은 프로 스포츠를 중심으로 빈번하게 일어나고 있다. 때로 팀 패배의 원인을 특정 인종의 선수에게 전가하거나, 신체적 충돌에 의한 부상의 책임을 특정 인종 전체의 바람직하지 못한 기질 탓으로 돌리기도 한다. 또한 스포츠대회를 정치적인 감정을 표출하는 무대로 이용하려는 일부 극우 관중들은 노골적으로 특정 인종을 비하하는 모욕 행위를 드러낸다.

인종에 대한 편견과 이를 재생산하는 중요한 사회적 기제는 매스미디어이다. 대중매체를 통해 만들어진 특정 인종에 대한 이미지는 편견의 형성에 많은 영향을 미친다. 예를 들어 할리우드 영화에서 자주 묘사되는 흑인의 범죄와 마약 밀거래 등은 흑인에 대한 거리감과 편견을 갖게 만들 수 있다. 거친 몸싸움이 일어나는 권투, 축구, 농구, 아메리칸풋볼 등의 종목에서 보이는 흑인들의 과장된 리액션과 파워풀한 경기 모습을 반복적으로 보여주는 것도 흑인에 대한 이미지 형성에 많은 영향을 미친다. 이렇게 하여 형성된 이미지는 흑인 전체를 거칠고 난폭한 인종이라는 편견으로 이끌게 된다.

스포츠에 있어서 인종차별은 스포츠의 보편적 가치와 기회의 평등을 해치는 비도덕적 행위이다. 그러나 여전히 근절되지 않는 이유는 인종의 우월성을 가장 가시적인 형태로 보여주는 문화 장치가 스포츠이기 때문이다. 타 인종과의 경쟁에서 쟁취한 승리와 이를 통해 확인된 신체적 우위는 우월한 유전형질의 발현이며, 인종의 영속성을 보장하는 주술적인 마력을 지닌다. 그러나 스포츠의 승패는 그 자체로 민족적, 생물학적 의미와 무관하며 다만 결과의 구분일 뿐이다.

[3] 스포츠 인종차별의 과거와 현재

가. 남아공의 스포츠 인종차별: 아파르트헤이트

20세기 대표적인 인종차별 정책은 남아프리카공화국의 아파르트헤이트(Apartheid)에서 찾아볼 수 있다. 이 말은 '분리'를 뜻하는 네덜란드의 방언에서 유래하는 것으로 보어인에 대한 네덜란드인의 차별적 관습이 20세기까지 남아 정식명칭으로 사용된 것이다(박경태, 2009).

흑인에 대한 백인의 차별정책에는 토지의 소유를 제한한 1913년의 '원주민 토지법', 흑인의 피선거권을 제한한 1936년의 '토착인 대표법', 인종 간의 결혼을 금지한 1949년의 '통혼 금지법' 등이 있었다. 심지어 1950년 제정된 '부도덕 교정법'에서는 백인과 비백인 간의 성관계를 형벌에 처하도록 하는 등 남아공의 아파르트헤이트는 매우 악랄한 것이었다(박경태, 2009).

스포츠에서도 남아공은 1908년부터 1960년까지 백인으로만 구성된 선수단으로 올림픽에 참가했다. 더욱이 1956년 제정된 법에서는 서로 다른 인종은 스포츠를 함께 할 수 없을 뿐 아니라 남아공에서 열리는 경기에서 다른 나라도 이런 남아공의 문화를 존중해야 한다고 명시하였다. 국제사회는 아파르트헤이트에 대한 제재로 1964년 남아공 선수의 도쿄올림픽 출전을 금지했다. 이를 피하려고 남아공 정부는 종목별로 단일 인종으로 구성해 1968년 멕시코 올림픽 출전을 시도하였으나, 국제올림픽위원회는 출전 금지 조치를 풀지 않았다.

[영화이야기] '우리가 꿈꾸는 기적: 인빅터스'

남아프리카공화국의 인종차별정책에 맞서 27년간의 투옥 생활을 해 온 만델라는 흑인으로는 처음으로 대통령에 당선되었다. 새로운 시대가 열린 것이다. 그러나 만델라의 앞에는 경제난과 실업률, 그리고 사회분열이란 난제가 기다리고 있었다.

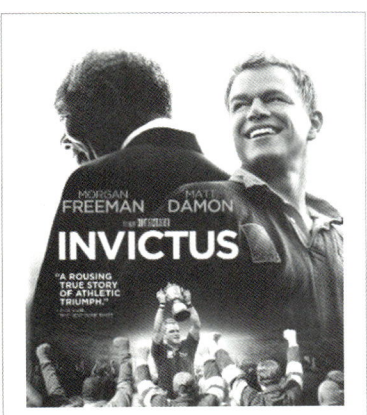

이 영화는 남아공 최초의 흑인 대통령 만델라가 럭비를 통해 국민통합을 일궈낸 실화를 감동적으로 풀어내고 있다. 새로운 시대의 비전과 사회 통합은 수백 년간 쌓인 흑백 갈등의 해소로부터 시작되어야 하지만 서로의 반목과 증오는 너무나 뿌리 깊었다. 영국과 남아공 럭비 대표팀 '스프링복스'와의 경기에서 남아공 흑인들은 영국을 응원할 정도였다.

만델라는 1995년 자국에서 열리는 럭비 월드컵에서 해법의 길을 모색한다. 스포츠를 통해 흑백 갈등의 돌파구를 마련하고자 하였다. 그는 '스프링복스'의 주장을 대통령궁으로 초대해 우승을 당부한다. 그리고 기적이 일어났다. 그 누구도 믿지 않았고 불가능이라 여겨졌던 우승이 마침내 이루어지면서 남아공 역사상 최초로 흑인과 백인이 하나가 되는 경험을 하게 된다. 이 영화는 스포츠가 인종차별의 계기와 도구가 되기도 하지만 인종을 하나로 묶는 커다란 힘으로 작용할 수 있다는 사실을 환기시킨다.

이런 일련의 움직임에 대해 백인들은 별다른 반응을 보이지 않았다. 오히려 인종의 장벽을 허무는 행위야말로 스포츠에 정치를 개입시키는 시도라며 반발했다. 그러나 1966년 남아공에서 열린 국제럭비대회에서 국제적인 공분을 사는 문제가 발생했다. 1956년 제정된 법에 따라 원주민 마리오족이 포함된 뉴질랜드팀과 경기를 할 수 없다며 취소해 버린 것이다. 그 후 남아공 럭비 대표팀은 원정경기에서 인종차별에 반대하는 시위로 경기를 하지 못하는 경우가 빈번하게 일어났다. 국제사회의 끊임없는 항의와 비판으로 결국 남아공은 1980년 후반부터 인종 통합 팀을 구성해 국제무대에 나설 수밖에 없었다.

나. 미국의 스포츠 인종차별

미국의 인종차별 역사는 노예로 끌려온 아프리카 흑인의 삶과 함께 시작되었다. 노예해방을 가져온 남북전쟁의 승리 이후에도 흑인의 지위와 그들을 바라보는 백인의 시선은 변하지 않았다. 그 대표적인 예가 1875년 테네시 주에서 제정된 짐 크로(Jim Crow)법이었다. 이 법은 흑인의 공공시설 출입을 제한하는 것으로 남부의 경우 대부분의 학교에서 흑인은 백인과 같이 수업에 참가할 수 없었다.

스포츠에서의 인종차별은 이런 역사의 과정과 일치한다. 미국의 3대 메이저 스포츠로 알려진 프로야구(MLB), 프로농구(NBA), 아메리칸풋볼(NFL)에서 흑인 선수의 등장은 2차 세계대전이 끝난 이후부터였다. 1934 - 1946년까지 아메리칸풋볼에서 흑인의 경기 참여가 금지되었다.

프로야구 최초의 흑인 선수는 1947년 당시 브루클린 다저스에 입단한 재키 로빈슨이었다. 2차 세계대전이 끝날 때까지 흑인에게는 육상과 권투처럼 개인의 능력이 두드러지는 일부 종목에서만 허용되었다. 1930년대 스포츠계에서 위대한 흑인 선수로 추앙받는 제시 오언스(육상)와 조 루이스(권투)가 바로 이 종목들에서 활약했다는 사실은 우연으로 보기 어렵다. 흑인 선수들은 다른 종목의 진입 장벽에 부딪히면서, 이러한 종목들에서 특히 뛰어난 역량을 보여주며 미국 스포츠의 역사를 바꾸어나갔다.

미국 스포츠에서 흑인에 대한 처우와 인식이 변화되었다고 해서 인종차별이 완전히 사라졌다고 믿는 사람은 아무도 없다. 흑인에 대한 차별은 오히려 더 교묘하고 구조적인 방법으로 전개되고 있다. 무엇보다 심각한 것은 스포츠에 있어서 흑인에 대한 '역할 차별'이라고 할 수 있다. 대부분의 팀 스포츠에서 흑인 선수들은 팀을 리드하는 중요한 포지션에서 제외된다. 미식축구의 쿼터백, 야구의 투수와 포수, 농구의 가드는 백인의 비율이 압도적으로 높다. 흑인이 이런 포지션을 맡지 못하는 이유는 '지능형 포지션(thinking position)'과 '운동 능력형 포지션(athletic position)'에 대한 인종적 고정관념이 작용한 탓이다. 즉 백인 선수들은 리더십, 판단력, 지능이 필요한 포지션에 적합하고, 흑인 선수들은 순수한 신체적 능력만을 요구하는 포지션에 기용되어야 한다는 것이다.

흑인 선수에 대한 부정적 인식과 범주화는 '사회정체성이론(Social Identity Theory)'으로 접근할 수 있다. 사회정체성이론은 헨리 테슈펠(Henri Tajfel)이 제시한 심리학 이론으로, 개인이 자신의 사회적 정체성을 형성하는 과정에서 다른 집단에 대한 고정관념과 편견이 어떻게 생겨나는지 잘 설명하고 있다. 즉 특정 인종(백인)이 자신들을 지적인 집단으로 규정하고 싶을 때, 흑인의 성공 원인을 타고난 신체 능력 같은 통제 불가능하고 덜 복잡한 요소에 귀속시킴으로써 자신의 우월성을 간접적으로 강조하는 것이다(Tajfel, 2010). 이러한 고정관념은 스포츠 현장에서 흑인 선수들이 특정 포지션에 과도하게 몰리고, 전략이나 리더십이 요구되는 포지션에서 배제되는 '포지션 스태킹(position stacking)' 현상으로 이어지기도 한다(Coakley, 2015). 즉 흑인 선수들의 능력을 '육체적' 영역으로 제한하는 잘못된 인식이 실제 기회 불균형을 가져오고 다시 이 고정관념을 강화하는 악순환이 반복된다. 사회정체성이론은 흑인 선수들의 성공을 노력보다는 타고난 '신체성'에만 귀속시키는 인지적 오류를 넘어, 사회적 집단 간의 위계와 정체성을 유지하려는 무의식적 동기에서 비롯되었음을 보여준다.

지도자와 스태프에 있어서도 흑인에 대한 편견과 차별은 여전히 존재한다. 흑인 선수가 70% 이상 차지하는 NBA에서 지도자와 스태프는 대부분 백인으로 구성되어 있다. 또한 선수와 스포츠 소비자를 연결하는 해설자, 기자에도 흑인의 진입 장벽은 여전히 높다. 이러한 현상은 개인의 능력 탓으로 돌릴 수 없는 구조적인 힘이 작용하고 있다는 뜻이며, 스포츠에서의 인종 평등이 점점 요원해진다는 의미이기도 하다.

> **포지션 스태킹 (Position Stacking)**
> 포지션 스태킹은 팀 스포츠에서 선수들이 인종이나 민족적 배경에 기반한 고정관념(stereotypes) 때문에 특정 포지션에 과도하게 집중되거나 배제되는 현상을 의미하는 용어이다. 대표적인 사례는 미식축구(NFL)에서 찾을 수 있다. 오랫동안 흑인 선수들은 러닝백, 와이드 리시버, 수비 라인맨 등 육체적 능력이 강조되는 포지션에 많으며, 쿼터백, 센터, 미들 라인배커처럼 '지능'과 '리더십'이 중요하다고 여겨지는 포지션에는 백인 선수들이 압도적으로 많다. 최근 흑인 쿼터백이 증가하고 있으나 여전히 이러한 경향은 존재하고 있다.

다. 한국의 스포츠 인종차별

우리나라의 스포츠에서 인종차별은 차별의 피해와 가해를 동시에 가진다는 점에서 다른 나라와 사정이 조금 다르다. 스포츠의 국제화에 따라 국내 선수의 외국 이적이 많아지면서 현지에서 겪게 되는 차별이 피해의 양상이라면, 국내에서 활동 중인 외국인에 대한 적대적 행위나 차별적 발언은 가해의 양상이라 할 수 있다. 특히 영국의 프리미어리그에서 활약했거나 현재 활약하고 있는 선수들에 대한 관중의 노골적인 인종차별은 매스미디어를 통해 익히 알려진 사실이다.

2008년 8월 미국여자프로골프협회(LPGA)가 발표한 출전 선수의 영어 사용 의무화도 일종의 인종차별 행위에 해당한다. 표면적인 이유는 스폰서 및 팬과의 원활한 의사소통을 위한 것이었으나 모든 선수에게 일정한 수준 이상의 영어 구사를 의무화한 점은 명백히 한국의 여자 골프 선수를 겨냥한 차별적 조치였다. 물론 곧 철회하기는 하였으나 스포츠에서 인종차별은 이처럼 다양한 방법으로 이루어진다.

무엇보다 경계해야 할 것은 국내에서 활동 중인 외국인 선수에 대한 인종적 편견과 차별이 서서히 표면화되고 있는 점이다. 최근 국내에서 일어난 인종차별 행위 사례로, 한 프로야구 선수가 인터넷 야구 방송을 통해 상대하기 까다로운 투수로 다른 팀 외국인 선수를 지목하면서 "그의 얼굴이 너무 검어서 마운드에서 웃을 때 하얀 이와 공이 겹쳐 보인다."고 언급함으로써 인종차별 논란을 일으킨 바 있다. 이런 현상은 향후 다문화가정 출신의 선수가 등장할 것을 예상할 때 매우 위험한 징후로 인식해야 한다.

[4] 다문화시대와 스포츠 인종차별

한국 사회는 과거 단일 민족국가라는 정체성을 기반으로 했으나, 오늘날 급격한 인구통계학적 변화를 겪고 있다. 2023년 말 기준 국내 체류 외국인 수는 251만 명을 넘어섰다. 이는 전체 인구의 약 4.9%에 해당하는 수치이다(법무부 출입국·외국인 정책본부, 2024). 국제결혼 비율도 크게 증가하여 2023년 혼인 건수 중 국제결혼이 차지하는 비중은 10.2%이다(통계청, 2024). 이러한 수치는 한국 사회가 더이상 단일 민족 중심 사회가 아님을 보여준다.

이처럼 다문화 사회로의 급격한 변화는 여러 도전 과제를 제기한다. 한국 사회에서는 민족적 순수성을 강조하는 전통적 가치관의 영향으로 피부색, 언어, 문화가 다른 외국인 노동자나 외국인 배우자, 그리고 그들의 자녀에 대한 경계와 배타적인 시선이 여전히 존재한다. 더욱이 한국 사회의 정체성 변화에 대한 사회적 논의와 인식 개선이 충분히 이루어지지 않아, 다문화가정 구성원들이 일상생활과 교육, 노동 등 다양한 영역에서 차별을 경험하는 경우가 많다.

다문화 사회로의 성공적인 전환을 위해서는 국가의 정책적 지원뿐만 아니라, 시민들의 개방적 태도와 문화적 다양성을 존중하는 인식이 반드시 필요하다. 다문화가정이 늘어나면서 2세의 사회진출이 본격적으로 이루어지는 시기가 되면 스포츠에서의 인종차별이 현실의 문제가 될지 모른다. 여기에 대한 대비도 충분히 이루어져야 한다.

3 스포츠의 장애차별

[1] 장애인과 스포츠 권리

장애는 한 개인의 본질적인 속성이 아니라, 우연히 획득된 특성이다. 따라서 이 특성으로 인해 인간으로서 당연히 누려야 할 권리가 사라지거나 축소될 수 없다. 흔히 장애인을 '정상적 인간'과 분리된 예외적인 존재로 규정하려는 경향이 있지만, 이는 장애인에게 '낙인(stigma)'을 찍는 매우 위험한 발상이다.

'정상적 인간'이라는 개념은 고정된 실체가 아니라 사회적으로 구축된 인위적인 기준에 불과하다. 의학에서는 평균을 기준으로 정상과 비정상을 구분한다. 예를 들어 100명 중 95명이 특정한 범주 내의 시력을 가졌을 때, 이 범위를 '정상'으로 정의하고 그 외의 시력을 가진 사람을 비정상 또는 시각장애인으로 분류하는 것이다. 이는 질병을 진단하고 치료하는 데 유용하지만, 사회적 다양성을 무시하고 개인의 신체적 특성을 '결함'으로 몰아가는 한계를 가진다. 또한 대규모 조직이나 사회는 효율성을 위해 모든 구성원을 획일적인 기준에 맞추려는 경향이 있다. 배우자와 자녀가 있고 명절을 함께 보내는 다수의 삶의 방식을 '정상'으로 간주하고, 그 외의 삶을 비정상적으로 여기는 암묵적인 사회적 규범도 정상성 개념을 만든다(윤선길, 정기현 역, 2009).

이러한 기준에서 볼 때 장애인은 비장애인과 동일한 인간적 정체성과 가치를 공유한다. 장애는 단순히 개인에게 내재하는 생물학적 또는 의학적 제약이라기보다, 장애를 가진 사람들을 고려하지 않은 사회적 조건과 환경이 만든 하나의 범주에 불과하다. 진정한 문제는 개인의 신체적 특성이 아니라, 다양성을 포용하지 못하는 사회의 태도와 시스템에 있다.

장애인과 비장애인이 동일한 인간적 정체성을 가지는 이유는 움직임에 대한 본원적 욕구와 권리에 차이가 없기 때문이다. 정상인이 장애인의 불편함에서 자신의 평범함을 확인하듯이 장애인은 정상인의 평범한 움직임에서 자신의 불편함을 확인한다. 장애인의 움직임에 대한 욕구는 정상인을 능가하며, 그래서 그들의 움직임에 대한 권리는 더욱 존중되어야 한다. 2007년 제정된 『장애인 차별금지 및 권리구제 등에 관한 법률』에 따르면, 장애는 신체적·정신적 손상 또는 기능 상실이 장기간에 걸쳐 개인의 일상 또는 사회생활에 상당한 제약을 초래하는 상태를 말한다. 그런데 여기서 말하는 손상과 기능 상실은 세계와 교섭하려는 매개의 변형에 지나지 않는다.

장애인의 움직임의 권리는 몸의 현상학을 통해 설명된다. 메를로 퐁티(M. Merleau Ponty)는 신체를 단순히 객관적인 물질로 보지 않고 세계와 소통하는 주체로 보았다. 그래서 인간의 신체는 끊임없이 세계와 교섭하려 한다. 신체적 손상이 일시적으로 세계와의 교섭을 방해할 수 있다. 그러나 신체는 단지 부분들의 총합이 아니라 하나의 의식적인 주체인 까닭에 세계와의 관계를 재구성하며 끊임없이 움직임의 의미를 찾아간다. 장애가 있다고 해서 세계와의 소통 자체가 단절되는 것이 아니라, 새로운 방식으로 세계를 경험하고 소통하는 몸으로 탄생한다. 몸의 부분적 손상과 상실은 세계와의 교섭을 방해하지 못한다. 인간의 몸은 부분들로 해체되지 않는 유기체이며, 그 몸은 통각(統覺)을 통해 세계와 대면한다(류의근 역, 2002).

무엇보다 움직임의 욕구는 모든 사람이 보편적으로 갖는 권리이다. 따라서 장애를 이유로 스포츠 참여를 원하는 장애인에 대한 제한, 배제, 분리, 거부는 기본권의 침해에 해당한다. 스포츠는 장애인에게 움직임의 새로운 느낌과 그것이 주는 경이로움, 그리고 자기표현의 극대화를 통해 삶의 행복을 누리는 매우 소중한 체험이다.

> **통각(統覺)**
> 퐁티가 말하는 통각은 고통을 느낀다는 의미의 통각(痛覺)과는 다른 의미의 철학적 용어로, 잡다하게 주어진 경험을 주체의 내부에서 총합하는 작용 및 작용자를 일컫는다.

장애인의 스포츠 권리

1975년 12월 9일 국제 연합 총회에서 장애인의 권리를 보호하고 존중하는 '장애인 권리선언(The Declaration of the Rights of Disabled Persons)'이 회원국의 만장일치로 채택되었다. 우리나라에서는 1998년 '한국 장애인 인권 헌장'이 선포되어, 제7장에서 문화, 예술, 체육 및 여가 활동에 참여할 권리를 규정하고 있다.

[2] 장애 차별 없는 스포츠의 조건

스포츠에서의 장애 차별이란 장애로 인해 스포츠 참여의 권리와 기회를 정상인과 동등하게 누리지 못하는 불평등을 말한다. 이런 불평등은 오랫동안 당연한 것으로 여겨져 왔다. 거기에는 정신과 신체의 부자유가 건강하고 강인한 신체의 단련을 추구하는 스포츠의 이상과 부합되지 않는다는 고정관념이 크게 작용하였다. 이런 고정관념은 스포츠를 다만 장애인의 재활과 치료를 위한 보조적 수단으로 제한하게 만들었다. 대한장애인체육회가 2005년 11월에 비로소 설립되었다는 사실은 편향된 시각이 얼마나 오래 지속되었는지를 말해 준다.

그러나 아직 장애인의 일반적인 사회생활 시설도 미비한 상황에서 스포츠 권리에 대한 요구는 시기상조라는 목소리도 존재한다. 다시 말해 교육을 받을 권리와 일할 권리, 자유로운 장소 이동과 건물 및 시설물 그리고 정보와 통신에의 쉬운 접근, 비장애인이 이용하는 시설과 설비 및 정보를 다른 사람의 도움 없이 동등하게 이용하고 접근할 수 있는 권리 등이 먼저 보장되지 않은 상태에서 스포츠 권리는 지나친 요구라는 것이다. 그러나 장애인의 스포츠 권리는 이런 기본적인 권리의 충족 이후에 생겨나는 것이 아니라 동시에 보장되어야 하는 내용이다.

장애인의 스포츠 권리에서 보장되어야 할 내용을 알기 위해서는 먼저 일반적으로 드러나고 있는 차별의 양상을 살펴보아야 한다. 이를 정리하면 다음과 같다.

① **종목 차별**: 장애인의 스포츠 욕구를 충족시키는 종목이 다양하지 못하다. 장애인들은 수영, 자전거 등 신체 수행의 만족도가 높은 운동을 선호하나 실제 운동은 그렇지 못하다.

② **장애스포츠 지도자의 부족**: 전문지도자의 부족으로 체계적인 교육과 활동이 이루어지지 못한다. 장애의 종류와 등급에 따른 신체활동의 특징 및 장애스포츠의 특수성을 전문적으로 배운 지도자의 양성이 필요하다.

③ **이동 및 접근의 차별**: 이용 시설이 부족하고 이동이 불편하다. 장애인 스포츠는 대부분 비장애인 시설과 프로그램을 그대로 이용하고 있는 실정이며 그마저도 접근하기 어렵다.

④ **학교 스포츠에서의 차별**: 학교체육과 스포츠에의 참여가 보장되지 않아 스포츠에 친숙할 기회를 제공받지 못한다.

그렇다면 장애 차별 없는 스포츠는 어떻게 이루어질까? 일반적으로 장애 차별 없는 스포츠는 3가지의 조건이 필요하다. '접근성(Accessibility)', '포용성(Inclusivity)', '전문성(Professionalism)'이 그것이다. 접근성은 이동 및 접근의 차별에 대한 해결책으로, 여기에는 물리적 접근성(시설, 이동 수단)뿐만 아니라 정보 접근성(웹사이트, 안내 자료)까지 포함된다. 포용성은 종목 차별과 선택의 기회, 다양한 사람과의 만남을 보장하는 것으로, 단순히 종목의 확장을 넘어 장애인과 비장애인이 함께 참여하는 '통합 스포츠(Inclusive Sports)'의 필요성을 의미한다. 그리고 전문성은 장애 스포츠 지도자의 부족으로 인한 전문성 확보의 필요성을 말한다. 장애 유형별 특성을 이해하고 맞춤형 지도를 제공하는 전문 인력 양성 시스템의 구축은 장애 차별 없는 스포츠의 매우 중요한 조건이다.

〈장애차별 없는 스포츠의 조건〉

조건	내용
기회제공	장애인이 원하는 장소와 시간을 확보해야 한다.
재정지원	활동에 필요한 장비 및 기구의 재정적인 지원이 확보되어야 한다.
계속적인 활동	일회성의 체험이 아니라 회원으로 관리되는 클럽활동이 보장되어야 한다.
선택의 기회	참여 종목과 대회의 참여는 본인의 선택에 맡긴다.
다양한 사람과의 만남	다양한 사람과의 관계를 통해 사회성 함양의 기회를 주어야 한다.

[3] 패럴림픽(Paralympic)과 장애인 스포츠

패럴림픽(Paralympic Games)은 신체적 장애를 가진 선수들이 참가하는 국제 스포츠 대회를 말한다. 패럴림픽은 원래 'paraplegic'(하반신 마비의)과 'Olympic'(올림픽)의 합성어였으나, 다른 장애인들이 경기에 참여하면서 현재는 그리스어인 'para'(옆의, 나란히)의 의미를 사용하여 올림픽과 나란히 개최된다는 평등의 의미로 사용되고 있다. 패럴림픽은 1948년 영국의 퇴역 군인들의 휠체어 경기로부터 시작해, 대회의 선구자인 맨더빌(Mandeville)에 의해 1952년 국제대회가 개최되면서 오늘날 대규모 국제대회로 발전해 왔다.

초창기의 패럴림픽은 참전병을 중심으로 이루어졌으나, 1960년 로마대회 이후 모든 장애인이 참가하는 대회로 발전하였다. 1988년 서울에서 개최된 하계 패럴림픽 대회 때부터 하계 올림픽이 끝난 후 올림픽 시설을 이용하는 방식으로 바뀌면서 새로운 전환점을 맞이하였다. 현재 패럴림픽 운동을 관리하는 국제단체는 IPC((International Paralympic Committee)로, 176개의 국가 패럴림픽 위원회(NPC)와 4개의 특정 장애 국제 스포츠 협회로 구성되어 있다.

장애 유형별 스포츠위원회

- 국제시각장애인경기연맹(IBSA): 국제시각장애인경기연맹(International Blind Sports Association)은 시각장애인 스포츠를 위한 국제적인 경기단체이다.
- 국제뇌성마비인경기연맹(CP-ISRA): 국제뇌성마비인경기연맹(Cerebral Palsy-International Sports and Recreation Association)은 뇌성마비인을 위한 스포츠와 레크리에이션을 개발하고 홍보하는 일을 담당하고 있다.
- 국제지적장애인경기연맹(INAS-FID): 국제지적장애인경기연맹(International Sports Federation for Persons With Intellectual Disability)은 지적장애인을 위한 스포츠 기구로서 가장 최근에 조직되어진 국제기구이다.
- 국제휠체어/절단장애인경기연맹(IWAS): 국제휠체어/절단장애인경기연맹(International Wheelchair and Amputee Federation)은 휠체어와 절단장애인 선수들을 후원하는 조직으로 초보자에서부터 엘리트 선수에 이르는 국제적 운동, 발전과 참여를 제창한 맨드빌의 정신을 이어받아 활동을 하고 있다.
- 국제스페셜올림픽위원회(SOI): 국제스페셜올림픽위원회(Special Olympics Incorporate)는 지적·자폐성장애인을 위해 스포츠의 기회를 제공하여 신체적 적응력을 향상시키려는 비영리 국제스포츠기구이다.

[4] 장애 스포츠의 새로운 가능성

근대 스포츠는 해당 스포츠가 요구하는 신체적 능력에 적합하도록 효율적인 방법으로 신체를 만들고 경제적으로 에너지를 소비하여 최대한의 결과를 얻을 수 있도록 끊임없이 기술을 개발해 왔다. 그 결과 해당 스포츠의 선수는 종목 특유의 신체성을 가지게 된다. 농구선수와 체조선수의 신체성이 구분되는 이유도 여기에 있다.

그러나 장애 스포츠는 다른 발상에 기초해 있다. 즉 스포츠의 규칙과 신체활동의 방법을 개인의 신체적 조건과 상황, 또는 지적인 발달상황에 따라서 변용시킴으로써 근대 스포츠의 이념을 더욱 확장한다. 근대 스포츠가 비장애인의 신체라는 보편성을 전제로 했다면, 패럴림픽은 '장애를 가진 신체'라는 다양성을 포용함으로써 스포츠의 보편성을 새로운 차원으로 확장하고 있다.

패럴림픽은 근대 스포츠가 추구하는 경쟁, 기록, 평등의 가치를 적극적으로 수용하여 장애 유형과 등급에 따라 매우 세분화된 분류(classification) 시스템 안에서 최대한 공정한 경쟁을 추구한다. 즉, 장애 스포츠는 승패를 가리는 경쟁을 통해 장애인에게 성취감과 사회적 인정을 제공하여 스포츠의 또 다른 가치를 확산시키고 있다. 하반신의 장애는 휠체어와 의족이라는 용구와 그에 맞춘 규칙으로 전혀 다른 스포츠를 즐기게 된다.

근대 스포츠는 공정성을 바탕으로 경쟁을 통해 상대적 우위를 추구해 왔다. 여기서 스포츠를 행하는 개인은 다른 사람과의 관계 속에서 가치가 매겨지는 상대적인 존재이다. 그러나 장애 스포츠는 스포츠를 행하는 본인을 척도로 하여 신체활동에 참여한다. 물론 장애 스포츠에서도 다른 선수와의 경쟁이 이루어지기는 하지만 승리의 가치는 개인의 내면에서 발생하는 것이어서 객관적이라 보기 어렵다. 이런 까닭에 장애 스포츠를 행하는 개인은 절대적인 존재라 할 수 있다. 근대 스포츠의 중요한 구성요소인 경쟁, 승패, 보편적인 규칙, 평등성은 적어도 장애 스포츠를 즐기고 도전하는 절대적인 존재로서의 개인에게는 부수적이거나 무의미하다. 이런 의미에서 장애 스포츠는 근대 스포츠의 새로운 대안을 제공할 가능성까지 내포하고 있다.

Sports & Life : 꿈꾸는 토르소맨

더스틴 카터(Dustin Carter)는 몸이 조금 불편해 보인다. 팔, 다리가 없는 토르소 조각 같다.

그는 다섯의 나이에 팔다리가 잘려나갔다. "수막구균혈증"이라는 병에 걸렸고, 살기 위해 사지를 절단해야 했다. 그러나 그는 레슬링 선수다. 짧은 팔과 다리로 비장애인과의 시합에서도 이긴다. 그는 미국 오하이오 주의 46kg급 레슬링 대표이기도 했다.

레슬링은 그에게 삶의 모든 것이었다. 레슬링으로 웃는 날보다 우는 날이 더 많았지만 레슬링을 통해 장애의 편견에 맞서고 싶었다. 더스틴 카터의 몸은 세계와 맞서는 유일한 무기였다. 키 1m의 가장 작은 레슬링 선수! 그에게 장애는 인간 존재의 경이로움과 스포츠의 진정한 가치를 전하는 예술인지 모른다. 그래서 그의 삶은 감동적이다.

Search & Discussion

장애인의 스포츠 참여가 갖는 궁극적인 가치는 스포츠 활동에서 얻어지는 움직임의 경험과 그것이 주는 즐거움, 그리고 자기표현의 극대화를 통해 삶의 행복을 누리는 것이다. 그러나 이는 자족적인 행위에 머무를 수 없으며, 언제나 소통을 전제로 한다. 소통이란 비장애인과 장애인의 장벽을 허무는 적극적인 행위를 말한다.

최근 '통합스포츠'가 주목을 받기 시작했다. 스포츠에서 장애인과 비장애인 간의 소통은 이해와 공감의 차원을 넘어 함께 활동에 참여하는 것에서 출발한다. '통합스포츠'란 이런 기회를 제공해주는 스포츠의 새로운 패러다임이다. 장애인과 비장애인이 함께 하는 통합스포츠에는 어떤 것이 있는지 조사해 보고, 앞으로 가능한 종목의 규칙과 경기방법에 대해 토론해 보자.

CHAPTER 10

폭 력

　현대의 문명사회에서 폭력은 매우 엄격히 통제된다. 문명이 인간의 이성이 구축한 것이라는 믿음은 폭력을 문명과 가장 먼 거리에 있는 인간의 현상으로 만들어 버렸다. 문명사회에서 폭력은 그 자체로 야만과 비이성을 뜻한다.

　이런 의미에서 본다면 스포츠는 문명사회에서 가장 원시적이고 야만적인 인간 행위라고 해야 할 것이다. 권투의 펀치, 유도의 엎어치기, 태권도의 돌려차기, 심지어 사격의 총은 매우 강력한 폭력의 수단이 된다. 이런 행위가 스포츠로 규정되는 이유는 정당한 폭력이기 때문이다. 그렇다면 스포츠에서 정당한 폭력과 부당한 폭력은 무엇이며, 그 기준은 어디에 있을까?

학습목표

- 폭력의 철학적 의미를 이해한다.
- 폭력의 이중성과 비윤리적 근거를 찾고 적용한다.
- 스포츠에서의 폭력이 발현되는 구조를 이해한다.
- 선수폭력과 관중폭력의 발생원인과 비윤리적 근거를 찾아 적용한다.

1 폭력에 대한 철학적 성찰

[1] 폭력의 어원

폭력(violence)의 어원은 라틴어 'violentia'에서 직접 유래했으며, 힘을 의미하는 'vis'에 뿌리를 둔다. 이 'vis'는 그리스어 'bia'에 기원을 두는데, 에너지, 생명력, 혹은 생동적인 힘을 가리킨다. 이처럼 어원적으로 폭력은 단순히 물리적인 힘 그 자체나 그 힘을 행사하는 행위에서 비롯하는 개념이다.

일부 학자들은 폭력의 개념을 더욱 확장하여 인간 존재의 본질로 파악하기도 한다. 철학자 다둔(R. Dadoun)은 'vis'의 어원인 'bia'를 '힘의 발휘'나 '폭력 행위'뿐만 아니라 '존재의 본질'을 지칭하는 개념으로 확대해석하였다. 그에 따르면, '호모 비오랑스(Homo Violence)', 즉 인간은 근본적으로 폭력에 의해 정의되고 구조화된 존재를 의미한다. 이러한 관점에서 폭력은 인간에게 가장 중요하고 근본적인 특성이며, 인간 존재를 구성하는 핵심 요소로 간주된다(최윤주 역, 2006).

인간 내면에 감춰진 폭력성에 대한 연구는 철학, 정치학, 인류학, 심리학은 물론, 최근에는 동물심리학과 인간행동학 등 다양한 학문 분야에서 폭넓게 이루어져 왔다. 특히, 폭력은 권력과의 복잡한 관계를 다루는 정치철학 분야에서 중요한 연구 주제로 꾸준히 다루어지고 있다. 이는 폭력이 단순히 개인의 행동을 넘어 사회 구조와 권력 작동의 근본적인 원리로 이해될 수 있음을 의미한다.

[2] 폭력의 의미

폭력은 일반적으로 불법 혹은 부당한 방법으로 물리적 강제력을 행사하는 것을 말한다. 주먹이나 발, 그 밖의 도구를 사용하여 남을 제압하는 힘 그 자체를 폭력이라 부르기도 한다. 그러나 넓은 의미에서 폭력은 가뭄, 태풍, 지진 등 자연이 인간에게 안기는 재해까지 포함된다. 또한 전제 정치의 폭력, 전쟁에 의한 대량 학살, 여성에 대한 가부장적 폭력, 학교 폭력, 사이버 폭력 등 사회에 있어서 폭력의 양상은 매우 광범위하고 지속적으로 일어난다. 폭력의 개념은 인간 본성, 인격, 인권, 도덕적으로 악한 행위와 악덕들과 관계를 맺으며, 공동선, 권위 혹은 통치권과 공동체의 질서 개념들과 연관을 맺고 있다. 아울러 권리, 정의, 자연법, 실정법들과도 관련된다(장욱, 2006).

폭력은 때로 인간과 사회를 움직이는 중요한 힘으로 간주되기도 한다. 폭압적 정치의 시민 생활에 대한 간섭, 혹은 민중의 봉기에 의한 사회 체제의 전복이 그 대표적인 경우이다. 이처럼 폭력은 주체와 객체에 따라 상반된 가치가 얽혀 있어 옳고 그름을 따져 묻기 곤란해지기도 한다. 폭행, 강도, 살인 등은 비합법적이고 반사회적인 폭력에 해당하지만 이를 물리적으로 제압하는 국가 권력은 합법적 폭력이 된다. 폭력에 의해 폭력을 제압하는 이러한 폭력의 이중성은 '평화를 위한 전쟁'이라는 모순을 낳기도 한다.

폭력에 대한 합법성과 비합법성의 구분이 애매한 것은 폭력 자체가 갖는 이중적 성격에서 기인한다. 일반적으로 폭력은 나쁜 것으로 간주된다. 그러나 폭력이 나쁜 것이라면 스포츠의 격투 종목은 존재할 수 없게 된다. 타인을 때리거나 넘어뜨리는 행위 그 자체는 폭력에 해당하지만, 그것의 옳고 그름은 상황과 조건에 따라 달라진다. 권투와 유도의 펀치와 엎어치기는 중요한 기술이나 같은 행위가 축구와 농구에서 이루어지면 정당하지 못하다. 요컨대 폭력은 정당성의 기준에 따라 가변적이며, 따라서 '절대악'으로 규정할 수 없다.

또한 스포츠에 있어서 폭력은 볼거리와 즐거움의 대상이 되기도 한다. 폭력이 그 자체로 반사회적인 것이라면 스포츠는 바람직하지 못한 인간 활동으로 규정되어야 할 것이다. 스포츠가 육체적 힘의 사용을 바탕으로 하는 이상 폭력과 정당한 힘의 구분은 모호할 수밖에 없다. 이런 까닭에 합법적 힘의 발휘와 비합법적 폭력을 구분하는 이성적 판단에 의한 윤리적 기준이 반드시 필요하다.

[3] 플라톤의 폭력론

폭력에 대한 철학적 성찰은 최근에 전개된 정치철학적 논의보다 훨씬 오래전부터 이루어져 왔다. 그 대표적인 철학자가 플라톤이다. 플라톤은 폭력을 '그 자체로 참으로 존재하는 것이 아니라, 존재를 탈취하여 세계에 무질서를 초래하는 근원으로써, 질료와 마찬가지로 형상을 통해 규정할 수 없는 것'으로 설명하면서 '존재의 결핍'을 의미하는 것으로 보았다(김희봉, 1998).

플라톤에 따르면 폭력은 일차적으로 신의 뜻을 어기는 것이다. 그에 따르면 세계는 일련의 존재론적 체계를 이루고 있는데, 그것은 신에서 로고스(Logos)로, 로고스에서 피시스(Physis)로, 피시스에서 노모스(Nomos)로 연결되어 있다. 폭력은 이러한 체계를 위반하는 것, 즉 일차적으로 법률을 지키지 않는 것을 말한다. 플라톤은 신, 로고스, 피시스, 노모스는 모두 예측 가능한 것이나 이를 어기는 폭력은 예측 불가능한 것으로 보고, 예측 불가능한 모든 것을 폭력이라고 말한다(장욱 외, 2006). 요컨대 플라톤은 폭력을 전체적인 질서에서 이탈하거나 저항하는 것으로 정의하였다.

> **피시스와 노모스**
> 피시스는 자연을 뜻하고, 노모스는 법, 질서, 이성을 뜻한다.

[4] 토마스 홉스(T. Hobbes)의 폭력론

홉스(T. Hobbes)는 인간의 폭력적인 속성을 자연 상태와 욕망의 체계에서 발견하였다. 홉스에 따르면 인간은 누구나 자신을 보호하려는 본성을 가진다. 이때 자신 이외의 타자는 자기 보전을 위협하는 잠재적 폭력이 된다. 주체와 타자의 이러한 폭력적 관계를 확장시켜 홉스는 '만인의 만인에 대한 투쟁'이라고 말한다. 이를 '자연 상태(state of nature)'라고도 부른다. 자연 상태란 본성과 자연의 법칙 이외에 통제된 공동질서를 갖지 못하는 상태를 말한다. 자연 상태에서 인간은 폭력에 무방비로 노출되며, '인간은 인간에 대해 늑대(Homo homini lupus)'로 존재한다.

> **호모 호미니 루푸스**
> 공통된 통제의 질서가 없는 상황에서 각 사람은 다른 사람에게 늑대와 같은 존재가 된다는 의미이다. 이런 상황에서 폭력은 자신을 보호하는 유일한 무기이다. 그러나 스포츠는 생존을 위한 야만의 상태가 아니라 규칙으로 통제된 문화적 행위이다. 스포츠는 때로 과격한 경쟁과 폭력으로 인해 '호모 호미니 루푸스'로 오해받기도 한다. 그러나 스포츠의 경쟁은 이것과 가장 먼 거리에 있는 문화적 상태로 존재한다.

홉스는 인간의 본성 속에 폭력성과 공격성이 내재해 있으며, 인간을 자신의 욕망의 충족을 위해 통제되지 않는 폭력을 행사하는 존재로 본다. 그러나 이런 자연 상태에서 인간의 폭력은 보복과 새로운 폭력을 낳는 악순환에 갇히게 된다. 이런 절망적 상황을 막기 위해 다수에 의한 사회계약으로 국가가 폭력의 사용을 독점하게 된다.

홉스는 폭력이 일어나는 원인을 '심리적 근원'과 '구조적 근원'의 두 가지로 제시한다. 심리적 근원이란 폭력을 유발하는 인간 욕망의 체계를 말하는 것으로, 경쟁심(competition), 자기 확신의 결핍(diffidence), 헛된 영광에 대한 욕구(appetite to vain glory) 등이 여기에 해당한다. 그리고 구조적 근원은 '치명적 평등'을 말하는데, 자연 상태에서 누구라도 타자에 대해 폭력을 행사하거나 심지어 죽일 수 있는 자연의 권리와 힘의 평등한 조건을 가리킨다.

이런 폭력적 상태를 극복하기 위해 홉스는 욕망 체계에 대해서는 자연법의 사상을 제시하고, 치명적 평등에서 오는 폭력에 대해서는 더 큰 힘을 통한 통제, 즉 사회계약론을 제시한다. 사회계약론은 국가가 갖는 폭력의 독점(권력)은 다수 인간의 상호 계약에 의한다고 보는 견해이다.

리바이어던

시민의 재산과 생명을 폭력으로부터 보호하는 통치권자로서의 국가를 상징하는 이름이다. 홉스에 따르면 자연적 본성으로 인하여 인간은 서로 협력하는 사회생활을 영위하지 못하는 피조물이기 때문에 그들을 압도할 수 있는 거대한 힘을 가진 리바이어던(구약성서의 '욥기'에 나오는 바다의 괴물)을 불러내어 다스리게 해야 한다고 보았다.

[5] 르네 지라르(R. Girard)의 폭력론

르네 지라르는 폭력이 인간의 공격적인 본능에서 나온 것이 아니라, '모방'에서 시작된다고 보았다. 그에 따르면 인간의 욕망은 스스로 생겨나지 않고 다른 사람이 무언가를 욕망하는 것을 보고 따라 하고 싶은 데서 발생한다. 친구의 최신 스마트폰을 갖고 싶어 하는 것처럼 다른 사람을 통해 생겨난 욕망을 '모방 욕구(mimetic desire)'라고 부른다.

그러나 두 사람이 똑같은 것을 욕망하게 되면 자연스럽게 경쟁자가 된다. 지라르는 이 상태를 '짝패(double)'라고 불렀는데, 이는 서로의 욕망을 거울처럼 비추는 관계를 의미한다(박무호 역, 2000). 이처럼 모방을 통해 생긴 경쟁을 '모방적 경쟁(mimetic rivalry)'이라고 한다. 이 경쟁이 격해지면 폭력이 발생할 위험이 커진다.

모방적 경쟁이 극에 달해 모두가 서로를 미워하고 폭력적으로 변하는 상황을 지라르는 '희생 위기(Sacrificial Crisis)'라고 불렀다. 사회는 이 위기에서 벗어나기 위해 희생양(scapegoat)을 만든다. 모든 사람이 미워하는 한 사람이나 한 집단을 정해 그들에게 폭력을 몰아넣는 것이다. 사회는 그 희생양을 공동으로 제거함으로써, 갈등과 분노를 한꺼번에 해소하고 평화를 되찾게 된다.

이런 희생양 메커니즘은 만장일치의 폭력이어서 자신들이 저지른 폭력을 폭력이라고 생각하지 않게 만든다. 오히려 사회 전체를 위한 좋은 폭력으로 여기게 된다. 지라르는 종교의식이나 축제 등이 바로 이런 희생양 메커니즘에서 비롯되었다고 본다. 인간 사회는 폭력을 없애는 게 아니라, 최소한의 폭력을 이용해 더 큰 폭력을 막는 방식으로 유지된다(김상기, 2008). 지라르의 폭력론은

스포츠와 희생제의

데이빗 샌손(David Sansone)은 스포츠를 '신체 에너지의 의례적인 희생제의'라고 정의한다. 샌손은 스포츠라는 희생제의의 제물은 '신체 에너지'라고 말한다. 그러나 스포츠는 단순한 희생제의가 아니라 '몸의 테크닉'을 중심으로 하는 새로운 형태의 근대적인 희생제의라고 할 수 있다.

근대 스포츠에는 종교적 몸이 스며있다. 사원 안에서 행해지는 모든 행동이 규칙에 의해 지배되듯 체육관에 들어서는 순간 모든 행동은 경기 규칙에 의해 지배된다. 사원과 체육관은 행동의 세부사항을 강조함으로써 큰 행위를 일련의 작은 행위들로 분할하여 미시적으로 '의례화'한다. (이창익의 『종교와 스포츠, 몸의 테크닉과 희생제의』에서 발췌)

스포츠가 사회 전체의 폭력 욕구를 '희생제의'를 통해 해소하게 함으로써, 현실 세계의 더 큰 폭력을 막는 역할을 한다는 점을 설명하고 있다.

[6] 한나 아렌트(H. Arendt)의 폭력론

한나 아렌트는 권력을 흔히 생각하는 혼자 갖는 '힘'이 아니라, 여러 사람이 뜻을 모으고 함께 행동할 때 생겨나는 그 무엇으로 보았다. 마치 시민들이 시위하거나 협동조합을 만드는 것처럼, 서로 동의하고 협력하는 과정을 통해 권력이 만들어진다. 따라서 권력은 강제로 누군가를 굴복시키는 힘이 아니라 설득과 합의를 통해 작동하게 된다. 그래서 아렌트는 권력을 사람들이 모여서 만들어내는 '가능성' 그 자체라고 보았다.

반면에 폭력은 권력과 정반대의 개념이다. 폭력은 목표를 이루기 위해 사람들을 강제로 침묵시키고 복종하게 만드는 수단을 말한다. 아렌트는 폭력의 사용을 권력이 없는 증거라고 보았다. 지도자가 힘으로 사람들을 억누른다면 이미 그 지도자는 구성원의 지지를 잃었다는 뜻이다. 폭력을 권력의 상실 혹은 부재라고 부르는 이유도 여기에 있다.

아렌트는 전체주의가 바로 이러한 권력의 부재에서 비롯되었다고 지적한다. 전체주의 정권은 경찰이나 군대 등의 물리적 힘을 독점하여 사회를 통제하는데, 이는 진정한 권력이 아니라 폭력의 가장 극단적인 형태일 뿐이다. 전체주의 체제에서 개인들은 서로를 믿지 못하고 소통할 수 없게 되면서 동의하고 협력하는 권력이 소멸하고 폭력만이 남게 되는 것이다.

이 지점에서 아렌트의 핵심 개념인 '악의 평범성(Banality of Evil)'이 등장

악의 평범성

1961년 12월 예루살렘에서 2차 대전 중 유태인의 체포와 강제이주를 계획하고 지휘한 아이히만의 전범 재판이 열렸다. 이 재판을 지켜본 아렌트는 '예루살렘의 아이히만'이라는 보고서를 작성하였고, 얼마 후 책으로 출판해 많은 반향을 불러일으켰다. 피고석의 아이히만은 실제로 너무 평범한 중년 남성이었다. 이것이 아렌트에게는 더욱 소름 끼치고 무서운 점이었다. 아이히만은 수백만의 무고한 사람을 가스실에 집어넣을 광기는커녕 가족을 지극히 사랑하는 흔한 이웃집 가장의 모습이었다. 이념에 대한 열정과 정치 체제에 대한 신념도 없이 아이히만은 그저 "명령에 따랐을 뿐", 자신이 저지른 일의 내용과 책임을 되묻거나 반성하지 않았던 것이다.

아렌트는 너무나 평온하게 웃고 있는 아이히만의 모습에서 "악의 평범성(banality of evil)"을 보았다. 악은 포악한 괴물이나 악마처럼 괴이한 존재가 아니라 평범한 일상 속에 함께 있다. 아렌트는 악을 멈추게 할 유일한 방법은 '사유(생각)'뿐이라고 말한다.

한다. 아렌트는 나치 전범 아돌프 아이히만의 재판을 지켜보며, 그가 사악한 악마가 아니라 '생각 없는(thoughtless)' 평범한 관료였다는 사실에 충격을 받는다. 아이히만은 주어진 명령에 충실했을 뿐, 자신의 행동이 어떤 윤리적 결과를 초래하는지에 대해 전혀 생각하지 않았다. 아렌트에게 '악'은 거창한 이념이나 광기가 아니라, 사유(thinking)의 부재에서 비롯하는 것이었다.

아렌트의 이러한 통찰은 폭력이 소수의 악당뿐만 아니라, 스스로 생각하지 않고 체제에 순응하는 평범한 사람들에 의해서도 쉽게 저질러질 수 있음을 경고한다. 아렌트가 말한 '악의 평범성'은 스포츠의 폭력 문제에도 직접적인 시사점을 던져준다. 스포츠 종사자들이 자신의 행동을 비판적으로 성찰하지 못할 때 폭력은 언제든 일어날 수 있다.

[7] 미셸 푸코(Michel Foucault)의 권력과 폭력

푸코는 폭력을 단순히 물리적 강제력에 한정하지 않고 사회 시스템에 내재하는 '규율 권력(disciplinary power)'의 작용으로 본다. 규율 권력은 눈에 띄는 폭력의 형태가 아닌 개인의 몸과 정신을 미시적으로 통제하여 스스로 길들이고 순종하는 보이지 않는 폭력으로 존재한다. 폭력은 처벌이라는 물리적 형태 대신 스스로 감시하고 통제하는 내면화 과정을 거칠 때 더욱 깊고 교묘하게 작동하게 된다.

푸코는 『감시와 처벌(Discipline and Punish)』에서 규율 권력의 작동 방식을 상세히 설명하고 있다. 근대사회를 관통하는 이 보이지 않는 권력은 감시(Surveillance), 정상화(Normalization), 신체에 대한 지식(Knowledge of the body)을 통해 개인을 통제해 나간다.

먼저 규율 권력은 끊임없는 감시로 개인의 행동을 통제한다. 푸코는 이를 벤담의 파놉티콘(Panopticon) 모델을 통해 설명하고 있다. 중앙의 감시탑이 원형 감옥의 모든 죄수를 볼 수 있는 파놉티콘의 구조는 언제 감시당하는지 알 수 없는 죄수에게 스스로 감시를 내면화하게 만든다. 이 원리는 학교, 병원, 군대 등 사회의 여러 기관에서 적용되어 개인의 행동을 미시적으로 통제하는 보이지 않는 폭력으로 작동한다.

규율 권력은 또한 개인을 정상적인 기준에 맞추는 과정에서 폭력을 행사한다. 사회가 정한 기준에서 벗어난 행동이나 신체를 '비정상'으로 낙인찍고, 징계나 처벌을 통해 정상으로 되돌리려는 과정이 곧 '정상화'인데, 이 과정에서 폭력은 신체에 직접 가해지는 물리적 형태뿐만 아니라, 개인의 자존감과 정체성을 훼손하는 심리적, 사회적 형태로 나타난다.

푸코는 근대사회가 개인의 신체를 효율적으로 통제하고 활용하기 위해 신체에 대한 방대한 지식을 생산한다고 보았다. 의학, 심리학, 교육학 등의 지식 체계는 신체를 측정하고 분류하고, 이를 통해 개인을 '유용한 신체'로 만드는 규율의 도구로 사용한다.

이러한 푸코의 관점은 스포츠가 단순히 놀이나 신체 단련이 아니라, 권력과 폭력이 교차하는 복잡한 사회적 실천임을 설명한다. 근대 스포츠는 선수들의 신체를 훈련하고 통제하는 규율 권력의 전형적인 형태이다. 훈련 일정, 식단, 경기 규칙, 심판의 판정 등은 선수의 모든 움직임과 행동을 세밀하게 규율하며, 이러한 규율을 내면화하여 '성능 좋은 신체'가 만들어진다. 이 과정에서 선수들은 스스로 사생활을 통제하며 규율에 순종하는 개체가 된다. 또한 기록 측정, 통계 분석, 비디오 판독 시스템 등은 선수들의 신체를 데이터화 하고 효율적으로 관리하는 감시의 도구이며, 이는 푸코가 말하는 규율 권력의 중요한 구성요소로 작용한다.

파놉티콘 (Panopticon)

파놉티콘은 제레미 벤담이 고안한 원형 감옥의 건축 모델로 '일망감시장치'라고 불린다. 중앙의 감시탑은 모든 죄수를 감시할 수 있으나, 죄수들은 자신이 언제 어떻게 감시당하는지 알 수 없다. 이런 시선의 비대칭 구조는 감시당하는 사람에게 스스로 감시를 내면화하게 만든다. 푸코는 파놉티콘이 근대사회의 권력이 작동하는 전형적인 방식이라고 주장한다. CCTV는 이 감시 구조의 현대적 형태이다.

2. 스포츠와 폭력의 이중성

[1] 폭력의 이중성: 게발트(Gewalt)

스포츠에서 일어나는 폭력을 깊이 이해하기 위해서는 폭력의 일반적인 성격과 의미를 먼저 알아야 한다. 폭력은 일상생활 속에서 일어나는 주먹다짐이나 난동에 한정되지 않는 정치적이고 철학적인 의미를 함축한다.

폭력은 무엇보다 폭력에 의해 진압되는 속성을 가진다. 누군가 주먹을 휘둘러 타인에게 상처를 주거나 칼로 위협하면 이를 진압할 수 있는 더 큰 힘이 필요하다. 때에 따라 심각한 폭력의 경우 공권력은 당사자를 사회로부터 완전히 격리하기도 한다. 이때 공권력에 의한 힘의 사용도 폭력이기는 마찬가지이다.

그러나 공권력이 발휘하는 폭력은 무고한 시민을 폭력으로부터 보호하는 권한과 자격을 미리 부여받았기 때문에 정당한 것으로 간주된다. 이처럼 폭력은 통제하지 못하고 솟구치는 강렬한 힘의 분출로서의 의미와 이를 지배하고 통제하는 강제력으로서의 의미를 동시에 지닌다. 전자의 의미는 영어의 'violence'에서 잘 드러나고 후자는 독일어인 'Gewalt(게발트)'의 의미에 가깝다.

게발트는 단순한 강제력 이상의 의미를 갖는다. 막스 베버(Max Weber)는 근대 국가를 "물리적 폭력에 대한 합법적 독점권을 가진 인간 공동체"라고 정의하는데, 여기서 말하는 '합법적 물리적 폭력'이 곧 게발트이다. 즉 게발트는 법과 제도를 통해 사회적 질서를 유지하는 국가의 힘을 말한다. 스포츠에서의 규칙 또한 일종의 소규모 법체계로서, 통제된 폭력(게발트)을 행사하는 근거가 된다.

폭력은 일차적으로 기질 혹은 충동억제력 등의 문제로 통제하지 못하고 발산되는 힘을 의미하지만, 스포츠에서 이러한 힘의 분출은 규칙 등에 의해 엄격히 통제되어야 한다. 스포츠에서 통제되지 않는 폭력은 존재할 수 없다. 이런 의미에서 스포츠에서 폭력은 'violence'라기 보다 'Gewalt(게발트)'의 의미에 가깝다.

[2] 스포츠 폭력의 이중성

스포츠에서 일어나는 폭력은 근본적으로 이중적이다. 스포츠는 폭력을 장려하면서 한편으로 억제한다. 폭력은 스포츠의 중요한 동기이면서, 종목의 성격

게발트와 폭력

독일어에서 폭력을 의미하는 '게발트'는 원래 관리하고 통괄하다는 의미의 'walten'이라는 동사를 포함하고 있다. 즉 독일어의 게발트는 어떤 주체가 다른 주체를 지배하고 통제한다는 뜻을 포함하여, '권한, 권능, 자격' 등 권력에 가까운 의미로 쓰인다. 게발트는 폭력이 힘의 발현이면서 동시에 힘의 억제라는 이중성을 잘 드러내주는 말이다.

을 결정하는 속성이기도 하다. 격투기 종목은 물론이고 몸싸움이 심한 일부 단체 종목은 언제든 폭력이 일어날 개연성을 가진다. 또한 폭력적 요소가 강하면 강할수록 스포츠 자체의 재미와 흥행은 배가된다.

그러나 동시에 스포츠에서 폭력은 엄격히 금지된다. 그 금지의 권한과 자격의 힘은 규칙에서 나온다. 예를 들어 태권도에서 소극적인 자세로 경기에 임하는 선수는 제재를 받는다. 공격적인 태도의 요구는 강렬한 힘의 분출과 투쟁심을 독려하는 것이지만 동시에 지나친 과도함은 또 다른 제재 대상이 된다. 이처럼 스포츠는 과격하고, 거칠고 폭력적인 성향의 분출을 자극하면서, 한편으로 감시하고 제어하고 통제한다.

이러한 이중성은 스포츠가 근본적으로 폭력을 속이는 폭력이라는 점에 기인한다. 스포츠는 인간의 폭력적 본성을 문화적으로 길들이는 장치이며, 이런 까닭에 스포츠의 폭력은 정당한 폭력이며, 순수한 폭력이지만 이는 반대로 나쁜 폭력과 불순한 폭력을 전제로 한다. 다시 말해 스포츠는 인간의 일반적인 폭력적 행위 중 정당하고 좋은 폭력에 해당한다는 믿음에 기초하여 스포츠로서의 폭력에 정당성을 부여하면서 끊임없이 부당한 폭력을 배격하고 제외해 나간다.

[3] 정당한 폭력과 부당한 폭력

모든 스포츠는 힘을 바탕으로 한다. 근력, 순발력, 지구력 등 스포츠에서 요구되는 신체적 능력은 힘의 형태를 가진다. 스포츠가 추구하는 탁월성은 이 힘의 조직적이고 전술적인 사용에서 비롯한다. 그러나 스포츠는 힘의 사용으로 인해 잠재적으로 폭력 행사의 가능성을 가진다. 이런 근원적 경향성으로 인해 스포츠는 통제된 힘의 사용을 요구한다.

태권도의 발차기는 상대보다 강하다는 사실의 확인에서 멈추어야 한다. 또한 유도의 힘은 상대를 압도하는 순간(한판) 더 이상 행사되지 못한다. 이런 통제된 기준이 마련되지 않으면 태권도, 복싱, 유도 등 격투 스포츠 종목은 싸움의 정교하고 세련된 기술로 전락할 수 있다. 이런 종목에서 통제된 힘의 사용은 정당한 폭력이며, 그 자체로 탁월성의 표현이 된다. 스포츠에서는 이런 폭력을 '자기 목적적 폭력'이라 부른다. 자기 목적적 폭력이란 행위 그 자체가 목적이 되는 것으로, 운동 형식(movement form)에 의해 반복적 훈련을 가능하게 만든다. 예를 들어 태권도의 '나래차기', 유도의 '엎어치기', 권투의 '어퍼컷'은 해당 종목의 선수가 반드시 익혀야 할 운동 형식으로 탁월성을 가늠하는 척도로 작용한다. 권투의 '어퍼컷'은 권투 내에서만 목적을 가지는 정교한 움직임의 한 형태이다. 만일 링과 글러브를 벗어나 경기 외적인 목적을 위한 수단이 될 때 그것은 부당하고 위험한 폭력이 되는 것이다.

통제된 스포츠에서의 폭력은 인간이 선천적으로 폭력적이라거나 폭력의 가능성을 가지고 있다는 사실을 확인하는 문화 장치가 아니라, 힘의 적절하고 가장 합리적인 사용이 무엇인지를 보여주고 경험하는 장치이다.

[4] 부당한 폭력과 신체의 파괴

일반적으로 스포츠에서의 정당한 폭력은 폭력의 범주에 포함되지 않는다. 따라서 스포츠 폭력은 정당성을 획득하지 못한 모든 폭력적 행위를 말한다. 스포츠에서의 정당한 폭력은 단순한 행위 자체의 문제가 아니라, '선수의 동의(consent)'와 '규칙의 준수'라는 두 가지 조건에 의해 성립한다. 권투 선수가 펀치를 맞는 것에 동의하지 않았다면 복싱은 성립되지 않는다. 이러한 동의는 스포츠 폭력의 윤리적 근거를 형성한다. 그리고 스포츠의 규칙은 폭력을 통제하는 가장 중요한 장치이다. 스포츠에서 규칙을 벗어난 물리적 폭력은 즉시 부당한 것으로 간주되어 처벌받는다.

그렇다면 동의와 규칙에서 벗어난 스포츠 폭력의 비윤리적 근거는 어디서 찾아야 하는가? 신체의 파괴와 탁월성의 방해에서 그 해답을 찾을 수 있다. 스포츠 폭력에 있어서 가장 먼저 주목해야 할 것이 '신체'이다. 신체는 선수가 펼치고자 하는 탁월성의 원점이며, 궁극적인 지향점이다. 스포츠에서 신체 없는 탁월성은 존재하지 않는다. 이때 폭력은 그 가능성을 차단하고 방해한다. 스포츠에서 일어나는 폭력은 상대 선수에 대한 의도적인 육체의 상해와 부상이라는 결과를 낳는다. 상해와 부상은 극심한 육체적 고통이면서 탁월성의 기회를 원천적으로 박탈하며 그 자체로 스포츠의 존립을 위태롭게 하는 행위이다.

Think Deeply: 이종격투기의 윤리적 논쟁

이종격투기에 대한 윤리적 논쟁은 인간의 폭력성과 스포츠의 본질을 묻는 매우 애매한 주제이다. 찬성하는 입장은 스포츠 자체의 폭력성이 존재하는 이상 이종격투기의 폭력적 성격은 아무런 문제가 되지 않는다고 주장한다. 한편 반대하는 입장은 이종격투기가 합법적이고 공개적인 싸움에 불과할 뿐 스포츠가 본래 가지는 가치를 떨어뜨리는 저급한 엔터테인먼트에 지나지 않는다고 맞선다. 아래의 찬성과 반대의 논리를 읽고 자신의 생각을 적어보자.

찬성: 스포츠에는 규칙에 의해 통제된 합법적 폭력이 존재한다. 대표적으로 권투와 태권도에는 최소한의 안정장치가 마련되어 있으며, 그 속에서 힘의 우열이 가려진다. 인간은 스포츠 내에서 용인된 폭력과 그렇지 않은 폭력을 구별할 수 있다. 폭력성은 스포츠의 본질적인 요소로 그 양적인 차이만을 가질 뿐이다. 이종격투기는 누가 더 폭력적인가를 겨루는 것이 아니라 여러 스포츠종목(권투, 레슬링, 유도, 태권도 등)의 신체적 탁월성을 복합적으로 겨루는 고차원적인 종목이다. 이종격투기는 기존의 격투스포츠에서 진화한 새로운 형태의 스포츠로 인간의 억제된 공격적 폭력성을 대리 만족 시킨다.

반대: 가상적 공간인 스포츠 내에서의 폭력과 실제 일상생활 속에서의 폭력은 본질적으로 동일하다. 정당한 폭력은 존재할 수 없다. 만일 정당한 폭력이 존재한다면 모든 폭력은 정당화될 수 있다. 공적인 영역(스포츠)에서 폭력을 허용하고, 사적인 영역에서 금지하는 것은 도덕적으로 정당화될 수 없다. 인간의 폭력성에 대한 대리만족이 아니라 오히려 폭력성을 더욱 부채질 할 수 있다. 이종격투기가 스포츠로서 허용된다면 앞으로 더욱 자극적인 폭력적 스포츠가 출현하게 될 것이다. 폭력이 기술로 연마되는 것은 스포츠정신에 어긋난다.

3 스포츠 폭력의 유형

[1] 선수폭력

스포츠는 타자의 몸에 대한 폭력의 가능성을 내재하고 있다. 승리에 대한 과도한 집착은 극단적인 운동수행으로 이어져 통제되지 않은 폭력으로 번지기도 한다. 특히 신체적 접촉이 많은 경기일수록 폭력의 가능성은 상대적으로 높다. 탁구나 양궁과 비교해 축구와 농구가 폭력의 가능성이 많은 이유는 자극적이고 도발적인 유사 폭력적 행동의 빈도가 높기 때문이다.

경기 중 선수의 폭력은 대부분 감정의 폭발에 의해 우발적으로 발생한다. 그러나 때로 의도적인 경우도 있다. 의도적 폭력은 '게임의 일부' 혹은 '전략의 일부'로 정당화되기도 하나 윤리적 정당성은 얻지 못한다. 또한 규칙을 느슨하게 적용하는 심판의 태도에 의해 폭력이 촉발되기도 한다.

때로 규칙 위반과 폭력의 기준이 애매한 경우도 있다. 예를 들어 축구에서 순수한 방어 목적의 태클과 의도적 상해 행위, 차징을 가장한 팔꿈치 가격 등이 대표적이다. 그러나 대부분 폭력은 그 의도성에 의해 명백히 드러난다. 이때 선수들 간의 통상적인 에토스가 의도성의 기준이 된다. 즉 규칙 위반과 폭력의 경계는 가해자의 의도와 피해자의 느낌과 판단으로 분명히 가려진다. 이런 까닭에 상해를 입힐 목적으로 행해지는 폭력은 상대방을 자극하여 더 큰 폭력으로 번지기도 한다.

하지만 경기중 일어난 선수의 폭력에 대한 제재는 일반 사회의 법률 적용과 달리 스포츠 내의 보편적 규범에 따른다. 일상생활 속에서는 폭력으로 처벌되는 행위가 스포츠 내에서는 가벼운 제재나 처벌로 마무리되는 이유는 폭력의 가능성이 상존한다는 점, 그리고 그러한 사실을 미리 선수가 인지한 상태에서 스포츠에 임하기 때문이다.

스포츠 폭력에 대한 규제는 강도와 빈도에 따라 종목 자체의 규칙 혹은 내규에 의해 결정된다. 일반적으로 구두 경고, 경고, 퇴장, 벌금, 출전정지, 자격정지, 퇴출 등의 순서로 제재가 가해지나, 때에 따라 사법적인 처벌의 대상이 되기도 한다.

〈선수폭력의 유형〉

합법적(합규칙적)		비합법적	
난폭한 신체 접촉	경계선 상의 폭력	유사 범죄적 폭력	범죄적 폭력
경기 과정에서 비의도적으로 발생하는 폭력적 행위	규칙에 위배되나 통상적으로 용인되는 폭력 행위	규칙에 대한 심각한 위배이면서 일반 범죄에 해당할 수 있는 폭력 행위	명백한 범죄적 행위로 스포츠의 범위를 벗어난 심각한 폭력 행위
태클, 홀딩, 차징, 푸싱 등	야구의 빈볼, 농구의 고의적 파울 축구의 다소 거친 태클	WBA 헤비급 타이틀 매치에서 타이슨이 홀리필드의 귀를 깨문 행위	미국의 피겨스케이팅 국가대표 하딩의 전남편에 의한 라이벌 낸시 캐리건의 무릎 상해 사건

* 김상용(1999). 「스포츠 폭력의 사회학적 배경에 의한 유형」 참조 및 변형

고든 왓슨사건: 5억 원의 태클

일상생활에서 폭력은 중대한 사회적 일탈 행위로 사법적 처벌의 대상이 된다. 그러나 경기 중에 발생하는 폭력은 사법적으로 다루어지지 않는다. 이는 스포츠의 비일상성에서 비롯한다. 스포츠는 일상생활과 분리되어 상호간에 폭력이 발생할 개연성을 인정한 특수한 상황이기 때문에 사회에서 통용되는 법률을 적용하지 않는 경향이 있다. 그러나 반드시 그런 것은 아니다.

잉글랜드 프로축구 1부 리그 브래드퍼드의 스트라이커 고든 왓슨은 1997년 2월 1일 허더스필드타운과의 경기 도중 두 다리를 쳐들고 태클을 들어온 캐빈 그레이에게 차여 오른쪽 다리가 부러졌다. 6인치 짜리 금속보조판을 다리에 박는 등 다섯 차례에 걸친 수술 끝에 선수생활이 어려워진 왓슨은 허더스필드타운팀과 그레이를 상대로 손해배상 청구소송을 제기했다. 피고 측은 "경기 중 일어난 사고"라고 주장했지만 법원은 "난폭하고 무분별한 태클"이라는 축구전문가 지미 힐의 참고인 진술을 받아들여 원고승소 판결을 내렸다.(중앙일보, 1998년 10월 29일)

[2] 관중폭력

현대 스포츠에서 관중은 스포츠 소비자로서 중요한 위치를 차지한다. 관중은 같은 팀을 응원하는 무리를 통해 연대감과 소속감을 공유하면서 집단적인 힘을 과시하려는 성향을 갖는다. 이런 성향은 경기의 극적인 순간에 감정적 공감과 동조를 일으키고, 때로 과격하게 드러날 때 폭력으로 발전한다.

관중폭력은 경기의 성격과 라이벌 의식, 배타적 응원 문화 등 지역과 나라에 따라 그 형태를 달리한다. 또한 심판의 편파 판정에 따른 피해 의식, 몰입과 흥분을 일으키는 비중 있는 경기, 관중에 대한 통제와 안전장치의 미흡 등이 직접적인 원인이 되기도 한다.

때로 경기 중 선수의 우발적인 폭력이 관중들의 동조의식을 불러일으켜 난동과 무질서한 폭력으로 발전하기도 한다. 이런 까닭에 선수 간의 신체적 접촉이 많이 일어나는 경기일수록 관중폭력이 증가할 개연성이 높다. 축구와 럭비 경기에서의 관중의 적대감이 체조와 수영에 비해 높은 이유도 여기에 있다. 이처럼 관중폭력은 개별성과 책임성을 갖지 않는 구성원이 집단행위에 민감해지는 '몰개인화'에 의해 일어난다.

<관중폭력 이론>

이론	내용	특징
전염 이론	개인이 집합행동에 참여하게 되면 이성적, 합리적 사고보다 군중적 생각을 갖게 되고 그에 따라 행동한다는 이론	대규모 군중, 시끄러운 응원가, 치어리더 등 주변 환경에 의해 분위기가 고조되면 쉽게 구호나 주장에 동조하게 된다.
수렴 이론	평상시 개인의 사고와 행동이 군중을 통해 나타난다는 이론. 즉 집합행동은 평소 개인이 가지는 성향이 강화된 것으로 전혀 다른 성향의 표출이 아니다.	경제적 불평등, 정치적 압박 등의 사회적 요인으로부터 생성된 욕구불만이 집단적 난폭성으로 이어진다.
규범 생성 이론	군중 속에서의 각 개인의 차이를 인정하는 것으로 군중과 개인은 분리되어 있다고 보는 이론. 군중 속의 개인은 익명성이 아닌 개성과 주관이 뚜렷한 인간으로 간주한다.	개인은 군중이 폭력성을 보여도 여전히 합리성을 유지하며 새로운 규범을 만들어 간다.

훌리거니즘: 관중폭력의 종언

현대의 관중폭력과 난동의 대명사인 훌리거니즘(hooliganism)은 언제나 지탄의 대상이 된다. 그들의 위협적이고 난폭한 응원문화와 추악한 인종차별주의는 악명이 높다. 훌리건들은 남자로서의 형제애, 팀에 대한 충성심을 드러내는 집단주의, 그리고 라이벌에 대한 경쟁의식 등으로 무장된 전형적인 남성우월주의자의 모습을 보여준다. 이런 집단의 특징은 위협적인 가사의 노래, 야유, 협박, 공갈을 통해 상대를 자극하고, 때에 따라 난투극을 벌여 자신들의 존재를 알린다.

축구와 관중폭력은 꽤 오랜 역사를 가진다. 영국의 축구는 이미 13세기경부터 시작된 것으로 당시의 축구는 마을 대항 총력전이어서 온갖 폭력이 난무하였다고 한다. 축구의 역사 속에 라이벌 의식과 폭력이 함께 있었던 셈이다. 초창기 훌리건들의 폭력은 심각하지 않았다. 오히려 하위 계층의 감정을 표출하는 통로로 작용하기도 했다.

그러나 이런 문화적 배경이 폭력을 정당화하지는 못한다. 관중폭력에 대한 제재와 높아지는 시민의식은 폭력이 아닌 보다 유순한 방법으로 관중의 응원문화를 바꾸어 갈 것이다. 다시 말해 관중의 스포츠맨십이 필요한 시대에 접어들었다.

Search & Discussion

고대의 함무라비 법전과 유대교의 율법은 피해자가 입은 피해는 가해자에게 동일한 손해로 돌려주어야 한다는 보복을 정의(justice)의 원칙으로 보았다. 구약성서의 '신명기'에는 다음과 같은 구절이 나온다. "그런 자는 애처롭게 여기지 말라. 목숨은 목숨으로, 눈은 눈으로, 이는 이로, 손은 손으로, 발은 발로 갚아라."(19장 21절) 이처럼 피해의 정도와 똑같은 벌을 범죄자에게 부과하는 보복을 '탈리오법칙(lex talionis)'이라고 한다. 탈리오법칙은 정의의 가장 단순하고 명쾌한 형태라고 할 수 있다.

그렇다면 스포츠에서 탈리오법칙은 어떻게 적용될 수 있을까? 스포츠 경기에서 보복은 강력하게 금지되어 있다. 상대의 파울에 대한 의도적인 보복 행위는 원래의 파울보다 훨씬 무거운 제재를 받게 된다. 보복의 악순환은 스포츠 자체의 존립을 부정하기 때문에 보복 금지의 이유는 너무나 당연해 보인다.

그러나 상대 선수의 고의적인 파울(폭력)로 인해 1년 동안 경기를 뛸 수 없게 된 선수의 경우는 어떻게 판단해야 할까? 피해자의 피해 정도에 비해 가해자에 대한 처벌은 약한 경우가 많다. 스포츠에서 폭력은 지나치게 관대한 것은 아닐까? 스포츠 폭력을 규제하고 처벌할 합당한 정의의 기준에 대해 토론해 보자.

에릭을 찾아서(Looking for Eric)

[감   독] 켄 로치
[제작년도] 2009년
[상영시간] 16분

영국 프리미어리그의 맨체스트 유나이티디(맨유)의 열광적인 팬인 우체부 에릭 비숍은 골칫덩어리 양아들 2명과 함께 지내는 이혼남이다. 두 번의 결혼 실패와 갱 조직에 가담한 양아들로 인해 에릭은 삶을 살아갈 기쁨도 없이 하루하루를 보낸다.

그러던 어느 날 자신의 영웅인 칸토나의 방문을 받게 된다. '킹 에릭'이라고도 불리는 그는 맨유 팬들에게는 신 같은 존재이다. 맨유에서 선수로 뛰던 5년 동안 무려 4번의 우승을 일구어 냈다. 외국 선수로는 처음으로 1994년 올해의 선수에 뽑히기도 했다. 그런 에릭(칸토나)이 또 다른 에릭에게 삶에 대한 충고를 건네고, 그 후 무기력했던 우체부 에릭의 삶은 변하기 시작한다. 운동을 시작하고 칸토나와 함께 트럼펫을 연주하면서 삶에 대한 자신을 회복하고 주위의 친구들까지 챙기는 여유를 갖게 된다.

이 영화는 스포츠 스타와 팬의 관계가 삶의 활기가 될 수 있음을 보여준다.

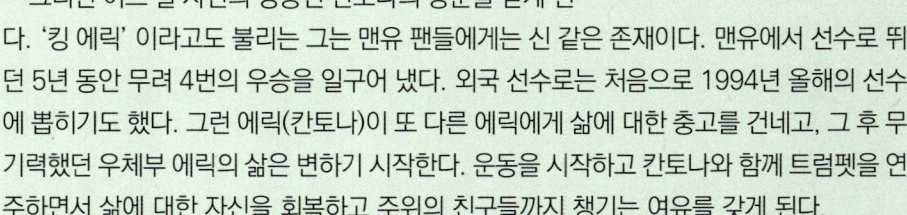

PART 04

스포츠와 사회윤리

CHAPTER 11 스포츠와 환경윤리
CHAPTER 12 심판의 윤리
CHAPTER 13 선수 인권

[개정 3판]
스포츠윤리학

CHAPTER 11

스포츠와 환경윤리

2018년 평창동계올림픽의 스키 활강경기장이 가리왕산으로 결정되면서 환경단체들의 반대가 있었다. 종목의 특성상 활강경기는 표고(標高) 차 800미터, 길이 3킬로미터 이상의 경사지가 필요하다. 가리왕산은 이러한 조건에 부합되는 최적의 자연조건을 갖추고 있다. 그런데 가리왕산은 2008년 산림유전자원보호구역으로 지정된 곳이었다. 이  런 이유로 인해 가리왕산 스키장 건설을 둘러싸고 개발론자와 보호론자의 의견이 첨예하게 맞섰다.

개발론자들은 스키장의 건설로 인해 얻어지는 경제적 효과를 강조하고, 보호론자들은 500년 동안 지켜온 삼림의 가치는 경제적으로 환산할 수 없다고 말한다. 스포츠를 위한 삼림의 파괴는 정당화될 수 있을까? 만일 정당하다면 그 이유는 무엇일까? 그리고 개발에 반대한다면 타당한 이유를 제시해 보자.

학습목표

- 환경윤리의 필요성을 이해한다.
- 스포츠환경의 개념과 자연과의 관계를 이해한다.
- 환경윤리의 이론을 이해하고 스포츠에 적용할 수 있다.
- 지속가능한 스포츠의 의미를 이해하고 적용할 수 있다.

1 환경윤리와 스포츠

[1] 환경윤리의 철학적 기초

적어도 20세기 이전까지 환경문제는 본격적인 윤리학의 대상이 아니었다. 환경윤리가 윤리학의 담론으로 등장한 것은 대기와 수질오염, 기후변화 등 환경의 급격한 변화가 현실적인 위협으로 대두하면서부터였다. 공기가 희박할 때 산소의 중요성을 알게 되는 것처럼, 인간은 위협에 직면하고서야 비로소 '환경의 역습'을 알아차리기 시작했다. 그리고 그 원인이 인간에게 있다는 자각은 생태학적 존재로서의 인간에 대한 도덕적 반성과 성찰을 촉구하였다. 인간에게 환경은 무엇인가? 그리고 우리는 왜 거기에 도덕적 책임을 느껴야 하는가? 이런 질문에 답하기 위해서는 먼저 철학적 인식이 선행되어야 한다.

환경윤리는 우선 다른 응용윤리 분야와 뚜렷이 구별되는 특징을 갖는다. 법윤리, 의료윤리, 경제윤리 등 제반 응용윤리는 인간 사이의 행위를 대상으로 한다. 그러나 환경윤리는 윤리적 고려 대상에 인간 이외의 생명체까지 포함되어야 한다고 요구한다. 인간은 도덕적 권리를 갖고 있지 않은 대상에게 도덕적 책임을 느끼지 않는다. 나무를 벌채하거나 돼지를 도축하면서 인간은 일일이 그들의 동의를 구하지 않는다. 하지만 환경윤리는 자연적 존재에 대한 인간의 의무와 도덕적 고려 가능성을 묻는다. 즉 환경윤리는 자연 속에서의 인간의 위상과 책임, 도덕적 행위의 근거, 그리고 자연적 존재의 권리를 따져 묻는 일이다. 그래서 환경에 대한 윤리는 특정한 분야의 분류적 개념이 아니라, 인간중심주의적 윤리관의 기본 전제 자체에 대한 의문, 검토, 비판에 기초한다(박이문, 2002).

인간 중심주의(Anthropocentrism)는 오직 인간만이 본래적 가치(intrinsic value)를 지니고, 자연은 인간에게 유용한 도구적 가치(instrumental value)만 갖는다는 입장이다. 환경윤리는 이러한 인간 중심주의에 반대하며, 윤리적 범위를 확장해야 한다고 주장한다. 이를 비인간 중심주의(Non-anthropocentrism)라고 한다. 여기에는 동물 중심주의(Zoocentrism), 생명 중심주의(Biocentrism), 생태 중심주의(Ecocentrism) 등의 입장이 있다. 이처럼 환경윤리는 단순히 환경을 보호하는 차원을 넘어, 자연에 대한 인간의 도덕적 의무를 어떻게 정당화할 것인가에 대한 다양한 논의로 확장되고 있다.

환경은 인간의 생존을 위한 물리적 조건이자 동시에 인간 이외의 생명체와 공존하는 존재의 공간이다. 환경윤리는 이 관계 속에서 발생하는 도덕적 행위의 문제로 볼 수 있다. 그러나 행위의 원인과 결과를 자연에게 물을 수는 없다. 도덕적 책임은 오로지 인간에게 귀속된다. 다시 말해 환경은 인간에 의해 파괴될 수도 있고 지켜질 수도 있다는 뜻이다. 환경윤리가 요청되는 근본적인 이유도 여기에 있다. 따라서 자연에 대해 인간 스스로 설정하는 윤리적 기준이 무엇보다 중요하다. 인간에게 있어 자연은 착취의 대상이 아니라 더불어 존재하는 생명이다. 자연에 대한 인간의 윤리 기준은 이러한 인식을 기초로 만들어져야 한다.

[2] 자연(nature)과 환경(environment)

일반적으로 자연과 환경이라는 말은 혼동하여 쓰는 경우가 많다. 환경보호는 자연보호와 같은 의미로 쓰인다. 그러나 자연과 환경은 그 혼동된 쓰임새와 달리 개념적으로 분리된다. 환경윤리를 정확히 이해하기 위해서는 우선 자연과 환경의 개념이 어떻게 다른지를 살펴보아야 한다.

자연은 인간을 포함한 모든 존재를 포괄적으로 통칭하며 세계, 우주 전체, 존재 일반을 가리킨다(박이문, 2002). 스스로(自) 그러함(然)을 뜻하는 동양의 자연 개념이 여기에 일치한다. 그리고 자연은 '예술의 본질(the nature of art)', '인간 본성(human nature)'과 같이 어떤 사물과 현상의 본래적 성질 혹은 본질이라는 의미를 함축하기도 한다. 이처럼 철학에서 말하는 자연의 의미는 현상계의 전체 혹은 현상을 있게 하는 본질로 그 대상이 매우 넓고 추상적이다.

그러나 우리가 일상적으로 자연이라는 단어를 쓸 때 그 의미는 문화와 대립하는 존재를 뜻한다. 인간은 돌과 나무, 개구리, 침팬지 등 여타의 자연적 존재와 구분된다. 이때 구분의 기준이 되는 것이 문화(culture)이다. 문화는 자연을 변화시키는 과정에서 만들어진 물질적, 정신적 산물을 말한다. 문화의 관점에서 자연은 인간과 대립하며, 인간의 욕망에 따라 이용 가능한 도구적 존재이다.

이에 반해 환경은 생명 중심적 개념이다. 생명체가 아닌 돌이나 흙, 바위에게 환경은 아무런 의미를 갖지 않는다. 환경은 살아있는 생명체에만 적용되는 개념으로, 그것을 둘러싸고 있는 외부의 세계 전체를 지칭한다. 모든 생명체는 환경에 적응하면서 종(種)으로서의 항상성을 유지해 나간다. 따라서 환경은 어떤 생물체의 생존과 번영이라는 가치의 관점에서 본 대상과의 관계라고 할 수 있

> **환경 불평등과 환경 정의**
>
> 환경사회학은 환경 오염의 피해가 모든 사회구성원에게 균등하게 분배되지 않는다는 점을 지적한다. '환경 불평등(environmental inequality)'은 빈곤층이나 소수 인종 등 사회적 약자들이 환경 오염에 더 많이 노출되는 현상을 말한다. 이러한 불평등에 맞서 모든 사람이 건강한 환경에서 살 권리를 주장하는 것이 '환경 정의(environmental justice)' 운동이다.

다(박이문, 2002).

자연은 모든 생명체에게 환경으로 존재한다. 그러나 모든 생명체가 자연을 환경으로 인식하지 않는다. 오직 인간만이 자연을 환경으로 대상화하여 인식한다. 인간은 자연적인 존재인 동시에 문화적인 존재이며, 이런 이중성으로 인해 환경에 대한 윤리적인 반성이 가능한 것이다.

[3] 스포츠 환경

스포츠는 자연적 본능인 인간의 움직임을 일정한 시간과 공간의 제약에 의해 형식화한 것이다. 스포츠에서 이루어지는 신체활동은 자연적이고 본능적인 행위와 구분된다. 축구의 드리블과 슛은 지구상의 생물 개체 중 인간만이 가능한 움직임의 형태이다. 따라서 스포츠는 문화의 산물이며, 이런 까닭에 필연적으로 자연과 대립한다.

자연과 대립하는 스포츠의 본질적 특징은 근대 스포츠의 초기 형태였던 '여우사냥'에서 잘 드러난다. 원시시대부터 인간의 생존기술이었던 사냥이 규칙으로 통제되면서 여우를 뒤쫓는 행위는 놀이로 변질하였다. 인간이 직접 여우를 잡아서는 안 되고 사냥개에 의해 잡힌 사냥감은 식용에 사용하지 않는다는 규칙은 생존과 분리된 행위 자체의 즐거움을 추구하게 하였다(김정효, 2011). 이렇게 하여 몸을 움직이는 놀이의 즐거움이 다양한 신체적 능력으로 확산하여 축구, 럭비, 조정, 크리켓, 테니스 등 초기의 근대 스포츠가 모습을 드러내게 되었다.

이러한 행위들이 하나의 문화 장르로 정착하는 과정에서 결정적인 역할을 한 것이 규칙의 제정이었다. 규칙은 해야 할 행위와 그렇지 않은 행위를 구분함으로써 움직임에 형식을 부여하고, 동시에 행위에 필요한 일정한 공간을 필요로 했다. 그 공간이 곧 경기장이다. 제도로서의 스포츠는 규격화된 경기장의 출현과 함께 시작되었다고 해도 과언이 아니다.

오늘날 우리가 즐기는 스포츠는 규칙으로 정한 공간적 조건이 경기장의 형태를 띠면서 급속도로 발전해 왔다. 마을의 공터에서 행해졌던 축구는 일정한 넓이의 축구 경기장으로 변하였고, 강이나 호수에서 이루어졌던 수영은 물을 가두어 놓은 수영장으로 옮겨졌다. 이렇게 하여 경기장은 스포츠의 필요불가결한 환경으로 자리잡게 된다. 즉 경기장은 인위적이고 문화적인 환경이며, 스포츠를 가능하게 만드는 물리적 토대이다.

여기서 우리는 스포츠 환경이라는 개념을 도출할 수 있다. 스포츠 환경이란 실제 경기가 이루어지는 공간뿐 아니라 경기를 위한 제반 훈련 시설과 운동 및 여가를 포함하는 모든 스포츠 활동에 직, 간접적으로 영향을 미치는 물리적 조건을 말한다. 근대 이후 스포츠 환경은 스포츠에 대한 수요와 활동 인구의 증가에 따라 놀라울 정도의 외연적 확대를 가져왔다. 이런 까닭에 스포츠 환경은 사회와 문화의 발전과 불가분의 관계에 있으며, 때로 풍요로운 삶의 척도로 여겨지기도 한다. 산업화와 도시화가 진전된 사회일수록 스포츠 환경의 형태와 종류는 다양화된다. 이런 현상은 스포츠가 인간에게 유익한 활동이라는 믿음에 기초한다.

스포츠 환경의 외연적 확대가 스포츠 수요 증가에 따른 필연적인 결과이며, 이것이 삶의 질을 반영한다는 사실은 여러 통계 자료를 통해 쉽게 확인할 수 있다. 그러나 이 과정에서 스포츠 환경은 자연 환경과 충돌하게 된다. 언뜻 스포츠 환경의 확대가 운동의 욕구를 충족시키는 바람직한 현상으로 생각될지 모르나 반드시 그렇지 않다. 예를 들어 골프장과 스키장은 그것을 즐기는 사람에게는 유익한 환경이지만 야생동물과 나무에게는 생존을 위협하는 환경이 된다. 또한 야구장은 야구를 즐기는 사람에게 더할 나위 없는 환경이지만 야구를 싫어하는 사람에게는 교통체증과 소음, 쓰레기를 양산하는 좋지 못한 환경이다. 이처럼 스포츠 환경은 객관적으로 존재하는 것이 아니라 그것을 즐기는 사람의 필요에 따라 상대적으로 평가되는 가치이다.

특히 레저스포츠와 대규모 위락시설의 발달은 스포츠 환경과 자연 환경의 첨예한 대립을 드러낸다. 도시화와 공업화로 인해 자연에 대한 수요가 증가하면서 사람들은 오염되지 않은 자연을 휴양과 스포츠의 대상으로 삼는다. 산악자전거, 윈드서핑, 요트, 급류타기, 패러글라이딩, 제트스키 등 새로운 형태의 스포츠는 공해와 오염에서 벗어나 자연을 즐기려는 문화적 수요이다.

그러나 자연 친화적 스포츠가 오히려 자연환경의 파괴를 부채질하면서 스포츠 환경은 역설적인 상황에 놓이게 된다. 이를 '녹색 딜레마'라고 한다. 자연을 즐기려는 인간의 욕구가 오히려 자연 파괴로 이어지는 녹색 딜레마의 역설은 스포츠 환경윤리의 핵심적인 논점 중 하나이다. 이처럼 스포츠에서 환경윤리의 문제는 행복을 추구할 인간의 권리와 환경파괴라는 비도덕적 행위 사이의 갈등에서 비롯한다.

자연을 즐거움의 대상 혹은 개발 가능한 자원(資源)으로 볼 것인가 아니면 그 자체로 목적을 가진 것으로 볼 것인가에 따라 스포츠와 자연의 관계는 상반된 입장으로 나누어진다. 전자의 입장은 자연환경을 인간의 즐거움을 위한 수단으로 본다. 바꾸어 말하면 자연은 인간에게 도구적인 가치를 가진다. 이에 반해 후자는 자연의 가치가 결코 인간에 의해 만들어지지 않으며, 즐거움의 수단이 아닌 그 자체로 목적이 된다. 스포츠에서의 환경윤리는 이 대립하는 견해를 어떻게 조정할 것인가의 문제에 있다. 이 대립하는 견해는 지속 가능한 스포츠로 수렴된다. 지속 가능한 스포츠는 환경에 미치는 부정적인 영향을 최소화하면서 스포츠를 즐기는 방식을 모색하는 새로운 패러다임이다.

2 스포츠에 적용 가능한 환경윤리학

[1] 인간 중심주의 환경윤리(anthropocentrism)

가. 인간 중심주의 환경윤리의 의미

인간 중심주의 환경윤리는 인간만이 유일한 가치의 척도이며, 인간 이외의 자연적 존재들은 인간의 목적을 이루기 위한 수단적 가치를 갖는다는 입장이다. 인간 이외의 존재는 무엇이 되었든 인간의 이익과 욕구, 생존, 복지를 위한 것이다. 따라서 동물이나 식물 또는 생태계의 다른 구성 요소들이 가치를 갖는다면 그것은 인간의 목적 달성을 위해 유용한 도구나 수단으로서의 기능적 가치, 즉 도구적 가치(instrumental value)일 뿐이다(한면희, 2000).

모든 가치는 인간 의식의 산물이며, 이런 까닭이 인간만이 도덕적 지위를 갖는다. 이성과 자율성을 갖지 못하는 인간 이외의 생명체는 도덕의 직접적인 고려 대상이 될 수 없다. 인간 중심주의 윤리에 따르면 울창한 삼림은 그 자체로 아름답거나 소중한 것이 아니라 인간이 거기에 그러한 가치를 부여하기 때문이다. 요컨대 자연은 인간에게 유용한 범위 내에서 가치를 가진다.

나. 인간 중심주의 환경윤리의 근원

이런 사고는 서양의 종교적 전통과 이분법적 세계관에 뿌리를 둔다. 기독교는 모든 피조물 중 인간에게만 특권적 지위를 부여하였다. "바다의 고기와 공중의 새와 땅에 움직이는 모든 생물을 다스리라."는 창세기의 말씀은 인간에게 자연을 정복하고 지배할 권리의 부여와 다르지 않다. '인간은 만물의 영장'이라는 말은 인간 중심주의 윤리의 핵심적 사고를 보여준다. 이런 우월적 지위가 자연을 인간의 목적에 맞게 다스릴 권리를 부여하는 것이다.

또한 인간 중심주의 윤리는 이분법적 세계관과 밀접한 연관을 갖는다. 이분법적 세계관은 인간과 자연을 분리하는 것으로 자연에 대한 인간의 우월성을 전제로 한다. "방황하고 있는 자연을 사냥해서 노예로 만들어 인간의 이익에 봉사하도록 해야 한다."는 베이컨(F. Bacon)의 주장은 이분법적 세계관에 기초한 과학적 인식을 잘 드러낸다(진석용 역, 2001). 이성을 통해 자연의 비밀을 알아낼 수 있다는 믿음은 자연을 정복하고 이용하는 일에 정당성을 부여하였다.

데카르트(L. Descartes)의 기계론적 자연관도 이분법적 세계관에 기초해 있다. 정신과 물체를 두 가지 실체로 구분한 데카르트에 따르면 이성을 가진 인간은 움직이는 기계에 불과한 자연에 비해 우월한 지위를 가지며, 인간은 그 작동원리를 이해하고 조정할 수 있다고 말한다.

이처럼 근대적 세계관은 인간을 자연의 주인으로 만들었고, 자연을 개발하고 이용하는 것이 인간의 당연한 권리임을 내세운다. 근대 이후 인간중심주의는 이성적 능력에 대한 확신으로 놀라운 과학적 성과와 발전을 이루었다. 이와 동시에 자연을 인간의 필요에 따라 마음대로 이용할 수 있는 존재로 전락시켜 버렸다. 인류의 물질적 진보가 인간 중심주의 윤리의 성과라는 점은 부정할 수 없다. 그러나 오늘날 전 지구적 문제로 부상한 생태계의 파괴와 기후변화 등 환경문제의 근원이 인간 중심주의 윤리에서 비롯하였다는 점 또한 반론의 여지가 없다.

그렇다고 해서 인간 중심주의 윤리의 대안이 반드시 자연 중심주의 윤리가 되는 것은 아니다. 최근에 새롭게 등장한 인간 중심주의 윤리는 환경 위기를 극복하는 대안도 인간 중심주의에서 찾아야 한다고 주장한다. 현재의 자연 파괴와 생태 위기가 인간의 근시안적인 탐욕에서 비롯한 것이라면, 기존의 도덕원리와 규범을 더욱 엄격하게 적용함으로써 해결할 수 있다는 것이다.

이러한 새로운 관점을 '현명한 인간 중심주의(Enlightened Anthropocentrism)'라고 한다. 이 입장은 자연을 보호하는 것이 결국 인간 자신의 이익에 부합한다고 본다. 환경 오염을 막는 것은 미래 세대의 삶의 질을 보장하는 것인 까닭에 결국 인간의 지속가능성을 위한 합리적인 선택이라는 논리이다. 현명한 인간 중심주의는 자연 자체의 가치를 인정하기보다는, 장기적인 인간의 이익을 강조한다는 점에서 기존의 인간 중심주의와 다르지 않다.

다. 패스모어의 환경윤리

패스모어(J. Passmore)는 환경문제를 해결하기 위해 우리에게 필요한 것은 새로운 윤리가 아니라 우리가 알고 있던 윤리를 잘 준수하는 일이라고 주장한다. 예를 들어 오염과 관계된 윤리적 문제는 "누구도 자기의 이웃을 독살해서는 안 된다."는 일반적으로 승인되는 원리를 적용하는 것으로 족하다는 것이다. 패스모어에 따르면 대부분의 환경문제는 기존의 윤리학을 확대함으로써 해결할 수 있다. 전통적인 서양의 도덕은 타인에게 해를 끼쳐서는 안 된다고 말한다. 쓰레기를 바다에 버리는 행위, 생태계를 파괴하는 행위, 자원을 무분별하게 소비하는 행위 등은 모두 미래 또는 현재의 이웃들에게 손해를 입히는 일에 속한다. 패스모어는 다른 도덕 원리를 보충할 필요 없이 전통적인 도덕 관념만으로 인간의 생태적 관심을 정당화하는 데 충분하다고 본다(김명식 역, 1999). 또한 패스모어는 미래 세대에 대한 책임을 강조하였다. 현재의 환경파괴가 미래 세대의 삶에 해를 끼친다는 점에서 '타인에게 해를 끼치지 말라'는 윤리 원칙의 확장으로 볼 수 있는 것이다.

패스모어는 결국 인간 이외의 자연적 존재가 인간과 같은 의미의 엄격한 도덕적 권리를 갖지 않는다는 관점을 취하고 있다. 자연은 인간이 그것을 사랑하고 아름답다고 느끼기 때문에 가치 있는 것이며, 인간이 자연에 대해 느끼는 책임은 그 책임의 바탕에 인간의 이익과 관심이 들어 있기 때문이라는 것이다(김명식 역, 1999). 패스모어는 이런 책임감으로 인해 자연에 대한 더 많은 이해와 관심이 필요하다고 주장한다. 그가 소비 중심 사회에서 인간이 갖는 물질적 탐욕을 비판하면서 자연에 대한 감수성을 주문한 이유도 여기에 있다.

종차별주의 (speciesism)

종(種)이 다르다는 이유로 차별하는 것을 말한다. 종차별주의는 1970년 영국의 심리학자 라이더(R. Ryder)가 특정한 종(인류)이라는 이유로 다른 동물보다 자신의 이익을 우선시 하는 태도를 설명하기 위해 처음으로 사용되었다. 이를 계승한 싱어는 1975년 『동물의 해방』을 출판하여, 동물의 권리운동을 주장하였다.

라. 베르크의 환경윤리

베르크(A. Berque)는 인간 중심주의 윤리를 또 다른 시각에서 접근하고 있다. 그는 '환경'이라는 말이 윤리적으로 적합하지 않다고 지적하면서 '에쿠멘(ecoumen)'이라는 새로운 개념을 제시한다. '에쿠멘'은 다른 생명체의 환경과 구별되는 '인간적 거처'를 뜻한다. 환경이 생명체 일반의 생존과 관련된 물리적 조건이라면, 에쿠멘은 인간적 관점에서 본 물리적 조건을 말한다. 즉 지구나 생태계, 환경은 모두 인간 존재의 터로 보았을 때 의미와 가치를 가진다는 것이다.

지구는 인간이 인간답게 살기 위해 아름답고 살기 좋은 곳이어야 한다. 따라서 인간의 거처일 때 지구는 비로소 의미를 가지게 된다. 이 점에 대해 베르크는 다음과 같이 말한다.

> 행성이나 생물권으로서의 지구와 에쿠멘으로서의 지구의 차이는 사람이 살지 않는 빈집과 사람이 살고 있는 집의 차이보다 훨씬 크다고 말할 수 있다. 인간에게 지구는 생물권 안의 다른 모든 생물체처럼 단지 생명을 유지하기 위해서만 필요한 환경이 아니다. 에쿠멘인 지구는 우리를 인간답게 살게 해주는 조건이다. 만일 그런 에쿠멘이 없다면 인간도 다른 동물과 하등 다를 바가 없을 것이다(김주경 역, 2001: 13).

동물 중심주의 윤리

동물 중심주의 윤리는 도덕적 고려의 대상을 동물로 확대할 것을 주장하는 윤리이다. 여기에는 차별로부터의 해방을 주장하는 '동물해방론'과 동물의 권리를 주장하는 '동물 권리론'이 있다.

동물해방론을 주장하는 싱어(P. Singer)는 인종차별과 성차별이 윤리적으로 허용될 수 없다면 동물을 학대하고 차별하는 종차별주의(speciesism)도 도덕적으로 허용될 수 없다고 말한다. 싱어는 공리주의에 입각하여 고통 그 자체는 나쁜 것이므로 인간이 동물에 가하는 고통 또한 윤리적으로 올바르지 않다고 주장한다. 고통을 느낄 수 있는 능력(capacity for suffering)을 가진 존재는 모두 도덕적 고려의 대상이 되어야 하는 것이다. 싱어는 '이익 동등 고려의 원리'를 통해 인간의 평등을 보장해 주는 공평성의 원칙은 인간이 아닌 동물과의 관계에도 적용되어야 할 보편타당한 도덕적 근거로 보았다.

동물 권리론을 주창한 레건(T. Regan)은 동물도 인간에 대한 유용성과 무관하게 내재적 가치를 가진 주체적 행위자인 까닭에 결코 수단으로 취급해서는 안 된다고 말한다. 동물도 인간과 마찬가지로 자신의 삶을 영위할 권리를 가진다. 이처럼 삶의 주체로서 스스로의 삶을 살아갈 동물의 권리는 보호되어야 하며, 이는 인간의 의무에 해당하는 것이다.

동물중심주의 윤리는 공장식 사육 방식의 중단과 동물학대의 금지, 동물실험의 즉각적인 중지를 요구한다.

> **Think Deeply: 스포츠에 있어서 종차별주의**
>
> 동물을 인간의 오락 대상으로 삼는 것은 윤리적으로 허용될 수 없다. 투우, 투견, 투계 등은 명백히 동물 학대에 해당한다. 그런데 스포츠에서도 동물이 참가하는 경기들이 있다. 이른바 동물 스포츠(animal in sport)로 불리는 경기는 여러 가지 형태로 나누어진다. 동물과 사람의 대결로 이루어지는 투우(corrida de toros)는 스페인의 국기(國技)이다. 미국의 카우보이들이 즐겼던 로데오도 여기에 해당한다. 동물만의 경쟁으로 이루어지는 형태에는 우리나라의 민속놀이인 소싸움이 있다. 또한 동물과 사람이 일체가 되는 승마, 폴로 등의 경기도 존재한다. 이런 다양한 형태의 동물 스포츠를 모두 종차별주의라고 할 수 있을까? 스포츠에서 종차별주의의 기준은 무엇인지 생각해 보자.
>
>

베르크는 인간에게 환경윤리가 필요한 이유도 깨끗하고 아름다운 인간적 거처로서의 지구를 원하기 때문이라고 말한다. 환경과 쓰레기, 생태계와 자연보존 등의 문제도 인간적 삶의 관점에서 본 위협일 따름이다. 그러므로 인간적 가치를 떠난 생명체 자체의 가치에 기초한 환경윤리는 있을 수 없다. 사람이 없는 지구는 윤리적 근거를 가지지 않기 때문이다. 베르크는 인간적 거처로서의 에쿠멘을 통해 지구에 대한 인간의 책임과 그것이 아름답게 보전되어야 할 근거를 제시해 주고 있다.

[2] 자연 중심주의 환경윤리

가. 자연 중심주의 환경윤리의 의미

자연 중심주의 환경윤리는 말 그대로 환경에 있어서 도덕적 고려의 대상을 자연의 생명체를 포함한 생태계 전체로 확대할 것을 주문한다. 인간 중심주의 윤리는 이성과 행위의 자율성이 없는 인간 이외의 생명체에게 도덕적 지위를 부여하는 것을 옳지 못하다고 보았다. 그러나 자연 중심주의 환경윤리는 이러한 생각이 인간의 주관적인 판단이며 독선적이라고 주장한다.

사막을 횡단하는 낙타에게 물은 생물학적 목적에 있어 인간과 똑같은 가치를 가진다. 인간은 수많은 자연적 존재와 서로 균형을 맞추며 살아가는 생태계의 일원일 뿐 특권적 지위를 행사할 아무런 권리도 없다. 이처럼 자연 중심주의 환경윤리는 인간적인 시선에서 벗어나 생명체와 생태계 전체를 윤리적 대상으로 삼아 모든 생명체를 도덕적으로 대우할 것을 강조한다.

자연 중심주의 환경윤리는 강조하는 윤리적 대상에 따라 '생명 중심주의'와 '생태 중심주의'로 나누어진다. 생명 중심주의는 그 자체로 선이며 본래적 가치를 가지는 생명에 주목하여 환경윤리를 전개하는 생명 존중의 입장을 말하고, 생태 중심주의는 개체의 생명에서 벗어나 미생물을 포함한 생태계 전체를 윤리적 대상으로 삼아야 한다는 입장이다.

나. 슈바이처의 생명 중심주의

생명 중심주의는 생명에 대한 외경(畏敬)을 기초로 한다. 생명 외경 사상이란 신비롭고 경이로운 존재인 생명을 두려워하고 존경하는 마음을 말한다. 이런 생각을 바탕으로 생명에 대한 윤리를 강조한 사람이 슈바이처(A. Schweitzer)이다. 아프리카에서 인류애를 실천한 의사로도 유명한 슈바이처는 생명을 해치지 않는 것이 진정으로 윤리적이라고 주장하면서, 생명을 보존하고 촉진하는 일을 선으로, 생명을 부정하고 방해하는 일을 악으로 규정한다.

모든 생명체는 살려는 의지를 갖는다. 슈바이처는 이 의지를 인정할 때 사랑과 책임이 생긴다고 보았다. 그에게 윤리는 모든 생명의 동등권에서 출발한다. 따라서 윤리적 인간이라면 생명 전체에 확장된 책임감을 느껴야 하는 것이다. 하지만 이 이론은 선택의 딜레마에 대한 명확한 해답을 제시하지 못한다. 예를 들어, 모기를 잡는 행위, 생명체의 희생 없이는 불가능한 육식 등의 문제에 대해 어떻게 윤리적 판단을 내려야 하는지 구체적인 해결책을 제시하기 어렵다.

다. 테일러의 생명 중심주의

슈바이처의 생명 외경 사상을 정교하고 체계적으로 발전시킨 사람이 테일러(P. Taylor)이다. 모든 생명체는 이성의 유무와 관계없이 생존과 성장, 발전과 번식의 목적을 추구한다. 이러한 목적에 있어 인간은 생명공동체의 구성원에 지나지 않는다. 인간을 포함한 모든 생명체는 '목적론적 삶의 중심'이라는 점에서 아무런 차이가 없다. 만일 인간의 이성적 판단과 도덕적 작용이 다른 생물 종에 대한 우월성의 근거라면, 마찬가지 이유로 비둘기의 뛰어난 귀소 능력, 치타의 빠른 속도, 소의 반추 능력에 있어 인간은 그들보다 열등한 존재이다. 즉 종들 사이의 차이만으로 다른 종보다 인간이 우월하다는 주장은 타당하지 못하다. 따라서

환경파시즘(Environmental Fascism)

전체주의를 뜻하는 파시즘과 환경이 결합된 용어로 환경의 가치만을 유일한 것으로 여기는 환경주의 및 생태주의에 대한 비판개념이다. 생태주의를 비판하는 사람들은 그들이 지나치게 비관적인 인식에 기초해 있다고 본다. 미래에 발생할지 모르는 위험과 통계의 자의적 해석, 그리고 일반인의 두려움을 이용해 환경개발에 반대하는 것은 자신의 가치를 강요하는 전체주의적 발상이라는 것이다. 환경파시즘이 극단적으로 진행될 경우 지구 생태계를 교란하는 주범이 인간인 까닭에 인간마저 제거되어야 할 대상으로 간주될 수 있다.

모든 생명체는 인간의 목적, 필요와 관계없이 고유한 가치를 가진다.

테일러는 인간의 존재를 다른 생물체와 상호 의존하여 살아가는 생명공동체의 구성원으로 규정함으로써 인간의 본래적 우월성을 부정하고, 모든 생명체를 자신의 고유한 선을 지닌 도덕적 주체로 대할 것을 주문한다. 나아가 테일러는 환경문제의 해결을 위한 인간의 4가지 의무를 제시하고 있다.

① **불침해의 의무**: 다른 생명체에 해를 끼쳐서는 안 된다.
② **불간섭의 의무**: 개별 생명체의 자유와 생태계에 간섭해서는 안 된다.
③ **신뢰의 의무**: 낚시나 덫처럼 동물을 기만하는 행위를 해서는 안 된다.
④ **보상적 정의의 의무**: 부득이하게 해를 끼치면 피해를 보상해야 한다.

생명 중심주의는 생명체의 고유한 가치를 환기하여 생명 존중의 윤리적 근거를 제시해 주었다는 점에서 환경윤리에 많은 기여를 하였다. 그러나 생태계 전체를 시야에 두지 못하는 한계를 가지고 있었다. 생태 중심주의 윤리는 생명 중심주의의 개체 중심적 사고를 비판하면서 개별 생명체가 아닌 생태계 전체를 도덕적 고려의 대상으로 삼아야 한다고 주장한다.

라. 레오폴드의 대지 윤리

생태 중심주의는 환경을 전일론(holism)적 관점에서 파악한다. 전체의 환경은 그것을 구성하는 부분들의 합보다 많다는 것이 전일론적 관점이다. 다시 말해 환경은 환경 고유의 특성을 가진 까닭에 부분들로 분리하면 환경 자체의 특성이 사라지거나 부분들 사이의 관계마저 단절되어 버린다. 따라서 환경은 개체로 나누거나 구분되지 않는 유기적 구조를 갖는다.

생태 중심주의 환경윤리에 결정적인 영향을 끼친 사람은 '대지 윤리(land ethics)'을 주장한 레오폴드(A. Leopold)이다. 레오폴드는 인간을 대지 공동체(land community)의 일원이라고 규정하고, 인간도 그 일원으로서 대지 윤리를 지켜야 한다고 주장하였다. 그는 대지에 대한 인간의 윤리적 기준을 생물 공동체의 통합성과 안정성을 유지하는 행동이라고 보았다.

레오폴드는 20세기 초반 미국 전역에서 인간에 의한 대대적인 늑대 학살로 포식자가 없어지면서 사슴이 빠르게 숲과 초원을 황폐하게 만드는 과정을 지켜보면서, 대지를 오로지 경제적 가치로만 평가하는 인간의 태도에 위기를 느꼈다. 이를 비판하기 위해 그는 환경윤리에 처음으로 생태학의 이론을 접목하였다. 레오폴드는 생태학의 먹이사슬을 나타내는 '대지 피라미드' 개념을 도입하여 생물의 상호의존성과 유기적 구조를 강조하였다. 대지 피라미드는 토양, 수분 등의 무생물과 더불어 모든 생명체가 생산자, 소비자, 분해자로 서로 얽혀 복잡한 먹이사슬을 이루면서 고유한 생태학적 역할을 담당하는 구조를 말한다. 따라서 이 구조 안에서 모든 생물은 존재 이유를 가지며 불필요한 생물이란 존재하지 않는다.

레오폴드의 생태 중심주의 윤리는 생태계가 진화의 과정을 통해 오랫동안 균형을 유지해 왔으므로 인간의 개입은 불필요하며, 인간의 윤리적 의무는 그 안정성을 지키는 것이라고 말한다. 생물공동체는 그 자체가 하나의 생물체와 비슷한 발달 과정을 보인다. 이렇게 생물권을 하나의 유기체처럼 생각하는 것을 초유기체론(superorganism)이라고 한다.

레오폴드는 먹이사슬 개념에서 출발해 생물이 서로 의존한다는 생태학적 원리와 초유기체론을 통해 대지 윤리를 과학의 영역으로 가져왔다(김윤성, 2009). 이처럼 인간과 자연의 관계를 범생물권 차원에서 인식하도록 이론적 기초를 제시하고 환경문제의 근본 원인을 질문했다는 점에서 레오폴드의 대지 윤리는 환경윤리에 중요한 위치를 차지한다.

마. 네스의 심층적 생태주의

생태 중심주의 환경윤리에서 또 하나 눈여겨보아야 할 철학자가 네스(A. Naess)이다. 네스는 그 동안 전개되었던 환경운동이 서구 문명과 사회 유지를 전제로 하는 피상적인 운동이었다고 비판하면서 심층적인 생태주의 철학을 제시하였다. 피상적 생태주의가 자원 고갈과 오염 문제 등 환경운동의 직접적이고 단기적인 효과만 노린 것이라면, 심층적 생태주의는 현재의 환경문제를 해결하려면 세계관과 생활양식 자체를 근본적으로 바꾸어야 한다고 보았다.

네스는 이처럼 기존의 지배적인 세계관을 대체할 새로운 철학을 '생태 지혜(ecosophy)'라고 부른다. 생태 지혜란 수단과 도구에 의해 지배되는 삶에서 벗어나 수단은 소박하되 목적은 풍요로운 삶으로 변화하려는 개인적인 노력과 실천을 말한다. 여기서 네스는 '자아의 확장'을 주문한다. 네스에 따르면 환경 문제의 근본적 해결은 자아를 확장하여 주변의 생물은 물론 그들의 서식지, 나아가 지구 전체의 생태계를 나의 영역으로 받아들일 때 가능하다고 말한다. 이렇게 하여 형성된 '큰 자아(大我)'는 스스로 자연의 일부로 보고 자연과 상호 연관하는 존재로 이해하게 된다는 것이다.

이런 사고는 불교의 연기(緣起)사상에서 영향을 받은 것으로 생물권의 평등주의로 이어진다. 즉 모든 생명체는 상호 연결된 전체의 평등한 구성원이며, 동등한 가치를 가진다는 것이다(김명식 역, 1999). 그러므로 인간은 그 자체로 가치를 가지는 생명체의 풍부함과 다양성을 감소시킬 권리가 없으며, 자연에 대한 인간의 과도한 간섭은 금지되어야 한다.

네스의 '큰 자아(大我)'는 이성적 판단이 아니라 모든 존재가 상호 연결되어 있음을 깨닫는 정신적이고 실천적인 태도를 말한다. 이는 서구의 이성 중심적 환경윤리와 구별되는 네스 심층 생태주의의 커다란 특징이다. 네스의 심층 생태주의는 동양사상을 생태적 세계관으로 받아들였다는 점과 자연에 대한 인위적 개입을 금지한 점, 그리고 생물권의 평등주의를 주창하였다는 점에서 기존의 환경 사상과 많은 차이를 갖는다.

한스 요나스(H. Jonas)의 책임의 원칙

인간 중심주의 윤리를 비판한 요나스는 인간을 자연의 지배자가 아닌 자연과 불가분의 관계를 가진 존재로 규정하면서 자연에 대한 '책임의 원칙'을 강조하였다. 그는 인간 상호 간의 관계에 머물러 있던 전통윤리의 영역을 인간과 자연과의 관계로 확장할 것을 주문하였다. 이렇게 하여 인간의 도덕적 책임의 대상을 자연의 모든 존재자로 확장한 요나스는 인간의 자연에 대한 의도적인 행위의 결과뿐 아니라 의도하지 않은 행위의 결과까지 책임의 범위에 포함시켜야 한다는 '책임의 원칙'을 제시하였다.

가이아 가설(Gaia hypothesis)

러브록(J. Lovelock)에 의해 제기된 새로운 지구관으로, 우리가 사는 지구를 그리스신화의 여신인 가이아로 표현한 것이다. 지구의 생물, 대기, 대양, 지표면은 유기적 통일체를 이루면서 전체로서 하나의 '자동 조절 장치'를 형성하고 있다. 따라서 지구는 하나의 생물로 간주되어야 하는 생명 실체이다.

지구를 살아있는 행성으로 간주하는 가이아 가설은 비록 가설이기는 하지만, 인류의 무분별한 경제활동으로 인한 기후변동이 생물과 인간 문명에 악영향을 끼칠 것이라고 경고하면서, 기후변화협약 체결에 기여하였다. 이 가설은 레오폴드의 '초유기체론'과 연결되며, 인간이 지구의 한 부분이 아닌 개입자로서 지구를 다루는 태도가 얼마나 위험한지를 과학적 근거를 들어 경고했다는 점에서 커다란 의미가 있다.

3 스포츠와 환경문제

[1] 스포츠의 환경윤리적 쟁점

스포츠에서 환경문제가 일어나는 근본 원인은 스포츠 활동의 사회적, 문화적 가치와 환경 혹은 자연의 보전 가치가 충돌하기 때문이다. 현대 사회에서 스포츠 활동은 개인의 건강과 행복을 추구할 기본 권리에 속한다. 그러나 이러한 권리의 주장은 역설적으로 현대 문명의 산물에 지나지 않는다. 산업화 및 도시화의 발달과 더불어 인간의 생활이 기술문명에 의존할수록 인간의 움직임은 제한되고 필연적으로 운동 부족 현상을 일으킨다.

현대 사회에서 스포츠 활동의 욕구가 기술문명과 도시화의 산물이라는 점은 부정할 수 없다. 이런 까닭에 오늘날의 스포츠 활동은 개인적인 욕구의 차원을 넘어 사회적인 영역에 포함된다. 왜냐하면 개인이 갖는 스포츠 활동 및 레저에 대한 욕구는 일정한 공간을 필요로 하며, 그 공간은 사회에 의해 만들어지기 때문이다. 대표적인 예를 우리는 공원에서 찾을 수 있다. 공원은 도시화가 진행된 19세기 영국에서 처음 등장한 것으로 시민들의 요구에 의해 만들어진 인위적인 공간이다. 그 밖에 산책길, 경기장, 체육관, 근린스포츠 및 제반 레저 활동 시설은 도시화가 만들어낸 문명의 공간이며 그 수요는 날로 증가하고 있다. 스포츠에서 환경문제가 일어나는 근본 지점도 바로 여기에 있다.

[2] 스포츠의 환경파괴

스포츠와 환경의 문제를 심층적으로 이해하기 위해서는 활동이 일어나는 공간, 즉 스포츠 환경을 중심으로 살펴볼 필요가 있다. 스포츠에서 인간의 신체 활동은 자연과 분리되기도 하고 때로 자연과 결합하기도 한다. 부올레(P. Vuolle)는 스포츠와 자연의 관계를 기준으로 3가지의 스포츠 환경을 제시한다. 순수(genuine)환경, 개발(developed)환경, 시설(built)환경이 그것이다. 먼저 순수환경이란 원래 그대로의 자연환경에서 이루어지는 스포츠 환경을 말한다. 카누, 등산, 요트, 윈드서핑 등이 여기에 해당한다. 개발환경은 스포츠 활동을 위해 자연에 일정한 변형을 가한 환경을 말한다. 골프, 야구, 테니스, 스키 등의 옥외 스포츠가 여기에 해당한다. 시설환경은 자연과 분리된 인공적 환경을 말한다. 역도, 유도, 탁구, 체조, 아이스하키 등 실내 스포츠가 여기에 해당한다.(Vuolle, 1991).

　이러한 분류는 인간이 행하는 모든 스포츠가 환경의 문제에서 자유롭지 않다는 점을 말해 준다. 스포츠 활동 자체가 자연과 대립하기 때문에 모든 스포츠는 종목의 특성에 맞게 자연을 변형한다. 순수한 자연환경을 이용하는 것처럼 보이는 카누와 요트조차 경기를 위한 인공적인 시설을 필요로 한다. 더욱이 스타디움과 경기장 건설, 골프와 스키장의 코스 설계, 봅슬레이와 루지 트랙의 건설, 스키장의 제설 장비, 실내스케이트장의 제빙시설, 축구장의 잔디유지 등 스포츠는 직, 간접적으로 환경문제와 깊이 얽혀 있다.

　스포츠는 훈련과 시합을 위한 정규 시설과 경기 운영으로 인해 규칙적으로 에너지 소비, 공기 오염, 온실가스 배출, 쓰레기 배출, 오존층 고갈, 서식지와 생물다양성 훼손, 토양 침식과 수질오염을 발생시킨다. 특히 선진국일수록 이러한 경향은 많이 나타난다. 영국에서는 매년 스포츠 활동으로 인해 약 1백억 달러의 에너지를 소비하고, 약 50만 톤의 이산화탄소를 배출한다. 캐나다의 경우, 2,300여 개의 빙상장과 1,300여 개의 컬링 경기장에서 1백만 MWh 이상의 전기를 소비하고 암모니아와 CFC 냉각제를 대기로 방출한다(김귀순 역, 2001).

Think Deeply

　골프와 스키는 스포츠와 환경문제를 다룰 때 빠지지 않고 등장하는 종목들이다. 삼림과 동식물의 서식지 파괴, 토지의 훼손과 토양오염 등 많은 문제를 드러낸다. 그런데 스포츠와 환경 문제는 이처럼 겉으로 드러나는 문제에 국한되지 않는다. 수영장은 수질관리를 위해 화학물질을 사용하고 있으며, 대규모 관중이 모여드는 경기장은 엄청난 양의 쓰레기를 배출한다. 또한 친환경적으로 보이는 천연잔디도 배수로, 관개시설 등 관리에 따른 환경 부담이 높다. 이처럼 스포츠는 환경문제와 얽혀 있다. 스포츠 종목별로 예상되는 환경 문제들을 열거해 보고 개선 방안을 찾아보자.

[3] 스포츠의 지속 가능한 발전

스포츠에 있어서 환경문제의 합리적인 해결은 '지속 가능한 발전(Sustainable Development)'이라는 개념에 기댈 수밖에 없다. 지속성이란 개체와 사회의 영속적인 생존을 의미한다. 여기에는 현재와 미래가 동시에 포함된다. 현재의 필요를 위해 미래에 예상되는 위험과 피해를 외면하는 것은 인간의 도덕적 이성에 부합하지 않는다.

스포츠는 근본적으로 쾌락과 즐거움, 건강을 추구한다는 점에서 현재의 복지를 지향하는 활동이라 할 수 있다. 따라서 현재 삶의 질과 행복을 위해 자연을 도구로 이용할 수 있다는 인식을 갖기 쉽다. 그러나 장기적인 관점에서 보면 현세대만을 위한 스포츠시설의 무분별한 확장과 개발은 미래 세대의 행복을 빼앗는 일이 된다. 이런 까닭에 미래 세대의 필요를 충분히 고려하면서 현재의 필요를 충족시키는 방법을 마련해야 한다. 이를 지속 가능한 발전이라 한다.

지속 가능한 발전의 윤리적 근거는 요나스의 '책임의 원칙'과 밀접하게 연결된다. 요나스는 전통 윤리학이 동시대인에 대한 책임에만 머물러 있다고 비판하며, 현대의 기술문명이 미래 세대에게 초래할 위험에 대한 책임을 강조하였다. 따라서 스포츠에서 '미래 세대의 필요를 충분히 고려'해야 한다는 주장은 요나스의 책임 원칙을 구체적으로 적용한 것이라 할 수 있다.

스포츠에서 지속 가능한 발전이란 스포츠 환경 및 시설의 개발과 환경의 공존을 말한다. 다시 말해 개발은 하되 한정된 자원의 범위 내에서 지속 가능한 방법을 모색하는 실천적 인식을 바탕으로 건강한 인간과 건강한 자연환경의 공존을 추구하는 것이 스포츠에서의 지속 가능한 발전이다. 또한 환경의 문제가 통합적이고 상호의존적인 성격을 띠고 있는 까닭에 스포츠만의 환경 운동이 아닌 국가적, 국제적 협력과 공조도 지속 가능한 발전의 중요한 요소이다.

지속 가능한 발전은 지속 가능한 활동을 전제로 한다. 순환되는 물질을 사용하고 계속 이용 가능한 에너지원을 사용하는 등의 실천이 이루어지지 않으면 지속성은 유지될 수 없다. 스포츠에서 이러한 노력은 경기 시설의 효율적인 운영, 에너지의 과소비를 줄이는 첨단 시설 설비, 쓰레기양을 줄이기 위한 대책 등의 미시적인 차원에서부터 친환경적인 경기장 설립, 생태계에 미치는 영향을 최소화한 레저시설의 건립, 그린스포츠 운동의 전개 등 보다 거시적이고 윤

> **그린스포츠(greensport)**
> 그린(green)과 스포츠(sport)의 결합으로 스포츠를 통한 친환경 운동을 말한다.

체르누센코(D. Chernushenko)의 지속가능한 스포츠를 위한 12가지 원리

① 보존 ② 환경책임주의 ③ 생태효율성 ④ 파트너십 ⑤ 지도력 ⑥ 질 ⑦ 책임
⑧ 민주화 ⑨ 미래에 대한 투자 ⑩ 공평성과 접근성 ⑪ 다양성 ⑫ 활동적인 삶

리적인 자각으로 이어져야 한다. 스포츠에서 지속 가능한 발전은 새로운 윤리적 요구라 할 수 있다.

가. 스포츠 기후 행동 협정(UNFCCC Sports for Climate Action)

유엔(UN)은 온실가스의 배출을 제한하여 지구 온난화를 방지하기 위해 1992년 6월 세계 각국이 동의한 '기후변화에 대한 국제연합 기본 협약(United Nations Framework Convention on Climate Change)'을 체결하였다. 이를 줄여서 '유엔기후변화협약(UNFCCC)'이라고 한다. 그 가운데 유엔(UN)은 스포츠 단체들의 친환경 활동 참여를 독려하기 위해 2018년 '스포츠 기후 행동 협정(Sports for Climate Action)'을 출범하였다. 이 협정은 스포츠 단체의 조직 및 대회 운영에 있어 탄소 배출량을 줄이고, 스포츠 팬에게 기후변화에 대한 인식의 확산과 행동을 유도하는 것을 목적으로 한다.

'스포츠 기후 행동 협정'에는 IOC, FIFA, UEFA 등 국제 스포츠 기구와 미국프로농구(NBA), 미국풋볼리그(NFL), 스페인 프리메라리가(LA LIGA) 등 프로구단을 포함해 현재까지 총 248개의 세계적인 스포츠 단체들이 참여하고 있다.

우리나라에서는 2021년 한국프로축구연맹(K리그)이 최초로 '스포츠 기후 행동 협정'에 참여하였다. 연맹은 ▲환경 책임 증진을 위한 체계적인 노력 수행, ▲스포츠로 인한 전반적인 기후 영향 감소, ▲기후 행동 교육 진행, ▲지속 가능한 책임감 있는 소비 촉진, ▲소통을 통한 기후 행동 옹호 등 다섯 가지 원칙을 수행하며, 매년 이행사항에 대한 리포트를 제출하고 있다.

나. 환경친화적 올림픽 운동

국제올림픽위원회(IOC)는 생태와 지구환경을 위해 다양한 노력을 기울이고 있다. 1996년 새롭게 추가된 헌장 제1장 제2조 제13항은 올림픽이 환경

> **올림픽 어젠다 2020**
> '신뢰성', '지속가능성', '젊음'을 핵심 모토로 내세운 IOC의 미래 비전으로 40개 항목의 권고사항이 제시되어 있다. 여기서 토마스 바흐 IOC 위원장은 올림픽 유치지 결정 과정을 투명화하여 개최 희망 도시의 진입장벽을 낮추고 비용을 최소화하는 개혁안을 제시하였다. 특히 개최 도시를 선정할 때 지속 가능한 인프라와 환경 보전을 위한 계획을 포함한 친환경적 기준을 강화하였다.

에 관심을 두고 책임져야 함을 명시하는 동시에 지속 가능한 개발의 중요성을 국제올림픽위원회의 역할로 규정하고 있다. 이는 지구 온난화와 기후 위기

> **그린워싱 (Greenwashing)**
> 대규모 스포츠 행사나 단체들이 '친환경' 이미지를 내세우지만 실제로는 환경파괴를 멈추지 않는 현상을 '그린워싱'이라고 한다. 올림픽 개최 도시의 탄소 배출량 상쇄 노력이나 친환경 홍보 활동이 실제 환경 파괴의 규모를 가리는 수단이 되기도 한다. 때로 신규 경기장 건설로 인한 삼림 파괴를 '친환경 올림픽'이라는 명분을 내세워 숨기는 경우조차 있다.

에도 불구하고 올림픽을 위한 개발사업이 환경을 파괴하는 데 일조한다는 우려에 대응하기 위해서였다. 실제로 하계 올림픽 대회를 개최하면 평균적으로 350만 톤의 탄소가 배출된다. 신규 경기장 건설, 선수와 관광객 운송, 숙박 시설 등에 의해 배출되는 탄소량은 소나무 12만 6,000그루를 심어야 상쇄될 정도이다.

이런 위기의식을 바탕으로 IOC는 대규모 스포츠 행사의 환경적 영향을 최소화하고 지속 가능한 인프라와 에너지 소비를 촉진하여, 올림픽이 생태 위기에 대한 인식을 확산시키는 중요한 계기로 삼고자 한다. 특히 올림픽 개최지를 선정할 때 환경친화적인 기준을 강화하여 탄소 중립과 재생에너지를 사용하도록 유도하고 있다. 새롭게 경기장을 짓기보다 기존의 인프라를 이용하는 노력, 시민의 수요와 대회 이후의 효율적 운영을 반영한 스포츠 인프라 건설, 친환경적인 교통 시스템의 구축은 개최 도시의 이미지 향상에 크게 도움이 된다. 또한 스타 선수를 통한 생태 위기에 대한 문제의식 고취는 환경에 대한 일반 시민의 책임을 환기할 수 있다. 환경친화적인 올림픽 개최는 단순히 스포츠 축제에 머물지 않고, 지구환경의 중요성을 전 세계에 알리는 중요한 이벤트이며, 세계 시민의 환경 실천을 끌어낸다.

다. 지속 가능한 개발과 스포츠 환경

20세기 중반 환경문제가 현실화하면서 '지속 가능한 개발(sustainable development)'이라는 용어가 등장하였다. 일반적으로 환경적 측면에서 지속 가능성(sustainability)은 '생태계가 수용 가능한 범위 안에서 인간 삶의 질을 향상하는 것'이라 정의할 수 있다. 1969년 유엔의 인간 환경 회의에서 만들어진 '인간 환경에 관한 선언(Declaration on the Human Environment)'은 현재와 미래의 필요를 모두 고려한 개발의 중요성을 인식하는 계기가 되었다.

생태도시와 자전거, 그리고 걷기

환경의 지속가능한 개발과 관련하여 최근 새롭게 등장한 개념이 생태도시이다. 생태 도시는 도시 전체가 유기적 복합체로 기능하도록 시민의 생활과 공간 구조를 생태계의 속성인 다양성, 자립성, 순환성, 안정성에 맞춘 도시를 말한다. 생태도시의 중요한 특징 중의 하나가 인간의 움직임을 적극 활용한다는 점이다. 그 중 자전거와 걷기는 생태도시의 이념과 잘 어울리는 움직임의 형태이다. 다리의 힘으로 동력을 얻어 공간을 이동하는 자전거와 걷기는 에콜로지(ecology: 생명체와 환경의 상호작용)에 가장 적합한 운동의 형태이다.

이후 1987년 UN이 발간한 '브룬트란트 보고서(Brundtland Report)'는 지속 가능한 개발에 대한 일반적인 정의를 내놓았다.

새로운 발전 형태로 제시된 지속 가능한 개발(Sustainable Development)은 "현재 인간의 욕구를 충족하는 동시에 미래 세대들이 그들의 욕구를 실현하고 보장하는 방식의 개발"을 말한다. 생태-에너지 위기에 대응하려는 현실적 노력과 세대 간 정의(intergenerational justice)를 지키기 위한 선택이라고 할 수 있다.

생태-에너지 위기는 먼 미래의 일이 아니다. 예측할 수 없는 이상기후와 이에 따른 재난, 빙하의 급속한 소멸, 희귀생물의 멸종, 열대우림의 축소와 도시의 대기오염, 지하수 고갈과 토양의 오염 등은 우리가 실제 겪고 있는 현실의 문제들이다. 생태와 공존하는 지속 가능한 개발을 실행하지 못한다면 인류의 미래는 물론이고 스포츠 활동조차 의미를 잃게 될 것이다.

1987년의 '브룬트란트 보고서(Brundtland report)'가 나온 이래 UN 환경계획위원회는 1994년부터 IOC와 환경 부분 협력을 진행하면서 스포츠 활동 및 시설은 반드시 친환경적인 조건의 증진을 바탕으로 해야 하며, 스포츠에 참

브룬트란트 보고서(Brundtland Report)

1983년 UN은 환경과 발전에 관한 세계위원회(WECD, World Commission on Environment and Development)를 설립하고 '변화를 위한 지구적 의제'를 마련하였다. 이 위원회는 1987년 2000년대를 향한 지구환경 보전전략 보고서로 '우리 공동의 미래(Our Common Future)'를 발간하였다. 이 보고서는 인구, 식량, 생물, 종 보전, 에너지 산업, 도시화, 평화 등의 사안들을 논의하면서 자원 기반을 지속시킬 새로운 경제발전 형태를 요구하였는데, 여기서 '지속 가능한 개발'이라는 개념이 처음 등장하였다. 당시 위원장이었던 노르웨이의 수상이었던 이름을 따서 브룬트란트 보고서라 불린다.

여하는 사람들에게 환경에 대한 인식을 증대시키고, 스포츠시설과 제품을 친환경적 개발하고 증진하는 등의 3가지 목표를 설정하였다.

오늘날 지속 가능한 개발은 환경, 사회, 경제 등 지구 환경에서 공존하는 광범위한 영역을 포함한다. 이는 현세대뿐 아니라 앞으로 다가올 세대의 안녕을 보장하는 지속 가능한 관행과 시스템에 모두 관여한다. 그러나 일반적으로 자원을 효율적으로 사용하고 오염을 최소화하여 생태계를 보호하는 환경의 지속 가능성에 방점을 둔다. 지속 가능한 개발은 제반 사회 분야에도 적용되는 살아 있는 개념으로 계속 진화하고 있다

환경운동단체

1. 그린피스(Greenpeace)

그린피스는 1971년 캐나다 밴쿠버에서 핵실험 반대를 위해 창설된 대표적인 비정부기구(NGO) 환경운동단체이다. 지구의 환경과 세계의 평화를 증진시키려는 노력이 전 세계의 공감과 지지를 얻어 현재 가장 영향력 있는 국제적인 환경운동단체로 인정받고 있다. 특히 이 단체의 환경운동은 비폭력적인 '직접 행동(direct action)'과 과학적 근거에 의해 대응하는 행동원칙을 세움으로써, 이후 전개된 환경운동의 실천방법을 제시하였다. 기존의 환경운동단체들이 영향력 있는 엘리트를 중심으로 정치적 압력을 행사하는 방식이었던 데 반해 그린피스는 시민들의 비폭력적이고 직접적인 행동으로 여론을 환기시켜, 해상 핵실험, 핵폐기물 해양투기, 고래잡이, 유전자변형식품(GMO) 반대 등의 성과를 거두었다. 우리나라의 환경단체인 환경운동연합과 녹색연합 등도 그린피스의 영향을 많이 받았다.

2. 지구의 벗(Friends of the Earth: FOE)

'지구의 벗'은 1969년 당시 미국의 유력한 환경단체였던 시에라클럽이 핵발전소 건설에 찬성하자, 이에 반대한 구성원이 다른 환경단체들과 연대조직을 구성하면서 탄생하였다. '지구의 벗'은 생태 위기의 근본원인이 불균형한 세계무역과 빈곤문제에 있다고 보고 제3세계의 지속가능한 발전에 많은 관심을 둔다. 특히 지구온난화 방지, 삼림보존, 오존층의 보호, 생물다양성의 보존과 직접적인 연관이 있는 열대우림 지역의 개발행위에 대한 위험성을 강조하며 다양한 활동을 벌이고 있다.

3. 옥스팜(Oxfam: Oxford Committee for Famine Relief)

2차 세계대전 당시 그리스인을 돕기 위해 옥스퍼드에서 만들어진 구호단체였던 옥스팜은 전쟁이 끝난 뒤 활동 영역을 넓혀 개발도상국의 교육과 자립을 지원하는 국제적인 구호단체로 발전하였다. 개발도상국의 빈곤이 생태문제와 밀접한 연관을 갖는다는 인식을 바탕으로, 단순한 원조가 아닌 자립을 도모하기 위해 제시한 '공정무역(fair trade)'이라는 원칙은 옥스팜의 커다란 공적으로 평가받는다. 공정무역이란 개발도상국에서 생산된 커피, 코코아, 면화 등의 상품을 공정한 가격으로 구매하는 것을 말한다. 이런 노력은 생태적으로 지속가능한 생산방식을 택하게 만들고, 선진국의 소비자로 하여금 생태 운동과 윤리적 소비의 필요성을 일깨워주었다.

[Search & Discussion] 리우올림픽 최악의 수질오염 비상

2016 리우 올림픽 조직위원회가 요트와 윈드서핑 경기가 열릴 브라질 남동부의 과나바라만(灣) 수질 오염 때문에 골머리를 썩고 있다.

영국 언론 가디언에 따르면 토마스 바흐(62·독일) 국제올림픽위원회(IOC)위원장은 29일 말레이시아 쿠알라룸푸르에서 열린 IOC이사회에서 "리우 올림픽 준비가 제대로 되고 있지만, 무엇보다도 만을 깨끗이 하는 것이 먼저"라고 말했다. 과나바라 만의 수질 오염문제는 리우데자네이루시가 올림픽을 유치했을 때부터 제기됐다. 브라질 도시 약 70%의 하수가 과나바라만에 유입되고 있기 때문이다.

이후에도 과나바라만을 방문한 각국 서핑 선수들이 오염을 비난하며 최악의 환경이라고 표현하기도 했다. 계속된 비난에 리우시 환경국은 올림픽이 열리는 내년 8월5일 이전에 오염을 80%까지 줄이겠다고 말했었다. 그러나 리우 올림픽이 1년 남짓 남은 현재까지 과나바라만에는 여전히 쓰레기와 동물의 사체 등이 떠다닌다. 가장 큰 문제는 브라질 정부의 해결 의지가 약해 보인다는 것이다. 가끔 리우시의 환경국에서 폐기물을 수거하고 있지만 미봉책에 불과하다. 2009년 올림픽 유치 후 6년이라는 시간이 지났지만 예산 부족과 정부의 무능력으로 인해 전혀 개선이 이루어지지 않았다.

바흐는 리우 올림픽이 1년 앞으로 다가온 시기임을 강조하며 "과나바라만을 까끗하게 만드는 주제를 다루게 돼서 안타깝다"며 "올림픽이 개최 되려면 선수들의 건강과 안전에 대한 확실한 보장이 있어야 한다"고 목소리를 높였다. 바흐는 이어 "올림픽을 위해 더 이상 낭비할 시간이 없고, 과나바라만 수질 오염개선은 리우 올림픽 조직위원회의 가장 큰 도전이 될 것이다"고 말했다.(출처: 한국일보 2015년 7월 30일)

스포츠와 환경문제에 대한 논의는 대부분 스포츠를 통한 환경파괴에 초점을 맞춘다. 그러나 환경파괴로 인해 선수들이 직접적인 피해를 보는 경우는 언론에 노출되지 않는다. 환경파괴가 결국 스포츠 활동의 제약을 가져온다는 사실은 스포츠에서 환경문제의 중요성을 재인식하는 계기를 마련한다. 선수의 건강에 직접적인 피해를 가져오는 환경파괴의 예를 찾아보고 개선 방안에 대해 토론해 보자.

CHAPTER 12

심판의 윤리

공정성은 심판에게 요구되는 중요한 덕목이다. 심판은 어떤 경우에도 사적인 감정에 흔들려서는 안 된다. 그러나 다음과 같은 경우를 생각해 보자.

A팀과 B팀이 배구 경기를 하고 있다. 월등한 기량의 차로 A팀이 순식간에 세트 스코어 2대 0으로 이기고 있다. 3세트에서도 상황은 마찬가지여서 B팀은 A팀에 버거워 보였다. 승리는 점점 A팀 쪽으로 기울고 있었다. 그러나 심판은 몸을 사리지 않고 최선을 다하는 B팀의 모습에 마음이 흔들렸다. 그 후 심판은 B팀에게 유리한 판정을 내리기 시작했다. 그러자 상황이 조금씩 바뀌면서 경기는 매우 흥미진진한 방향으로 전개되었다. 엎치락뒤치락 끝에 결국 A팀이 이기기는 하였으나 최선을 다한 B팀에게 많은 박수갈채가 쏟아졌다.

약한 팀을 보호해 주는 심판의 이러한 행동은 도덕적으로 비난받아야 하는가? 승부에 지장이 없는 범위라면 관중의 흥미와 B팀의 사기를 북돋우기 위해 선의의 편파 판정은 허용해도 좋은 일종의 배려로 볼 수 있지 않은가? 선의의 편파 판정은 도덕적으로 문제가 될까? 스포츠에서 심판의 공정성은 무엇이며, 심판에게 요구되는 윤리적 자세에는 어떤 것이 있는지 생각해 보자.

> **학습목표**
> - 근대 스포츠와 심판의 관계를 이해한다.
> - 심판의 공정성과 전문성을 이해한다.
> - 심판의 윤리적 자세와 직업윤리와의 관계를 이해한다.

1 스포츠와 심판

[1] 근대 스포츠와 심판의 탄생

오늘날 우리가 즐기는 스포츠는 산업혁명을 거치며 19세기 이후 급속히 성장한 부르주와 계급의 여가문화에서 시작되었다. 산업 자본가를 중심으로 새롭게 형성된 부르주와 계급은 경제적, 시간적 여유를 갖게 되면서 귀족계급의 전유물이었던 스포츠를 자신들의 삶 속에 끌어들였다. 그리하여 골프, 승마, 조정, 테니스 등 특권적 지위의 상징물이었던 운동문화가 부르주아 계급 속으로 빠르게 확산하였고, 이런 변화는 스포츠 자체에 대한 인식과 방법을 바꾸어 놓았다.

참여 인구의 확대는 자연스럽게 경쟁에 있어 공정한 조건의 정비를 요구하였고, 공정한 경쟁을 위한 합리적이고 통일된 규칙의 제정을 촉구하였다. 특정 스포츠를 통괄하는 공식적인 근대 기구가 탄생하게 된 것은 이러한 요구와 필요에 의해서였다. 1863년 영국의 축구협회가 창설되기 이전의 축구는 지역마다 공의 크기와 경기의 규칙, 경기장의 규격이 제각각이어서 경기에 많은 제약이 따랐다. 통일된 규칙의 제정과 공식적인 기구의 창설은 경기화를 위한 필연적인 과정이었다. 이를 근대 스포츠의 본질적인 요소인 '제도화'라고 한다.

근대 스포츠는 이처럼 공식적인 기구의 창설과 불가분의 관계를 갖는다. 제도화된 규칙 없는 근대 스포츠는 존재하지 않으며, 제도화된 규칙은 특정 종목을 관장하는 공식적인 기구의 존재와 불가분의 관계를 이룬다. 이렇게 하여 특정 스포츠 종목의 대표 기구는 권위를 가지게 되고, 이 권위에 의해 규칙은 강제력을 행사하게 된다.

그러나 규칙의 강제력은 저절로 이루어지는 것이 아니라 그것을 주관하는 존재에 의해 가능하게 된다. 근대 스포츠에서 심판의 존재는 이 규칙의 강제력을 집행하는 권위의 다른 이름이다. 규칙은 특정 스포츠에서 해야 할 행위와 하지 말아야 할 행위를 규정한다. 축구에서 골키퍼 이외의 선수는 스로인을 제외하고 손을 쓸 수 없고, 권투에서 상대의 벨트 아래를 가격하는 것은 금지되어 있다. 그리고 농구에서 공을 잡고 3보 이상 걸으면 파울이 주어진다. 이처럼 각 스포츠에는 해야 할 행위와 하지 말아야 할 행위가 미리 규정되어 있으며, 그 규정은 강제력을 바탕으로 한다. 심판의 존재 근거는 여기에서 발생한다. 즉

[Think Deeply] 바둑의 심판: 바둑은 스포츠인가, 아니면 놀이인가?

대한바둑협회가 2009년 대한체육회의 정가맹 경기단체로 승인되면서 바둑의 스포츠화는 많은 논란을 불러일으키고 있다. 바둑을 스포츠로 인정하지 않는 사람들은 대근 활동의 부재를 가장 큰 이유로 든다. 즉 여타의 스포츠 종목이 신체의 대근 활동을 바탕으로 하는 데 비해 바둑에서는 이런 움직임이 없다는 것이다. 한편 바둑을 정식 스포츠로 인정해야 한다고 주장하는 측에서는 두뇌활동도 엄연히 신체의 일부분이며, 무엇보다 경쟁 활동이라는 점을 든다. 스포츠가 규칙을 바탕으로 하는 경쟁활동이라면 바둑이 스포츠가 되어야 할 필요조건은 갖춘 것이라는 논리이다.

그러나 바둑의 스포츠화 논쟁을 심판의 관점에서 바라보면 어떨까? 바둑과 기타 스포츠 종목의 심판은 그 역할에 있어 조금 차이가 난다. 먼저 경기의 시작은 심판에 의해 이루어지지만 '불계승' 혹은 '불계패'의 경우 선수 자신에 의해 경기를 종료하게 된다. 그리고 바둑의 경우 심판이 경기에 직접 관여하여 선수를 제재하거나 경기를 중단하지 못한다. 이러한 점은 바둑의 심판이 다른 종목에 비해 그 역할의 범위가 제한적임을 말해 준다.

그 밖에 바둑의 심판과 일반 스포츠 종목의 심판이 어떻게 다른지 생각해 보고, 이를 바탕으로 바둑과 유사한 e-스포츠의 스포츠화가 가능한지 생각해 보자.

심판은 특정 스포츠에서 규칙의 강제력을 집행하는 주체로서 협회의 공식적인 권위를 대변하는 것이다.

심판 없는 스포츠는 놀이에 불과하다. 만일 어떤 놀이에서 승패를 가르고자 한다면 분명한 규칙이 있어야 하고, 그 규칙은 모든 경쟁자에게 똑같이 적용되어야 한다. 그러나 이 규칙의 공정성은 선수에 의해 만들어지지 않는다. 공정성은 공식적인 기구가 인정한 제3자의 구속력에 의해 담보된다. 이런 까닭에 심판은 공정성의 필요충분조건이며, 스포츠를 스포츠답게 만드는 본질적인 요소라 할 수 있다. 모든 선수에게 심판의 판정을 따라야 하는 의무가 주어지는 이유도 여기에 있다.

[2] 스포츠의 3대 구성요소와 심판의 역할

스포츠는 공정한 규칙을 바탕으로 신체적 탁월성을 겨루는 운동문화이다. 스포츠 경기가 이루어지기 위해서는 적어도 3가지의 구성요소가 갖추어져야 한다. 선수, 경기장, 심판이 그것이다. 선수는 경쟁의 당사자로서 해당 스포츠의 운동형식과 규칙을 몸으로 익히고 숙지한 사람을 말한다. 야구에서 진루 방법을 모르는 사람은 경기에 참여할 수 없다. 만일 배구에서 바운드된 공을 잡아 상대 코트에 던지는 선수가 정당한 플레이라고 주장한다면 코트로부터 추방될 것이다. 이처럼 경기는 운동형식과 규칙을 미리 알고 있는 선수가 참여함으로써 이루어지게 된다.

〈스포츠의 3대 구성요소〉

> **심판의 비판정 (non-judgment)**
>
> 심판은 때로 판정하지 않는 것으로 경기의 흐름을 조절하기도 한다. 예를 들어 농구에서 미세한 신체접촉에 일일이 판정하지 않고 경기를 진행하는 행위는 심판의 노련함과 능숙함을 보여준다. 이처럼 심판의 역할은 규칙을 기계적으로 적용하는 것을 넘어, 경기의 맥락을 고려하는 복잡한 사회적 행위이다.

선수는 스포츠 경기를 구성하는 가장 기본적인 요소이며, 이런 까닭에 선수 없는 스포츠 경기는 존재할 수 없다.

경기장은 경쟁이 이루어지는 물리적 조건을 말한다. 모든 스포츠는 경쟁이 일어나는 공간의 형식을 경기장의 규격으로 정해 놓고 있다. 마라톤, 체조, 봅슬레이 등 개별 스포츠 종목이 요구하는 공간은 운동형식과 밀접한 연관을 갖는다. 마라톤은 42.195km를 달려야 하기 때문에 심폐지구력과 근지구력이 필요하고, 100m 달리기는 그 거리로 인해 순발력과 폭발적인 근력을 요구한다. 이처럼 경기장은 경쟁의 물리적 조건이면서 선수의 활동 내용을 결정하는 스포츠의 필수 구성요소이다. 선수와 마찬가지로 경기장 없는 스포츠 또한 존재할 수 없다.

그러나 경쟁에 참여할 선수와 경기의 물리적 토대인 경기장이 갖추어졌다고 해서 경기가 성립하지는 않는다. 적어도 승리와 패배의 구분을 이의 없게 하기 위해서는 경쟁의 공정성이 담보되어야 하는데 심판은 이 공정성을 경기에 적용하고 집행한다. 놀이에서 진화한 스포츠가 놀이와 분기되는 지점도 심판의 유무에 있다. 놀이는 심판을 두지 않아도 상호 합의에 의해 규칙의 변경이 가능하다. 실제로 흥미와 몰입도를 높이기 위해 놀이에서는 그런 현상이 자주 일어난다. 하지만 스포츠는 미리 정해진 규칙이 경기의 끝까지 유지된다.

스포츠에서 경쟁의 주체는 선수이지만 경쟁의 진행은 심판의 몫이다. 모든 근대 스포츠에서 경기의 시작과 끝이 심판에 의해 이루어지는 이유도 여기에 있다. 출전 자격의 인정과 확인, 경기의 중단과 속행, 인(in)과 아웃(out), 파울과 페어의 구별, 승리와 패배의 결정, 그리고 순위의 결정 및 기록의 공식화 등 심판의 역할은 규칙의 공정한 집행으로 경기를 완결된 구조로 만든다. 규칙 없는 스포츠가 없듯, 심판 없는 스포츠도 존재할 수 없다. 이처럼 스포츠에서 심판은 경기를 구성하는 매우 중요한 구성요소이다.

2 심판의 종류와 전문 자격증 제도

[1] 심판의 종류

심판은 크게 평가형 심판(judge)과 관리형 심판(referee)으로 구분한다. 평가형 심판은 영어로 '저지(judge)'라고 부르고, 관리형 심판은 '래퍼리(referee)'라고 부른다. 그밖에 예외적으로 골프와 같이 자문형 심판을 두는 종목도 있다. 자문형 심판이란 선수들이 경기 도중 애매한 규칙에 대해 문의할 수 있는 심판을 말한다. 이는 공식적으로 심판을 두지 않는 골프의 특성에서 유래한다.

평가형 심판은 일련의 기준에 따라 선수의 퍼포먼스를 평가한다. 피겨스케이팅, 체조, 다이빙 등의 스포츠 종목에서 심판은 선수들이 수행한 동작의 모든 요소에 대해 평가하여 점수를 부여한다. 예술성, 난이도 요소를 평가하는 종목에서는 심판의 주관적인 판단이 중요하게 작용한다. 이들은 인간의 아름다운 움직임과 탁월성에 대해 미학적 판단을 내린다. 그러나 평가형 심판은 동작의 정확성과 예술성, 난이도 등을 평가할 뿐 경기중 일어나는 선수의 행위에 관여하지 않는다.

이에 비해 관리형 심판은 경기 전체를 이끌어가며 규칙을 적용하고 경기장의 질서를 유지한다. 여기에는 반칙에 대한 처벌, 옐로우/레드 카드 발급, 선수들 간의 분쟁 해결, 경기의 시작과 종료의 선언, 천재지변에 의한 경기의 중단 여부 결정 등이 포함된다. 관리형 심판은 경기의 질서와 규범을 유지하는 역할에 집중하여 공정한 경쟁이라는 규범적 가치를 지키는 데 주력한다.

> **엄파이어(umpire)**
> 스포츠 종목에 따라 엄파이어(umpire)라고 부르는 심판이 있다. 일반적으로 엄파이어는 최종 결정권을 가지는 주심과 달리, 경기장의 특정한 장소나 위치, 경기의 중요 장면에서 인/아웃, 득점의 성공/실패 여부를 결정하여 주심의 올바른 판정을 돕는 심판을 말한다. 예를 들어 야구에서 2루 도루의 성공/실패가 애매할 경우 엄파이어(루심)들이 모여 협의를 통해 결정한다.

한편 같은 종목에서 심판은 역할이 분리되기도 한다. 축구는 경기의 전반을 운영하는 주심과 터치 라인을 따라 움직이며 반칙의 여부와 오프사이드, 터치아웃을 판정하는 선심으로 나누어 경기를 진행한다. 야구는 스트라이크와 볼의 판정, 세이프와 아웃, 파울과 페어 등을 최종적으로 판정하는 주심과 1루심, 2루심, 3루심, 대기심 등 5명의 심판원으로 구성된다. 테니스에서도 주심과 라인 심판이 각각 자신의 맡은 역할에 따라 경기를 운영한다.

[2] 심판의 자격증 제도

스포츠 종목을 관장하는 협회 및 국제 연맹은 심판에 대한 자격증 제도를 마련해 심판의 공정한 경기 운영과 전문 지식 함양, 그리고 경기의 질적 수준을 향상하기 위해 노력한다. 경기는 선수가 행하는 것이지만 경기의 시작과 끝은 심판에 의해 이루어진다. 심판은 경기를 하나의 완성된 형태로 만드는 공식적인 존재로 스포츠 경쟁의 보이지 않는 손이라고 할 수 있다. 만일 이 보이지 않은 손이 엄중한 중립성을 유지하지 못하면 해당 스포츠의 공정성과 신뢰성은 무너지게 된다.

그러나 심판의 공정하고 객관적인 판단과 합리적인 경기 운영은 쉬운 과제가 아니다. 빠르게 전개되는 경기 속도와 선수들의 움직임, 경기장의 조건과 날씨, 관중의 관전 태도 등을 모두 파악하며 경기를 진행하는 노하우는 하루아침에 이루어지지 않는다. 비중이 높은 경기일수록 전문적인 지식과 오랜 경험을 가진 심판에게 배정되는 이유도 여기에 있다. 노련하고 세련된 경기 진행은 심판의 경험과 협회의 전문적인 교육이 오랜 시간에 걸쳐 축적되어야 얻어진다. 그래서 스포츠 종목의 협회는 경험과 교육내용에 따라 심판이 진행할 수 있는 경기의 수준에 차등을 둔다. 경험과 지식이 적은 심판은 난이도가 낮은 경기에서 경험을 쌓아 점차 높은 수준의 경기에 나서게 한다.

심판은 크게 국내 심판과 국제 심판으로 나누어진다. 심판의 자격 기준은 스포츠 종목의 협회에 따라 많은 차이가 있으나 대부분 협회에서 실시하는 교육과 축적된 경험에 따라 점차 높은 등급의 자격증을 발급한다. 축구를 예로 들어 설명하면 아래의 표와 같이 심판의 등급에 따라 진행할 수 있는 경기의 레벨이 달라진다.

[표 1] 대한축구협회의 심판 등급

등급	경기
5급 심판	동호인 축구 주/부심, 전문 축구 초등부 (U-12)2 주심
4급 심판	전문 축구 초등부 (U-12) 주심, 전문축구 중등부 (U-15) 부심
3급 심판	전문 축구 중등부 (U-15) 주/부심, 전문 축구 고등부 (U-18) 부심
2급 심판	전문 축구 고등부 (U-18) 주/부심, 전문 축구 대학부 부심
1급 심판	전문 축구 대학부 및 일반부 주/부심

국제 심판은 국제 경기의 주심 자격을 가진 심판을 말한다. 축구의 경우 국제 심판이 되려면 국내 1급 심판 자격을 취득한 후 2년 동안 매년 10회 이상의 성인 전문 축구 경기에서 주심으로 활동해야 국제축구연맹(FIFA)이 주관하는 시험에 응시할 수 있다. 시험은 체력 테스트와 이론으로 나누어진다. 체력은 전, 후반 90분을 지치지 않고 뛸 수 있는 정도가 되어야 하며, 이론은 언어(영어) 테스트, 경기 리포트 작성, 영문으로 된 규칙 문제로 이루어져 있다.

이런 엄격한 자격증 제도는 심판의 전문성과 공정성을 강화하기 위한 협회의 노력이라고 할 수 있다. 협회는 심판의 자질 함양과 인성교육, 역량개발을 위해 주기적 보수교육을 진행하며 세미나와 학술회의를 개최하기도 한다.

3 심판 윤리의 특징

[1] 심판의 공정성과 전문성

스포츠 경기의 진행이 심판에 의해 이루어지고, 심판을 통해 승리와 패배가 결정되는 까닭에 심판에게는 엄중한 도덕적 책임이 뒤따른다. 심판에게 요구되는 도덕적 책임은 공정성과 정의의 원칙이다. 심판은 모든 선수를 공평무사하게 대우해야 한다. 다시 말해 모든 선수의 이익에 동등한 관심을 가져야 한다.

스포츠는 매 순간 선수의 이익이 충돌한다. 한 선수의 파울은 상대편 선수의 이익을 침해하는 행위이며, 이때 심판은 침해당한 선수의 이익을 회복해주어야 한다. 공정성이란 선수 간에 이익의 충돌이 발생할 때 한쪽에 치우치지 않고 동등하게 균형을 맞추는 조정에 다름 아니다.

그러나 심판의 공정성은 쉬운 일이 아니다. 이는 두 가지의 이유에서 비롯한다. 먼저 공정성 자체가 고도의 전문성을 요구하기 때문이다. 스포츠에서 공정성의 문제는 대부분 애매한 상황에서 발생한다. 파울과 페어가 명명백백히 드러나는 상황에서 공정성은 쉽게 드러난다. 이에 비해 애매함이란 양쪽 모두의 이익이 첨예하게 대립할 때 일어난다. 예를 들어 축구의 슛이 골포스트를 맞고 굴절되면서 골라인을 넘어갔는지 아닌지의 결정은 경쟁의 결과를 크게 좌우할 수 있다. 이런 까닭에 심판의 정확하고 예리한 판단이 요구된다.

심판의 정확한 판정은 오랜 경험과 훈련, 그리고 자기 계발로 이루어지는 전문적 영역이다. 무엇보다 심판의 결정이 전문적인 이유는 비가역성(非可逆性)을 가지기 때문이다. 비가역성은 변화를 일으킨 물질이 본래의 상태로 돌아오지 아니하는 성질을 말한다. 한번 내린 심판의 결정도 이러한 성질을 가진다. 심판은 어떤 경우에도 한번 내린 결정을 번복하지 못한다. 왜냐하면 번복은 원래 상태로의 회귀가 아니라 이익의 전복을 뜻하기 때문이다. 번복으로 인해 발생한 두 번째 판정의 이익은 첫 번째 판정으로 얻은 선수 혹은 팀의 이익을 빼앗아 정의의 원칙을 심각하게 훼손한다. 만일 심판의 판정에 번복이 허용된다면 공정성은 담보될 수 없을뿐더러, 심판은 그 권위를 잃게 될 것이다. 이런 까닭에 심판의 공정성은 고도의 전문적인 영역에 속한다.

심판의 공정성이 쉽지 않은 또 다른 이유는 자신의 감정과 이익을 전혀 고려사항으로 삼지 않아야 하는 도덕적 책임과 원칙 때문이다. 심판은 선수의 이익을 동등하게 대우하는 엄격한 중립성만 가질 뿐, 모든 개인적 감정과 이익을 내세우지 말아야 한다. 심판의 도덕 신념이 아무리 일관된 원칙성을 견지하고 자율적이라고 하더라도 그것이 자신의 이익을 위한 것이라면 도덕적이라 할 수 없다.

심판에게 요구되는 공정성의 원칙은 규칙 적용과 기회의 평등이라는 형식적 평등 관념만으로 충족되지 않는다. 모든 사람에게 공평무사하고 동등한 선(善)을 실현하려면 자신의 편견이나 선입견, 심지어 호오(好惡)의 감정까지도 배제해야 한다. 공정성의 진정한 의미는 자신이 싫어하는 사람들도 동등하게 배려해야 한다는 주문이다(도성달 외 3인. 2001).

이처럼 심판의 공정성은 엄격한 도덕적 원칙에 의해 이루어진다. 따라서 심판에게는 해당 종목의 전문적인 지식은 물론 도덕적 감정이나 성품을 포함한 덕성이 요구된다. 심판의 덕성은 단순히 규칙을 잘 아는 지식을 넘어, '용기(용

배구의 터치아웃과 심판의 전문성

배구 경기에는 '터치 아웃(touch out)'이라는 판정이 있다. 공격수는 스파이크를 할 때 블로킹의 높이와 방향을 미리 파악하고 그것을 피해 코트 안에 넣어야 한다. 이때 블로커의 손끝에 살짝 닿고 나가는 경우가 있다. 찰나의 순간에 벌어진 일이라 심판의 판정은 여간 어렵지 않다. 그 사이 중계방송의 느린 화면은 손끝을 살짝 스치는 공의 모습을 보여준다. 손끝에 닿았는데도 시치미를 뚝 떼는 선수가 때로 얄미울 정도다. 이때 우리는 그 선수의 정직하지 못한 행동을 탓할 수 있을까?

탓해야 한다고 말하는 사람은 매우 엄격한 도덕적 기준을 가진 부류에 속한다. 이런 엄격한 도덕적 기준을 적용하면 심판 없는 스포츠가 가능할지 모른다. 한편 전혀 문제될 것이 없다고 생각하는 사람은 그 선수의 행동이 오히려 자연스럽다고 말한다. 왜냐하면 플레이는 선수의 몫이고, 판정은 심판의 고유 영역이기 때문이다. 선수는 실제로 손 끝에 맞았는지 아닌지 스스로 애매할 수 있으며, 그러한 판정을 선수가 내린다면 굳이 심판의 존재는 필요 없게 된다. 심판은 그러한 경우조차 정확한 판정을 내려야 한다. 그래서 심판에게는 고도의 전문성이 요구되는 것이다.

감하게 결정을 내리는)', '정의(모두에게 공평하게 대하는)', '절제(개인적 감정을 통제하는)' 등과 같은 성품을 포함한다. 이러한 덕성을 갖춘 심판이 곧 정의로운 심판이다. 그리고 심판이 갖추어야 할 성품과 덕성은 전문적인 직업윤리와 연결된다.

[2] 심판과 직업윤리

자신의 전문적 지식과 능력, 경험이 생계유지의 수단이 되고, 경기를 진행하면서 성취와 보람을 느끼며, 그러한 행위가 사회 구성원으로서의 역할을 수행하는 것이라면 심판은 직업의 지위를 획득한다. 오늘날 스포츠는 프로화와 각종 대회의 폭발적인 증가로 인해 전문적인 심판의 수요가 날로 증가하고 있다. 그러나 수요의 증가와 함께 심판의 자질에 대한 비판과 전문직으로서의 함량 미달을 우려하는 목소리도 커지고 있다. 이는 전문직으로서의 심판이 쉬운 직업이 아니라는 사실을 반증한다.

심판에게 있어 경기 전체를 운영하는 자질은 해당 스포츠의 규칙 체계와 지식, 반복적인 훈련과 오랜 경험에서 얻어지는 고도의 전문적이고 특수한 영역이다. 요리사가 아닌 사람의 요리를 먹을 수 있지만, 심판이 아닌 사람에 의한

> **직업윤리**
> 영국의 산업혁명 이후 노동이 직업(vocation)의 개념으로 바뀌면서 학문적 관심의 대상이 되었다. 특히 직업(Beruf)을 윤리적인 개념으로 연구되기 시작한 것은 베버(M. Weber)의 『프로테스탄티즘의 윤리와 자본주의 정신』이 출간된 이후였다

경기 진행은 적어도 공식적인 게임이라고 보기 어렵다. 심판은 복잡한 훈련과 많은 학습, 그리고 경험이 필요하다는 점과 특별한 권한을 가진다는 점에서 전문직의 기준에 합당한다. 일반적으로 전문직은 다음의 4가지 특성에 의해 결정된다.

① 고도의 훈련을 미리 필요로 하여 일정한 자격을 요구한다.
② 공공에 대한 봉사를 주된 목표로 삼으며 기술과 지식을 사회적으로 유용하게 사용할 책임을 진다.
③ 금전적 보수를 일차적인 목적으로 추구하지 않으며, 재화의 획득을 직업상의 성공과 무관한 것으로 간주한다.
④ 업무수행에 있어 자유를 중시하며 원칙적으로 자율적인 책임을 진다(강규철, 2001).

심판은 위에서 열거한 4가지의 특성을 모두 갖추고 있다. 그러나 심판의 전문적 자질은 심판이 반드시 갖춰야 할 능력에 불과할 뿐 특권으로 작용하지 않는다. 선수가 심판의 판정에 따르는 것은 심판이라는 특권적 지위가 아니라 공평무사한 태도에서 비롯한다. 이런 태도가 권위를 만들며 선수는 그 권위에 복종한다.

심판은 직업으로서의 전문적인 윤리를 요구한다. 왜냐하면 특정 종류의 노동은 특별한 의무를 갖기 때문이다. 심판이 갖는 특별한 권한과 특별한 면허는 비도덕적인 유혹에 이끌리기 쉽다는 것을 의미한다. 심판에게 도덕적 품행과 고도의 윤리의식이 요청되는 이유도 여기에 있다.

그런데 심판에게 요구되는 전문적 직업으로서의 자질은 다른 자유 전문직(의사, 변호사, 비행기 조종사 등)에서 찾아볼 수 없는 '공공성'과 '협력적 관계'라는 두 가지 특징을 갖는다. 먼저 심판의 특수한 능력은 경제적 이윤을 창출하지 못한다. 일반적으로 전문직은 보통 사람들이 가지지 않는 독점적이고 배타적인 능력을 이용해 경제적인 부를 획득할 기회가 많다. 그러나 심판의 능력은 그것 자체로 공공의 성격이 강해 경제적인 부의 획득으로 이어지지 않는다. 즉 심판의 전문성은 개인의 이윤이 아니라, 스포츠 공동체 전체의 공공선(common good)에 봉사하는 것을 목적으로 한다.

> **Think Deeply: 직업의 다양한 형태와 심판이라는 전문직**
>
> 우리나라 말에서 직업은 사회적 지위와 역할을 나타내는 직(職)과 생계유지를 위한 노동이라는 의미의 업(業)이 합쳐진 말로 쓰이고 있으나, 영어에서는 직업의 형태를 표기하는 다양한 말이 있다. 먼저 job과 occupation은 경제력과 생계유지를 위한 일을 뜻하고, 이것과 비슷하나 성격이 조금 다른 business가 있다. vocation과 calling은 소명 의식을 바탕으로 하는 노동을 의미한다. 한편 사회 전체의 선을 우선시하는 service, 경제적 이득보다 가업의 전통을 잇는 craftship, 그리고 사회적 지위와 위상을 강조하는 profession이 있다. 심판은 직업의 다양한 형태가 중첩되어 있다. 위에서 열거한 직업의 형태 중 심판에 해당하는 것을 고르고 그 이유를 설명해 보자.

또 다른 특징은 경쟁적 직종이 아니라는 점이다. 심판은 경쟁을 통해 자신의 능력을 검증받아 사회적 지위와 경제적 부를 이루는 일반적인 전문 직종과 달리 다른 심판들과 끊임없이 지식과 경험을 교류하면서 해당 스포츠의 문화적 위상을 끌어올리는 상생의 관계에 있다. 이는 현대 사회의 경쟁적인 직업윤리와 대비되는 심판만의 독특한 가치를 드러낸다. 이처럼 공평무사한 심판의 도덕적 자질은 해당 스포츠의 인지도와 사회적 가치를 높여 협회의 권위와 공정성을 지키며 해당 종목의 정의를 대변한다.

4 심판 윤리의 구조

[1] 개인윤리

윤리는 크게 '개인 윤리'와 '사회 윤리'로 구분된다. 개인 윤리란 도덕적 문제에 있어서 양심과 의사 결정 능력, 실천 의지, 습관 등 개인적인 측면에서 원인을 파악하고 개인의 도덕성 회복과 증진을 중요시한다. 이에 비해 사회 윤리는 윤리적 문제가 단순히 개인의 양심과 도덕성의 회복 혹은 행동의 교정을 통해 해결되지 않으며, 사회 구조와 제도 자체를 개선함으로써 해결될 수 있다는 입장이다.

심판의 윤리도 개인 윤리와 사회 윤리가 복합적으로 얽혀 있어 상호 보완적 관계를 가진다. 개인으로서의 심판이 아무리 청렴하고 정직하여도 협회의 조직적인 부조리와 강압이 만연해 있으면 편파 판정과 승부조작 등의 윤리적 문제를 해결할 수 없다. 즉 심판 개인의 인격적 도덕성은 협회나 기구의 도덕성과 밀접한 연관을 가지며, 그 역도 마찬가지이다.

심판에게 있어 개인 윤리는 심판이라는 전문적 업무의 수행에 있어 요구되는 도덕적 덕목을 말한다. 이는 심판에게 요구되는 윤리적 자세이며, 기본적인 행동 지침이기도 하다. 심판의 윤리적 덕목은 아래의 6가지로 정리할 수 있다.

① **공평무사**: 사적인 이익, 감정을 배제한 공정한 자세 유지를 유지한다.
② **청렴성**: 성품과 행실이 바르고 탐욕이 없어야 한다.
③ **투명성**: 말이나 태도가 분명해야 한다.
④ **자율성**: 외부의 지시나 간섭을 단호히 뿌리쳐야 한다.
⑤ **정직**: 거짓이나 꾸밈이 없어야 한다.
⑥ **냉철함**: 침착한 판단과 선수의 심리에 밝아야 한다.

[2] 사회윤리

심판의 비윤리적 행위의 원인을 개인의 도덕적 자질 부족에서 찾고, 그 해결의 방법을 심판 개인의 도덕성 함양에서 구하는 일은 매우 단순하고 일차원적이다. 때로 사회 집단이 개인보다 더욱 비도덕적인 경우도 많다. 개인은 스스로 비윤리적 충동을 억제하고 극복할 이성을 가지고 있으나, 집단은 그러한 충동을 억제할 힘을 얻기 어렵다. 니버(R. Niebuhr)에 따르면 개개의 인간들은 사회적 상황을 공정한 객관성의 척도로 바라보는 능력과 타인에 대한 공감과 이해관계를 고려할 정도로 도덕적인 데 비해, 집단은 "도덕적으로 무딘 까닭에 순수한 공평무사의 도덕을 찾기란 불가능하다."고 지적하고 있다(이한우 역, 1998). 니버는 개인의 도덕적 능력만으로 사회정의를 실현할 수 없으며, 정책과 제도의 개선을 통한 사회적 도덕의 중요성을 강조한다. 니버는 개인이 아무리 도덕적이어도, 집단은 본질적으로 이기적이고 비도덕적일 수밖에 없다고 보았다. 따라서 심판 개인의 도덕성을 강화하는 교육도 중요하지만, 심판 조직 전체가 비윤리적 유혹에 저항할 수 있는 '강제적인 제도'가 선행되어야 한다.

심판에 있어 사회 윤리는 우선 독립성의 확보에서 찾아야 한다. 협회나 기구의 간섭으로부터 독립적이지 않으면 심판의 양심과 전문성은 확보되기 어렵다. 심판의 독립성을 제도적으로 마련하지 않은 스포츠 단체일수록 편파 판정과 승부조작의 개연성은 높아진다.

제도적 장치는 개인의 윤리성에 우선한다. 제도적 장치란 심판의 비윤리적인 행위의 개연성을 미리 차단하는 제반 조치를 말한다. 예를 들어 새치기라는 비도덕적 행위에 대해, 개인 윤리가 개인의 양심과 도덕성에 호소하는 것이라면, 사회 윤리는 '번호표 발행기'의 도입을 통해 새치기 라는 행위 자체를 차단하는 것이다. 이처럼 심판의 윤리성을 강화하기 위해서는 비도덕적인 문제에 휘둘리지 않도록 제도적 장치를 먼저 마련해야 한다. 도덕적 심판을 위한 중앙경기단체의 행정적 조치는 다음의 7가지로 요약할 수 있다.

① 중앙경기단체는 심판위원회의 독립성·자율성을 보장해야 한다.
② 중앙경기단체의 심판위원장은 위원회에서 선출하도록 하여 책임감과 사명감을 부여해야 한다.
③ 심판평가제를 도입하여 오심의 누적 시 자격을 박탈하는 등 엄격히 대처해야 한다.
④ 심판에 대한 처우를 개선하여 금전적 유혹에 빠지지 않도록 한다.
⑤ 심판에 대한 윤리교육을 시행할 수 있는 정기적 프로그램을 마련해야 한다.
⑥ 비디오 판독과 심판 상고제도 등 판정의 신뢰성을 높이는 제도의 도입을 추진해야 한다.
⑦ 이해관계자의 심판배정에 이의를 제기할 수 있는 '심판기피제'를 명문화하여야 한다.

[3] 편파 판정의 구조

경기중 일어나는 심판의 대표적인 비윤리적 행위는 편파 판정이다. 편파 판정이란 심판의 판정이 일방의 선수나 팀에게 유리하게 내려지는 행위를 말한다. 이는 '이익 동등 고려의 원칙'이라는 심판의 윤리적 원리를 부정하는 것으로 해당 종목은 물론 스포츠 자체의 가치를 훼손하는 일이다. 또한 편파 판정이 비윤리적인 이유는 정의의 원칙에 대한 부정을 넘어 다른 비윤리적인 행위와 연동되어 있기 때문이다.

편파 판정은 '비의도적 오심'과 '의도적 오심'으로 나눌 수 있다. 비의도적 오심이란 심판의 자질과 순간적인 판단력의 부족으로 인해 일어나는 일회적인 잘못된 판정을 말한다. 심판에게 있어 오심(誤審)의 개연성은 언제든 존재한다. 모든 스포츠 종목에서 정심(正審)은 심판에게 요구되는 전문적인 능력이지만 그것은 반드시 완벽한 판정을 의미하지는 않는다. 예를 들어 축구에서 공중볼을 다투다 두 선수의 머리가 부딪쳐 동시에 쓰러졌을 경우 심판이 내릴 수 있는 완벽한 판정은 무엇일까? 이와 비슷한 경우는 얼마든지 일어날 수 있으며, 복잡하고 순간적인 상황에서 오심과 정심의 기준은 매우 애매하다.

비의도적 오심은 이처럼 상황판단의 어려움에서 기인하는 심판의 잘못된 판정을 말한다. '오심도 경기의 일부'라는 격언은 오심을 심판의 실수로 이해할 수 있다는 의미뿐 아니라, 심판의 '비가역적 결정'이 스포츠라는 맥락 안에서 갖는 불가피한 성격을 강조하는 말이기도 하다. 인간의 판단은 완벽할 수 없으며, 그 불완전성조차도 스포츠의 일부로 받아들이는 것이 진정한 스포츠 정신이라는 의미가 함축되어 있다. 요컨대 비의도적 오심은 심판 개인의 능력과 자질의 문제로 수렴되며, 도덕적인 책임을 물을 수 없다.

이에 비해 의도적 오심은 심판의 감정과 사적인 이익에 의해 미리 편파적 의지를 가진 잘못된 판정을 말한다. 의도적 오심은 판정의 공정성 보다 개인의 이익이 선행할 때 발생한다. 편파 판정의 정확한 의미는 바로 이 의도적 오심에 있다.

편파 판정의 결과로 드러나는 것이 곧 승부조작이다. 승부조작은 미리 정해 놓은 승패의 결과를 위해 경쟁의 과정을 인위적으로 조정하는 모든 행위를 말한다. 이런 까닭에 승부조작은 심판 이외에도 선수나 감독, 협회의 임원과 직원, 스포츠 도박사 등 경기에 직, 간접적으로 관여하는 사람들에 의해 이루어질 수 있다. 심판에 의해 승부조작이 이루어지기 위해서는 미리 의도적인 오심의 의지를 가지고 경기를 한쪽에게 유리하게 진행하여 승리와 패배를 인위적으로 조작하는 결과에 이르러야 한다. 승부조작은 경기 결과의 불확실성(uncertainty)과 행위의 정직성(integrity)이라는 스포츠의 근간을 흔드는 행위이며, 따라서 단순히 비윤리적 행위를 넘어 스포츠라는 제도의 파괴를 의미한다. 심판의 존재론적 당위성이 공정성에 있다면, 의도적 오심, 편파 판정, 승부조작으로 이어지는 일련의 과정은 심판 스스로 자신의 존재를 부정하는 이율배반이며 자기모순이다.

[Search & Discussion] 비디오 판독과 심판의 권위

최근 들어 많은 스포츠 종목에서 심판의 의도하지 않은 오심을 막기 위해 비디오 판독을 도입하고 있다. 비디오 판독제는 인간의 눈으로 판정하기 어려운 경기 중의 상황을 기계의 힘을 빌려 공정성을 확보하려는 새로운 심판법이다. 그러나 비디오 판독제는 여러 가지 문제를 야기하기도 한다. 심판의 실수를 줄여 공정성을 높이는 방법이 될 수 있으나, 기계에 의지하는 판정은 심판의 권위를 심각하게 훼손할 수 있다.

비디오 판독제를 통해 얻을 수 있는 긍정적인 효과와 부정적인 효과에 대해 생각해 보고, 점차 이 제도가 모든 종목으로 확대되는 것에 대해 찬성과 반대 입장에서 토론해 보자.

씨비스킷(Seabiscuit)

[감　　독] 게리 로스
[제작년도] 2003년
[상영시간] 139분

부유한 아일랜드 이민자의 아들인 쟈니 폴라드는 집안의 몰락과 함께 허름한 경마장까지 흘러드는 신세가 된다. 그가 할 수 있는 일은 경마의 기수! 경마가 없는 날이면 돈내기 복싱으로 푼돈을 번다. 한편 하워드는 뛰어난 조련사 톰 스미스를 고용하여 '씨비스킷'이라는 이름의 까다로운 말을 조련시켜 달라고 부탁한다. 톰은 씨비스킷에서 쟈니 폴라드의 모습을 발견하고 기수가 되어줄 것을 간청한다.

이렇게 하여 쟈니, 톰, 하워드는 의기투합하여 미친 듯이 날뛰던 씨비스킷을 신기록 제조기로 변모시킨다. 버림받은 그들이 승부해야 할 상대는 3관왕 대기록을 달성한 검은 경주마 '제독'이었다. 제독은 금융계와 재력가들의 명마를 대표한다. 씨비스킷과 제독의 대결은 불굴의 도전의식과 투지로 일어선 3인조의 가난한 영혼과 지배계급의 대결이기도 했다. 그러나 세기의 대결이 펼쳐지기 직전 폴라드가 다른 말을 다루던 도중에 중상을 입고 중태에 빠져버리고 만다.

이 영화는 마음의 상처를 받은 세 사람이 왜소하고 작은 경주마 씨비스킷을 통해 서로의 상처를 치유해 가는 감동을 잔잔하게 전해 준다. 씨비스킷은 대공황을 겪었던 암울했던 시기 팍팍한 삶을 살아가는 사람에게 희망의 메시지였는지 모른다. "사람들은 우리가 아픈 말을 찾아서 고쳐준 거라고 생각한다. 그러나 그렇지 않다. 그 말이 우릴 고쳐준 것이었다."

인간과 말의 교감, 그리고 박진감 넘치는 레이스. 씨비스킷은 동물스포츠가 인간의 애정을 바탕으로 한다는 또 다른 사실을 가르쳐 준다.

CHAPTER 13

선수 인권

    어느 고등학교의 야구부에서 1학년 선수가 선배들의 심한 괴롭힘과 언어폭력에 시달리다 극단적인 선택을 한 사건이 있었다. 학교는 이 사실을 은폐하기 위해 피해자의 '우울증' '대인기피증' 등을 원인으로 돌리고 사건을 덮으려 하였으나, 피해자가 남긴 일기와 유족의 증언으로 집단 괴롭힘에 의한 것임이 밝혀지며 사회적 공분을 샀다. 이 학교는 선배와 후배의 엄격한 위계질서를 강요하고, 신입생에 대한 '군기 잡기'를 당연한 관행으로 묵인해 왔다. 학교가 이런 폭력적 관행을 은폐하려는 이유는 전국대회에서 거둔 성적 때문이었다. 승리가 모든 악습과 관행을 정당화하고 용서하는 잘못된 운동부의 문화는 선수가 인간으로서 가져야 할 권리를 외면하거나 무시한다. 선수의 인권 침해를 정당화할 수 있을 만큼 승리는 중요한 것일까? 선수의 인권이 보장되는 정의로운 스포츠의 조건이 무엇인지 생각해 보자.

학습목표

- 인권의 개념을 이해한다.
- 선수 인권의 보편성과 특수성을 이해하고 인권 침해의 발생 구조를 분석한다.
- 선수 인권 침해를 방지하기 위한 제도적 장치와 윤리적 자세를 이해한다.

스포츠는 도전과 승리의 환희, 그리고 경쟁을 통한 실패의 극복과 성취의 감동을 선사한다. 때로 뛰어난 퍼포먼스가 보여주는 신체의 아름다움은 선수를 경탄과 찬미의 대상으로 만든다. 그러나 이런 아름다운 스포츠의 이면에는 선수들이 겪는 폭력, 인권 침해, 그리고 비윤리적 관행이라는 어두운 그림자가 드리워져 있다.

최근 한국 사회를 뒤흔든 '미투(Me Too)' 운동과 체육계 폭로 사건들은 스포츠가 단순한 경기의 장이 아니라, 구조적인 폭력과 인권 침해의 사각지대일 수 있음을 보여주었다. 이 장에서는 스포츠에서 다루기를 주저하는 선수의 인권에 대해 살펴본다. 선수는 승리를 위한 소모품이 아니라 대체 불가한 인간으로 존재하며, 인간은 누구나 자신의 삶을 선택하고 결정할 인권을 가진다.

1 인권(Human Rights)의 정의와 이론적 배경

[1] 인권의 정의

인권은 '인간으로서 당연히 가지는 기본적 권리'를 말한다. '세계인권선언' 제 1조에서는 '모든 인간은 태어날 때부터 자유로우며 그 존엄과 권리에 있어 동등하다.'며 인권의 보편성을 명시하고 있다. 우리나라의 헌법 제10조에서도 '모든 국민은 인간으로서의 존엄과 가치를 가지며, 행복을 추구할 권리를 가진다. 국가는 개인이 가지는 불가침의 기본적 인권을 확인하고 이를 보장할 의무를 진다.'고 규정하고 있다.

인권은 인류의 역사만큼 오래된 개념이다. 그러나 고대 시대에 있어서 인권은 보편적인 권리의 형태를 띠지 못했다. 고대 그리스나 로마에서 인권은 일부 자유 시민에게만 주어진 권리였던 까닭에 노예나 여성은 대상자가 아니었다.

인권이라는 보편적 개념이 등장한 것은 17~18세기 유럽의 계몽주의 사상과 시민 혁명의 시기였다. 인간은 태어날 때부터 누구도 침해할 수 없는 권리를 가진다는 존 로크와 루소의 사상은 영국, 미국, 프랑스혁명을 통해 각각 『권리장전』, 『독립선언문』, 『인권 선언』 등의 문헌으로 나타났다. 특히 1789년 프랑스혁명에서 공포된 『인권과 시민의 권리 선언(Déclaration des Droits de l'Homme et du Citoyen)』은 자유, 평등, 박애의 이념을 바탕으로 인권 사상의 기초를 마련한 역사적인 문서이다. 이 시기를 거치며 인권은 '하늘이 준 권리(천부인권)'라는 이름으로 절대 군주에 대항하는 정치적·시민적 권리로 자리 잡았다.

19세기 이후에는 산업화와 자본주의 경제의 발달로 사회적 약자의 권리에 대한 목소리가 커지기 시작했다. 노동자들은 노동조합을 결성하여 노동시간 단축과 임금 인상 등을 요구하며 노동권과 사회권을 획득하기 위한 투쟁을 벌였다. 이 시기 노예해방 운동과 여성 참정권 운동이 활발하게 전개되면서 인권은 자유권을 넘어 사회권(생존권)과 평등권으로 그 영역을 확장해 갔다.

20세기에 일어난 두 차례의 세계대전과 나치의 홀로코스트는 인권 침해가 한 국가만의 문제가 아니라는 사실을 일깨워주었다. 국제연합(UN)은 1948년 『세계인권선언(Universal Declaration of Human Rights)』을 채택하여 국경을 초월한 인권의 보편적 기준을 제시하였다. 1966년에는 『국제인권규약(International Covenants)』이 채택되어 인권 보호가 국제법상 각국의 의무로 확립되었다. 이러한 과정을 통해 인권은 특정 국가와 법의 경계를 넘어, 전 세계가 함께 지켜가야 할 국제법적 규범이 되었다. 오늘날 인권은 아동, 여성, 장애인, 성 소수자 등 사회적 약자의 권리로 확장되고 있다.

> **천부인권(天賦人權)**
> 천부인권은 '하늘로부터 부여받은 권리'라는 뜻으로, 인간이라면 누구나 당연히 가지는 기본적인 권리를 말한다. 천부인권은 자연성(自然性), 보편성(普遍性), 양도 불가능성(讓渡不可能性)이라는 특징을 갖는다. 자연성은 인권이 인위적인 법률이나 제도에 의하지 않고 인간의 존엄성 그 자체에서 비롯된다는 뜻이다. 보편성은 민족, 성별, 나이, 지위 등에 관계 없이 모든 사람에게 보편적으로 적용된다는 의미이고, 양도 불가능성은 인권은 다른 사람에게 넘겨주거나 포기할 수 없으며, 누구도 타인의 인권을 침해하지 못한다는 뜻이다.

[2] 인권의 두 가지 관점: 자연권 vs 실정법

인간의 기본적인 권리로서의 인권을 설명하는 관점은 크게 자연법과 실정법으로 나뉜다. 자연법은 인권의 기원론으로, 인간의 권리가 사회적 합의 이전에 이미 자연적으로 주어진다고 보는 관점을 말한다. 이에 비해 실정법의 관점은 인권을 보편적으로 주어지는 것이 아닌 역사적 투쟁과 사회적 합의를 통해 법률로 규정되고 보장해 온 것으로 본다.

가. 자연권(Natural Rights)

자연권은 인권을 특정 사회나 국가, 역사 등과 무관하게 인간으로서 태어난 이상 자연적으로 주어지는 권리로 보는 관점을 말한다. 자연권으로서의 인권은 누구도 빼앗거나 침해할 수 없다는 점에서 '양도 불가능한 권리'라고 불린다. 자연권 사상은 17~18세기 유럽의 계몽주의 시대에 본격적으로 등장하였다. 당시 군주들은 자신의 권력이 신으로부터 부여받았다(왕권신수설)고 주장하며 국민의 기본권을 억압했다. 이에 반발해 계몽주의 사상가들은 인간의 이성(理性)적 능력에 차이가 없듯 모든 인간은 누구나 평등하고 자유로운 존재라고 주장했다.

자연권 사상의 뼈대를 정립한 존 로크(John Locke)에 따르면 인간은 자연 상태에서부터 '생명(Life), 자유(Liberty), 재산(Property)'이라는 세 가지 권리를 가진다. 국가는 이 자연권을 보호하기 위해 국민의 동의를 얻어 성립된 것이다. 따라서 만약 국가가 국민의 자연권을 침해한다면 국민은 그 정부에 저항할 권리를 가진다.

한편 장 자크 루소(Jean-Jacques Rousseau)는 로크와 달리 자연 상태의 인간이 순수하고 자유롭지만, 사회가 형성되면서 불평등이 시작된다고 보았다. 루소는 이 불평등을 해결하고 진정한 자유를 회복하기 위해서는 '사회 계약'이 필요하다고 주장했다. 루소의 사회 계약은 개인이 자신의 자연권과 자유를 공동체 전체에 양도하는 것에서 시작한다. 즉 모든 사람이 자신의 권리를 완전히 포기하면 누구도 다른 사람보다 우위에 설 수 없게 되어 진정한 평등이 실현된다는 것이다.

이렇게 모든 개인이 양도한 권리는 합쳐져 '일반의지'를 형성하는데, 이 일반의지가 바로 국가의 주권이 된다. 개인의 자유를 포기하는 대신 일반의지에 복종함으로써 더 큰 시민적 자유를 얻는다는 루소의 사상은 주권이 국민에게 있다는 '국민주권론'의 토대가 되어 프랑스혁명에 큰 영향을 끼쳤다. 이처럼 자연권은 인간의 타고난 존엄성과 자유를 보장해야 한다는 인류의 보편적 가치를 논리적으로 뒷받침하며, 인권이라는 개념을 현실 정치와 법률의 영역으로 끌어들였다.

나. 실정법으로서의 인권(Positive Legal Rights)

실정법으로서의 인권은 인권을 사회적 변화와 요구에 따라 획득해 온 개념으로 본다. 에드먼드 버크(Edmund Burke)는 프랑스 혁명가들이 주장한 추상적인 자연권 개념을 비판하면서 실질적인 시민의 권리는 법률을 통해 만들어진다고 주장하였다. 이러한 관점은 20세기에 들어와 두 차례의 세계대전이라는 역사적 경험을 거치며 국제적인 차원에서 현실화 하였다. 국제연합(UN)이 『세계인권선언(UDHR)』을 채택하면서 인권의 국제법적인 기반을 마련하였고, 이러한 법적인 규정은 인권을 국가 간의 약속과 법률적 구속력으로 지켜가야 할 보편적 가치로 확립하였다.

실정법적 인권 사상을 확립한 토마스 홉스(Thomas Hobbes)는 인간이 자연 상태에서 서로 투쟁하는 존재라고 보았다. 이 혼란에서 벗어나기 위해 개인은 자신의 자연권을 포기하고 절대적인 권력을 가진 국가에 복종하는 사회 계약을 맺게 된다. 이때 개인의 안전과 평화를 보장하는 것이 국가의 의무이며, 국민은 그 대가로 국가의 법에 복종한다. 이러한 관점은 인권의 보장이 개인이 아닌 국가의 법률과 제도를 통해 이루어져야 한다는 실정법적 인권론의 근간을 이룬다.

19세기 이후 인권의 개념은 산업혁명과 자본주의의 폐해로 인해 사회적으로 확산하였다. 산업의 발달은 노동자에게 열악한 노동 환경과 빈곤의 문제를 드러내었는데, 이런 비참한 현실은 오히려 인간의 기본적인 권리를 일깨우고 이를 쟁취하는 투쟁의 계기가 되었다. 열악한 환경의 노동자들은 서로 연대하여 노동조합을 결성하고 인간으로서 마땅히 누려야 할 권리, 즉 '사회권(생존권)'을 획득해나갔다. 이와 더불어 노예해방 운동과 여성 참정권 운동 또한 거세게 일어나면서 19세기 이후 인권은 억압받는 이들의 생생한 삶 속에서 투쟁을 통해 확장되어 나갔다.

이러한 역사적 사실은 인권이 시대의 변화에 따라 정의되는 역동적인 개념임을 잘 보여준다. 현대 사회에서 인권은 단순히 정치적·시민적 자유를 넘어, 사회적·경제적 권리로까지 넓혀지고 있다. 존 롤스는 『정의론』에서 차등의 원칙을 통해 사회적·경제적 불평등이 최소 수혜자에게 최대의 이익을 가져올 때만 정당하다고 주장함으로써 인권이 실질적인 삶의 질 향상을 포함해야 한다는 점을 강조하였다. 또한 '아동권리협약'이나 '여성차별철폐협약' 등은 인권이 특정 집단의 필요를 고려하여 구체적으로 적용되어야 한다는 점을 보여준다.

2 선수 인권의 개념과 구조

[1] 선수 인권의 정의

일반적으로 인권은 인간이라면 누구나 마땅히 가지는 보편적 권리를 말한다. 여기에는 생명권, 자유권, 평등권, 행복추구권 등이 포함된다. 이러한 권리들은 국적, 성별, 인종, 종교 등과 관계없이 태어날 때부터 모든 사람에게 적용된다.

인권은 인간의 존엄성을 보장하고 존중받는 삶을 살기 위한 필수적인 조건이다.

한편 '선수 인권(athlete's rights)'은 일반적인 인권이 스포츠라는 특수한 환경 속에서 어떻게 구체적으로 실현되어야 하는지를 정의하는 개념이다. 선수는 성과(성적)를 위한 도구가 아닌 한 명의 존엄한 인간으로서 존중받아야 한다. 선수 인권은 이런 당위에서 출발한다. 따라서 선수 인권은 일반 '시민으로서의 인권의 보장'과 '스포츠의 특수성을 고려한 선수의 권리'라는 두 가지 범주를 동시에 고려해야 한다.

'시민으로서의 인권의 보장'은 모든 인간이 누려야 할 기본적인 권리는 스포츠 환경에서도 온전히 보장되어야 한다는 의미이다. 폭력과 성폭력으로부터의 자유, 차별받지 않을 권리, 사생활을 보호받을 권리 등은 선수가 시민으로서 보장받아야 할 기본적인 권리에 해당한다.

나아가 '스포츠의 특수성을 고려한 선수의 권리'는 스포츠의 본질적 가치를 추구하는 과정에서 보장되어야 할 권리들을 의미한다. 여기에는 공정한 경쟁을 위한 '경기에 참여할 권리', 부상과 질병으로부터 보호받을 '안전할 권리', 경기력 향상을 위한 지도자의 폭력과 학대를 거부할 '건강 및 안전을 보장받을 권리' 등이 포함된다. 또한 학생 선수의 경우 교육을 받을 '학습권'을 보장받을 권리도 매우 중요한 부분이다.

이처럼 선수 인권은 일반적인 기본권과 스포츠 특유의 환경에서 파생되는 권리를 포괄하는 개념이다. 요컨대 선수 인권은 일반적인 인권이라는 큰 틀 안에서 스포츠의 특수성을 반영한 선수의 인간적 권리를 말한다. 이는 선수의 신체적, 정신적, 사회적 건강을 보호하며, 지속 가능한 스포츠 활동의 기본 조건이 된다.

[2] 선수 인권 침해의 구조

스포츠 선수는 팀과 개인의 탁월성을 최대한 발휘하도록 보통 사람이 감내하기 힘든 훈련과 생활의 통제를 받는다. 예를 들어, 체조선수는 한 치의 오차도 없는 완벽한 동작을 위해 극한의 고통을 감내하는 반복 훈련과 함께 엄격한 식단 통제를 통한 체중 관리를 받는다. 축구선수는 그라운드 위에서 90분 내내 지치지 않고 뛸 수 있는 체력을 위해 숨이 턱까지 차오르는 고강도 훈련을 매일 소화해야 한다. 여기에 무리한 시합 일정까지 겹치면 선수들은 부상 위험에 노출되고 기본적인 휴식권마저 박탈당하기 일쑤이다. 이처럼 스포츠 상황의 특수성(고강도 훈련, 경쟁, 공동체 생활)은 인권 침해를 일으키는 원인을 넘어, 폭력, 차별 등 비인권적 행위가 만연하고 정당화되는 '환경'으로 작용한다.

선수 인권 침해의 근본 구조는 '외재적 목표(extrinsic goal)'와 '내재적 가치(intrinsic value)'의 불균형에서 비롯된다. 스포츠는 그 자체의 즐거움과 탁월성 추구라는 내재적 가치를 지니는 활동이다. 그러나 근대 스포츠는 승리, 명예, 부(富)와 같은 외재적 목표와 결합하면서 내재적 가치를 압도하는 폐해를 노출하였다. 선수의 인권 침해라는 구조적인 문제가 발생하는 이유도 여기에 있다. 특히 승리라는 결과에 과도하게 매몰되는 과정에서 선수의 자율성, 존엄성, 건강과 같은 내재적 가치는 쉽게 희생된다. 대부분의 선수 인권 침해는 선수를 승리라는 외재적 목적에 소모되는 부속품으로 취급할 때 발생한다.

그렇다면 선수의 인권 침해는 왜 비윤리적인가? 여기에 대한 해답은 칸트(I. Kant)의 도덕철학이 가장 명확하게 설명하고 있다. 모든 인간은 절대적인 가치를 지닌 목적적 존재이며, 결코 다른 무엇을 위한 수단으로 다루어져서는 안 된다. 칸트는 이를 정언명령 중 하나인 "인간을 수단으로만 대하지 말고 항상 목적으로 대하라"는 정식으로 제시한다. 스포츠에서 지도자나 조직, 심지어 선수 자신조차도 '우승'이라는 외재적 목표를 위해 건강과 존엄성 등을 희생시킨다. 이때 선수는 승리라는 목적 달성을 위한 '도구(instrument)'로 전락하게 된다. 이러한 '인간의 수단화'가 인권 침해의 본질이며, 칸트는 어떤 경우에도 인권의 침해가 정당화될 수 없는 비윤리적 행위라고 주장한다.

> **미투(Me Too) 운동**
> 미투 운동은 성폭력 피해 사실을 공개적으로 밝히고 가해자를 고발함으로써 성폭력 문제에 대한 사회적 경각심을 높인 사회 운동이다. 2006년 미국에서 시작되어 2017년부터 전 세계적으로 확산하였으며 한국 사회에도 큰 영향을 미쳤다.

3 선수 인권의 내용

스포츠 선수의 인권은 일반적인 인권의 보편적 가치를 존중하면서 스포츠라는 특수한 환경에서 선수들이 마땅히 보장 받아야 할 권리를 구체화한 개념이다. 따라서 선수의 인권은 선수를 단순히 승리를 위한 도구가 아니라, 인간으로서 존엄성을 유지하고 건강하게 선수 생활을 할 수 있도록 돕는 데에 그 목적이 있다. 스포츠라는 특수성을 고려하면서 선수의 신체적, 정신적, 사회적 안녕을 보장하기 위한 구체적인 권리는 다음과 같이 제시할 수 있다.

가. 공정한 경기 환경에서 경쟁할 권리

① **공정한 판정 및 규칙 적용**: 모든 선수는 심판의 편파적인 판정이나 경기 규칙의 자의적인 해석 없이 공정하게 경쟁할 권리를 가진다.

② **도핑으로부터의 자유**: 선수는 금지 약물 사용의 압박을 받지 않고, 깨끗한 스포츠 환경에서 경쟁할 권리를 가진다.

③ **경기 조작 및 불법 행위 거부**: 선수는 승부조작, 불법 도박 등과 같은 범죄 행위를 강요받지 않고 이를 거부할 권리를 가진다.

나. 건강과 안전을 보호받을 권리

① **적절한 의료 지원**: 경기 중 부상 발생 시 즉각적이고 전문적인 의료 지원을 받을 권리를 가진다. 여기에는 선수 생활 전반에 걸쳐 신체적, 정신적으로 건강 관리를 받을 권리까지 포함된다.

② **안전한 훈련 및 경기 시설**: 위험한 환경이 아닌 안전하게 관리된 시설에서 훈련하고 경기에 참여할 권리를 가진다.

③ **과도한 훈련 거부**: 선수는 자신의 신체적 한계를 넘어선 과도한 훈련을 강요받지 않고, 휴식권을 보장받을 권리를 가진다.

다. 정당한 보상 및 직업적 안정성을 위한 권리

① **정당한 경제적 보상**: 선수는 자신의 노동력과 성과에 대해 계약서에 명시된 정당한 보상의 권리를 가지며, 임금 체불 등의 불이익으로부터 보호받아야 한다.

② **계약의 투명성**: 계약 내용은 선수가 충분히 이해할 수 있도록 명확하고 투명하게 작성되어야 하며, 불공정한 계약 조항으로부터 보호받을 권리를 가진다.

③ **선수노조 가입 및 활동**: 선수는 자신의 권익 보호를 위해 선수노조에 가입하고 활동할 자유를 가진다.

라. 선수 생활 이후의 삶을 준비할 권리

① **은퇴 후 지원 프로그램**: 선수는 은퇴 후에도 사회에 순조롭게 정착할 수 있도록 교육, 직업 훈련 등 관련 지원 프로그램을 받을 권리를 가진다.

② **학습권 보장**: 어린 선수의 경우 운동과 학업을 병행할 수 있도록 학습권을 보장받을 권리를 가지며, 교육 기회를 박탈당하지 않도록 해야 한다.

마. 존중받고 참여할 권리

① **의사결정 참여**: 선수는 자신에게 영향을 미치는 중요한 결정(예: 훈련 방식, 팀 운영)에 대해 의견을 제시하고 참여할 권리를 가진다.
② **인격 존중**: 코치나 감독, 동료, 구단 관계자 등으로부터 인격적인 모욕, 비난, 언어적 폭력 없이 존중받을 권리를 가진다.
③ **차별받지 않을 권리**: 성별, 인종, 출신 학교, 지역 등에 따라 불합리한 차별을 받지 않고 동등하게 대우받을 권리를 가진다.

미국 체조 대표팀의 성폭력 사건: 래리 나사르 사건

미국 여자 체조 대표팀의 주치의였던 래리 나사르(Larry Nassar)는 수십 년간 150명이 넘는 선수들을 상대로 성폭력을 저질렀다. 이 사건은 미국 스포츠 역사상 가장 큰 성폭력 스캔들로 2016년부터 피해 선수들의 폭로가 이어지며 세상에 알려졌다.

특히 이 사건은 미국체조협회(USA Gymnastics)가 선수들의 반복적인 피해 호소에도 불구하고 이를 묵인하고 은폐하려 했다는 사실이 밝혀지면서 더욱 큰 공분을 샀다. 선수들을 보호해야 할 의무가 있는 조직이 침묵하고 가해자를 옹호하는 구조적인 문제가 드러나며, 체육계의 인권 보호 시스템을 재정비하는 중요한 계기가 되었다.

4 한국의 스포츠 인권 침해 사례와 문제점

최근 수년간 한국 스포츠계에서 발생했던 인권 침해 사례는 사회적으로 큰 충격을 주었으며, 우리 사회가 가지고 있던 스포츠 정책의 고질적인 문제점을 고스란히 드러내었다. 이러한 사건들은 '엘리트 스포츠 정책', '특기자 제도', '승리우선주의', '폐쇄적인 합숙 문화', '수직적이고 권위적인 지도자 문화' 등 오랫동안 묵인되었던 스포츠계의 어두운 단면을 극명하게 보여주었다. 선수 개인의 인권보다 결과에 집착했던 스포츠 정책의 구조적인 문제들은 때로 선수들의 삶을 파괴하는 비극적인 결과를 낳기도 했다. 그중 대표적인 인권 침해 사건은 아래의 표와 같다.

[표 1] 대표적인 인권 침해 사건

사건명	주요 내용	드러난 문제점
쇼트트랙 심OO 선수 사건	국가대표였던 심OO 선수가 수년간 지도자에게 폭행과 성폭력을 당했다고 폭로함	폐쇄적인 훈련 환경과 절대적인 위계질서 속에서 최고 수준의 선수도 폭력의 사각지대에 놓여 있었음
고(故) 최OO 선수 사건	트라이애슬론 국가대표 최OO 선수가 팀 내 상습 폭력 및 가혹행위를 호소하다 극단적 선택을 함	피해자의 도움 요청에도 제대로 된 보호가 이루어지지 않았던 '피해자에게 불리한 내부 조사 시스템'의 심각한 결함이 드러남
배구계 쌍둥이 선수의 학교폭력 사건	국가대표로 활약하던 두 배구 선수의 과거 학교폭력 가해 사실이 뒤늦게 드러남	어린 시절부터 이어진 위계질서와 폭력의 악순환이 성인 선수 생활에까지 영향을 미치며 종목의 명예를 실추시킴

그렇다면 이러한 인권 침해 사건은 왜 반복해서 일어나는 것일까? 그 이유는 일부 개인의 일탈을 넘어, 한국 스포츠계에 깊이 뿌리박힌 구조적인 문제 때문이다. 거기에는 승리만을 최우선으로 여기는 엘리트 스포츠 육성 시스템이 가장 크게 작용한다. 위에서 제시한 사례들 외에도 한국 스포츠계의 인권 침해를 발생시키는 근본적인 문제점은 다음과 같다.

가. 폐쇄적이고 고립된 훈련 환경

어린 시절부터 시작되는 엘리트 선수의 합숙 생활은 외부와 단절된 고립된 공간을 만들고, 수직적이고 권위적인 문화를 강화하는 요인이 된다. 이런 폐쇄된 공동체는 지도자의 절대적 권위를 만들고, 폭력이나 인권 침해 행위가 외부로 알려지는 것을 막는 폐해를 낳는다.

나. 수직적이고 권위적인 지도자 문화

엘리트 스포츠 선수의 양성 체계는 지도자를 선수 생활 전반을 통제하는 절대적 권위자로 군림하게 만든다. 이런 구조는 선수들이 불합리한 지시나 폭력에 저항하기 어렵게 만들고, 지도자의 인권 침해 행위가 반복되는 원인이 된다.

다. 피해자에게 불리한 내부 조사 시스템

인권 침해 사건 발생 시 종목 단체나 소속팀이 자체적으로 조사를 진행하는 경우가 많다. 이때 조사 과정에서 가해자와 피해자가 분리되지 않거나, 피해자에게 침묵을 강요하는 등의 2차 가해가 빈번히 발생한다. 이는 피해자가 사건을 공론화하지 못하도록 만드는 주요 원인이 된다.

라. '승리우선주의'에 의한 인권 침해의 묵인

'반드시 이겨야 한다'는 승리우선주의는 선수 개개인의 인권을 희생시키더라도 팀의 승리를 최고의 선으로 만드는 의식과 문화를 조성한다. 폭력이나 가혹행위가 '성적 향상을 위한 어쩔 수 없는 과정'으로 정당화되고, 심각한 인권 피해에도 불구하고 경기를 망칠까 두려워 침묵하는 분위기가 형성된다.

마. 선수의 취약한 경제적 지위

많은 아마추어 선수와 비인기 종목 선수들은 경제적으로 불안정한 위치에 있다. 이로 인해 부당한 대우나 인권 침해를 당하더라도 문제 제기를 꺼리게 된다. 생계와 선수 생활이 직결된 상황에서 피해의 공론화는 선수 생활이 끝난다는 불안감과 공포를 불러일으킨다.

바. '낙인찍기'와 보복에 대한 두려움

인권 침해 사실을 외부에 알린 피해 선수들은 '내부 고발자'라는 낙인이 찍혀 선수 생활을 지속하기 어렵게 되는 경우가 많다. 이는 가해자 측의 물리적,

정신적 보복에 대한 두려움과 맞물려 문제 제기 자체를 막는 강력한 억제 기제로 작용한다.

사. 체육계의 폐쇄적인 문화 및 견제 시스템 부재

오랜 시간 특정 인물들이 요직을 독점하며 형성된 폐쇄적인 조직 문화는 비리와 인권 침해의 온상이 되기 쉽다. 이런 폐쇄성은 서로의 잘못을 눈감아주거나, 외부의 감시와 견제를 회피하는 방식으로 내부의 문제를 덮으려 한다. 공정한 시스템을 구축할 동력이 사라진 조직에서 선수 인권 보호는 기대하기 어렵다.

5 선수 인권을 위한 법률과 제도적 장치

선수 인권 보호는 체육 관계자의 개인적인 덕성이나 윤리적 자질에만 기댈 수 없는 구조적인 시각에서 바라보아야 한다. 선수 인권의 실질적인 보호를 위해서는 강력한 제도적, 법적 강제력이 필수이다. 이러한 필요성에 따라 우리나라는 선수 인권 보호를 명확히 하고 실천적 토대를 마련하기 위해 『국민체육진흥법』, 『스포츠 기본법』이라는 법적 기반과 『스포츠윤리센터』라는 전문 기관을 마련하고 있다.

[1] 국민체육진흥법

국민체육진흥법은 국민의 체력 증진과 건강한 정신 함양을 목표로 체육활동을 장려하고, 체육인의 인권을 보호하며, 건강한 공동체 실현에 이바지하기 위해 제정된 법률로, 1962년 처음 제정된 이후 여러 차례 개정을 거쳐 오늘에 이르고 있다. 이 법은 체육을 진흥하여 국민의 체력을 향상하고, 체육활동을 통해 연대감을 증진하며, 공정한 스포츠 정신으로 체육인의 인권 보호를 목적으로 한다. 이를 위해 국민체육진흥법은 국가와 지방자치단체는 국민체육 진흥에 필요한 시책을 수립하고, 국민의 자발적인 체육활동을 권장, 보호 및 육성해야 할 의무를 지닌다고 규정하고 있다. 또한 국민의 체육 의식을 고취하고 체육을 보급하기 위해 매년 10월 15일을 체육의 날로 정하고, 그 주간을 '체육 주간'으로 설정한다는 조항도 국민체육진흥법에 명시되어 있다.

또한 이 법은 '국민체육진흥기금'에 대한 규정을 별도로 마련하여, 국민체육진흥에 필요한 시설 및 경비 지원을 위한 재원으로 '서울올림픽기념국민체육진흥공단'이 이를 관리·운용하도록 하고 있다. 이 기금은 국민이 편리하게 이용할 수 있는 체육시설의 확충과 우수 선수와 지도자의 발굴 및 육성에 필요한 비용의 지원, 은퇴 선수를 포함한 체육인들의 복지 향상, 그리고 스포츠 관련 산업의 성장을 돕는 데에 쓰인다. 기금은 복권, 체육진흥투표권(스포츠토토), 경륜·경정 등의 수익금으로 조성된다.

특히 국민체육진흥법은 학교와 직장에서 체육활동이 활발하게 이루어질 수 있도록 규정하고 있다. 학교는 학생들의 체력 증진과 체육활동 육성을 위해 필요한 조치를 마련해야 하며, 상시 500명 이상의 근로자를 고용한 직장은 1종목 이상의 운동경기부를 설치하고 경기 지도자를 두어야 하며, 지방자치단체는 직장인 체육대회를 연 1회 이상 개최하도록 노력해야 한다고 명기되어 있다.

2020년 8월의 개정을 통해 국민체육진흥법은 합숙 훈련 시 선수의 사생활을 보호하고 강제적 훈련을 금지하는 조항이 명문화되었으며, 지도자의 인권 감수성을 높여 선수 인권 침해를 예방하려는 목적으로 모든 체육지도자가 매 2년 스포츠 윤리 교육을 포함한 재교육을 의무적으로 받도록 하고 있다(국민체육진흥법 제11조의6). 또한 2023년 9월 개정을 통해 1,000명 이상의 체육 행사를 주최하는 경우, 안전 관리 계획을 수립하고 관계 기관에 협조를 요청하는 등의 안전 관리 조치를 반드시 취해야 한다고 명기하고 있다.

[2] 스포츠기본법

스포츠 기본법은 2022년 2월 11일부터 시행된 법률로, 스포츠를 하나의 국민 권리로 규정하여 스포츠권 보장의 새로운 토대를 마련한 획기적인 법이다. 기존의 '국민체육진흥법'이 체육 진흥에 초점을 맞추었다면, 스포츠 기본법은 '스포츠 권리(Sport Right)'를 모든 국민의 기본권으로 명문화했다는 점에서 큰 의미를 지닌다. 특히 이 법은 스포츠의 사회적 가치와 보편적 참여를 강조하며, 스포츠 정책의 기본 이념과 방향을 제시하는 근간 법률로서 매우 중요한 역할을 수행한다.

스포츠 기본법은 선수 인권에서도 강력한 법적 근거를 제시하고 있다. 이 법에서 천명하고 있는 '스포츠 활동은 인간의 권리'라는 가치는 모든 국민이 차별 없이 스포츠를 즐길 권리를 명시하면서, 동시에 선수가 단순한 성적을 위한 도구가 아닌 인권을 가진 존중받아야 할 시민이라는 점을 드러낸다. 또한 이 법의 제20조는 모든 스포츠 활동이 스포츠 정신에 부합하는 윤리성을 확보해야 한다고 규정하여, 승부조작, 폭력, 성폭력 등 스포츠 비리를 근절하려는 의지를 분명히 하고 있다.

스포츠 활동과 시설 운영 시 안전 관리에 대한 책임을 명시하고 있는 점 또한 선수들이 안전한 환경에서 훈련하고 경기에 참여할 수 있도록 국가가 그 의무를 다해야 한다는 주문이라고 할 수 있다. 이처럼 스포츠 기본법은 국민의 체육 진흥에서 한 발 더 나가, 스포츠를 국민의 기본권으로 승격시키고, 선수들이 겪을 수 있는 다양한 인권 침해 문제를 제도적으로 방지하고 해결하는 법적 근거를 제공함으로써 선수 인권 보호의 중요한 축을 담당하고 있다.

[3] 스포츠윤리센터

2020년 7월, 고(故) 최숙현 선수 사건은 사회적으로 큰 충격을 준 체육계의 폭력 문제로, 재발 방지를 위한 강력한 대책의 필요성을 제기하였다. 이에 따라 2020년 8월 19일, 국민체육진흥법이 개정되면서 체육계의 인권 침해 및 스포츠 비리 근절과 공정한 스포츠 문화 조성을 위한 독립 기구인 「스포츠윤리센터」가 설립되었다. 이 기관은 문화체육관광부 소속의 특수법인으로서, 체육단체나 선수 협회 등과 독립하여 운영되며, 스포츠계에서 일어나는 비윤리적 행위와 관행에 대해 객관적이고 공정한 조사를 수행한다. 스포츠윤리센터는 폭력, 비리 및 불공정으로부터 선수를 보호하고, 스포츠의 가치에 반하는 행위를 감시하고 교육하는 '스포츠계의 인권 보호소' 역할을 담당한다. 선수 인권 보호를 위해 스포츠윤리센터는 다음과 같은 핵심적인 역할을 수행한다.

① 스포츠 인권 침해 및 비리의 신고 접수 및 조사

폭행, 폭언, 성폭력, 직장 내 괴롭힘, 승부조작 등 체육계에서 발생하는 인권 침해 및 비리 행위에 대한 신고를 접수하고 독립적으로 조사한다. 조사 결과에 따라 수사 의뢰, 징계 요구 등의 조치를 취한다.

② 피해자 지원

신고자와 피해자가 2차 피해를 겪지 않도록 심리 상담, 법률 자문, 의료비 지

엘리트 스포츠 정책

엘리트 스포츠 정책은 국가의 위상 강화와 국제 대회에서의 우수한 성적을 목표로 소수의 뛰어난 선수를 선발하여 집중적으로 육성하는 시스템을 말한다. 1970~80년대부터 국가의 국력과 위상을 보여주는 수단으로 스포츠가 활용되면서 우리나라 스포츠 정책의 근간이 되었다. 엘리트 스포츠 정책은 소수의 선수에게 스포츠 시설과 막대한 지원을 쏟아, 생활 체육이나 일반 학생들의 체육 활동은 소홀히 하는 결과를 낳았다.

원 등 다양한 보호 및 지원 서비스를 제공한다. 특히, 보복 행위로부터 피해자를 보호하기 위한 별도의 조치가 마련되어 있다.

③ 예방 및 교육

체육인(선수, 지도자, 관계자 등)을 대상으로 인권 교육과 윤리교육을 실시하여 인권 침해 및 비리 행위를 미리 예방하는 데 중점을 둔다. 이는 체육계 전반에 걸쳐 올바른 스포츠 문화를 확산하는 데 도움을 준다.

④ 정책 제언

조사 및 상담 과정에서 축적된 자료를 바탕으로 스포츠 인권 보호와 비리 근절을 위한 정책 개선 방안을 정부에 제안한다.

이처럼 스포츠윤리센터는 기존의 체육 단체들이 자체적으로 해결하기 어려웠던 문제들을 독립적으로 다루고, 피해자 보호에 집중하며, 예방 교육을 강화함으로써 선수들의 인권을 실질적으로 보호하고 공정한 스포츠 환경을 조성하는 데 중요한 역할을 하고 있다.

[4] 국가인권위원회

국가인권위원회는 대한민국 모든 국민의 인권 보호를 위한 정책 및 감시를 담당하는 독립적인 국가 기관이다. 선수의 인권 역시 국민의 인권 보호라는 범주에 포함되는 까닭에 국가인권위원회에서도 선수 인권이 다루어진다. 오히려 스포츠계에서 발생하는 인권 침해 문제는 스포츠가 국가나 사회에 미치는 영향을 감안할 때 더욱 신중하게 조명되어야 한다. 이런 이유로 국가인권위원회는 스포츠 현장에서 선수들이 시민으로서 마땅히 가져야 할 기본적 권리를 침해받지 않도록 선제적이고 능동적인 대응을 펼치고 있다.

국가인권위원회가 선수의 인권을 위해 하는 일은 크게 '선수 인권 보호의 정책적 기반 마련'과 '선수 인권 침해에 대한 조사 및 구제'로 나눌 수 있다. 국가인권위원회는 단순히 개별적인 선수 인권 침해 사건을 해결하는 것을 넘어, 스포츠 인권의 제도적 기반을 공고히 하는 방향성을 제시한다. 체육 관계자들이 준수해야 할 행동 규범을 담은 '스포츠 인권 헌장'과 구체적인 지침을 제공하는 '가이드 라인'의 제정 및 개정은 선수 인권 보호의 정책적 기반 마련을 위한 선제적 대응이라 할 수 있다. 이 두 문서에는 폭력, 괴롭힘, 차별 등으로부터 선수를 보호하기 위한 명확한 기준의 제시와 선수가 안전하고 존엄하게 스포츠를 즐길 권리가 선언되어 있다.

또한 국가인권위원회는 정기적인 실태조사를 통해 스포츠계의 인권 현황을 파악하고, 이를 바탕으로 문화체육관광부나 대한체육회 등 관계 기관에 인권 보호 정책 개선을 권고한다. 예를 들어, 선수들의 모성(母性) 보호나 직장 운동 경기부 선수들의 근로 환경 개선 등을 제안함으로써 선수들의 인권이 실질적으로 보장되도록 노력한다.

종종 '국가인권위원회'와 '스포츠윤리센터'의 업무가 중복된다는 지적이 있으나 이는 사실과 다르다. 두 기관은 상호 보완적인 관계 속에서 선수의 인권 침해 문제를 다룬다. 국가인권위원회는 스포츠윤리센터의 역할을 보완하는 더 크고 든든한 국가 기관이라 할 수 있다. 스포츠윤리센터의 조치가 미흡하거나, 너무 복잡하고 심각한 문제여서 해결하기 어려울 때 국가인권위원회가 나서게 된다. 이 기관은 스포츠계를 넘어 우리 사회 전체의 인권 문제를 다루기 때문에 더 넓은 시야에서 문제를 보고 최종적인 해결책을 제시한다. 즉 단순한 개별 사건 해결을 넘어, 스포츠에서 폭력이 왜 일어나는지 근본적인 원인을 찾고, 법이나 제도를 바꾸도록 정부에 권고하는 역할을 한다. 다시 말해 스포츠윤리센터가 선수의 인권 보장에 실질적 도움을 주는 기관이라면 국가인권위원회는 스포츠계 전체의 인권을 지키는 든든한 울타리이자 최종적인 해결을 돕는 기관이라고 이해할 수 있다.

6 선수 인권 보호와 정의로운 스포츠

스포츠는 인간의 성장과 연대를 증진하는 긍정적 가치를 지니지만, 때로는 인권 침해와 폭력이 발생하는 어두운 면도 지니고 있다. 이러한 문제를 해결하기 위해서는 단순히 법적 규제 강화에 그치지 않고, 스포츠 공동체 전반의 문화적, 제도적 변화가 동시에 이루어져야 한다. 스포츠가 인권 침해를 배태하는 구조가 되지 않기 위한 가장 우선적인 과제는 기존의 승리 우선주의적 스포츠 시스템을 변화시키는 일이다. 이와 관련하여 해외 사례는 우리에게 많은 시사점을 던져준다.

독일은 풀뿌리 스포츠 클럽(Sportverein)을 중심으로 스포츠를 생활의 일부로 만드는 시스템을 유지하여 인권 침해의 가능성을 줄인다. 독일에는 8만 개가 넘는 클럽이 지역사회를 기반으로 운영되며, 영리 목적이 아닌 공동체의 건강과 참여를 우선시한다. 어린이와 청소년들은 클럽에서 체계적인 교육을 받으며, 이 과정에서 '선수의 자율성 존중'과 '민주적 운영'이 핵심 가치로 강조된다. 지도자들은 엄격한 자격 기준을 통과하고 인권 교육을 의무적으로 이수해야 하며, 클럽 운영은 학부모와 지역 주민 등이 참여하는 이사회의 민주적인 의사결정 구조를 통해 이루어져 특정 인물의 전횡을 방지한다. 이러한 시스템은 선수들을 단순히 성과를 내는 존재가 아닌, 한 사람의 존엄한 주체로 대우하는 문화를 만들어낸다.

일본 역시 2000년대 이후 스포츠 지도자의 폭력과 가혹행위에 대한 비판이 커지면서 변화를 모색하고 있다. 일본 체육계는 지도자의 인권 교육을 강화하고, 폭력 방지 가이드라인을 모든 스포츠 조직에 배포하였다. 특히 학교 스포츠에서는 지도자가 아닌 제3의 독립적인 기관이 학생 선수들의 의견을 수렴하고 갈등을 조정하는 시스템을 도입하였다.

이러한 해외 사례들은 단순히 법률을 제정하는 것을 넘어, '인권 보호를 위한 자발적인 참여 문화 조성', '스포츠 공동체의 민주적 운영', '선수들의 자율성 존중'과 같은 문화적, 제도적 변화가 선수 인권을 보장하는 기반임을 알려준다. 이와 더불어 선수 인권 보호 문제를 해결하기 위해서는 지도자의 윤리적 자질 함양도 이루어져야 한다. 무엇보다 스포츠팀은 승리만을 위한 조직이 아니라, 궁극적으로 구성원 모두가 소속감과 연대감을 느끼는 건강한 공동체로 재정의되어야 한다. 공동체의 민주적 의사결정과 책임 공유가 선수 인권 침해에 대한 공동의 감시와 대응을 가능하게 만든다.

선수 인권 보호는 선택적 미덕이 아닌, 스포츠의 본질적 가치를 수호하고 사회적 책임을 다하기 위한 필수적 의무이다. 법적·제도적 보완과 함께 스포츠 공동체 구성원 모두가 상호 존중과 배려의 정신을 내면화할 때, 스포츠는 승패를 넘어 인간의 존엄성과 행복을 증진하는 정의로운 스포츠로 거듭날 수 있다.

[Search & Discussion] 나이키 오리건 프로젝트(Nike Oregon Project)의 선수 인권 침해 사건

유명한 스포츠 브랜드인 나이키는 세계적인 육상선수를 발굴할 목적으로 2001년 '나이키 오리건 프로젝트'를 출범시켰다. 미국 육상계의 전설적 인물이자 코치였던 알베르토 살라자르(Alberto Salazar)는 나이키의 전폭적인 지원을 받으며 선수들의 기록 향상에 몰두했다. 그러나 그의 지도 방식은 프로젝트가 진행되면서 점차 도를 넘기 시작했다. 선수들에게 약물 투여를 권유하거나, 신체적 한계를 뛰어넘는 극단적인 훈련을 강요하는가 하면, 여성 선수들에게는 무리한 체중 감량과 생리 주기와 관련된 민감한 정보의 요구는 물론, 훈련과정에서 성차별적인 발언을 쏟아내기도 했다. 심지어 스테로이드 등 금지 약물 복용을 강요하였으나 선수들은 살라자르 코치의 지시에 이의를 제기하기 어려웠다. 살라자르의 인권 침해는 2010년 이후 몇몇 선수의 폭로로 세상에 알려지기 시작했고, 결국 나이키 오리건 프로젝트는 2019년 10월 해체되었다. 이 프로젝트에서 일어난 선수 인권의 침해 내용을 열거해 보고, 거대 자본에 의해 선수 인권이 침해된 사건들을 조사해 보자.

PART

05

스포츠와 학교교육

CHAPTER 14 스포츠와 도덕교육

CHAPTER 14

스포츠와 도덕교육

　축구 경기에서 개인플레이에 집중하는 한 학생이 있다. 그는 공을 잡으면 지나친 골 욕심으로 언제나 혼자 드리블을 해 상대의 골대로 나간다. 제법 개인기가 뛰어나 가끔 골을 넣기도 하지만 대부분 상대 수비에 차단되고 만다. 그럴 때 그는 상대 선수에게 화를 내거나 패스를 받으러 오지 않는다며 오히려 동료를 탓한다. 그에게 패스는 혼자 드리블하기 곤란하거나 자신이 지친 경우에 어쩔 수 없이 동료에게 건네주는 행위에 불과하다. 만일 이런 학생이 실제로 있다면 어떻게 가르쳐야 할까? 교육을 통해 그 학생은 패스와 전술의 의미, 나아가 스포츠맨십을 체득할 수 있을까?

학습목표

- 도덕교육과 스포츠의 관계를 이해한다.
- 도덕교육론의 내용을 이해하고 스포츠교육에 적용할 수 있다.
- 스포츠 도덕교육의 영역을 이해하고 실제로 적용할 수 있다.

1 도덕교육과 스포츠

[1] 도덕교육의 두 가지 위상

도덕은 교육될 수 있는가? 이 질문은 철학적이면서 동시에 교육학적인 내용을 담고 있다. 그리고 여기에 대한 해답은 긍정과 부정을 모두 포함한다. 인간은 교육을 통해 해당 사회의 생활양식과 문화, 지식 체계 등을 습득해 나간다. 이런 점에 있어서 도덕성의 함양은 교육과 밀접한 연관을 가진다. 공동체가 요구하는 바람직한 인간의 육성은 시대와 장소를 불문하고 모든 사회에서 이루어져 온 현상이다. 따라서 도덕교육은 보편적인 인간 현상이라 볼 수 있다. 보편적 도덕교육은 사회규범을 배우고 사회 구성원으로서 올바른 인간의 형성을 목적으로 한다. 이런 까닭에 도덕교육의 영역은 가정과 사회, 국가, 미디어 등 도덕적 행위를 권장, 장려, 지도하는 제반 분야로 확대될 수 있다.

그러나 일반적으로 도덕교육은 학교에서 이루어지는 학과목으로서의 도덕학습, 즉 도덕과교육(道德科敎育)을 지칭하는 경우가 많다. 도덕교육을 도덕과교육으로 한정하게 되면 도덕성의 계발과 발달이라는 문제는 긍정과 부정의 상반된 견해로 나누어진다. 학생들이 배워야 할 교과목으로서의 도덕교육이 꼭 필요하다고 주장하는 긍정의 입장에서는, 규범과 덕목의 의미를 깨우치고 도덕적 갈등 상황에서 어떤 도덕적 가치를 선택하여 행동할 것인가를 가르치는 교과로서의 도덕 과목은 도덕교육의 출발점이 된다고 주장한다(박명기, 추병완, 2009).

도덕교육이 가능하다고 주장하는 긍정의 입장은 주로 덕 윤리(virtue ethics)와 '합리적 도덕교육론'에 기반한다. 아리스토텔레스는 도덕적 덕(virtue)이 반복적인 실천과 습관을 통해 형성된다고 보았다. 그리고 콜버그(L. Kohlberg)와 같이 합리적 도덕교육론을 내세우는 학자들은 도덕적 딜레마를 해결하는 과정을 통해 도덕적 추론 능력을 발달시킬 수 있다고 주장한다. 도덕 교과목이 담당하고 있는 도덕성과 관련된 인지적 교육과 덕성의 함양은 도덕교육의 중요한 요소이다.

한편 학교에서 이루어지는 도덕과교육을 부정하는 입장에서는 도덕교육이 개인의 자율성을 침해할 우려가 있고, 실제적인 삶에 도움이 된다는 경험적 근거가 부족하며, 개인의 복종만을 강요한다고 지적한다. 이 입장에는 '주정주의(emotivism)'와 '자유주의(liberalism)'적 비판이 있다. 주정주의는 도덕적 판단을 이성적 진리가 아닌 개인의 감정이나 태도의 표현으로 보는 입장이다. 학교는 입증 가능한 객관적인 지식만을 가르쳐야 하는데, 도덕은 객관적인 지식의 형태로 가르칠 수 없어 지식 체계에 포함될 수 없다는 것이다. 자유주의적 비판은 학교가 특정 도덕적 가치관을 주입하는 것이 개인의 자유를 침해할 수 있다고 주장한다. 또한 현행의 도덕교육은 노동자 계급을 자본주의 체제 속에 복종시키기 위한 독특한 고안품이라고 지적하는 극단적인 반론도 존재한다(강민석 역, 1996). 그러나 이들의 주장은 도덕교육에 대한 실제적인 대안을 제시하지 못하며, 제시하고 있는 대안들조차 기존의 도덕과 교육보다 더 훌륭한 것이라고 볼 수 없다(강민석 역, 1996).

[2] 교과목 도덕교육과 스포츠

산업화에 따른 사회와 가족구조의 변화는 과거에 가정과 지역 공동체가 수행했던 도덕 교육적 기능을 학교로 전가함으로써 도덕과교육의 역할과 책임을 증가시키고 있다. 올바른 가치관의 형성, 도덕적 삶의 태도, 개인의 자아실현, 민주 시민으로서의 자질과 품성의 함양 등 도덕 교과의 교육내용은 바람직한 인간에게 요구하는 제반 요소를 망라한다. 도덕과교육은 이런 자질들을 기르기 위해 도덕적 사고력과 합리적인 가치 판단 능력을 길러주고, 자율적인 도덕생활을 영위해 나갈 수 있도록 교육과정을 운영한다. 이에 따라 사회에서 요구하는 일반적인 도덕 규범을 수용하는 단계에서부터 규범에 대한 비판적 수용과 평가, 그리고 규범의 일반적인 성격과 도덕의 본질을 이해시키는 단계에 이르기까지 도덕과교육의 내용은 체계적이며 조직적이다.

그러나 이런 도덕과교육의 목적과 내용은 도덕이라는 단독의 교과목으로 성취하기 어렵다. 도덕적 삶과 자아실현, 가치관의 형성은 교육 일반의 목표이며 학교라는 제도의 존재 이유이기도 하다. 따라서 학교에서 이루어지는 도덕교육은 도덕과교육에 한정될 수 없다. 다시 말해 도덕과교육은 기본적으로 교과 통합적 기능과 가치 통합적 기능을 가지게 되는 것이다. 학교 교육에서 도덕과교육이 다른 과목과 차별되는 독특한 위상을 유지하는 이유도 여기에 있다. 그런데 교과 통합적 기능과 가치 통합적 기능은 도덕 교과목에 한정되지 않는다.

체육도 이러한 기능에 있어 도덕 교과목과 유사한 성격을 지닌다.

　체육은 기본적으로 신체에 대한 교육이면서 동시에 신체를 통한 교육이기도 하다. 신체에 대한 교육이란 인간의 신체적 능력을 개발하는 제반 교육적 활동을 말한다. 체육을 근력, 지구력, 유연성 등 인간의 잠재적인 신체 능력을 개발하는 교육활동으로 인식하는 것이 대표적인 경우이다. 이에 비해 신체를 통한 교육은 신체활동을 통해 이루어지는 교육의 긍정적인 효과에 주목한다. 규칙의 준수, 타인과의 협조와 배려, 인내와 용기 등 스포츠 활동을 통해 얻어지는 도덕적 덕목이 체육의 또 다른 교육목표가 될 수 있다는 관점이 여기에 해당한다. 이는 도덕과교육과 매우 유사한 성격을 지닌 체육과교육의 특징이다. 인성의 개발과 함양에 도움이 된다는 측면에서 체육은 교과 통합적 기능에 있어 도덕 과목과 유사하다.

　이러한 기능은 스포츠 자체의 독특한 도덕적 가치 규범에서 비롯한다. 규칙 준수, 페어플레이, 스포츠맨십은 도덕과교육의 우의미한 학습 내용이면서, 동시에 스포츠 활동을 통해 얻어지는 도덕 규범이기도 하다. 요컨대 스포츠에서 도덕교육은 보편적 도덕교육이면서, 도덕과 교육의 학습 내용이 될 수 있는 유용한 교육적 수단이기도 한 것이다.

[3] 도덕교육으로서의 스포츠 활동

　스포츠는 수시로 일어나는 반규칙적 행위로 인해 옳고 그름의 판단이 명확히 일어난다. 이런 특징은 도덕적 사고와 판단을 직접 행동으로 실천해 볼 수 있는 다양한 기회를 제공해 준다. 스포츠에서 일어나는 도덕적 상황은 규칙의 준수라는 기본적인 도덕적 행위에서부터 상대의 비도적적 행위에 대응하는 방식, 상대를 존중하고 배려하는 자세에 이르기까지 인지적인 이해만으로 획득되기 어려운 구체적인 도덕 감정과 실천을 자극하고 유도한다. 이런 까닭에 스포츠는 과거부터 효과적인 도덕교육의 수단으로 인식되어 왔다.

　스포츠가 도덕적 인간의 함양에 유용한 교육적 수단이 된다는 사실은 근대 교육의 선구자인 루소의 사상에서 드러난다. 루소는 교육에 대한 사상을 정리한 『에밀』에서, 학생들 간에 이루어지는 신체활동이 교실에서 배우는 것보다 백배 이상의 가치가 있다고 지적하면서, 신체적인 단련은 "아이들을 건강하고 튼튼하게 할 뿐만 아니라 도덕적 효과를 위해서도 가장 중요한 교육의 한 부분"이라고 주장하였다(김중현 역, 2003). 특히 어린 시절에 이루어지는 게임 등의 신체활동은 평등의식과 동료애를 갖게 하고, 동료들로부터 공적인 승인을 구할 수 있도록 하는 습관을 길러준다고 보았다.

루소의 스포츠에 대한 선구적인 사상은 구츠무츠의 『청소년을 위한 체육』이라는 책에서 계승된다. 구츠무츠는 체육활동이 도덕적 발달의 필요조건이라고 보았다. "세계의 젊은이들을 도덕적으로 만족할 만한 상태로 유지시키기 위하여 신체적인 교육을 시도하는 일 이상의 어떠한 방법이 있을까"라는 그의 사고는 체육을 인격도야의 수단으로 끌어올림으로써 교육의 중요한 영역으로 격상시켰다(나영일 역, 2008).

스포츠에서 도덕적 훈련의 두 가지 기본 개념이 성립, 발전된 것은 19세기 후반 영국의 퍼블릭 스쿨에서였다. 그 하나는 경쟁적 스포츠, 특히 단체경기가 갖는 윤리적 기초였고, 다른 하나는 운동장 안에서 이루어진 도덕적 훈련이 사회생활에 전이될 수 있다는 것이었다(하남길, 권판근 역, 1997). 이렇게 하여 탄생한 '페어플레이', '스포츠맨십'은 스포츠에 있어서 도덕적 행위의 일반적인 규범이 되었다.

운동장에서 얻어지는 대담성, 인내, 침착, 용기, 공정, 극기, 명예, 그리고 상대에 대한 존경 등은 삶을 살아가는 훌륭한 미덕이며, 스포츠는 이런 보편적인 도덕적 특성의 훈련이 된다. 요컨대 스포츠는 도덕교육의 인지적, 정의적, 행동적 접근을 쉽게 하여 도덕적 능력을 신장시키는 유의미한 수단인 것이다.

루소
(Jean-Jacques Rousseau, 1712-1778)

프랑스를 대표하는 근대 사상가. 그의 정치와 교육 사상은 근대 유럽에 많은 영향을 끼쳤다. 인간의 평등을 인정한 사회계약론은 프랑스혁명의 사상적 근거로 작용하였다. 교육에 있어서도 신체의 중요성을 강조하는 등 당시로서는 혁신적인 내용을 담고 있었다. 저서로는 『에밀』, 『인간불평등기원론』 등이 있다.

2 도덕교육론

[1] 사회화로서의 도덕교육: 뒤르켐의 도덕교육론

도덕을 근대의 공적인 교육제도 속으로 편입시킨 사상가는 사회학의 아버지로 불리는 뒤르켐(E. Durkheim)이었다. 근대적 도덕교육은 뒤르켐의 교육사회학에 의해 기초가 마련되었다고 해도 과언이 아니다. 뒤르켐에 따르면 개인은 해당 사회의 가치체계를 습득하여 내면화하는 과정을 거치면서 공동체의 일원이 된다. 이를 사회화 과정이라고 부른다. 사회는 최소한의 도덕규범을 만들어 해당 사회의 구성원에게 준수의 의무를 부과함으로써 그 사회의 존속을 꾀하게 된다. 따라서 도덕의 대상은 사회이며, 도덕적으로 행동한다는 것은 집단의 이익을 위해 행동하는 것이다(Durkheim, 1961).

뒤르켐은 도덕성을 일련의 사회적 규칙들과 활동으로 구성되는 고유한 사회적 현상인 동시에 사회적 사실(social fact)이라고 보았다(박병기, 추병환, 2009). 뒤르켐이 말하는 사회적 사실이란 개인의 의지와 무관하게 외부에 존재하며 개인에게 강제력을 행사하는 사회적 현상을 의미한다. 도덕은 기본적으로 사회의 산물이기 때문에 도덕의 발달과 사회화는 같은 의미이다. 이때 학교는 도덕의 사회화에 필요한 통제의 기구로 존재한다.

뒤르켐은 근대사회에 있어서 적절한 도덕교육은 학교에서 이루어진다고 보았다. 인간이 도덕 규칙을 이해하고 공동체의 이익을 실천하기 위해서는 세 가지의 기본 능력을 가져야 한다. 뒤르켐은 이 세 가지의 기본 능력을 규율 정신, 집단 애착, 자율성이라고 한다. 규율 정신은 행위의 규칙성에 대한 선호와 권위에 대한 존중을 말한다. 이는 스포츠의 본질과 매우 밀접하게 연결된다. 스포츠는 규칙과 심판이라는 외부적 권위에 의해 통제되는 활동으로 선수들은 반복적인 훈련을 통해 이러한 규율을 내면화하게 된다. 뒤르켐이 강조한 '규칙성에 대한 선호'와 '권위에 대한 존중'은 스포츠를 통해 효과적으로 가르칠 수 있다. 집단 애착은 도덕적 행위가 궁극적으로 집단의 이익을 위한 것이 되어야 함을 뜻하고, 자율성은 도덕적 규율에 대한 합리적 이해를 말한다.

뒤르켐은 도덕교육의 궁극적 목적이 이 세 가지의 능력 함양에 있다고 보았다. 이를 위해 강력한 권위를 통해 도덕적 규칙을 제시하고, 준수에 대해서는 칭찬을, 위반에 대해서는 적절한 처벌을 사용해야 한다고 보았다. 이런 과정을 통해 점차 도덕에 대한 합리성과 자율성이 발달해 나가는 것이다.

뒤르켐의 도덕교육은 어린 시기에 주입된 도덕적 권위에 대한 존중감에서 스스로 자율적인 도덕적 판단과 행위로 이어질 수 있도록 만드는 일련의 과정이라고 할 수 있다. 권위에 대한 복종은 때로 비이성적인 방법을 필요로 하며, 이것이 아동들의 도덕적 사회화에 중요한 역할을 한다. 그러나 이러한 방법은 추론 능력의 발달과 더불어 점차 이성적인 방법으로 변화되어야 한다. 요컨대 뒤르켐의 도덕교육은 사회의 집단적 규범과 이상에 일치하여 그 사회의 전체 이익을 위하여 도덕적으로 행동하는 사람을 만들 수 있도록 도덕적으로 사회화시키는 과정 그 자체를 의미한다(박병기, 추병완, 2009). 뒤르켐은 도덕적 사회화에서 특히 중요한 것이 교육자의 도덕적 권위라고 보았다. 교사 스스로 도덕에 대한 모범과 신념, 그리고 애정을 가질 때 비로소 정당한 권위가 생기게 된다.

뒤르켐에 의해 주창된 도덕적 사회화 이론은 베닛(W. Benneitt) 등에 의해 인성교육(character education)의 부활로 나타난다. 베닛은 인지적 도덕 추론과 정의적 가치명료화 등은 도덕성의 함양에 실제적인 도움이 되지 못한다고 비판하면서 고전과 인문학에 중점을 둔 전통적인 인격교육으로 돌아가야 한다고 주장했다. 베닛에 따르면 교사들은 해당 사회의 전통적인 가치들이었던 위인에 대한 존중, 애국심, 희생, 용기, 정직, 신뢰와 같은 가치들을 확신을 가지고 학생들에게 제시해야 한다고 주장하였다(박병기, 추병완, 2009). 그에게 있어서 도덕교육의 내용은 전통적으로 강조되어 왔던 덕목을 실천하는 것이었다.

위인(E. A. Wynne)도 베닛과 유사한 관점에서 오늘날의 도덕적 위기가 전통의 포기에 있다고 보고 위대한 전통으로 되돌아갈 것을 주문한다. 위대한 전통은 도덕적 습관을 중요하게 생각하며, 도덕교육도 도덕적 행동에 초점을 맞추어 인격교육의 형태를 띠어야 한다고 말한다. 다시 말해 도덕교육은 선을 아는 것, 선을 사랑하는 것, 그리고 선을 행동하는 것이 될 수 있도록 실행되어야 한다는 것이다(E. A. Wynne, 1993). 도덕적 사회화를 주장하는 사람들의 공통점은 도덕교육이 궁극적으로 도덕적 습관과 행동에 초점을 맞추어야 하며, 도덕교육을 받은 사람들의 구체적인 행동, 즉 결과의 변화로 이어져야 한다는 것이다.

사회화로서의 도덕교육은 스포츠 인성교육의 유용한 이론적 틀을 제공한다. 스포츠에서의 도덕적 행위는 스포츠의 전통적인 가치들을 배우는 과정과 다르지 않으며, 이러한 덕목은 강력한 실천력을 가진다. 위대한 선수들이 보여준 페어플레이, 영화 혹은 문학작품에 나타난 스포츠의 숭고한 가치, 미디어에서 보도되는 스포츠맨십의 사례 등은 그 자체로 도덕의 훌륭한 전통이다. 이러한 전통을 보고 배우는 실천적 교육은 도덕적 인격의 형성에 지대한 영향을 미친다. 예를 들어 용기라는 덕목은 인지만으로 이해할 수 없는 실천 덕목이며, 스포츠는 구체적인 행위를 통해 용기를 실천할 수 있도록 만든다. 그리고 그렇게 만들어진 용기의 덕목은 유사한 상황에 대처하는 힘으로 작용한다.

Think Deeply

우리는 스포츠가 인성과 도덕성의 발달에 매우 유익하다는 믿음을 가지고 있다. 만일 이러한 믿음이 정당하다면 스포츠 선수는 스포츠를 행하지 않는 일반인에 비해 훨씬 높은 도덕성을 보여야 한다. 그러나 현실적으로 스포츠 선수가 일반인보다 도덕적이라는 근거는 희박해 보인다. 스포츠 활동이 오히려 비도덕적 행위를 조장한다고 주장하는 학자도 있다. 상대 팀의 약점을 집요하게 공격하는 행위, 그리고 상대를 속여야 하는 전략과 전술의 운용은 기본적으로 도덕적 행위에 반한다. 스포츠가 도덕적 행위에 도움을 주지 못한다고 주장하는 학자를 조사해 보고 그들의 논리를 반박해 보자.

[2] 인지발달론: 콜버그(L. Kohlberg)의 도덕 교육론

> 덕목 보따리
> (bag of virtues)
> 콜버그는 전통적인 도덕 교육 방식에 비판적이었다. 그는 구체적인 가치들을 가르치려는 전통적인 시도들을 '덕목 보따리'라며 냉소적으로 바라보았다.

관습적인 사회규범을 교사가 일방적으로 전달하는 도덕교육은 학생들 스스로 도덕적 원칙들을 구성해 나가는 과정을 무시한다. 도덕교육은 학생의 자율적이고 내적인 도덕의 기준을 발달시켜야 한다. 이러한 생각에 기초한 인지발달론 혹은 인지 구조론은 도덕교육에 있어서 교화의 위험성을 지적하면서 도덕성을 도덕적 추론의 발달로 간주한다. 즉 도덕 발달은 인지발달과 다르지 않다는 것이다.

도덕교육에서 인지발달을 중시하는 대표적인 학자는 콜버그(L. Kohlberg)이다. 콜버그는 도덕교육의 목적이 도덕적 추론의 단계들을 발달시킴으로써 개인들이 자율적인 도덕적 행위자가 될 수 있도록 도와주는 것이 되어야 한다고 보았다. 이를 위해 콜버그는 미리 주어진 도덕적 딜레마에 대해 아동들이 어떤 선택을 하고 그것을 어떻게 정당화하는지에 주목하였다. 이 선택과 추론의 정당화는 3수준 6단계로 구분되는데, 아동들은 질적으로 상이한 각각의 도덕적 추론단계를 계열적으로 통과해 나가면서 도덕성이 발달해 나간다. 콜버그는 이 단계가 곧 도덕의 발달 단계를 드러낸다고 보았다.

피아제의 도덕교육론

콜버그의 인지발달론은 피아제(J. Piajet)로부터 직접적인 영향을 받았다. 피아제는 아동들이 도덕적 판단을 내리는 개념과 추론 과정을 심층적으로 연구한 『아동의 도덕판단』이라는 책에서 도덕성이 계열적으로 발달해 나간다는 사실을 밝히고 있다.

아동은 생후 몇 년 동안 규칙의 의미와 이해가 전혀 이루어지지 않는 전도덕기간(pre-moral period)을 거쳐, 강제의 도덕성(the morality of constraint)과 협동의 도덕성(the morality of cooperation)이라는 연속적인 도덕적 단계를 경험하게 된다. 강제적 도덕성이란 4세부터 8세까지의 시기에 나타나는 것으로, 이 시기 아동들은 도덕적 규칙이 어떤 상황에서도 변하지 않는 강제력과 구속력을 갖는 것으로 생각한다. 따라서 규칙을 어기면 나쁜 것, 규칙을 지키면 좋은 것으로 인식한다. 이 시기 아동들은 행위의 결과에 집착하여 규칙의 원리와 정당화에는 관심을 두지 않는다.

8세부터 10세 사이에 나타나는 협동의 도덕성은 서로 비슷한 또래 집단에서 상호 존중에 근거한 도덕적 규칙을 세우는 단계를 말한다. 규칙은 더 이상 외적인 강제가 아니라 사회적 상호작용을 조직하고 촉진하기 위한 수단이며, 상호 간의 협의에 의해 수정 가능한 것으로 인식하게 된다. 다시 말해 규칙은 상호의 이익을 가져다주는 이해관계의 산물로 받아들이게 되는 것이다.

피아제는 동년배 집단 사이에 협동을 조장하기 위한 다양한 기회와 권위적인 문화나 부모의 부재라는 두 가지 조건이 충족되면 강제적 도덕성으로부터 협동의 도덕성으로 발달해 간다고 주장한다(박병기, 추병완, 2009). 따라서 도덕성의 발달은 교사에 의한 강제 혹은 교화의 방법이 아니라, 동년배 사이의 협동을 촉진하는 자치활동에 참여하도록 권장하는 방법에 의해 큰 효과를 볼 수 있다.

콜버그의 도덕발달에서 '단계(stage)'는 매우 중요한 개념이다. 단계는 추론의 구조를 뜻하는 것으로 조직화된 사고의 체계이며, 불변의 계열성을 이루고, 각 단계들은 위계적으로 통합되어 있다. 도덕적 판단은 이 단계에 의해 유사성과 차이성을 확연히 드러내게 된다. 이를 통해 아동들은 도덕적 갈등 상황을 이해하고, 연속적이며 계열적인 단계들을 거치면서 보다 복잡한 도덕적 추론 능력을 갖추게 되는 것이다. 콜버그에 따르면 아동들은 자신의 추론 수준에 비해 낮은 단계에 속하는 판단들을 적절치 못한 것으로 폐기하는 경향이 있으나, 자신의 것보다 한 단계 높은 수준의 판단에 대해서는 이해하려 하고 선호하는 경향이 있다고 한다(박병기, 추병완, 2009).

콜버그는 하인즈 딜레마에 대한 학생들의 반응을 분석한 결과 연령에 따라 도덕의 기준이 다르다는 사실을 발견하여 3수준 6단계의 도덕성 발달을 제시하였다.

제1 수준은 인습 이전의 수준, 즉 전인습적 도덕기에 해당한다. 제1 수준에서는 도덕성이 처벌과 복종에 의해 결정되거나 자신의 쾌락을 지향한다. 처벌과 복종을 지향하는 1단계에서는 약을 훔치면 벌을 받기 때문에 잘못된 행동이

하인즈 딜레마

유럽의 어느 마을에 특이한 유형의 암으로 죽음을 눈앞에 둔 한 여인이 있었다. 그의 목숨을 살릴 수 있을지도 모른다고 의사들이 생각하는 약이 하나 있었다. 그 약은 같은 마을의 어느 약사가 최근에 개발한 라듐 형태의 약이다. 그 약은 엄청나게 비싼 것이었으며, 약사는 생명을 살리는 데 필요한 아주 소량의 약에 대하여 제조비용의 10배에 달하는 2,000달러라는 엄청난 가격을 매겨놓았다.

그 여자의 남편인 하인즈는 그가 할 수 있는 최선을 다하여 여기 저기 돈을 빌렸으나 겨우 1,000달러밖에 구하지 못했다. 하인즈는 약사를 찾아가 지금 내 아내가 죽어가고 있으니 약을 좀 싼 값에 팔든지 혹은 나머지 모자라는 금액은 나중에 갚게 해 달라고 부탁하였다. 그러나 약사는 "안 된다."라고 단호하게 거절하면서, 자신이 그 약을 개발했고, 앞으로 그 약을 통해 돈을 벌 것이라는 말을 덧붙였다. 하인즈는 무척이나 절망적인 상태에 빠지게 되었다. 그날 밤 하인즈는 아내를 살리기 위해 약국에 몰래 들어가 약을 훔쳤다.(출처: 추병완, 『도덕발달과 도덕이론』)

이 이야기는 콜버그가 도덕성의 발달을 알아보기 위해 고안한 '하인즈 딜레마'이다. 콜버그는 이 이야기를 들려준 뒤 학생들에게 다음과 같은 몇 가지 질문을 하였다.

- 하인즈는 약을 훔쳤다는 이유로 벌을 받아야 하는가?
- 약사는 그렇게 비싼 약값을 요구할 권리를 가지는가?
- 만일 하인즈가 약을 훔치지 않아 아내가 죽게 되었다면 약사는 비난받아야 하는가?

라고 판단한다. 개인적인 보상을 지향하는 2단계는 약을 훔쳐서라도 아내의 목숨을 구해야 한다고 판단하는 시기이다.

제2 수준은 인습적으로 사고하는 수준을 가리킨다. 여기에서는 3단계의 대인관계 조화 지향과 4단계의 법과 질서 지향이 드러난다. 3단계는 다른 사람의 관점과 의도를 이해할 수 있는 시기로 약을 훔친 것은 다른 사람의 권리를 침해하는 것이므로 옳지 못하다고 판단한다. 4단계의 법과 질서 지향은 어떤 경우에도 법은 지켜져야 한다고 판단하는 시기로 도덕의 기준을 법과 질서에 둔다.

5단계 사회계약 정신 지향과 6단계 보편적 도덕원리 지향이 속하는 제3수준은 인습 이후의 수준을 드러낸다. 5단계에 이른 사람들은 몰래 들어가 약을 훔친 것은 잘못이지만 목숨을 구한 일이므로 용서해야 한다고 판단한다. 이 시기는 인간의 기본 권리를 중시한다. 6단계의 보편적 도덕원리 지향은 법과 관습을 떠나 생명의 가치라는 보편적 도덕원리를 지향하고, 스스로 선택

〈콜버그의 도덕성 발달 단계〉

수준	단계
인습 이후 수준 (16세 이후)	보편적 도덕원리 지향
	사회 계약정신 지향
인습 수준 (11~15세)	법과 질서 지향
	대인관계 조화 지향
인습 이전 수준 (10세 이전)	개인적 보상 지향
	벌과 복종의 지향

한 도덕 원리와 양심의 결단에 따라 행동한다.

도덕적 딜레마에서 학생들은 그들에게 주어진 도덕적 딜레마가 어떻게 해결될 수 있는지에 대하여 생각해 보고, 관련된 도덕적 문제들을 확인하며, 그들이 취한 입장을 정당화해 볼 것을 요구받게 된다. 미리 주어진 해답 없이 제시된 도덕적 문제들에 대한 토론을 진행하면서 각 단계의 학생들은 기존의 도덕적 판단 단계에 의해 해결할 수 없는 도덕적 문제에 직면하여 인지적인 갈등을 겪게 된다. 콜버그에 있어서 도덕교육의 목적은 이처럼 도덕적 추론의 단계들을 발달시킴으로써 개인들이 자율적인 도덕적 행위자가 될 수 있도록 도와주는 것이다.

예를 들어 축구경기 도중 역습의 좋은 기회를 맞은 상황에서 상대편 선수가 쓰러져 있다. 이때 전방의 같은 팀 동료가 패스를 재촉한다. 만일 패스가 연결되면 결정적인 골 찬스를 만들 수 있다. 이런 경우 공을 가진 당사자는 도덕적 갈등에 빠지게 된다. 콜버그는 이러한 인지적 갈등이 도덕 발달의 다음 단계로 이동하게 만드는 하나의 동기화 요소로 작용한다고 말한다. 인지적 갈등은 학생들에게 불균형감을 초래함으로써 보다 높은 수준의 접근이 지니고 있는 장점들을 파악하도록 이끌어 주게 된다.

이때 교사의 역할은 학생들에게 다음 단계의 더 높은 추론을 접하게 만드는 것이다. 낮은 단계의 인지적 갈등을 느끼는 학생은 높은 수준의 추론을 접함으로써 그것이 함축하고 있는 장점과 정당성을 수용하게 된다. 이러한 과정을 통해 도덕적 추론 능력이 향상되고 도덕 발달이 촉진된다. 그리고 이런 모든 과정은 토론 및 토의의 과정을 통해 이루어진다. 교사는 딜레마에 대한 토의 과정에 있어서 학생들에 의해 제기된 해결방안보다는 그들이 해결방안을 끌어내는 데 활용하였던 도덕적 추론의 질에 초점을 두어야 한다(박병기, 추병완, 2009).

콜버그의 도덕교육론은 구체적인 스포츠 상황 속에서 어떻게 행동하는 것이 바람직한가를 스스로의 도덕적 갈등을 통해 익힐 수 있도록 만든다. 스포츠 상황에서 일어날 수 있는 가상적 딜레마를 설정해 학생들 스스로 도덕적 토론 수업을 이끌어 나가도록 만드는 것도 좋은 방법이 될 수 있다. 이러한 과정을 통해 스포츠에서 요구되는 도덕적 행위가 보편적 도덕의 원리에 기초하고 있다는 사실을 발견하게 된다.

그러나 콜버그의 인지발달론은 지나치게 인지적 영역에 머물러 있어 스포츠의 변화무쌍한 상황에 대처하는 능력을 등한시할 수 있다. 스포츠는 인지적인 능력과 아울러 실천적인 능력에 의해 도덕성을 함양한다. 스포츠에서 발생하는 도덕적 딜레마는 참여자의 정서, 태도, 신념 등의 정의적인 요소로부터 더욱 많은 영향을 받기 때문이다.

3 스포츠 도덕교육의 영역

[1] 인지적 영역

교육의 주요한 목적들 가운데 하나가 지식과 이해를 추구한다는 점에서 인지 영역은 교육의 핵심적인 부분이라 할 수 있다. 스포츠교육의 목적이 궁극적으로 정의적, 행동적 변화에 있다고 하더라도 이러한 변화를 가져오는 최상의 방법은 인지적 교육과정의 활용을 통해서 이루어진다. 인지적 영역에서의 교육과 훈련이 있을 때 정의적, 행동적 영역의 변화는 더욱 강화된다.

스포츠 도덕교육에서 인지적 영역은 스포츠가 문화로서 가지는 고유한 가치, 스포츠를 실천함으로써 얻어지는 정신적 가치, 도덕적 가치, 사회적 가치 등을 탐색하는 과정이다. 그리고 스포츠에서 공정성은 무엇이며 왜 그것이 요구되는지, 스포츠에서 도덕적으로 올바른 행위의 기준은 무엇이며, 사회 일반의 도덕 규범과 어떤 연관을 갖는가 하는 문제를 다룬다. 이러한 과정은 스포츠에 일어나는 도덕적 문제에 대한 추론과 성찰의 준거점을 제공해 준다. 피터스(R. S. Peters)는 도덕 발달의 인지적 영역을 '어떻게 행동할 것인가'에 대한 사고방식으로서 실천적 지식과 이해, 추론, 인식, 판단, 결정 등을 포괄하고 있다고 말한다(Peters, 1974).

예를 들어 스포츠에서 도핑의 비도덕적인 이유에 대한 추론과 토론은 인지적 과정에서 다루어질 수 있는 구체적인 예이다. 이러한 과정을 통해 스포츠에서의 도덕교육이 스포츠만의 고립적이고 독자적인 규범이 아니라 보편적인 도덕과 밀접한 연관을 가진다는 사실을 인지하게 만든다.

인지적 영역을 '지식, 이해, 추론, 인식, 판단, 결정' 등으로 보는 피터스의 관점은 블룸(B. S. Bloom)의 교육목표 분류학과 연결하여 설명할 수 있다. 블룸은 인지적 학습을 지식-이해-적용-분석-종합-평가의 여섯 단계로 위계화하였다. 위에서 예로 든 스포츠 도덕교육에서 도핑의 비도덕적 이유에 대한 추론은 '분석'과 '평가' 단계로 인지적 영역의 가장 높은 수준의 학습에 해당한다. 이는 인지적 교육과정이 단순히 지식의 습득에 그치는 것이 아니라, 고도의 비판적 사고 능력을 키우는 과정임을 보여준다.

스포츠 교육에서 인지적 영역은 정의적 영역과 행동적 영역에 비해 자칫 소홀히 다루어질 수 있으나, 올바른 스포츠 도덕교육을 위해서는 인지적 영역에 대한 교수 방법의 연구가 한층 필요하다.

[2] 정의적 영역

인지적으로 습득된 스포츠의 도덕적 가치를 명료화하는 과정을 말한다. 실제적인 스포츠 활동을 통해 학생들이 스스로 가치를 찾을 수 있도록 돕는 단계이다. 이때 중요한 것은 미리 정해진 도덕적 덕목을 강요하기보다 학생들 스스로 스포츠의 도덕적 가치를 발견하고 느끼도록 하는 것이다. 정의적 영역은 학생들이 스포츠 활동을 통해 직접 도덕적 정서, 동기, 신념, 태도 등을 배우는 과정이기 때문에 교사의 역할이 무엇보다 중요하다. 교사는 활동 사례와 실천의 구체적인 기법을 제시해 학생들의 관심과 흥미를 유발해야 한다.

스포츠 교육의 정의적 영역은 학생들이 단순히 도덕적 가치를 아는 것을 넘어, 직접 느끼고 내면화하는 과정이다. 이 과정은 크러스홀(Krathwohl)의 정의적 영역 분류학에 따라 여러 단계로 진행된다.

① **수용(Receiving)**: 학생들은 스포츠 활동 과정에서 일어나는 특정 상황(예: 동료의 칭찬, 격려)에 주의를 기울이고 인지한다.
② **반응(Responding)**: 그 상황에 대해 긍정적으로 반응하고 참여하려는 의지를 보인다.
③ **가치화(Valuing)**: 동료의 칭찬이 왜 중요한지 깨닫고, '배려'라는 가치를 자신의 신념으로 받아들인다.
④ **조직화(Organization)**: 배려와 협동 등 여러 가치를 자신의 가치체계에 맞게 통합하고 우선순위를 정한다.
⑤ **인격화(Characterization)**: 통합된 가치체계가 일관된 행동으로 나타나, 인격 일부로 형성된다.

이러한 단계들을 통해 정의적 교육은 단순한 감정적 경험을 넘어, 복잡한 내면화 과정을 거치면서 인격을 형성한다.

정의적 영역에서 감정이입과 타인에 대한 고려는 도덕적 성장의 핵심이다. 스포츠 활동 중 동료로부터 칭찬과 격려를 받은 경우와 무시당했던 경우를 떠올리게 하고 배려의 가치를 스스로 깨닫게 하거나, 자신이 행한 반칙을 상대편의 입장에서 생각해 보는 감정이입 등 타인들에 대한 고려를 통해 스포츠에서의 특정 행위가 어떻게 받아들여지는가를 느끼게 하는 것도 좋은 방법이다.

감정이입은 인지적 이해를 넘어, 상대방의 고통과 감정을 느끼는 정의적 경험을 제공한다. 감정이입을 통해 학생들은 자신이 한 행동이 타인에게 미치는 영향을 직접적으로 깨닫고, 다른 행동을 해야겠다는 도덕적 동기를 갖게 된다. 스포츠의 도덕교육에 있어서 정의적 영역은 규칙이나 금지사항에 대한 인지적 분석의 문제보다 타자와 관련된 행동 양식에 초점을 둬야 한다.

스포츠 교육의 정의적 영역은 학생들이 도덕적 가치를 직접 느끼고 내면화하는 과정이다. 이 과정에서 '관찰 학습(observational learning)'과 '사회적 모델링(social modeling)'은 매우 중요한 역할을 한다. 멕페일(P. McPhail)은 도덕적 가치가 학습되는 과정을 '중요한 타자(significant others)'의 행동을 관찰하고 모방하는 것으로 보았다(박병기, 추병완, 2009). 이 '중요한 타자'는 부모, 교사, 그리고 또래 집단을 포함하며, 이들의 행동은 학생의 도덕성 발달에 결정적인 영향을 미친다. 멕페일의 논의는 반두라(A. Bandura)의 사회학습 이론에 의해 더욱 체계화되었다.

반두라에 따르면 학생들은 단순히 칭찬이나 벌을 통해 배우기도 하지만 교사나 지도자와 같은 '모델(model)'의 행동을 관찰하고 모방하면서 새로운 태도를 형성한다. 예를 들어, 체육 교사가 페어플레이 정신이나 상대방을 존중하는 모습을 보이면, 학생들은 그러한 도덕적 가치를 자신의 가치체계로 쉽게 받아들이게 된다. 반두라는 이 과정에 '자기효능감(self-efficacy)'이 큰 영향을 미친다고 보았다. 즉 자신이 그 행동을 성공적으로 수행할 수 있다고 믿는 자기효능감이 높을수록 더욱 적극적으로 모방한다(변창진 역, 2003). 스포츠 도덕교육에서 교사는 중요한 타자로서 도덕적 모범을 보여야 하며, 학생들은 이를 통해 도덕적 가치를 내면화하고 인격화하는 과정을 거친다.

[3] 행동적 영역

스포츠 도덕교육의 궁극적 목적이 도덕적으로 행위하는 사람을 육성하는 것이라면, 행동적 영역은 도덕교육의 핵심적인 영역이라 할 수 있다. 행동적 영역은 스포츠 활동 중 어떻게 행동해야 올바른가에 대한 생각이 직접적인 행동으로 변환되는 과정을 의미한다. 그러나 행동적 영역은 단순히 행동만을 의미하는 것이 아니라, 그 행동을 유발하는 인지적 판단(cognitive)과 정의적 감정(affective)이 통합된 결과물이다. 즉, 어떤 행동을 해야 하는지 알고(인지), 그 행동을 하고자 하는 의지(정의)가 있을 때 비로소 일관된 행동으로 나타난다.

피터스(R. S. Peters)는 도덕 발달의 행동적 영역을 단순히 옳은 행동을 하는 것 이상의 의미로 정의하였다. 그는 행동적 영역을 '어떻게 행동해야 하는가'라는 도덕적 생각이 일상적인 행동으로 변환되는 효율적인 방식으로 보았다. 따라서 행동이란 일시적인 행위의 변화를 넘어 '의지', '노력', '유혹의 거부' 등과 같은 행위 유발 요소들이 작용하여 습관처럼 굳어져 안정적인 행동 유형으로 자리 잡는 상태를 의미한다. 피터스에게 도덕적 행동은 매번의 갈등 상황에서 고민하는 의식적 선택이 아니라, 인격의 한 부분으로 내면화되어 자연스럽게 드러나는 덕성(virtue)의 발현이라고 할 수 있다.

이처럼 행동적 영역은 인지적, 정의적 영역을 모두 포괄하는 최종 단계이다. 그러나 그 성취 여부를 평가하는 일은 쉽지 않다. 왜냐하면 도덕적 행동은 상황에 따라 달라질 수 있기 때문이다. 때로 위선적인 행동이 도덕적 행위로 쉽게 오인될 수도 있다. 스포츠맨십은 유리하거나 여유로운 상황이 아닌, 불리하거나 긴박한 순간에 그 진정한 가치가 드러난다. 따라서 학습자가 행동적 영역에 도달했는지 확인하는 것은 단순히 한두 번의 행위 관찰로 부족하며, 도덕적 습관이 형성되었는지를 장기적이고 다층적으로 평가해야 하는 과제이다. 이는 학교 교육이 직면하는 중요한 한계이자, 도덕성 평가의 복합성을 보여주는 지점이다.

4 통합교육의 이론들

[1] 리코나(T. Lickona)의 통합적 인격교육론

도덕교육의 목적이 성숙한 도덕적 인간의 육성에 있다면 도덕성은 곧 훌륭한 인격의 소유를 의미한다. 따라서 도덕교육도 인지, 정의, 행동이 통합된 포괄적 개념으로서의 인격의 완성에 두어야 한다. 리코나(T. Lickona)는 이러한 생각을 바탕으로 통합적 인격교육론을 주장하였다. 통합적 인격교육론은 기존의 도덕교육론이 어느 한 측면에 치우쳐 있던 한계를 극복하고, 도덕성이 삶 전체에 걸쳐 발현되는 통합적인 개념임을 강조한다.

도덕교육이 인성교육(character education)을 지향해야 한다는 리코나의 생각은 새로운 것이 아니다. 서양의 전통적인 윤리는 덕(德)을 갖춘 인격의 완성을 강조해 왔으며, 덕이란 기존의 도덕교육론이 시도하였던 어느 한 측면의 발달로는 설명할 수 없는 통합적인 상태를 말한다. 그러나 콜버그의 인지발달 이론은 지나치게 인지적 측면을 강조함으로써 도덕적 감성과 행동을 상대적으로 소홀히 다루어왔다.

리코나는 인지발달 이론의 장점을 충분히 인정하면서도 인격을 발달시키는 도덕교육은 인지적 영역과 더불어 정의적이고 행동적인 영역이 통합될 때 완성된다고 보았다. 그에 따르면 인격은 서로 분리될 수 없는 세 가지의 영역, 즉 즉 '도덕적 지식(Knowing the Good)', '도덕적 감성(Feeling the Good)', '도덕적 행동(Doing the Good)'으로 구성된다. 도덕적 지식은 '무엇이 옳은가'를 아는 인지적 능력이다. 여기에는 도덕적 가치를 인식하고, 다른 사람의 관점을 이해하며, 합리적인 도덕적 추론을 통해 의사결정을 내리는 능력이 포함된다. 도덕적 감성은 '무엇이 옳은가'에 대해 느끼는 정의적 능력이다. 양심의 가책을 느끼거나, 타인에게 공감하며, 선(善)을 사랑하는 마음이 이에 해당한다. 그리고 도덕적 행동은 '무엇이 옳은가'를 실제로 행동으로 옮기는 실천적 능력이다. 도덕적 행동을 할 수 있는 능력(competence), 이를 실행하려는 의지(will), 그리고 그 행동이 습관화(habit)되는 것을 포함한다.

리코나는 이 세 가지 영역에 대해 각각의 하위 구성요소를 상세하게 제시하고 있다. 도덕적 지식은 ① 도덕적 인식(moral awareness), ② 도덕적 가치들에 대한 지식(knowledge of moral values), ③ 관점 채택(perspective taking), ④ 도덕적 추론(moral reasoning), ⑤ 의사결정(decision-making), ⑥ 자기 자신에 대한 지식(self-knowledge)으로 구성되어 있다. 그리고 도덕적 감성은 ① 양심(conscience), ② 자기 존중(self-respect), ③ 감정이입(empathy), ④ 선을 사랑하는 것(loving the good), ⑤ 자기통제(self-control), ⑥ 겸양(humility)으로 구성되어 있으며, 도덕적 행동은 ① 능력(competence), ② 의지(will), ③ 습관(habit)으로 구성되어 있다(박장호 외 역, 1998).

이처럼 리코나의 통합적 인격교육은 인지적, 정의적, 행동적 영역의 상호 연관성과 일치를 강조하고 있어 학생들의 인격 함양을 위해서는 학교의 교사는 물론 교직원, 학교장, 행정관리 더 나아가 가정과 지역사회 구성원들의 통합적인 노력이 필요하다고 강조한다. 리코나는 통합적 인격교육의 원리를 다음의 11가지로 제시하고 있다.

① 인격교육은 훌륭한 인격의 기초가 되는 핵심적인 윤리적 가치들을 증진시키는 데 목적이 있다.
② 인격은 사고-감성-행동의 총체적 관심에서 정의되어야 한다.
③ 학교생활의 모든 측면에서 의도적이고 적극적인 교육에 임하며 포괄적 접근을 취한다.
④ 학교 자체가 훌륭한 인격을 구비해야 한다.
⑤ 도덕 행동을 실천하며 배울 기회를 제공해야 한다. (봉사활동, 협동학습)
⑥ 학교는 학생이 내적 동기를 유발하도록 한다.
⑦ 모든 교직원들은 인격교육에 대한 책임을 공유해야 한다.
⑧ 학교에 도덕적 리더십을 확립해야 한다.
⑨ 가정과 지역사회가 협력해야 한다.
⑩ 인격교육이 제대로 실행되고 있는지 평가하며 교육한다.
⑪ 교육과정이 의미 있고 적극적인 방법으로 운영되어야 한다.

[2] 레스트(J. Rest)의 4구성 요소 모형과 통합적 도덕교육론

도덕성을 인지적 영역에 국한하지 않고 정서와 행동의 측면까지 포함시킨 포괄적이고 통합적으로 파악하려는 노력은 레스트(J. Rest)의 도덕교육론에서

도 드러난다. 레스트의 '4구성 요소 모형(Four Component Model)'은 도덕성이 단순한 인지적 판단에 그치지 않고, 복잡한 심리적 과정의 상호작용으로 이루어진다는 점을 밝힌 중요한 이론이다.

이 모형은 콜버그의 이론을 비판적으로 확장하여 도덕적 행동을 설명하는 보다 포괄적인 틀을 제시하였다는 점에서 커다란 의의를 지닌다. 레스트는 도덕적 행동이 단일한 과정이 아니라, 다음과 같은 네 가지 요소가 순환적으로 상호작용하는 복합적인 과정이라고 본다.

① 도덕 민감성(Moral Sensitivity)

어떤 상황에서 도덕적 문제가 내재해 있음을 감지하는 능력이다. 이는 타인의 관점에서 상황을 파악하고, 자신의 행동이 타인에게 미칠 영향을 상상하는 공감 능력과 깊이 연관되어 있다. 레스트는 이 단계가 도덕적 행동의 출발점이며, 인지적 요소뿐만 아니라 정의적 요소가 중요하게 작용한다고 보았다.

② 도덕 판단(Moral Judgement)

상황을 도덕적 문제로 인식한 후 여러 행동 방안 중 무엇이 가장 도덕적으로 옳은지를 추론하고 판단하는 능력이다. 도덕 판단은 콜버그의 도덕 발달 단계와 유사한 인지적 과정에 해당한다. 레스트는 도덕 발달이론이 주로 이 단계에만 초점을 맞췄던 한계를 지적하며, 이 단계는 도덕적 행동의 한 부분에 지나지 않음을 명확히 하였다.

③ 도덕 동기(Moral Motivation)

도덕적으로 옳은 행동을 하려는 의지를 말한다. 자신의 이익이나 다른 가치(명예, 물질적 보상 등)보다 도덕적 가치를 우선시하는 동기이다. 도덕적 판단을 내렸다고 해서 반드시 도덕적 행동으로 이어지는 것은 아니며, 이 동기화 단계가 없으면 도덕적 행동은 불가능하다.

④ 도덕 강도(Moral Character)

도덕적 행동을 방해하는 장애물에 맞서 인내하고 용기를 내어 도덕적 선택을 실천하는 품성을 말한다. 레스트는 심리학에서 사용하는 '자아 강도(Ego Strength)'라는 개념을 도덕적 행동이라는 맥락에 적용하여 '도덕성 강도(Moral Character)'라는 용어로 재정의하였다. 도덕성 강도는 옳다고 판단한 것을 흔들림 없이 실행에 옮기는 힘을 말한다. 이는 도덕적 행동이 단순히 한

자아 강도 (Ego Strength)
자아 강도는 심리학에서 쓰이는 용어로 개인의 인내력, 확신, 용기 등과 같이 외부 압력이나 내부 유혹에 굴하지 않고 자신의 목표를 관철하는 내적 힘을 의미한다.

번의 행위로 끝나는 것이 아니라, 꾸준한 실천을 통해 습관처럼 굳어진다는 덕 윤리(virtue ethics)와 연결된다.

　이러한 네 가지 요소는 독립적으로 작용하는 것이 아니라, 서로 영향을 주고받으며 도덕적 행동을 구성한다. 레스트의 이론은 도덕교육이 특정 단계에만 치우치지 않고 이 네 가지 요소를 모두 균형 있게 함양하는 통합적 접근이 되어야 함을 보여준다. 결국 도덕성은 복잡하고 다차원적인 개념이며, 이를 총체적으로 이해해야만 도덕교육의 궁극적 목표인 도덕적 행동으로 이어진다.

[Search & Discussion] 스포츠클럽 활성화를 통해 학교폭력을 근절할 수 있을까?

　2012년 2월 6일 당시 김황식 국무총리는 학교폭력관련 관계 장관회의를 열고 '학교폭력근절 종합대책'을 최종 확정하여 발표하였다. "학교폭력은 학교에만 맡겨둘 것이 아니라, 우리 사회 전체가 함께 나서서 해결해야 한다."는 대통령의 강력한 해결 의지에 따라, 각계각층의 대안을 심층적으로 검토하여 마련된 대책에는 인성교육의 강화가 포함되어 있었다. 스포츠클럽 활성화도 이런 차원에서 마련된 대책의 일환이었다. 스포츠 활동은 학교폭력을 줄이거나 막는 효과적인 수단이 될 수 있을까? 만일 스포츠 활동이 학교폭력의 예방에 효과적이라면 그 이유는 무엇일까? 학교폭력과 스포츠 활동의 관계를 긍정과 부정의 입장으로 나누어 토론해 보자.

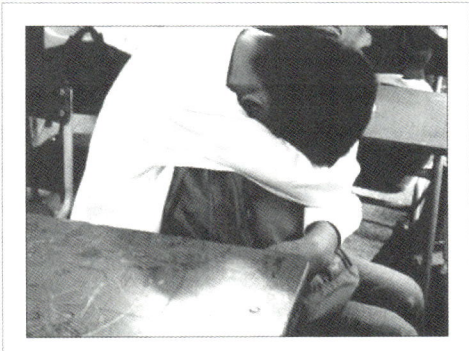

코치 카터(Coach Carter)

[감　　독] 토머스 카터(Thomas Carter)
[제작년도] 2005년
[상영시간] 136분

한때 리치몬드 고등학교 농구팀의 스타였던 켄 카터는 스포츠용품 가게로 생계를 이어가며 조용히 살고 있었다. 어느 날 모교부터 코치직을 맡아달라는 제안이 들어오면서 지도자의 길로 들어선다.

리치몬드 고등학교는 가난한 흑인들이 모여 사는 지역에 위치해 있어 졸업 후 많은 학생들이 사회적 비적응자로 전락해 버리는 버림받은 학교였다. 카터는 그들에게 농구를 통해 더 나은 삶을 꿈꾸게 만들겠다는 결심을 하게 된다. 카터가 가장 먼저 한 일은 규율을 정하는 것이었다. 먼저 예의를 지킬 것을 주문한다. 연습시간에 지각하지 않을 것과 코치

의 지시에 복종할 것. 이것이 지켜지지 않으면 가혹한 체력단련이 주어진다. 또한 모든 학교 수업에 반드시 참석해야 하며, 그것도 맨 앞자리에 앉아야 한다. 학교 성적도 평점 2.3 이상을 유지하라고 명령한다.

이런 카터의 리더십은 점차 농구부원의 마음을 바꾸어 놓고, 그의 독특한 훈련법과 전술 덕분에 경기의 성적도 덩달아 향상되어 나간다. 그 결과 리치몬드 고등학교는 캘리포니아주의 플레이오프까지 진출하고 첫 경기에서 작년의 챔피언과 대결한다. 그러나 그 경기에서 리치몬드는 패하고 만다. "우리는 게임에 졌을지 모르지만 승자의 마음으로 경기를 했다. 승자의 마음으로 행동하면 승자가 되는 것이다." 카터의 이 명대사는 스포츠의 궁극적인 가치를 생각하게 하는 울림을 전해 준다. 이 영화는 스포츠에서 지도자의 윤리가 얼마나 중요한지를 보여주는 교과서적인 작품이다.

참고문헌

강규철(2001). 인간행동과 직업의 이해. 서울: 청목출판사.
강민석 역/ B. Chazan(1996). 현대도덕교육방법론-20세기이론의 분석. 고양: 인간사랑.
강영안(2000). 도덕은 무엇으로부터 오는가-칸트의 도덕철학. 서울: 소나무.
강정인, 문지영 역/J. Locke(2022). 통치론. 서울: 까치글방.
공진성(2009). 폭력. 서울: 책세상.
구승회(2005). 현대 사회윤리. 고양: 인간사랑.
김귀순 역/ D. Chernushenko(2001). 스포츠와 환경 지속가능한 스포츠로 가는 길. 서울: 대한미디어.
김명식 역/ J. R. DesJardins(1999). 환경윤리. 서울: 자작나무.
김상기(2008). 제노사이드 속 폭력의 법칙. 서울: 선인.
김상봉(2003). 호모 에티쿠스 윤리적 인간의 탄생. 파주: 한길사.
김상용(1999). 스포츠 폭력의 사회학적 배경에 의한 유형. 한국초등체육학회지, 5(1), 1-10.
김성근(1985). 도덕 및 입법의 제원리. 세계의 대사상9. 서울: 휘문출판사.
김영정(2005). 가치론의 주요문제들. 서울: 철학과현실사.
김영진 역/ P. W. Taylor(2003). 윤리학의 기본원리. 서울: 서광사.
김영철, 김우영 역/ D. D. Raphael(1987). 현대도덕철학. 서울: 서광사.
김용선(1993). 지식대(對) 도덕. 서울: 철학과 현실사.
김윤성(2009). 그림으로 이해하는 생태사상. 서울: 개마고원.
김윤수 역/ J. Huizinga(2006), 호모 루덴스. 서울: 도서출판 까치.
김정주(2009). 이성과 윤리학-칸트와 현대 독일 윤리학-. 서울: 철학과현실사.
김정한 역/H. Arendt(2008). 폭력의 세기. 서울: 이후.
김정효(2011). 스포츠문화를 읽다. 서울: 도서출판 레인보우북스.
김주경 역/ A. Berque(2001). 대지에서 인간으로 산다는 것. 서울: 미다스북스.
김중현 역/ J. J. Rousseau(2003). 에밀. 서울: 한길사.
김진성 역주/ 아리스토텔레스(2007), 형이상학. 서울: 이제이북스.
김진식, 박무호 역/R. Girard(2006). 폭력과 성스러움. 서울: 민음사.
김형철 역/E. C. Hargrove(1994). 환경윤리학. 서울: 철학과현실사.
김혜숙(2008). 도덕 판단교육, 합당성 개념에 길을 묻다. 파주: 한국학술정보.
나영일 역/ J. C. J. GutsMuths(2008). 청소년을 위한 체육. 서울: 레인보우북스.
노혜련, 김기덕, 박소영 역/ J. Rachels(2006). 도덕철학의 기초. 서울: 나눔의집.
도성달 외 3인(2001). 윤리학과 덕교육. 경기: 한국정신문화연구원.
도성달(2012). 윤리학, 그 주제와 논점. 성남: 한국학중앙연구원 출판부.
류의근 역/M. Merleau Ponty(2002). 지각의 현상학. 서울: 문학과지성사.
문병도(2005). 동양에서 서양 바라보기-현대 윤리학 이론을 중심으로-. 동서철학연구제36호. 357-379.

문병상(2011). 도덕민감성, 도덕동기, 도덕판단, 자아강도와 도덕행동의 관계. 한국교육, 38(1), 83-100.
문성훈, 이현재 역/ A. Honneth(2011). 인정투쟁. 고양: 사월의책
박경태(2009). 인종주의. 서울: 책세상.
박남환, 송형석 역/ O. Grupe(2004). 문화로서의 스포츠. 서울: 도서출판 무지개사.
박병기, 추병완(2009). 윤리학과 도덕교육1. 서울: 인간사랑.
박이문(2002). 환경철학. 서울: 미다스북스.
박장호 외 역/ T. Lickona(1998). 인격교육론. 서울: 백의.
박찬구(2012). 개념과 주제로 본 우리들의 윤리학. 서울: 서광사.
박찬구, 박병기(2000). 논쟁으로 보는 윤리사상의 흐름과 주제들. 서울: 담론사.
백종현 역/I. Kant(2010). 실천이성비판. 서울: 아카넷.
백종현 역/I. Kant(2013). 윤리형이상학 정초. 서울: 아카넷.
법무부 출입국·외국인정책본부(2024). 『2023년 12월 출입국·외국인정책 통계월보』.
변창진 역/ A. Bandura(2003). 사회적 학습이론. 서울: 한국학술정보.
손환, 임석원 역/ S. Loland(2008), 스포츠윤리학-스포츠와 페어플레이-. 서울: 철학과현실사.
송준만 역/ K. Lorenz(1996). 공격성에 관하여. 서울: 이화여자대학고 출판부.
송휘칠, 황경식 역/ W. S. Sahakian(1988). 윤리학의 이론과 역사. 서울: 박영사.
오생근 역/ M. Foucault(2020). 감시와 처벌. 서울: 나남신서.
윤선길, 정기현 역/ E. Goffman(2009). 스티그마. 오산: 한신대학교 출판부.
이기상 역/ M. Heidegger(2025). 존재와 시간. 서울: 까치.
이상엽(2013). 니체와 아곤의 교육. 철학논총, 73(3), 213-237.
이상률 역/ R. Caillois(2018). 놀이와 인간: 가면과 현기증. 서울: 문예출판사.
이을상(1996). 가치와 인격. 서울: 서광사.
이을상 역/ J. S. Mill(2011). 공리주의. 서울: 지식을만드는지식.
이장희(2012). 선진유가와 덕윤리. 퇴계학보, 136, 207-243.
이재형 역/ J. J. Rousseau(2025). 사회계약론. 서울: 문예출판사.
이창익(2004). 종교와 스포츠 몸의 테크닉과 희생제의. 서울: 살림출판사.
이창후 외 역/ 아리스토텔레스(2006), 니코마코스 윤리학. 서울: 이제이북스.
이충진 역/R. Ludwig(2002). 쉽게 읽는 칸트 정언 명령. 서울: 이학사.
이태신(2000). 체육학대사전. 서울: 민중서관.
이한우 역/ R. Niebuhr(1998). 도덕적 인간과 비도덕적 사회. 서울: 문예출판사.
장욱(2006). 폭력에 대한 철학적 성찰. 서울: 철학과현실사.
조임영(2011). 장애차별의 개념과 작동. 노동법학, 37. 165-205.
진교훈, 류지한 역/ A. Piepper(1999), 현대윤리학 입문. 서울: 철학과 현실사.
진석용 역/ F. Bacon(2001). 신기관. 서울: 한길사.
최명관 역/ 아리스토텔레스(1984), 니코마코스 윤리학. 서울: 서광사.
최용철 역/ J. Hospers(1996). 인간 행위의 탐구. 서울: 지성의 샘.
최윤주 역/ R. Dadun(2006). 폭력-폭력적 인간에 대하여. 서울: 동문선.
최재희 역/I. Kant(1981). 실천이성비판. 서울: 박영사.
추병완(2007). 도덕 발달과 도덕 교육. 서울: 도서출판 하우.

통계청(2024). 『2023년 혼인·이혼 통계』.

하남길, 권판근 역/ P. Mcintosh(1997). 페어플레이: 스포츠와 교육에 있어서의 윤리학, 서울: 21세기 교육사.

하정희 역/ C. Delacampagne(2013). 인종차별의 역사. 파주: 예지.

한국도핑방지위원회(2015). www. kada-ad.ac.kr

한면희(2000). 환경윤리. 서울: 철학과현실사.

한면희(2007). 미래세대와 생태윤리. 서울: 철학과현실사.

한태룡 외(2010). 스포츠사회학. 서울: 도서출판 레인보우북스.

허남결 역/ H. Redner(2006). 윤리적 삶의 이해. 고양: 인간사랑.

허혜경, 박인숙(2010). 사회변동과 성역할. 서울: 문음사.

환경연구회(1994). 환경논의의 쟁점들. 서울: 나라사랑.

황경식 역/ J. Rawls(1991), 사회정의론. 서울: 서광사.

황경식 역/ J. Rawls(2011). 정의론. 서울: 이학사.

황경식 역/W. K. Frankena(1985). 윤리학. 서울: 종로서적.

황경식 외 역/J. Rawls(1988), 공정으로서의 정의. 서울: 서광사.

Arnold, P.(1997). *Sports, Ethics and Education.* London: Cassel.

Bandura, A. (1977). *Social learning theory.* Englewood Cliffs, NJ: Prentice Hall.

Berkowitz, L. (1989). Frustration-aggression hypothesis: Examination and reformulation. *Psychological Bulletin, 106(1),* 59-73.

Bloom, B. S., et al. (1956). *Taxonomy of Educational Objectives, Handbook I:* The Cognitive Domain. New York: David McKay Company.

Burke, E. (2009). *Reflections on the Revolution in France.* (L. G. Mitchell, Ed.). Oxford University Press.

Butcher, R. and Schneider, A.(1998). Fair Play as Respect for the Game, *Journal of the Philosophy of Sport 25*: 1-22.

Coakley, J. J. (2015). Sports in society: Issues and controversies (12th ed.). McGraw-Hill Education.

Dollard, J., Miller, N. E., Doob, L. W., Mowrer, O. H., & Sears, R. R. (1939). *Frustration and Aggression.* Yale University Press.

Durkheim, E.(1961). *Moral Education: A Study in the Theory & Application of the Sociology of Education*, New York: The Free Press.

Held, V.(2006). *The Ethics of Care.* London: Oxford University Press.

Honneth, A. (2012). The I in We: Studies in the theory of recognition. John Wiley & Sons Inc.

Krathwohl, D. R., Bloom, B. S., & Masia, B. B. (1964). *Taxonomy of Educational Objectives, Handbook II:* The Affective Domain. New York, NY: David McKay Company.

Levinas, E. (1991). *Totality and Infinity: An Essay on Exteriority.* London: Kluwer Academic Publishers.

Loland, S. and McNamee, M.(2000). 'Fair Play and the Ethos of Sports: An Eclectic Theoretical Framework', *Journal of the Philosophy of Sport 27*: 63-80.

Loland, S.(2002). *Fair Play in Sport: A Moral Norm System.* London: Routledge.

Maschke, Karen J.(2009) Performance-Enhancing Technologies and the Ethics of Human

Subjects Research, *Performance-Enhancing Technologies in Sports*. Baltimore: The Johns Hopkins University Press.

Noddings, N.(1984). *Caring: A Feminine Approach to Ethics and Moral Education.(2nd ed.)*. Berkeley: University of California Press.

Peters, R. S.(1974). *Psychology and Moral Development.* London: George Allen & Unwin LTD.

Pawlenka, C.(2005). The Idea of Fairness: A General Ethical Concept or One Particular to Sports Ethics?, *Journal of the Philosophy of Sport32*: 49-64.

Searle, J. R. (1969). *Speech Acts: An Essay in the Philosophy of Language.* Cambridge University Press.

Sheridan, H.(2003). Conceptualizing 'fair play': a review of the literature, *European Physical Education Review9(2)*: 163-184.

Smiles, S., Jr. (2009). *Character.* Serenity Publishers, LLC.

Suits, B. (2014). *The Grasshopper: Games, Life and Utopia (3rd ed.).* Broadview Press.

Tajfel, H. (Ed.). (2010). Social identity and intergroup relations. Cambridge: Cambridge University Press.

Vuolle, P.(1991). Nature and environments for physical activity, *Sport for all*. Philadelphia: Elsevier.

Wynne, E. A. and Ryan, K.(1993). *Reclaiming Our Schoolport for all*. New York: Macmillan Publishing Company.

細谷貞雄 역/ M. Heidegger(1995), 存在と時間. 東京: 筑摩書房.

찾아보기

[한글]

ㄱ

가능태 • 34
가다머 • 25
가변성 • 44
가언명령 • 107
가이아 가설 • 208
가족 유사성 • 27
가치 • 13
가치 판단 • 15
강건한 기독교주의 • 73
개발환경 • 209
개인 윤리 • 227
건강 • 139
게발트 • 185
게임 • 20
격률 • 104
결과의 불확실성 • 230
결합의 오류 • 93
경기력 • 159
경쟁 • 30
경향성 • 100
공격성 • 37
공동체 • 123
공동체주의 • 125
공리주의 • 43, 44, 84, 87
공정 • 86

공정성 • 12, 141, 224
공정으로서의 정의 • 65
공평성 • 42
과정적 규칙 • 47
관리형 심판 • 221
관중폭력 • 190
구성적 규칙 • 46
국가인권위원회 • 247
국내 심판 • 222
국민체육진흥법 • 244
국제 심판 • 222
국제올림픽위원회 • 212
국제인권규약 • 235
권력 의지 • 29
규범 • 15, 43
규제적 규칙 • 47
규칙 • 20, 24, 39, 61
규칙 공리주의 • 91
규칙의 개정 • 56
그루페 • 20
그린스포츠 • 211
그린워싱 • 213
그린피스 • 215
극기복례 • 129
금지목록 • 136

금지약물 • 136
기술도핑 • 148
까뮈 • 3
깨끗한 패배 • 72

ㄴ

나딩스 • 124
낙인 • 169
남녀평등 • 161
남성성 • 157
내재적 선 • 6
네스 • 207
노모스 • 180
녹색 딜레마 • 199
놀이 • 20, 27
능동성 • 24
니체 • 28

ㄷ

다둔 • 178
다문화 사회 • 168
당위 • 101
대상화 • 159
덕(德) • 129
덕목 • 117
덕목 보따리 • 260
덕성 • 117
덕윤리 • 116, 119
데스트루도 • 36
데카르트 • 201
도구적 가치 • 13

도구적 선 • 6
도덕 • 4
도덕교육 • 254
도덕성 • 5
도덕적 딜레마 • 111, 254
도덕철학 • 10
도핑 • 135, 136
돌라드 • 37
동물 권리론 • 203
동물 스포츠 • 204
동물 중심주의 • 196, 203
동물해방론 • 96
뒤르켐 • 257
디오니소스 • 28

ㄹ

래퍼리 • 221
러브록 • 208
레건 • 203
레비나스 • 145
레스트 • 270
레오폴드 • 206
레저스포츠 • 199
로고스 • 180
로렌츠 • 36
롤즈 • 58, 61
루두스 • 22
루소 • 256
르네 지라르 • 181
리바이어던 • 181
리비도 • 36
리코나 • 268

ㅁ

막스 베버 • 185
매너 • 52
매킨타이어 • 119, 122
맥킨토시 • 72
맨더빌 • 173
명예 • 75
몰입 • 25
무도 • 131
무예 • 131
무지의 베일 • 65
미미크리 • 23
미투 • 234
미투 운동 • 239
밀 • 88

ㅂ

바이얼레이션 • 49
박애 • 95
반두라 • 37, 266
반성적 평형 • 58
반칙 • 49
배려 • 124
배려윤리 • 123
배려적 관계 • 124
베닛 • 259
베르크 • 203
베이컨 • 201
벤 존슨 • 140
벤담 • 85, 88
보상적 정의 • 48

보편성 • 105
복종 • 104
본래적 가치 • 13
부올레 • 209
부정의(不正義) • 60
분배적 정의 • 62
분석윤리학 • 10
불가피성 • 55
브룬트란트 보고서 • 213
블룸 • 264
비가역성 • 224
비디오 판독제 • 231
비르투스 • 75
비의도성 • 55
비의도적 구성 반칙 • 52
비의도적 규제 반칙 • 54
비트겐슈타인 • 26

ㅅ

사려 • 95
사실 판단 • 14
사회 계약 • 236
사회 윤리 • 227
사회 학습 이론 • 37
사회계약론 • 180
사회권 • 235
사회정체성이론 • 167
사회화 과정 • 257
상식 도덕 • 95
상황윤리 • 91
샌델 • 119
생명 중심주의 • 196, 205

생물학적 환원주의 • 156
생태 중심주의 • 196, 206
생태 지혜 • 207
생태도시 • 214
서든 데스 • 57
선(善) • 6
선수 인권 • 238
선수폭력 • 188
선의지(善意志) • 7, 101
설 • 45
성교육 • 259
성차별 • 156, 160
세계반도핑기구 • 136
세계인권선언 • 235
섹슈얼리티 • 158
소통의 구조 • 39
수행 • 130
순수환경 • 209
슈바이처 • 205
스마일즈 • 73
스위츠 • 24
스포츠 권리 • 245
스포츠 기본법 • 245
스포츠 기후 행동 협정 • 212
스포츠 선수 • 239
스포츠 환경 • 199
스포츠과학 • 146
스포츠맨십 • 5, 74, 78, 126
스포츠윤리 • 8
스포츠윤리센터 • 246
스포츠윤리학 • 10
습관 • 121
습성 • 32

승리우선주의 • 243
시설환경 • 209
시즈위크 • 95
신체성 • 167
실정법 • 236
실천윤리학 • 10
실천이성 • 100
실천이성비판 • 110
심층 생태주의 • 208
심판 • 218
싱어 • 96, 203

ㅇ

아곤 • 23, 27
아놀드 • 75
아레테 • 30
아리스토텔레스 • 120
아마추어 • 75
아마추어리즘 • 75
아크라시아 • 127
아파르트헤이트 • 165
악의 평범성 • 183
알레아 • 23
앤스콤 • 118
약물복용 • 152
엄파이어 • 221
에쿠멘 • 203
에토스 • 67, 70
에피쿠로스 • 7
엘리아스 • 36
엘리트 스포츠 • 243
여성성 • 157

여성차별철폐조약 • 161
역직관성 • 94
연기(緣起)사상 • 208
예시예종 • 129
오심(誤審) • 230
옥스팜 • 215
완전성 • 31
운(運) • 61
운동 • 26
운동 형식 • 187
원초적 입장 • 65
위인 • 259
유비 추론 • 142
유용성 • 85
유전자 도핑 • 150
유전자 조작 • 153
유전자치료 • 150
윤리 • 4
윤리적 정당화 • 16
의도성 • 50
의도적 구성 반칙 • 51
의도적 규제 반칙 • 53
의도적 파울 • 118
의례화 • 36
의무 • 103, 109
의무에서 유래한 행위 • 104
의무주의 • 100
이익 동등 고려의 원칙 • 96
이종격투기 • 188
인(仁) • 128
인간 중심주의 • 196, 200
인격 상태 • 124
인격론 • 73

인격체 • 118, 131
인권 • 234
인권 선언 • 234
인권 침해 • 239
인정 투쟁 • 33
인종 • 161
인종주의 • 163
인종차별 • 162
인지적 영역 • 265
인필드 플라이 • 41
일링크스 • 23
일반 윤리학 • 10

ㅈ

자기애 • 95
자기효능감 • 266
자아 강도 • 270
자연 • 197
자연 중심주의 • 204
자연권 • 235
자연성 • 139
자연적 정의 • 62
자연주의적 오류 • 93
자유주의 • 255
자율성 • 100
장 자크 루소 • 236
장애 스포츠 • 174
장애 차별 • 171
저지 • 221
전놀이적 목표 • 24
전문성 • 225
전술적인 의도적 파울 • 53
전일론 • 206

절차적 정의 • 63
접근성 • 172
정명 • 130
정심(正審) • 230
정언명령 • 106, 107
정의 • 60, 95
정의론 • 61
정의적 영역 • 265
정합성 • 17
제노포비아 • 161
제도화 • 44
제시 오언스 • 166
젠더 • 158
젠틀맨 • 68
젠틀맨십 • 73
존 로크 • 236
존 롤스 • 237
존재의 결핍 • 179
종차별주의 • 96, 202
좌절-공격성 가설 • 37
주정주의 • 255
준칙(準則) • 106, 112
중요한 타자 • 266
중용 • 32, 121
지구의 벗 • 215
지속 가능한 발전 • 211
지속 가능한 스포츠 • 200
직관적 공리주의 • 95
직업윤리 • 225
질적 공리주의 • 88
집합적 양심 • 4
짝패 • 181

ㅊ

차별 • 156
책임의 원칙 • 208
천부인권 • 235
초유기체론 • 207
최고선(最高善) • 7, 120
최대다수의 최대행복 • 86
충서(忠恕) • 128

ㅋ

카이요와 • 22
칸트 • 100, 125, 239
콜버그 • 260
쾌락 • 84
쾌락 계산 • 88
쾌락 기계 • 96
쾌락 선호 만족 • 89
쿠베르탱 • 76
큰 자아(大我) • 208

ㅌ

타이틀 나인 • 161
타자의 윤리 • 144
탁월성 • 31, 64
탁월성 추구 • 34
탈리오법칙 • 192
테스토스테론 • 142
테일러 • 206
통각(統覺) • 170
트롤리 문제 • 131

ㅍ

파놉티콘 • 184
파울 • 49
파이디아 • 22
패널티 • 48
패럴림픽 • 173
패스모어 • 202
퍼블릭 스쿨 • 69, 73
페미니즘 • 156
페어 • 69
페어플레이 • 68, 71, 78, 103, 109
편파 판정 • 229
평가형 심판 • 221
평균적 정의 • 62
평등권 • 235
포용성 • 172
포지션 스태킹 • 167
폭력 • 178
폭력성 • 178
푸코 • 184
품성 • 117
프랑스혁명 • 234
프래그머티즘 • 9
프로네시스 • 127
프로이트 • 36
플라톤 • 179
피시스 • 180
피아제 • 261
피터스 • 264, 267

ㅎ

하이데거 • 33
하인즈 딜레마 • 261
하카 • 38
한국도핑방지위원회 • 136
한나 아렌트 • 182
합의무적 행위 • 104
행동적 영역 • 267
행복 • 7, 120
행위 공리주의 • 90
행위의 결과 • 55
헥시스 • 121
현실태 • 34
현존재 • 33
형식주의 • 11
호네트 • 33
호모 루덴스 • 21
호모 비오랑스 • 178
호모 사피엔스 • 21
호모 파베르 • 21
호모 호미니 루푸스 • 180
홉스 • 180
환경 • 197
환경윤리 • 196
황금률 • 95
훌리거니즘 • 191
희생 위기 • 181
희생양 • 181
희생제의 • 182

[영문]

A

A. Bandura • 266
A. Berque • 203
A. C. Macintyre • 119
A. Camus • 3
A. Leopold • 206
A. Naess • 207
agon • 23
Albert Bandura • 37
alea • 23
amateur • 75
amateurism • 75
animal in sport • 204
Anthropocentrism • 196
aus Pflicht • 104
Axel Honneth • 33

B

B. S. Bloom • 264
bag of virtues • 260
Benevolence • 95
Bernard Suits • 24
Biocentrism • 196
Brundtland Report • 213
built • 209

C

caring relations • 124
character education • 259

D

coherence • 17
collective conscience • 4

D

Dasein • 33
developed • 209
double • 181

E

E. A. Wynne • 259
E. Durkheim • 257
Ecocentrism • 196
ecosophy • 207
ecoumen • 203
Ego Strength • 270
Elizabeth. Anscombe • 118
Emmanuel Levinas • 145
emotivism • 255
energeia • 34
environment • 197
Epicurus • 7
ethics • 4
ethos • 67, 70
eudaimonia • 7, 120

F

F. Bacon • 201
fairness • 86
false analogy • 142
feminity • 157

formalism • 11
Friends of the Earth: FOE • 215
Frustration-Aggression Hypothesis • 37

G

game • 20
gentleman • 68
Gentlemanship • 73
genuine • 209
Gewalt • 185
good will • 7
Greenpeace • 215
Greenwashing • 213

H

H. Arendt • 182
haka • 38
Hans-Georg Gadamer • 25
hexis • 121
holism • 206
Homo Faber • 21
Homo Ludens • 21
Homo Sapiens • 21
Homo Violence • 178
hooliganism • 191
Human Rights • 234

I

I. Kant • 239
ilinx • 23

infield fly • 41
instrumental good • 6
International Covenants • 235
intrinsic good • 6
IOC • 212

J

J. Bentham • 85
J. Lovelock • 208
J. Passmore • 202
J. Piajet • 261
J. Rawls • 58, 61
J. Rest • 269
Jean-Jacques Rousseau • 236
John Dollard • 37
John Locke • 236
John Searle • 45
judge • 221
Justice • 95

K

K. Lorenz • 36
Korea Anti-Doping Agency: KADA • 136

L

L. Descartes • 201
L. Kohlberg • 260
lex talionis • 192
liberalism • 255
libido • 36

Logos • 179
Ludus • 22
Ludwig Wittgenstein • 26

M

M. Heidegger • 33
M. J. Sandel • 119
Mandeville • 173
masculinity • 157
Max Weber • 185
Me Too • 234, 239
mesotes • 32
Michel Foucault • 183
mimicry • 23
moral • 4
movement form • 187
Muscular Christianity • 73

N

N. Elias • 36
Natural Rights • 235
nature • 197
Nel. Noddings • 124
Nomos • 179
norm • 15

O

O. Grupe • 20
Objectification • 159
original position • 65

Oxfam: Oxford Committee for Famine Relief • 215

P

P. Coubertin • 76
P. J. Arnold • 75
P. Mcintosh • 72
P. Singer • 203
P. Taylor • 205
P. Vuolle • 209
Paidia • 22
Panopticon • 184
Paralympic Games • 173
penalty • 48
perfection • 31
pflichtmäβig • 104
Physis • 179
play • 20
Pragmatism • 9
Prudence • 95

R

R. Caillois • 22
R. Dadoun • 178
R. Girard • 181
R. S. Peters • 264, 267
rational self-love • 95
referee • 221
rule • 39

S

S. Freud • 36
Sacrificial Crisis • 181
Samuel Smiles • 73
satisfaction of preference • 89
significant others • 266
Social Identity Theory • 167
Social Learning Theory • 37
speciesism • 96, 202
Sport Right • 245
states of character • 124
stigma • 169
struggle for recognition • 33
sudden death • 57
Summum Bonum • 7
superorganism • 207
Sustainable Development • 211

T

T. Hobbes • 180
T. Lickona • 268
T. Regan • 203
testosterone • 142
the Golden Rule • 95
the greatest happiness of the greatest numbers • 86
the morality of common sense • 95
the naturalistic fallacy • 93
the principle of equal consideration of interests • 96
Title IX • 161
trolley problem • 131

U

umpire • 221
uncertainty • 230
UNFCCC Sports for Climate Action • 212
Universal Declaration of Human Rights • 235
utilitarianism • 43
utility • 85

V

veil of ignorance • 65
violence • 178
virtus • 75

W

W. Benneitt • 259
Wille zur Macht • 29
World Anti-Doping Agency: WADA • 136

X

xenophobia • 161

Z

Zoocentrism • 196

스포츠윤리학 Sport Ethics | 개정 3판 |

초   판 발행 2015년 12월 29일
개 정 판 발행 2020년 8월 31일
개정 2판 발행 2024년 2월 26일
개정 3판 인쇄 2025년 11월 05일
개정 3판 발행 2025년 11월 10일

저   자 | 김정효

발 행 처 | 레인보우북스
주   소 | 서울특별시 관악구 신림로 75 레인보우 B/D
전   화 | 02-2032-8800
팩   스 | 02-871-0935
이 메 일 | min8728151@rainbowbook.co.kr
홈페이지 | www.rainbowbook.co.kr

값 24,000원
ISBN 978-89-6206-581-7 (93690)

* 본서의 무단복제를 금하며, 잘못된 책은 구입한 곳에서 교환해 드립니다.